日米関係と「二つの中国」

——池田・佐藤・田中内閣期——

池田直隆著

木鐸社刊

はじめに

昭和四十四（一九六九）年四月、田中角栄・自民党幹事長は、中国問題について次のように語っている。

「中国問題は、敗戦後の日本に神が課した試練だ。戦後、日本は思わざる発展を遂げた。しかし、神様はよいことばかりを与えるものではない。中国とは歴史的にも縁が深く、一衣帯水の隣国なのだが、中国大陸と台湾に二つの政権が存在することが、日本にも困難な問題を提起している。[1]」

中国問題は、近代日本外交史における一大懸案であった。日露戦争後のポーツマス条約によって日本が関東州（大連・旅順）租借権と南満州鉄道に代表される満州諸権益を獲得して以来、日中間には外交的懸案が断続的に発生し続けた。いわゆる「対華二十一箇条要求」で知られる大正四（一九一五）年条約問題、パリ講和会議後の山東問題などは日中間の摩擦と対立を徐々に蓄積させ、遂に昭和期に至って満洲事変、支那事変という武力衝突を惹起し、やがて大東亜戦争へと至るのである。

昭和二十（一九四五）年八月、日本はポツダム宣言を受諾し連合国に降伏した。そして、連合軍の占領下に置かれた日本がサンフランシスコ講和条約に調印したのは約六年後、昭和二十六年九月のことであった。これによって、日本は同条約の発効による独立回復を待つばかりとなったのである（同条約の発効は、昭和二十七年四月二十八日)。

しかし、周知のように連合国の主要構成国であり、かつ交戦国として日本と長年干戈を交えてきたはずの中国は、サンフランシスコ講和会議に招請されなかった。その理由は、日本降伏後から激しさを増し、かつ中国全土を戦場と化した国民党、共産党の内戦(国共内戦)に求められよう。なお、国共内戦は昭和二十四(一九四九)年十月一日、毛沢東による「中華人民共和国」建国宣言によって事実上、共産党勝利のうちに終結に向かうこととなる。

このような情勢において、台湾に逃れた蒋介石率いる国民政府、そして大陸を制圧した毛沢東率いる共産党政府のいずれを「中国を代表する政権」として認知するかという問題は、折から激しさを増しつつあった米ソ両陣営の「冷戦」と相俟って、国際世論を大きく分断するに至る。

日本はサンフランシスコ講和条約の発効直前(昭和二十七年四月二十八日)、日華平和条約に調印することで、国府との国交正常化を選択した。同条約の発効は同年八月五日のことである。しかし、サンフランシスコ講和条約と日米安全保障条約(安保条約)の締結を、共産圏諸国との講和を棚上げにした「単独講和」と攻撃し、日華平和条約をいわゆる「サンフランシスコ体制」の生み出した冷戦の産物と批判する政治勢力は、大陸の共産政権(中華人民共和国、中共)との関係改善、国交回復を強く主張した。その勢力は、やがて中共政府との関係正常化を主張する政府与党内勢力と共に、戦後日中関係の行方に大きな影響を与えることになる。従って、戦後日本外交史における中国問題は日中間の外交問題であると同時に、「冷戦」の生み出した「二つの中国」の何れを支持するかをめぐって争われた、日本の国内問題としての性格も有しているのである。

すなわち、戦後日中関係は、(1)同盟国・米国の強い影響下にあった政府与党(自民党)、外交当局、および、(2)大陸(中共)との関係を不正常のまま放置し、国府を「全中国の代表政府」と見なす現状に反発する野党、政府与党の一部、および民間団体等、が織り成す複雑なせめぎ合いの歴史であった。

本書は、中国問題が日本外交にとって現実の政治課題となるに至った池田内閣期から、日中国交正常化が実現を見た田中内閣期までの約十年間を取り上げ、日本が自らにとって最重要の外交関係である対米関係との整合性を求めつつ、日中関係を処理・発展させようと試みた苦悩の軌跡を辿るものである。

池田内閣成立の時期は、ちょうど国連において中国代表権問題の帰趨が加盟各国の強い関心を惹くようになった時期に相当する。すなわち、それは常任理事国・国府を支持する国々の絶対優位が失われ、その勢力が中共政権への代表権付与を主張する国々の勢力と拮抗し始めた時期である。それは必然的に、日本国内の中共承認論を勢いづかせる結果となった。そして、佐藤内閣期はヴェトナム戦争の激化、朝鮮情勢の緊迫、そして中共の「文化大革命」進行という極東情勢の激動の中で、国力を増進させた日本がより積極的な国際政治上の役割を米国から求められるに至った時期に当たる。

日本政府は、中国問題、換言すれば「二つの中国」に関わる外交問題・国内論争が、米国の極東政策と不可分であるという事実を改めて認識させられるのであった。米国・台湾向けの「補充政策」を行いつつ中共との経済・文化交流を行う、きわどい「綱渡り政策」を推進した[2]とされる池田内閣の対中政策、「対米追随」「親台湾」という批判に曝されることの多い佐藤内閣の対中政策、そして日中国交正常化を実現した田中内閣の対中政策は、戦後外交史上にそれぞれ如何に位置付けられるべきであろうか。

本書は、日米両国の外交史料を照合・検討・分析することによって、この問いに対する解答を考察するものである。

なお、本稿が使用した用語について一言しておく。大陸の中華人民共和国については「中国」、「中共（政府）」を用い、台湾の中華民国については「台湾」、「国府」、「台北」を用いている。「日中関係」は日本・中華人民共和

6　国の関係であり、「日華関係」、「日台関係」は、日本・中華民国の関係を指すものとする。

（1）『朝日新聞』、昭和四十四年四月十三日。
（2）古川万太郎『日中戦後関係史』（原書房、一九八一年）、二三五頁。

目次

日米関係と「二つの中国」

――池田・佐藤・田中内閣期――

I　戦後日中関係の研究史と本書の目的

一　はじめに

戦後半世紀以上を経過した現在、日本の戦後史研究に対する関心が高まっている。先に紹介した田中角栄・自民党幹事長（当時）の言葉にもあるように、中国は日本にとって一衣帯水の隣国である。日本近現代史は、政治、外交、軍事、経済各分野において、この巨大な隣国との密接な関係を抜きに語ることはできない。

しかし、第二次世界大戦後の「冷戦」は欧州・アジアを東西両陣営に分断した。「国共内戦」に事実上の勝利を収めた中国共産党（中共）は、昭和二十四（一九四九）年十月一日、中華人民共和国の建国を宣言した。そして内戦に敗北した蔣介石は台湾へ落ち延び、ここに拠って「中華民国こそ中国を代表する合法政府」と主張し続けることになる。こうして、中国には事実上「二つの中国」が誕生した。すなわち、中国は戦後のドイツ、朝鮮半島同様の「分断国家」と化したことになる。

日本は、蔣介石の中華民国（国府、台湾）と日華平和条約を締結することによって、戦後の日中関係を「正常化」した。しかし、事実上台湾とその周辺諸島（澎湖諸島、金門、馬祖）しか支配していない蔣介石政権との平和条約が、果たして真に日中関係を正常化したことを意味するのか、という疑問は、その後の日本に一貫してくすぶり続けることになる。戦後日中関係史をテーマにした諸研究は、多かれ少なかれこの「二つの中国」問題を取り上げ、かつその解明を試みたものであるといっても過言ではあるまい。

しかし、戦後日中関係は決して日中二国間関係のみで処理し得る性質のものではなかった。サンフランシスコ講和条約の調印・発効によって米国を中心とする西側諸国との関係を正常化し、かつ日米安全保障条約の締結によって国内に米軍基地を設置した日本は、必然的に「冷戦」体制における西側陣営に属することになる。日本が共産主義支配下の中国大陸、すなわち東側陣営に属する中共政権との関係を正常化することは、アジアの「冷戦」におけるバランスを大きく変化させる。従って日本が対中関係正常化に踏み切るためには、対米関係の調整、具体的には米国の事前承認が事実上不可欠の要素となる。その米国が中共政権「封じ込め」政策をとり続けたことが、戦後日中関係を複雑極まりないものとした真因であった。戦後日本外交は、日本が西側陣営の一員として「台湾（国府）＝全中国の代表政府」であることを事実上承認した日華平和条約と、広大な中国大陸を支配する中共政権の存在という現実との狭間で、対米協調優先という外交方針と矛盾しない日中関係を構築すべく苦悩することになる。

本書が、戦後日中関係史を対米関係との「交錯」の歴史と捉えるのは、以上のような認識に立脚している。

二　戦後日中関係史の先行研究

さて、戦後日中関係史をテーマとする優れた研究が近年、次々に発表されつつあることは周知の通りである。本節はその代表的業績と論点につき、一瞥しておきたい。

昭和二十年の日本敗戦から現在に至る日中関係の諸事件を中心として、ほぼ時系列に纏めた古川万太郎『日中戦後関係史』[1]は、戦後日中関係とその諸問題を概略的に捉えることができる著作である。著者は元朝日新聞記者であるが、その論旨は台湾を「全中国の代表政府」と認めた日本政府の政治的決定に対する批判的検討というべきものであり、史実の評価については中共政権との関係正常化に尽力した与野党所属の政党人、および民間人その他の活動を中心に、これを高く評価するという立場をとっている。同書を貫くテーマは、いわば戦後日中関係の基礎を置いたサンフランシスコ講和条約、日華平和条約に対する根本的批判であり、吉田以来の歴代内閣が「中国敵視」政策をとってきたことへの批判であると解釈される。昭和四十六（一九七一）年七月、世界を震撼させたニクソン（Richard M. Nixon）訪中発表、いわゆる「ニクソン・ショック」に直面した日本政府・外務省の狼狽を指して、「コケにされた対米忠誠心[2]」という、些か感情的な表現を用いつつ佐藤内閣の対米協調路線を批判している点は、著者のこの問題に対する見方・考え方を率直に表わすものとして、興味深い。

　吉田が「戦後日中関係の起点」として日華平和条約を締結し、蒋介石の国民政府との関係正常化を決断した経緯については、これまで、これをダレス（John F. Dulles）米国務省顧問（対日講和担当）の圧力に屈した吉田の決定に基づくものとする説明が有力であった。細谷千博『サンフランシスコ講和への道[3]』も、そのような解釈をとっている。しかし、袁克勤はその著『アメリカと日華講和[4]』において右の解釈に疑問を呈し、吉田は国府との講和意思を早い段階から明らかにしており、いわゆる「吉田書簡」（日本政府が国府との平和条約交渉を行い、中共と二国間条約を締結する意思がない旨を表明する、ダレスの準備した草案を元にしたもの）の執筆は一般に言われる「米国の対日圧力による強制」ではなく、「米国の強制」とは、実際には吉田によって利用された口実に過ぎなかったと論じている。すなわち袁の研究は、日華平和条約の締結という日本政府の決定が、西側陣営に属することを決断した日本政府の主体的決定であったことを強調しているのである。しかし、一方で日本政府は同条約を国府の「限定承認」、すなわち「台湾政府」としての国府を承認する条約とするべく交渉の最終段階に至るまで努力を払った[5]。いわば「冷戦」の産物であった日華平和条約締結交渉時でさえ、日本政府が国府の「大陸への主権」を承認することに消極的であり、極力これを回避しようとしたことは注目に値する事実であろう。

吉田内閣から岸内閣に至る時期の日中関係を扱った最も優れた研究業績は、米英両国政府の外交記録分析を基礎として同時期の日中関係を論じた、陳肇斌『戦後日本の中国政策[6]』であろう。同書は、日中関係に対する同時期の日本政府の方針・構想について、極めて興味深い論点をいくつか紹介している。陳によると、吉田―岸内閣期の日本政府の中国政策についての考え方は、次のように要約される。

中国問題について吉田がダレスに宛てて送ったとされる「吉田書簡」は、四種類あった。それは、（1）英米共同の中国政策形成を希望するもの、（2）国府との講和に言及せず、中共との不講和を述べたもの、（3）ダレスの指示に従った、いわゆる「吉田書簡」、（4）英米共同の中国政策を再度希望し、日本が独立回復後、独自の中国政策をとる可能性を示唆した無署名・非公式メモ、である。

そもそも、英米両国は共に「一つの中国」政策をとった。（筆者註・米国が台湾政府を承認し、英国が中共政府を承認したという意味であろう。）

これに対し、日本は「二つの中国」、もしくは「一つの中国、一つの台湾」の立場に立ち、国府を「台湾の政府」として承認したままで、「中国の政府」としての中共政府との外交関係を最終的に持つという目標を有していた。いわば、「二つの中国」のクロス承認である。

しかし、米国は日中関係打開の方策としての「二つの中国」構想には反対であった。米国にとって台湾確保は中共「封じ込め」戦略の一環だったからである（米国もまた、台湾と大陸を分離するという意味で「二つの中国」政策をとっていたのであるが[7]）。

従って、吉田は日華平和条約を「台湾政府」との講和というスタンスで締結した。昭和二十七（一九五二）年一月三十日付の何世礼・国府駐日代表宛て吉田書簡が、日本はサンフランシスコ講和条約の「各原則」に従って国民政府（中華民国ではない）と条約を結ぶとしたことは、その表れである[8]。

さらに、吉田は中国政策をめぐって英米の見解が食い違っていることに注目し、英国政府に「対共対策本部」（シンガポール）の創設と、日英米仏蘭による中ソ分断の反共攻勢、および東南アジア諸国在住の華僑を使った中国大陸への浸透を構想した（日英米政治協商、「吉田構想」[9]）。

本構想は、英国における「アジアの要・日本に注目せよ」という「日本株」の上昇に裏打ちされていたが、英国政府はこれに難色を示した。まず、本構想は「日本は英米政府間に楔を打ち込むつもりか」という英国政府の疑念を招いたこと、英国政府が「日本と中共の連携を防止するため」に対日関係改善の必要があると考えたこと、そして英国政府が「米国の背後で日英両国が共謀している」という印象を米国政府に与えたくなかったこと、がその理由である。しかも、米国政府自身がこの構想に消極的（ダレス）であったし、米国は吉田政権の不人気を見抜いていたからである。

吉田退陣後に政権を握った鳩山一郎内閣は、昭和三十（一九五五）年八月一日、ジュネーヴで米中会談が始まるという報道に接し、米国の対中政策が転換するのかと懸念した。小川平四郎中国課長らは、香港「貿易連絡センター」常設を構想したが、米国は消極的であった。なお、日本政府は重光葵外相自身「二つの中国」の立場であり、米国もまたいずれは「二つの中国」を認めざるを得なくなると考えていた[10]。

そして岸内閣は、政経分離の明確化によって「二つの中国」を早期固定化しようという政治的意図を有していた。岸内閣の「外交三原則」は「国連中心」、「自由主義諸国との協調」、「アジアの一員」である。対米関係重視の傍ら、中共政府との関係は「国連中心」の原則の中に「忍び込ませ」られた。

すなわち、国連は、やがてアジア・アフリカ諸国の独立・加盟によって中共支持国がますます増加するであろうという見通しに立ち、岸内閣は「二つの中国」政策を「国連中心主義」を主唱することによって推進し、中共の承認・国連加盟の道を残しつつ、台湾を確保しようとしたのである。

岸内閣による「二つの中国」政策の要点は、台湾の確保と中共の国連加盟を連動させ、二つの懸案を一挙に解決することであった。最終的には中共を外交的に承認する。そこには、「吉田構想」の流れを汲んだ「日英米政治協商」(藤山構想)があった。日英米各国外相級会議による、東アジアとりわけ中国問題の討議を中心とする協商機関の創設構想であるが、イギリスはこれを支持しなかった。国連の権威に触れるし、中共との衝突を懸念したためである。ダレスは、藤山がインドを参加させたいと述べたことに反対した(インドの「中立政策」に不快感[11])。

以上が、陳『戦後日本の中国政策』の記す、吉田—岸内閣期の日本政府の中国問題に対する考え方である。吉田はかつて外交官時代、中国に長く在勤し、中国問題に英国の果たす役割が大きいことを実感していたことから、英国を当事者に含める「吉田構想」を考案したのであろう。いち早く中共政府を承認した英国と、「封じ込め」政策をとる米国外交との対立もまた、日本の中国政策遂行に英国を関与させるという構想の裏付けとなったに違いない。吉田の基本構想は、岸内閣の外相であった藤山愛一郎にまで形を変えて継承されたことを、陳の研究は明らかにしている。

「吉田構想」、およびその後継構想ともいえる「藤山構想」は、結局、陽の目を見ずに終わった。しかし、岸内閣は近い将来、国連におけるアジア・アフリカ諸国の勢力が増大することによって国府の優位が揺らぎ、中共政府に国連代表権が移行する可能性があり得ることを予測していた。やがて池田、佐藤ら岸の後継者たちが直面するであろう問題は、既に「外交三原則」の発表された昭和三十二(一九五七)年の時点で、その萌芽を見せていたのである。

さて、次に本書が論じる池田内閣から佐藤、田中内閣に至る時期を扱った先行研究についてその概略を論じておきたい。

池田内閣、および佐藤内閣期の日中関係を概略的に扱った研究論文には、田麗萍「池田内閣の中国政策[12]」、および「佐藤内閣と中国問題[13]」がある。田は、政経分離原則に基づく貿易推進という池田勇人の政策が、「歴史的にも、地理的にも特殊な重要性をもつ隣国、しかもアジアひいては世界に無視できない影響を与えつつある巨大国家」中国を「無視するのが非現実的で、賢明なものではない」という認識に立っていたことを指摘し、そのような池田の考え方は「東西対立の現実を深刻に受けとめながら」も、その根本において「脱冷戦」思考であった、とこれを高く評価している。

田はさらに「佐藤内閣と中国問題」において、佐藤の中国政策における「状況対応型外交」というスタイルを指摘し、日本外交に国際政治の状況変化を引き起こすような動きのないこと、変化に対し漸進的に対応すること、幅の小さな、時として遅れがちな外交的動きといった特徴を挙げ、政府内部に米国の対中政策転換の兆候を見る動きがあったにもかかわらず、佐藤の「状況対応型外交」はこれを見逃してしまったとしている。そして、正にその点こそが佐藤外交の限界であったと論じている。

反面、田は佐藤がヴェトナム戦争の激化、沖縄返還という政治課題を抱えていたことから外交的選択肢に厳しい制約を抱えていた事情にも目を向け、いわば「中国問題で支払った代償は、結果として沖縄返還の実現に寄与した」とする柔軟な見方も示している。

しかし、池田の「対中積極姿勢」と佐藤の「対中消極姿勢」を比較して論じ、その評価が概して前者に対し高く、後者に対し低く厳しいという点で、田論文は先に紹介した古川の著書と基本的認識において同一であるといえる。

同時期の日中関係に触れた先行研究として、次に挙げられるのは添谷芳秀『日本外交と中国 一九四五―一九七二』[14]である。本書は一九四五年から一九七二年までの日本の対中国外交を対米「協調」、対米「自主」、対米「独立」という三つの路線が交錯するものとして捉え、歴代内閣という政治レベル、与野党の親中国派の役割とその動機、そして日中経済提携にかける財界人の役割とその動機を分析したものである。

とりわけ本書は、石橋湛山、松村謙三、古井喜実、田川誠一といった親中国的人物には、日米両国政府の主張する「冷戦」の産物たる「中国脅威論」とは全く相容れない、「アジア主義」の発想があったこと、および財界人の行動には、日中間の経済的相互補完性の追求という動機が存在したことを指摘している。そして何よりも、彼らに共通していたのは個人的な中国体験、中国への親近感であった。岡崎嘉平太は周恩来を「人生の師」と仰ぎ、大原総一郎はかつての戦争に対する贖罪意識から、「日本は過去の罪業を滅ぼす義務と責任を負う」と記したほどであったという[15]。

添谷によると、政治レベルにおける対米「協調」路線の内閣は吉田、池田であったが、彼らは対米「自主」を強く主張することが日本の国益にとってマイナスであるという認識に立ってはいたが、中国が日本にとって重要な国家であることは十分認めていた。しかし、それはあくまでも対米協調という大きな枠組みの中で行われることであり、吉田、池田らにもその枠組みを踏み越える意思はなかったのである。

対米「自主」路線に分類されるとする鳩山、石橋、岸、佐藤の外交路線について、添谷はその動機がそれぞれ異なることを指摘している。鳩山の場合、それは吉田への敵愾心という国内政治的側面の理由であり、石橋の場合はそのリベラルな国際政治観であり、岸や佐藤の場合はナショナリズムであるという。しかし、彼らの対米認識がどうであれ、「パックス・アメリカーナ」が優勢な状況下においては、彼らの認識は「対米関係を基軸とする日本外交の基本路線」にほとんど影響を与え得なかったという点を添谷は指摘している。[16]「冷戦」下の対米「自主」、すなわち対米ナショナリズムには、厳しい限界が存在したのであった。

その「パックス・アメリカーナ」の枠組みに大きな変動を引き起こした事件こそ、昭和四十六（一九七一）年のニクソン訪中発表、いわゆる「ニクソン・ショック」であり、翌年二月のニクソン訪中と米中首脳会談であった。米国が米華相互防衛条約によってその安全保障を確保してきた中華民国、すなわち台湾を、中共政府は一貫して中国の一部と主張してきており、米国の台湾問題への介入は中国への内政干渉であるとこれを強く非難してきた。従って、米中接近に当たっては台湾問題が両国最大の懸案となることが予想された。

伊藤剛「日米中関係における『台湾問題』―米中和解とその影響―」[17]は、米国がヴェトナム戦争終結の必要性、中共政府がソ連の軍事的脅威に対抗する必要性という、それぞれ優先しなくてはならない対外政策上の課題を抱えていた関係上、台湾問題を二次的問題として扱ったこと、そして正にそれゆえ米中接近が可能となったことを論証している。伊藤はさらに、米中両国が共に、日本の東アジア地域における強大化、具体的には米軍の肩代わりをする程にその軍事力が強大化することを恐れていたという事情があったことを指摘している。伊藤論文は、米中接近の動機が中ソ対立、ヴェトナム問題であったことを指摘すると共に、彼らの共通利害が「日本問題」にあったことを端的に指摘したという意味で、日本外交史研究における優れた論考であろう。

そして、米中接近の意味とその国際政治的背景、日米両国の中国政策の相違を最も明快に分析した著作が、緒方貞子『戦後日中・米中関係』[18]である。

緒方は、中国問題に対して「日米ほど異なった観点からこれに取り組み、かつ対照的な展開過程を見せた国はないであろう」として、両国の政策展開過程について三つの論点を提示している。緒方はこれを第一に基本的外交姿勢、第二に政策決定過程の問題、第三に対中関係正常化の日米関係への影響、と分類し、次のように論じている。

第一の基本的外交姿勢について、米国はまず、中ソ対立の激化を、ソ連陣営の切り崩しと、対中・対ソ関係における米国優位を獲得する機会と捉え、米中接近に踏み切った。そこには、現実主義的な思考で権力政治を捉えるという姿勢が存在した。その結果、「ソ連の軍事力の拡張と政治的優位に対抗しようとする米国の働き掛けに中国が応えると、準戦略的同盟とも呼べる関係が米中間に成立[19]」したのだった。しかし、その一方で戦略的・軍事的特質を含む米中関係には、米ソ・デタントの進展による中国側の失望と不満、そして未解決の台湾問題など、急速な進展に対する制約要因が存在した。

それに対し、日本は「外交政策の認識における戦略的・軍事的思考の欠如」が目立った。緒方はそのことを「日本の外交政策は、基本的に米国のアジア政策と世界政策を支えるものとなった。平和志向の強い国民感情と米国との安全保障関係への全面的依拠の狭間にあって、日本の外交政策の選択肢は自ずと限られたものになった。外交政策に関する論争は、実質的には政府と野党が政治的得点を争う国内的議論であった[20]」と説明している。

そして、日米の外交政策の相違点にはさらに、世界的レベルの展開を視野に入れて考える米国に対し、日本は近隣地域の変化に目を奪われる傾向があること、そのため両国間には解決困難な政策的対立が生じることがあることを緒方は指摘する。いわゆる「ニクソン・ショック」は、その典型的な例であったというのである。

第二に、政策決定過程において日米間には類似点が多く存在した。それは大統領と首相の役割の大きさ、国務省・外務省の役割の限定、そして部外者を仲介者としたこと、である。それはキッシンジャー（Henry A. Kissinger）の極秘訪中に代表される「密室外交」であり、大平外相が外務省首脳より中堅幹部に対中正常化準備を指示したことに、典型的に表れていた[21]。さらに、田中と米国政府は共に、国内の親台湾派からの政治的圧力に曝されていた。日本の場合それは、親台湾議員グループが、台湾との緊密な関係の維持に配慮することを条件に日中国交正常化に同意した事実となって表れた。そして米国の場合、昭和五十四（一九七九）年の「台湾関係法」が上下両院の圧倒的多数で可決されたという事実が、その証となったのである。米国議会には、キッシンジャーが訪中に当たって議会に十分相談しなかったことへの不満が根強かった。同法の投票結果は、その反映であったと見られる。

緒方は最後に、日米両国の対中正常化がもたらした重要な結果を、（1）世界的には二極構造が崩れ、米中ソの戦略的三国構造が成立したこと、（2）地域的には日米中の三国間関係を出現させ、日本の自立的で多様な外交路線追求へと至ったことである[22]、とその議論を総括している。

三　本書のねらいと構成

本書は、以上に紹介した先行諸研究の成果を踏まえ、昭和三十六（一九六一）年から昭和四十七（一九七二）年まで、すなわち約十一年間にわたる日本の対中外交について、いわば戦後日本外交の基軸たる日米関係を縦軸に、日中関係を横軸に置きながら分析するものである。必然的にその内容は「米国政府の見た戦後日中関係」というべきものになるが、史料の分析および執筆に当たっては、その内容が単なる日米中三国関係の変遷といったレベルに留まることのないように、東アジア全体の情勢、とりわけ日米中三国それぞれにとって重大な関係を有する朝鮮半島情勢、米中関係および日中関係に対し大きな影響を与えたヴェトナム戦争、そして中共政府の「文化大革命」といった要素についても言及し、同時期の日米中三国関係の複雑さに迫ろうと試みた。これによって、戦後日中関係が日米関係、東アジア情勢、およびその他の国際政治上の要素が織り成す、複雑な政治的関数の産物であることが理解し得るであろう。

なお、文中にたびたび登場する「二つの中国」という言葉の意味について、一言しておきたい。先に先行研究の一つとして紹介した陳肇斌『戦後日本の中国政策』は、英米が「一つの中国」政策をとった一方で、日本は「一つの中国、一つの台湾」政策、すなわち台湾との国交を維持しながら将来の中共承認を考える、事実上の「二つの中国」政策を追及したと論じている。確かに、米国は台湾（国府）こそが「全中国を代表する政府」であることを承認し、中共政府「封じ込め」という「冷戦」時代の戦略をニクソン訪中に至るまで変えることがなかった。一方、英国は西側諸国で最も早く中共政府を「中国の唯一の合法政府」として承認している。その意味で、英米両国が「一つの中国」の立場をとったという見方は正確であるかもしれない。しかし、米国が米華相互防衛条約を締結して台湾の安全保障に関与することも、そして国府に対し経済的援助を行うことも、全ては大陸に存在する中華人民共和国という「現実に大陸を実効支配している政権」に対抗するための措置である。つまり、その意味で米国は事実上「二つの中国」が存在する現実に対処していることになる。なお、陳自身がそのことを指して、米国は台湾と大陸の分離で事実上「二つの中国」政策をとっていた[23]、と記している。

つまり、我々は「二つの中国」という言葉を「北京政権・台北政権の双方に国家承認を与える」という意味にとる必要は、必ずしもないのではあるまいか。米国が台湾政府を軍事的・経済的に支援しながら中共政府に対し「封じ込め」政策をとった事実、あるいは日本政府が台湾政府と外交関係を維持しつつ中共政府との間に民間貿易・文化交流その他を推進した事実は、その本質において共に「二つの中国」政策であることに変わりはない、といえるのではなかろうか。

さらに、日米両国政府にとって「二つの中国」政策は、東アジア・極東地域の安全保障にとって極めて有益な方法であったという側面を看過することはできまい。蒋介石はその生涯を通じ、来訪する日米両国の要人に対し繰り返し「大陸光復」（軍事力による大陸反攻作戦を発動し、国民政府が中国大陸を奪還すること）の重要性を説き続け、その実行を強く主張すると共に、これを支援するよう要請し続けた。「二つの中国」論は、蒋介石の主張する軍事的冒険（しかも、極めて非現実的にして成功の見込みが薄い）に歯止めをかけるためのものでもあった。いわば「二つの中国」論は、台湾海峡の現状を維持することによって東アジアの平和と安定を守る、「大陸反攻」へのアンチテーゼとしての側面も有していたのである。従って、本書は日米両国がその形態こそ異なるが、共に事実上の「二つの中国」政策を推進したという認識に立脚しつつ池田・佐藤期の日中関係を論じてゆくこととする。

本書の構成は次の通りである。

まず第二章は、池田内閣の発足、ケネディ（John F. Kennedy）民主党政権の発足によって開始された、外務省による中国政策の現状およびその抜本的見直しに関する研究作業の内容を考察し、日本外交の中国問題打開に向けた準備作業について検討する。具体的には、池田訪米に当たって行われた打ち合わせ会の討議内容、総理携行資料の形で纏められた外務省研究作業の集大成の内容について、検討することとなる。

第三章は、日米首脳会談（ワシントン）に先立って両国外交当局が進めた事前折衝の具体的内容、来るべき池田・ケネディ会談において池田が中国問題を取り上げることを予想した米国政府による、日本政府の日中関係に対する認識の分析作業、日米首脳会談の内容、そして米国政府の池田内閣の将来に対する見通しを中心に、国務省記録を検討する。

そして第四章が分析の対象とするのは、いわば「二つの中国」政策の持つ「諸刃の剣」としての側面を露呈した、昭和三十八年十月の「周鴻慶事件」である。本来、中共国籍の一市民の亡命事件に過ぎなかったこの事件が米国、国府を巻き込んだ大事件に発展してしまった真因は、希望する亡命先を転々と変える周鴻慶という人物の無節操な態度が、結果的に国府の面目をいたく傷付けたことに求められる。しかも、国府はこの問題をその「国威」にかかわる重大問題として日米両国政府に猛烈な圧力を加えるに至った。日本政府は「二つの中国」論から生じたこの政治的紛争に巻き込まれることを回避しようとするあまり、事件を国内法たる出入国管理法によって解決したのであるが、そのことが却って国府の憤激を買い、日華関係は断絶一歩手前の危機に陥ったのだった。

本書は事件の梗概と共に、「二つの中国」論に対する中国政府の反発、そして「二つの中国」が正統政府としての立場を主張することで関係国に「中国」の「二者択一」を迫り、外交関係を悪化させるという、「二つの中国」論に含まれる「諸刃の剣」の存在を指摘する。

第五章は、佐藤内閣の発足とその中国政策を分析対象とする。

昭和三十九年十一月に発足した佐藤内閣は、戦後日本における最長政権（任期七年八ヶ月）となった。当初、日中関係打開に積極的なシグナルを出していたかに思われた佐藤は、対米関係重視という大原則の中で、徐々にその対中姿勢の転換を余儀なくされる。この佐藤の姿勢を根拠とする批判、すなわち佐藤内閣の外交姿勢を「対米追随」「反中国」と断じる見方は、今なお根強いものがある。佐藤内閣の対中関係打開に対する消極姿勢こそ、やがて日本の頭越しの米中接近という事態を招き、日本外交が国際政治の動きから取り残される原因となった、という論理がその代表的なものであろう。

しかし、佐藤内閣の中国政策はその実態において事実上、国府との外交関係を維持する一方で大陸との経済文化交流を継続するという「二つの中国」路線、すなわち池田内閣の方針の踏襲に過ぎなかった。それは決して単なる「対米追随」外交ではなく、国府を全中国の代表とする「擬制」と、「二つの中国」が存在する現実とのギャップに苦悩する政治過程だったのである。かつて佐藤内閣の下で中国問題に関与した関係者自身が、佐藤は決して「反中国」論者ではなかったと証言していることからも、佐藤内閣の外交路線を単なる「対米追随」「反中国」とする見方には大きな疑問が残る。本書は当時の米国務省文書を検討しつつ、佐藤内閣の外交姿勢につき再検証する。

既に米国政府は、中国問題が日本外交にとって持つ意味の重要性、および日本の政局に及ぼすその深刻な影響を熟知していた。日本政府と中国問題について隔意なき協議を行うべきであると論じる国務省文書は、中国問題が日米関係の不安定要因となっている事実を率直に指摘していた。それは、いわば中国問題をめぐる日本の「独走」を懸念する米国政府の不安を示すものであり、米国政府自身、現在の中国政策すなわち国府を全中国の代表とする「擬制」の維持に不安を抱き始めた証左であると言うべきである。ライシャワー（Edwin O. Reischauer）駐日大使が、このような現実に立脚しない「擬制」は今や日本をはじめとする同盟諸国を苦悩させるのみであると論じ、米国政府の中国政策を抜本的に見直すべきであると説いた背景には、右のような事情が存在したのである。

確かに、佐藤内閣時代の日中関係には実質的進展が見られなかったし、逆に両国関係が極めて険悪な局面に至ったことは否定し難い事実であろう。しかし、その真因は佐藤内閣（あるいは佐藤個人）の対中姿勢に求められるべきものではなく、佐藤に「対米追随」「反中国」的外交姿勢をとらせた外部要因にこそ存在するというのが、本書の立場である。本書はその外部要因を国内要因、国外要因に分けて分析するが、本章でまず前者、すなわち国内要因を考察の対象とする。

佐藤内閣にとって、最優先の外交課題は沖縄返還の実現であった。佐藤が政治生命を賭けて取り組んだこの重大な外交課題は、必然的に対米協調路線の維持、時には大幅な対米譲歩を不可欠とするものであった。さらに、国府が安全保障上の理由で沖縄の早期対日返還に消極的であった事実もまた看過し難い。いわば、自らの政治生命を賭けた沖縄返還問題を国府によって「人質」とされる形となった佐藤は、ますますその中国問題における外交的選択肢を狭めることになった。

佐藤内閣の置かれた右の状況を勘案する時、佐藤が自らの主導権によって対中共関係を大幅に進展させることは、対米・対国府関係上不可能な選択であったと言わざるを得ないであろう。さらに、国論を分裂させる可能性が極めて大きい中国問題を政策の争点とすることは、佐藤内閣の政権基盤を揺るがす極めて危険な行為に他ならない。従って、佐藤は中国問題の議論を出来るだけ先送りしたかったのである。当時、政権与党である自民党そのものが、既に中国問題をめぐって内訌を引き起こしていた状況であった。佐藤の外交的選択肢は、国内政治上の配慮からもますます制限されざるを得なかったのである。

しかし、米国務省文書は、外務省が右の情勢下においても日中関係調整の必要性を米国政府に働き掛け続けていたことを明らかにしている。佐藤もまた、昭和四十二年国府（台湾）を訪問し蒋介石と会談した際、蒋介石の唱える「大陸反攻論」に何ら言質を与えることなく、むしろ日本の大陸貿易を彼に是認させることによって事実上「二つの中国」路線を継続させている。佐藤は外交的選択肢が極めて限定された状況の下でも、対中共関係に配慮することを決して忘れていなかった。本章では、外部要因に拘束されつつも中国問題における外交的自主性を模索した日本政府の行動を分析し、佐藤外交の真実を解明する。

第六章および第七章は、佐藤内閣の外交を拘束した外部要因中、国外要因に焦点を当てるものである。戦後日中関係のあり方を大きく左右した国際政治的背景には、ヴェトナム戦争、朝鮮半島情勢、および「文化大革命」が挙げられるであろう。佐藤が対米協調外交優先の決定を下した背景に、自らの内閣における最重要外交課題と位置付けていた沖縄返還問題が存在したことは、既に指摘した通りである。米国がヴェトナム戦争への本格介入（北爆開始）に踏み切ったことは、作戦根拠地としての沖縄基地の重要性を著しく高めた。佐藤は、沖縄の早期返還を実現するため、また「西側陣営」の一員として米国の作戦行動を妨害するが如き行動をとり得ないという立場上、必然的に米国のヴェトナム戦争遂行に協力する姿勢をとることになる。また、朝鮮半島情勢の緊迫化は米国の対共産圏姿勢をさらに硬化させ、日中接近の可能性をますます小さくした。さらに、「文化大革命」による中国大陸自体の混乱状況がこれを決定的なものとした。佐藤の「米国追随」に感情的な非難を浴びせる中共政府の態度が、日本国民に中共政府へのマイナスイメージを醸成したことも看過できないであろう。

第六章は、佐藤内閣に対する中共政府の評価の変遷について触れた後、日米両国政府が「文化大革命」を権力闘争・内戦と捉えた事実を指摘する。中共政府の日本政府に対する感情的な非難、「文化大革命」に伴う外交姿勢の硬直化、国内の混乱状況は、日本国民の多くに中共政府へのマイナスイメージを醸成した。この日本国民の対中共観が、自民党すなわち佐藤内閣の外交姿勢に対する支持となったことは事実である。さらに「文化大革命」による中共外交の孤立化は米中関係の著しい悪化となり、日中接近の可能性をますます低め、佐藤内閣を「対米追随」路線に向かわせる結果となったのである。しかし「文化大革命」については、日本国内および欧州知識人の一部に見られたような精神論的評価、すなわち「文化大革命」を大衆啓蒙的意義を有する「中国社会主義建設の道を模索する壮大な実験」（『朝日新聞』）とする見方もまた存在した。本章はこれらの具体的評価について触れた後、当時日中綜合貿易連絡協議会長であった岡崎嘉平太の談話を取り上げ、後の日中接近の伏線とも言うべき、日本国内の親中的人士の論理をも考察したい。

そして第七章は、韓国大統領官邸（青瓦台）襲撃事件、米海軍情報収集艦「プエブロ」号拿捕事件に代表される朝鮮半島の緊張をめぐって明らかとなった、日米両国の外交的摩擦について触れる。「プエブロ」号事件に対する三木武夫外相の認識は米国側に大きな不信感を抱かせたが、これは米国が自民党「反佐藤」勢力の見解に詳細に接した典型例であり、米国は同事件を通じ、佐藤内閣の置かれた国内政治上の不安定な立場を再認識したのであった。同事件はまた、米国の対共産圏姿勢を極めて硬化させた事件であり、ヴェトナム戦争、「文化大革命」の進捗とも相俟って米中関係を悪化させ、必然的に日中接近の可能性を低めることとなる。

しかし、一九六八年三月三十一日のいわゆる「ジョンソン・ショック」、すなわち米国政府の「部分的北爆停止」声明は、日本国内において米国のアジア撤退、国府を全中国の代表とする「擬制」の解除と受け取られた。この日本側の「誤解」を払拭・是正しようとする米国政府の反応は、日米関係における中国問題の重要性を改めて浮き彫りにしている。本書は、先行研究が触れることの少なかったこの「ジョンソン・ショック」が日本に与えた影響こそ、二年後の「ニクソン・ショック」による中国問題の劇的打開に連なる伏線であったことを指摘する。

第八章は、国連総会における中共政府の代表権獲得から、世界を震撼させたニクソン大統領の訪中発表、いわゆる「ニクソン・ショック」に至る国際情勢の大変動を背景とした日本外交について論じる。

昭和四十四（一九六九年）年十一月、訪米した佐藤はニクソン大統領と会談し、昭和四十七（一九七二）年中の、「核抜き・本土並み」の条件による沖縄返還を米国に約束させることに成功した。さらに、同会談後に発表された「佐藤・ニクソン共同声明」の中で、佐藤は「韓国・台湾の安全は日本の安全保障にとって重大な意味を有する」ことに同意し、明確にこれを認めた。同声明は、いわば佐藤内閣の対米協調政策がその頂点に達したことを示すものともいえる。中共政府は、彼らがかねてから「中国の国内問題」と主張する台湾の安全保障に言及した同声明に対し、激しい非難を浴びせた。なお、同声明はそれから約二年数ヶ月後、日本政府（田中内閣）が対中国交正常化に踏出すにあたり、米国政府が日本の急速な対中接近に歯止めをかける根拠となるのである。

同時期、外務省アジア局中国課は中共政府が「文化大革命」の混乱を一応収拾しつつある一般状況に鑑み、毛沢東亡き後の中共政府がとるべき外交姿勢を予測している。中国課は、毛沢東亡き後の中共政府は対ソ関係の悪化、経済復興、国民の福利厚生等の理由から必然的に自ら西側への接近を求めざるを得ないだろうと論じ、日本側から性急な対中共接近を行う必要はないと判断していたようである。本書は、この一般的情勢判断が佐藤内閣の外交姿勢と一致していたことを踏まえ、佐藤内閣が結果的に無防備な形で「ニクソン・ショック」を迎えるに至った事情を指摘する。

日米首脳会談から約一年後、中共は国連第二十五回総会において過半数の票を獲得した。代表権の獲得こそ最終的に否決されたものの、国連総会において中共支持票が過半数を占めたという事実は衝撃的であった。国連における国府の優位は完全に失われ、国際情勢はにわかに流動化の兆しを見せ始める。そして翌年七月のニクソン訪中発表は、いわゆる「ニクソン・ショック」として、日本を含む世界各国に大きな衝撃を与えるのである。

なお、佐藤が昭和四十六(一九七一)年の国連第二十六回総会で、中共加盟を阻止すべく米国と歩調を合わせ「逆重要事項指定方式」の共同提案国となったことは、日本国内に高まりつつあった「中国ブーム」の動きに真正面から挑む形となり、対中関係正常化を推進する諸勢力の佐藤内閣に対する強い反発を招いた。そして国連総会が同提案を否決し、中共政府の国連加盟と国府追放が現実となったことで、佐藤の政治生命は終ったとする見方はほぼ決定的となった。

しかしその反面、佐藤の対米協調路線は日米関係の重要性に鑑み、全く適切かつ妥当であったとする評価も存在するのである。本書は岸信介元首相の見解に代表される論旨を追うことによって、佐藤外交の再評価を試みたい。さらに、佐藤内閣に対する非難の声が高まる一方に思われた状況の中で、外務省には「国連における対米協調」という佐藤の政治的決断は、結果的に「西側陣営の一員」としての日本の面目を大いに保ったのだとする冷静な議論も出現している。第九章では、当時駐ビルマ（現ミャンマー）大使であった鈴木孝が執筆した長文の意見書を紹介し、佐藤の行動に関する評価の一助としたい。

そして第十章は、「ニクソン・ショック」によって大きく動揺し傷付いた日米関係を修復すべく、佐藤が残された任期において行った最後の努力に焦点を当てる。いわゆる「西部ホワイトハウス」、サンクレメンテ（カリフォルニア州）における会談は、「ニクソン・ショック」によって打撃を受けた日米関係を修復、再調整するための会談に他ならなかった。この会談において、米国政府は佐藤以下日本側代表者に対し、どのようなことを述べたのであろうか。また、「ニクソン・ショック」の影響はその後の日本外交に何をもたらし、また米国は「ニクソン・ショック」後の日本外交のあり方に何を見たのであろうか。また、何を感じたのであろうか。

一ケ月後の昭和四十七（一九七二）年二月、ニクソンが現職の米国大統領としては史上初めて北京を訪問した。その歴史的な米中首脳会談、すなわちニクソン・周恩来会談の結果発表された米中共同声明、いわゆる「上海コミュニケ」の内容は、日本政府にどのような反応を引き起こしたのであろうか。そして日本政府は「上海コミュニケ」の解釈に基づき、米国政府に如何なる申入れを行ったのであろうか。第十章は、以上述べた点につき、「上海コミュニケ」の解釈をめぐる日米両国の意識の相違に着眼しつつ、分析を進める。

第十一章は、田中内閣の成立と日中国交正常化を中心に扱う。沖縄返還の実現後、ポスト佐藤を決定する自民党総裁選挙に勝利したのは、これまで米国政府との繋がりが薄く、これといった外交的実績もない政党政治家・田中角栄であった。田中内閣の登場によって、日本は日中国交正常化に向け急速に傾斜してゆく。その日本の急激な対中接近を、米国政府はどのような懸念を抱きつつ見ていたのであろうか。日中国交正常化が日米関係にもたらす問題とは、何であったのか。

以上の章立てと問題意識に基づき、本書は、池田―田中内閣期の約十一年にわたる中国問題を、日米関係、日中関係の交錯という視点から考察・検討するものである。

最後に、本書の執筆に当たって使用した一次史料について一言しておく。

執筆にあたって使用した主な一次史料は、外務省外交史料館に所蔵されている戦後外交記録（マイクロフィルム）、米国立公文書館（National Archives）所蔵の国務省関係記録、同公文書館所属のニクソン大統領関係文書の中から、国家安全保障会議（National Security Council, NSC）文書（要人訪問関係、およびキッシンジャー・オフィス関係文書）である。

日本外務省の戦後記録は近年、次々に公開が進み、中には執筆に当たって極めて有益な史料が含まれるものも存在した。さらに、近年「情報公開法」に基づいて公開された開示文書の中には、その分量こそ十分とは言い難いものの、日中国交回復交渉における日中両国代表の会談録、その前段階における野党党首の会談録など、非常に示唆に富む史料が存在した。今後、関連文書の公開が進むならば、戦後外交史研究が内容的により充実することが期待されるであろう。

なお、米国側史料については、メリーランド州カレッジパークの国立公文書館に所蔵されている日本、中華民国、中華人民共和国関係ファイルから検索した国務省文書（外交記録）を使用した。また、ニクソン政権期におけるニクソン、キッシンジャーら国家安全保障会議スタッフの動き、日米首脳会談等については、前述のように、同館所蔵の国家安全保障会議記録（ニクソン大統領関係文書）を主に用いている。

（1）古川万太郎『日中戦後関係史』（原書房、一九八一年）。なお、改訂新版は一九八八年刊。

（2）同右、三三四頁。

（3）細谷千博『サンフランシスコ講和への道』（中央公論社、一九八四年）。

（4）袁克勤『アメリカと日華講和　米・日・台の構図』（柏書房、二〇〇一年）。

（5）同右、九一～九四頁。日華両国は、その合意記録に双方の主張を併記することで妥協した。すなわち、国府は日本政府の主張する「対日協力政権（旧満洲国、南京政権）の在日資産処分」についての日本に有利な記述を受け入れ、日本政府は国府の主張する、将来の条約適用範囲に大陸を含むという解釈に同意することを明記した。

（6）陳肇斌『戦後日本の中国政策　一九五〇年代東アジア国際政治の文脈』（東京大学出版会、二〇〇〇年）。

（7）同右、一～五頁。
（8）同右、七七頁。
（9）同右、一一二～一三九頁。
（10）同右、一五二～一六〇頁。
（11）同右、二〇一～二二八頁。
（12）田麗萍「池田内閣の中国政策（一）封じ込め戦略と対中積極論の狭間で」、「同（二）」、『京都大学法学論叢』第一三七巻二号、一九九五年、および『同』第一三九巻一号、一九九六年。
（13）田麗萍「佐藤内閣と中国問題（一）状況対応型外交、その意義と限界」、「同（二）」、『京都大学法学論叢』第一四一巻五号、一九九七年および『同』第一四三巻三号、一九九八年。
（14）添谷芳秀『日本外交と中国　一九四五～一九七二』（慶應通信、一九九五年）。
（15）同右、二五五～二六四頁。
（16）同右、二六〇頁。
（17）伊藤剛「日米中関係における『台湾問題』―米中和解とその影響―」、日本国際政治学会編『国際政治』第一一八号「米中関係史」、一九九八年。
（18）緒方貞子（添谷芳秀訳）『戦後日中・米中関係』（東京大学出版会、一九九二年）。なお、本書の英語原題は次の通り。Normalization with China, A Comparative study of U.S. and Japanese Processes. Sadako Ogata. Institute of East Asian Studies, University of California, Berkeley, 1998.
（19）同右、一四七頁。
（20）同右、一七六頁。
（21）同右、一七九～一八二頁。
（22）同右、一八七頁。
（23）陳前掲書、三頁。

Ⅱ　池田総理訪米と外務省による中国問題の再検討

一　池田内閣の発足と国連中国代表権問題の転機

昭和三十五（一九六〇）年七月十九日、池田勇人新内閣が発足した。同日午後に行われた閣議後、小坂善太郎新外相は外務省で初の記者会見を行い、次のようにその所信を表明した[①]。

一・自由民主主義を国是とするわが国としては、自由世界の一員であるということが外交の基本的立場であり、また国連憲章の原則に基づく世界平和の確立に寄与することが、その基本目標だ。

一・安保新条約の発足によりわが国は安全保障のほか政治、経済の部面でも米国との協力関係をますます強めるべきであり、同時に英、仏などの西欧諸国との連携に努力したい。

（中略）

一・対共産圏外交は国際情勢の推移を見ながら慎重に対処したいがあせりは禁物だ。

（中略）

一・最近のわが国における不幸な事態により傷つけられた対外信用を回復するため政府と国民の一致した努力が

必要だ。民主国家として法秩序の尊重と良識のうえに安定した政治的、社会的情勢を一日も早く確立することが必要だ。安保条約を通した自民党が次の総選挙で圧倒的に勝つことが、国際信用回復のために第一歩だと思う。

すなわち、池田内閣発足時の日本政府の認識は、岸内閣末期の日米新安保条約批准をめぐる混乱、アイゼンハワー（Dwight D. Eisenhower）大統領訪日の中止を余儀なくさせた東京都心部における暴動、その結果としての治安維持能力への不安が、日本の国際的信用を甚だしく失墜させたという深刻な反省を踏まえ、安保問題で傷ついた対米関係の改善と国内情勢の一日も早い安定を最優先課題にするというものだった。

一方、小坂は対共産圏外交について単に「国際情勢の推移を見ながら慎重に対処」すると述べているのみであり、その具体的打開策は何ら示していない。とりわけ日本の隣国であり、未だ国交が正常化されない中共との関係は、昭和三十三年のいわゆる「長崎国旗事件」によって最悪の状態に陥ったままであった。しかし、これは日本政府・外務省が中国問題の打開に対し無為無策であったということを必ずしも意味しないであろう。むしろ、新安保条約調印・批准をめぐる一連の政治的混乱とその後遺症が、中国問題を熟考する余裕を失わせていたと解釈するのが妥当であると思われる。池田内閣の発足した昭和三十五年七月から、翌年一月二十日の米国ケネディ民主党新政権が発足するまでの約六ヶ月は、池田新内閣が国内政治安定のために必要とした時間であり、一方では、中国政策に対し新たな具体的取り組みを行うであろう米国新政権の登場を待つための、いわば政治的過度期であったといえよう。

昭和三十五年十一月、米国大統領選挙は民主党のケネディ上院議員（マサチューセッツ州選出）が僅差で勝利するという結果で終わった。日本政府・外務省はこの時点で、米国の政権交代（共和党から民主党へ）に伴う、中国政策転換の可能性を考慮する必要を感じたと思われる。

昭和三十六（一九六一）年元日の『朝日新聞』は、「池田首相・新年の構想」として「日米外交に意欲」、「成長政策と日中打開」を掲げ、次のように論じた[2]。

「外交面では、一月二十日に発足するケネディ政権による新しい米国の世界政策の展開を軸として、保守政権には多年の〝宿題〟であった『日中関係打開』が具体的な日程にのぼる可能性をかなり増した。」

「中共の国連代表権問題は、今週の国連総会の重要案件となろうが、このときが日中問題のひとつのヤマ場でもあるので、首相はこの準備体制を整えるため、国連外交布陣の画期的な刷新、強化を断行する決意をすでに固め具体的な構想を練っている。首相は『これからはニューヨーク（国連）と永田町（首相官邸）が中心になって生きた外交をする』といっているが、それだけに、日本の国連代表機構を質量ともに充実させ、信頼するに足る情報と情勢判断を得るつもりである。」

「日本の国連代表五人には、いずれも大使級の人材を当てて西欧、アフリカ、アジアなど、世界各地を専門分野として担当させ、国連大使には、これらを統括する大物を起用したい考えである。この構想は吉田元首相も全面的に支持し、首相を応援しているといわれ、首相も昨年末から〝大物大使〟の人選にとりかかっている。」

その池田が吉田元首相の「全面的支持」を受け、国連に派遣する〝大物大使〟として選んだのは、元官房長官・外相の岡崎勝男であった。岡崎はその回想録『戦後二十年の遍歴』において、小坂外相から国連大使就任の打診があったのは昭和三十五年の秋頃であり、一度は断ったものの、翌三十六年一月頃から池田、吉田、佐藤栄作らを始めとする「ほうぼうから攻め立てられ」た結果、とうとう引き受けることになったと述懐している[3]。

右の『朝日新聞』記事が指摘し、また岡崎自身も認識していたことであるが、来るべき国連第十六回総会では、中共代表権問題が一大争点となることが予想されていた。昭和三十五年は「アフリカの年」と言われたように、アフリカに多数の新興独立国が誕生した年である。これら諸国の国連加盟によって加盟国数が増加した結果、これまで米国が主導してきた中共加盟問題を一切論議の対象としない、いわゆる「審議棚上げ（モラトリアム）方式」の有効性が失われる恐れが生じていた。実際、第十五回総会におけるモラトリアム案への投票結果は、賛成票・反対票の差が僅か八票に縮まるという、米国にとって衝撃的な結果となった。次期総会、すなわち第十六回総会における中国代表権問題の投票結果は予断を許さない状況となっており、中国代表権問題を国連審議の対象とし、かつ中共政府の代表権承認を主張する共産圏、および新興国の勢力が強まりつつあった。その趨勢は、次期国連代表に指名されたスチーブンソン（Adlai E.Stevenson）が米上院外交委員会の公聴会で、中共問題についての米国の立場への支持が近年減りつつあることを考え、米国は台湾の独立を保つ義務を維持するが、中共の国連加盟を阻止することは「不可能かもしれない[4]」と証言したことからも明らかであろう。岡崎はその事情を次のように記している[5]。

「これらの国の要人は、いままで自国の独立運動に没頭して国際情勢を顧る暇もなかったが、いよいよ独立し、国連にも加盟して、さて世界はどうなっているかと見渡した一九六〇、六一年ごろは、中共政府は中国大陸に確固たる根をおろして十年余り、そうして世界一の膨大な領土と六億五千万と称する人民を支配してきている。しかるに国民政府は台湾、澎湖島に拠ってわずか千百万ほどの人口を擁するにすぎない。こういうところから彼らの認識はスタートしているのであって、国民政府も中共政府もともに国連に入るならけっこうだけれども、両方が主張しているようにわれこそは中国代表政府であり、二つの中国の陰謀は認めないという限り、中共か国民政府か二者択一をせざるを得ない。そうなると、小の虫を殺して大の虫を生かすほかないから、国民政府には気の毒だが、中共を中国代表政府として国連に迎えるほかなかろう、というのが新興国の多くのひとの考えのようであった。」

「一九六一年の国連総会では、従来の中国問題を議題とせずという米国の提案は通らないかもしれず、したがって国民政府が国連から追い出されて中共がそのあとにすわるという可能性もなくはないというはなはだ危険な状況にあった。これは（中略）私自身の考えからいっても日本に非常な不利益を招くことであるので、思い切って国連大使を引き受けて、この趨勢を何とか食いとめることもやらなければならないかと考えたのである。」

岡崎の指摘する通り、中国すなわち国府、中共の両者が自らを「唯一」の代表と主張して他方を排除し、「二つの中国」の国連同時加盟に断固反対するという主張を曲げない以上、各国はいずれか一方の政府を中国の代表として承認せざるを得ない。そして日本は、日華平和条約によって台湾すなわち国府を中国の代表政府と認め、外交関係を樹立している。そして日本が有する米国との安全保障上の絆を考慮するとき、台湾の地位を脅かす、すなわち台湾が中共の支配下に入る危険をおかすような外交的選択は、日本の決してなし得ぬところであった。外務省アメリカ局安全保障課は、安全保障面から見た日華関係の重要性を次のように論じている。[6]

「沖縄の米軍基地は太平洋を横断して中国大陸に至る作戦線の拠点となっているが占領頭初《ママ》の意義は中共に対するものではなく日本の南方発展を抑制し、管制する狙いのものであった。従って台湾および日本列島との連携によって初めて、沖縄は大陸に対する戦略的価値を保有することができるのであって、台湾の喪失を補う役割を孤立して演ずることは困難である。むしろ台湾が赤化すれば沖縄は日本防衛の前哨とはなるが、米国にとっては価値を減じ、小笠原、マリアナ、ガム（グァム）島の線の方が兵要地理的には（米国にとり）優るものとなろう。以上の諸点を要約して、台湾の帰属は極東の安定と勢力均衡に重大な関連をもち、これを自由陣営より失う場合、日本およびフィリピンは戦略上極めて困難なる立場に陥るものと見るべきである。」

その台湾（国府）は国連の原加盟国であり、安全保障理事会五大常任理事国の一つである。外務省国際連合局は、後年、国府にとって国連代表権問題が有する意義について「国連からの追放は国際社会からの破門であるとの感が一層強い」とし、「あらゆる場において国際的地位の誇示と昂揚に努めねばならない立場にある分裂国家にとっては、殊のほか痛い問題であろう」から、国府にとってその比重は一段と重いものになることを指摘している。国連局の中国代表権問題に対する認識は、「すでに原加盟国として国連に議席を有し、国府によって代表されている『中国』という一つの議席をめぐって、内乱で分裂した二つの政権・中華民国（国連憲章第二三条にいう“The Republic of China”）と中華人民共和国が相争っている状況」というものであった(7)。

それは、国府との外交関係を維持しつつ、大陸にもう一つの政権が存在する現実にも同時に対処するという、事実上の「二つの中国」論に基づく情勢認識である。すなわち、これは二つの「中国政府」が存在する「厳然たる事実をどう合理化したらよいか」という問題であり、同時に中共の唱える『台湾の解放』だけは何とかして喰いとめたい。そして共産勢力のこれ以上の拡大は何としても防ぎたいとする自由陣営の政治的願望も付帯する」考えであり、いわば「中共、国府の現状を固定」するという「現状維持」の発想に立脚するものであった(8)。

さて、先述のようにケネディ民主党新政権の登場は、外務事務当局にとって「長崎国旗事件」後、最悪の状態に陥った日中関係を打開する契機と思われた。その認識の根拠として、次の事実を挙げることができよう。

まずケネディ自身が、大統領就任前の一九六〇年十一月、ナショナル・プレス・クラブにおける演説で、米国は「米ソ両国間で懸案となっていたいろいろの問題について、一定の保障がえられるまではソ連（の主張）を承認しなかった。しかし、私は、中国については、少なくとも、この国を信頼するに足る何らかの兆候さえみられるならば、同国の承認を考慮してもよいのではないかと思う[9]」と述べると共に、「究極的には中共承認とならび国連加盟に踏み切るべきであろう[10]」と語っていたことである。

さらに、同政権の国務次官に就任した「二つの中国論」支持者として著名なボールズ（Chester Bowles）は、次のように述べている[11]。

「台湾の政治的地位は中国大陸との関係においても、またインドや日本を両端とする自由アジアとの関係においても不安定である。その理由は台湾の政治的ステイタス（地位）が、『蔣介石は依然として六億五千万人の中国人を支配している』という神話に立脚しているからである。このような神話を信じているのは、ワシントンから強い圧力を受けているアジアの三、四の国の政府だけ」であり、米国人もこのような神話は信じていない。米国と国府は「情勢の進展に伴い、同盟国や友邦とのより合理的な協調関係を打ち立てることができるよう共同の政策の立案に努めなければならない」のであり、それは以下の前提に基づく。（原文要約）

（イ）中国は困難はあれ、中国の確固たる支配者である。

（ロ）中国はその資源、人口の点からして弱体な隣邦に対し膨張する傾向を有するから、米国の政策の主要目標は東南アジアに対する中国の膨張を阻止する点に向けられる。

（ハ）台湾の安全かつ自立的発展は米国の利益に合致する。台湾の存在は米国の軍事・経済援助に依存しているが、長期的には自由アジア諸国、ことに日本、インドの政治的発展とこれら諸国の対国府政策に依存するものでなければならない。

(ニ)蒋介石は既に七十三歳であり、永久に支配者たり得ない。彼の没後、政府の安定はどうなるか。国府はこれに備えねばならない。
(ホ)諸般の情勢で可能になったとき、米国と大陸の間に友好関係を復活するのは、米国の利益に合致する。
(ヘ)国府は以上の諸前提の下に、自由アジア諸国の積極的一員としての役割を果たさねばならない。

さらに国連大使に指名されたスチーブンソンは、アジアの緊張を緩和する一方策として、台湾の住民投票によるその帰属決定を提唱すると共に、米国は中共の国連加盟に反対しない(外交上の承認を与えることとは混同せず)ことも主張していた[12]。

これらの見解が、来るべきケネディ政権の中国政策が従来の「封じ込め」路線から、中共政権の将来の国際社会復帰を目指す路線に変化する可能性を、外務事務当局に考慮させる要因になったのであろう。さらに、当時重要性を増しつつあった問題の一つとして軍備管理問題もまた、米国の政策転換を予期させる要素の一つであったと言える。それは、中共による核開発の進展、その核兵器保有の時期が切迫しつつある、という米国政府当局の危機感に裏付けられていた。核保有国となった中共を国際的孤立状態に留めておくことは、西側諸国にとって中共の参加しない軍備管理計画を余儀なくされることであり、それは軍備管理計画そのものを無効化する危険が大きい。従って、将来の軍備管理構想を実効性のあるものとするためには、中共を国際社会に復帰させ軍備管理協定(条約)に参加させることが望ましい。ゆえに米国は対中接触を開始すべきである、という見解が、民主党政権になって盛んに提唱され始めたという事情があったのである[13]。

以上の諸点に加え、先述の如く国連における近い将来の中共有利を予想させる勢力配分の出現は、米国による中国政策見直しの時期が近いという見方を、外務事務当局に抱かせるに十分だった。しかし、ケネディ政権は現実にはその発足から時間が経過するに伴い、従来の中共承認をも視野に入れる政策の柔軟さを徐々に後退させ、中共の国連加盟反対、国家承認反対という従来の共和党による「封じ込め」政策と事実上変わらぬ方向に、その外交路線をシフトしてゆくことになる。[14] その政策シフトが具体的に結実したのが、九月に開会した国連第十六回総会における「重要事項指定方式」の導入であったといえよう。それは国連憲章第十八条に従い、「中国の代表権を変更するいかなる提案も重要問題であることを決定する」[15] という、いわゆる五カ国決議案（日本、オーストラリア、米国、コロンビア、イタリア）決議案である。岡崎勝男は、この「重要事項指定方式」について次のように解説する。

「私は関係諸国と協議の上、中国代表権は重要な問題であるから、総会の三分の二の多数をもってしなければ、いかなることも決定できないという提案をしたのである。（中略）その当時もいまもそうであるが、中国代表権問題につき国連総会の三分の二の多数の賛成票を得るということは自由主義諸国でもできないし、また共産諸国でももちろんできないのである。したがって中国問題が重要事項として三分の二の議決を経なければ何ごともきまらないということは、結局共産諸国の提案も、自由諸国の提案も総会では成立せず、中国問題はいつまでも先に延びるということを意味するにほかならない。（中略）もし無理をして共産国側の言い分を通し、中共の国連加盟を認め、その結果国府を国連から脱退させるというような事態になれば、これは極東の勢力均衡を大きく破り、平和維持に非常な障害となるであろうが、それにも増して、国連創立以来忠実に憲章義務を守り、国連の育成強化につとめ、何ら誤りのなかった国民政府を、理由もなく国連から追い出すなどということができるものではないし、またそれをやったとすれば国連自体の存在の意義が失われてしまうのである。そうかといって中共の存在を無視し、台湾の国民政府が中国全体の代表であるということを改めて確認することは、現在の事態から見て実情に添わないうらみがある。（中略）したがってこの際は拙速の解決を避け、中国代表権問題に対する国府、中共をはじめ、各国の理解を深めて徐々に根本解決をはからなければならない。[16]」

すなわち、外務事務当局が当初予想したケネディ政権による対中国政策転換の動きは、この「重要事項指定方式」決議（十二月十五日）によって、事実上清算されたことが明らかとなったのであった。

昭和三十六年三月七日、日米両国政府は、池田首相が来る六月二十日から二十二日までワシントンを公式訪問、ケネディ大統領以下米政府首脳と会談することを同時発表した。七日の『朝日新聞』は、中共を中心とする極東情勢について両者が話し合う際、日本側の目的は「共和党から民主党への政権交代を契機とする米国極東政策の〝真意〟をただすこと」であり、米国側の目的は「中共問題に関する方針についての池田内閣の方針」を探ることにある、としている。『朝日新聞』は日米が共通して検討に当たる点を、

一・極東とくに東南アジアにおける中共の政治的圧力と経済進出の実情分析
一・日中関係の現状と、台湾を含めた中国問題の解決についての池田内閣の政策
一・国連での中国代表権問題についての国際情勢の動向。今秋からの第十六回総会における日米両国のとるべき態度
一・共産圏内部での中共の投資と比重。とくに〝中ソ論争〟とこれに関連する外交面での中ソ関係の実態と評価。

と整理しており、池田訪米における中国問題の重要論点が事実上「二つの中国」論と国連代表権問題であることを明らかにしていた。[17]

池田は訪米に備え自民党の党内工作を開始したが、八日の『朝日新聞』が伝えるところでは、党内各派閥の実力者らは日中問題については「傍観者」的態度をとり、事実上の「総理一任」という姿勢でほぼ一致していた。日中関係打開に積極的な松村謙三ですら「日中問題は池田内閣に任せた」という態度であり、河野一郎も「国連や米国の出方を見て慎重に処理すればよい」という態度であった、という。『朝日新聞』は、この自民党実力者達の態度を「日中関係の打開が『政府間交渉』でなければ解決できないという段階にきているという認識から生じている。『政府間交渉』の帰結が『二つの中国』問題にぶつからざるをえない以上、党内実力者としてもうかつに現段階で口をさしはさめない」からであると分析している[18]。自民党実力者のこれらの発言は、日中関係の複雑性と困難性を端的に示すものであろう。そして、ワシントンへ赴く池田自身、決して日中関係打開の決め手を有してはいなかった。

従って、池田訪米における中国問題の進展は「自由経済圏の中で日本の繁栄を続けようとする外交基調が揺ぎない大前提である以上『国連を中心とする国際情勢に即応して弾力的な態度で措置する』という心構えを強調することによって、池田内閣の日中関係打開へのせめてもの〝熱意〟を訴え、岸前内閣の静観的な態度よりも一歩進んだポーズをとることで精いっぱい[19]」というのが一般的観測であった。日中関係は、未だ政治が積極的主導権を発揮し得る段階には至っていない、換言すれば諸般の情勢を分析しつつ、政治的打開の機会を模索する時期であるというのが、政府与党のコンセンサスであったと結論してよい。従って、来るべき日米首脳会談は日米両国が中国問題の外交的打開策を模索する場ではなく、両国の意見・情報交換の域を出ないことが予想された。

池田訪米すなわち日米首脳会談に備え、外務事務当局が中国問題について総合的分析・検討の作業に入ったのは昭和三十六年初頭のことである。当初予想したケネディ政権による中国政策転換の見込みが後退してゆく中で、外務事務当局は中国問題に関する日本側の主張を精力的にまとめ、池田総理訪米資料として完成させている。

次節ではその具体的内容を詳細に検討し、外務事務当局がこの時期抱いていた中国問題認識、およびその打開案について具体的に検討してみたい。

二　外務省による中国問題の検討作業

昭和三十六年一月、アジア局中国課（以下、中国課と称す）は「対中共対策（案）」をまとめ、国連中国代表権問題についての見解を整理した。その内容は次の通りである。[20]

〔アジア局中国課「対中共対策（案）」〕

(1)国際社会における「駄々っ子」である中共を「大人」にするため、国連という舞台を与えよ。

(2)中国代表権問題の審議を棚上げする米国のやり方は「非デモクラティック」。世人を納得させ得ない。米国案は年々支持を失いつつあり、今後は楽観し得ない。

(3)わが国は米国に対し、実質審議に応じる（棚上げ案に固執せず）よう説得し、あくまで米国がこれに固執するようなら棄権の他ない。

(4)「一つの中国、一つの台湾」という現実に照らし、わが国としては審議棚上げには棄権、実質討議には原則として不参加（多数決に従う）が賢明であろう。

中国課は、米国の主導してきた審議棚上げ（モラトリアム）案はもはや時流に合わず、米国は中国問題についてもっと前向きの姿勢をとるべきであり、もしも米国があくまでモラトリアム案に固執するようなら棄権という形で日本独自の政策を貫くことを提唱する一方、実質討議に不参加とすることで、日本が「二つの中国」をめぐる複雑な政治的立場に巻き込まれぬよう配慮している。中共政府を国連に加盟させることで国際的責任を負担させ、その政策を抑制しようという発想には、先に指摘した軍備管理に中共を参加させるという米国の考え方と共通する点が認められ興味深い。すなわち、本文書は民主党政権発足前後の、米国の対中国政策転換に対する外務事務当局の期待感を反映するものと言えるであろう。

しかし、約三週間後の一月下旬、アメリカ局が作成した文書「対中共政策について」は、中国課「対中共策（案）」とは異なり、中共の国連加盟構想には否定的である。同文書は、予想される米国の中国政策、および日本のとるべき姿勢について次のように整理した[21]。

〔アメリカ局「対中共政策について」〕

〔米国の中国政策〕

⑴中共に対し「力の行使の放棄」を要求するが、中共に台湾に対する「クレイム」を放棄せよとは主張しないラインをとる。すなわち台湾海峡の現状を軍事的に凍結する。

⑵米国内の強い反中共感情、米国の威信、台湾の戦略的価値から見て、台湾の放棄はあり得ない。台湾の将来については、地方政権として維持するコースを想定か。それは、国民政府から台湾人の政権への移行を含む。しかし台湾が米国を巻き添えにした大陸への実際行動（大陸反攻）をとる危険を警戒し、不用意に取り上げることを避けている。この方向への具体的方法・時期については慎重（国府内部崩壊の恐れあり）。

⑶国連代表権問題については、周到な準備をもって臨めば本年秋は現状維持が可能という判断と思われる。また現在の米議会の中共に対する強い態度から、これが唯一のコースであろう。米国はいずれにしても、国府を地

方政権として支持し続けるだろう。

⑷民主党・共和党の対中政策には実質的相違はほとんどない。共通するのは中共に対する強い感情の存在である。「二つの支那」という言葉は各種の意味に使われているが、米国の政策も台湾海峡の現状を凍結して、極東の軍事情勢を安定化し、徐々に中共との接触面を拡大して行くことを目標としている点において、一種の「二つの支那」の政策である。ただし現在これを公言することは、なによりもまず米国内において猛烈な反撃を覚悟しなければならない。従って、米国は今秋までに実質的な新たな動きをする余地は少ないと考えざるを得ない。

⑸日本の中共政策については、漸時《マヽ》日本の独立した動きを容認する傾向を示しているが、現在においても少なくとも日本がその基本線に追従することを要求している。民間ベイシスの日中貿易には反対しないが、貿易協定締結はそれが事実上の承認となる場合には反対。人の往来には反対しないが、公的資格者の訪中は好まない。国連代表権問題については、米国の立場への支持を日本に期待する。中共正式承認・国府否認に対しては、あらゆる外交的圧力を行使してこれを抑制する。その理由は次の通り。

①日本の中共に対する特殊な地位より、日本の新たな動きは国府以下、周辺反共諸国への影響が大きく、国連代表権問題にも影響する。日本の動き如何によっては米国の東亜における軍事体制に亀裂を生じる。

②日本・中共政治会談の開始は、日本国内を混乱させ日本政府の基本的態度も揺らぐ。中共はこれを利用して楔を打ち込む。日本の政治的安定性が阻害される情勢が生ずる。

米国は少なくとも、日米の対中共政策調整（一致はせずとも）を要求する。

〔日本のとるべき基本的立場〕

⑴台湾が自由世界に留まることが日米の安全保障にとって決定的重要性を有することで、日米両国の政策目標は完全に一致する。

⑵著しく異なるのは、台湾の現状がほとんど米国の力のみによって支えられていることで日本は積極的にほとんど何もし得ないことである。

⑶日本世論の動向は、中共を刺激することは避けたい。

⑷台湾の処理については、端的に言ってこれを中共に引き渡すか、何らかの方法で切り離すかのいずれかである。前者に米国が応じることはあり得ないし、後者は中共が拒否するであろう。自由諸国の協議は台湾切り離しに落ち着くであろうが、中共にとっては「二つの中国の陰謀」の現実化に他ならない。日本は国内世論の動向、地理的位置から困難な情勢に直面する。日本がこの種の解決に積極的役割を果たすことは出来ない。

⑸このような客観情勢において、日本としてはその進むべき道は他の関係国と異なる性格のものとならざるを得ない。「極東の現実を前提として、現に中国に二つの政権が存在するから隣接国としてその国際環境に順応し、国府との関係を維持しつつ、中共との関係調整を進めて行くということにならざるをえない。」

⑹日本は自由国家として自由世界の連帯性に依存するが、国共対立には中立・不干渉の立場をとる。

⑺隣接国として二つの政権との関係を維持せざるを得ない。

⑻日華平和条約は当面廃棄しない。同条約は戦争終結、日本による領土特権の放棄に関するサンフランシスコ講和条約の規定を確認した歴史的事実に関する部分を除き、国府支配下の領域との関係を規定したものであるとの立場をとる。

⑼中共との間に、隣接諸国間に生じる諸事項を律するため必要な諸協定を締結する。

⑽日米安保による米軍の日本基地使用が附随的に台湾防衛に寄与することを、日本としては制限し得ない。ただ条約運営は自主的に行う。

⑾国連中国代表権問題に対しては、今後棄権するものとする。

〔以上の諸点について〕

譲歩の限界を超えたものというべき点も含んでいるが、日本の国内政情における左翼の力は過少評価できず、中共の対日態度も日本国内の動揺に応じて強硬になろう。内政的にも、この程度まで後退を余儀なくされるのではないか、という線を示したものである。

これら二つの文書における相違点は二つある。第一点は、先に指摘した中共の国連加盟問題に対する姿勢、そして第二点は、アメリカ局「対中共政策について」が民主党・共和党間に著しい対中政策上の相違があるわけではないと述べ、民主党政権登場による米国対中政策転換への過度な期待を戒めていることである。

しかし、両文書はその表現方法こそ異なるものの現実に存在する「二つの中国」の現状を肯定し、双方との関係を保ちつつ今後の対中政策を慎重に進めるという点において共通していた。とりわけアメリカ局「対中共政策について」は、日華平和条約を「国府が現実に支配する領域（すなわち、台湾・澎湖島および金門・馬祖）と日本との関係を律する条約」である事実を再確認している。そして、これは同条約を締結した西村熊雄元条約局長の説明する「限定承認論」の再確認でもあった[22]。

すなわち、アメリカ局「対中共政策について」は、「国連代表権を有する国府が全中国を代表する政府である」という論理を明確に否定していた。対米協調を重視したアメリカ局作成の同文書は、米国は日本の中共承認行動をあらゆる外交的圧力を行使して阻止するであろうと予想している。しかしその同文書でさえ、もはや中共政権の存在を無視して極東情勢の安定は望めないという認識に立脚していたのであり、それは中国問題を何らかの形で打開したいと望む当時の外務事務当局の共通認識を示すものと言えよう。

なお、外務省が中国問題を「二つの中国」の現状肯定によって処理しようとしていたことは、一月作成の文書

「問題の主要点」にもうかがうことができる。同文書は「二つの中国」論の包含する問題を次のように指摘する。「二つの中国論に立っての中共承認論」は中共が大陸を支配しているゆえ合理的に見えるものの、「二つの中国」承認は事実問題または心理上の問題としてともすれば混同される怖れがあり、いつの間にか「台湾否認の中共承認」に転化する危険があるゆえ、日本はこの混同・転化の起こらぬ十分な条件設定ないし保障を獲得しなくてはならない[23]。

しかし、「二つの中国」論における最大の難点は、国府・中共両者がこれに強く反対しているという事実であった。外務省『中共情報』のまとめた「中共側の『二つの中国』批判」によると、いわゆる「二つの中国」論は三つに分類されており、それは①「台湾を独立国に」する形態、②国連信託統治または台湾の「保護」を行う形態、③「ワン・アンド・ハーフ中国」（台湾の「自治領」化）から成っていた[24]。中共は、この三案は米国の台湾武力占領継続を狙いとするものであり、台湾は中国領土である以上、国連信託統治、国際仲裁による解決、台湾の現状凍結等はすべて不法な国際的干渉に他ならないと激しく非難している。すなわち、台湾問題は中国の内政問題であるというのが彼らの認識であり、その点については国府もまた同一の認識に立っていた。

「二つの中国」に対する国府の考えを示すのは、次に掲げる、二月下旬に訪台した外務省アメリカ局関係者とオズボーン（David L. Osborn）駐華米大使館参事官との談話であろう。オズボーンは「国府の態度は all or nothing であり、米国にモラトリアム（案：国連中国代表権問題）をプレスしてくる」うえ、政治的に巧妙でなかなか腹の中を窺わせない、また時として非常に偏狭であるが、彼らがこのような態度を取るには彼らなりの理由があると述べ、その理由を次のように解説した[25]。

すなわち「二つの中国ということになれば（たとえばなんらかの形で中共とともに国連に残るような場合）、国府は漸時《ママ》台湾における存在理由を失うことになる。すなわち台湾の政権ということになれば、台湾人に下からつき上げを食うことになる。（中略）従って彼らは自由中国の旗印を維持しなければならない。国連を追い出されることは相当な打撃ではあるが、彼らは何とか持ちこたえられると考えている。そこで潔く国連を出て（中共も国府とともに国連にいることは絶対に反対するであろうが）反共政権としてがんばりつづけるという線がでてくる」のであり、やがて中共の矛盾激化によって大陸反攻のチャンスが生まれるかも知れず、中共相手の戦争でも起これば各国の対国府態度も変わるのではないかという「淡い望み」もあるのであろう。

このように、中国問題には「現実に存在する二つの政権」が共に「二つの政権が存在する現実」に反対するという、朝鮮半島問題に典型的に見られる分裂国家特有の、事実上解決不可能の難問が常につきまとっていた。

しかし、外務事務当局の研究作業はその後も「二つの中国」の存在を肯定する方針を維持しつつ進められてゆく。三月初旬にアジア局が作成した「対中共策（案）」（第二案）の内容は、次のようなものである。[26]

〔アジア局「対中共策（案）」（第二案）〕

1．情勢判断

(1)中共の国連代表権問題、中共承認は結局、台湾の処理いかんにかかる。

(2)台湾処理についての米中の方針は完全に対立、近い将来解決の見込みはほとんどなし。

(3)中共問題処理に関連して、日米関係の重要性を考慮すべきは論をまたない。

(4)日中関係の将来は、逐次重要性を増すことは亦疑いない。

(5)「中共代表権問題棚上案」は、将来永きに亘り続け得るものではない。

2．国連対策

(1)米国が引き続き棚上案を出すとき、わが国は棄権する。

(2)中共代表権を中国本土に限定して承認する案（台湾の地位については、近い将来住民投票などにより、これを決める）にも棄権する。
(3)中共代表権の無条件承認案にも棄権する。
3．日中関係
(1)中共政権の正式承認は当分の間（台湾問題の最終的解決まで）これを行わない。
(2)中共が応じるならば政府間貿易協定の締結にまで進む。「すなわち、中共政権の事実上の承認までは進むものとする。」
(3)「国民政府との関係については、わが国は現状維持を希望するが、先方が断交その他の措置をとっても止むを得ない。」

アジア局「対中共策（案）」（第二案）は、中共の国連加盟が望ましいと論じた中国課「対中共策（案）」に比してその内容において遥かに踏み込んだものであり、中共の事実上の承認に加え、場合によっては台湾政府との断交もやむを得ないと論じている点は注目に値する。このことは、外務事務当局が「二つの中国」問題を処理するにあたって、国府側の主張とはどこかで一線を画さねばならない必要性、そして真に止むを得ない場合は「中共承認、対国府断交」が現実のものとなる可能性が高いと認識していた事実を示すものだろう。その外務事務当局が、日米両国政府が池田訪米を発表する直前に集大成した中国問題に関する方針が、次に掲げる二つの文書である。

①「対中共方針（案）」　昭和三十六年三月三日　アジア局（第一案[27]）

1・国連における中国代表権問題

(1)台湾に対する特別扱いを条件として、中共に対して中国代表権が認められることがわが国にとって望ましい。

(2)その理由は、次の通りである。

a・中国大陸に七億に近い人口を要する中共政権が存在する事実を直視すべきである。

b・国際社会の現実の必要がある。特に軍縮協定および核実験停止協定は、中共の参加なしには実効を収め得ないという当面切実な問題があるが、中共は国連加入が認められた後でなければ、かかる協定に参加するとは思われない。

c・中共を国際社会に入れても国際的責任を持つに至らないであろうとの意見もあるが、現在のまま放置する場合には、この点についての改善は殆ど期待できないので、やはり、幾分なりとも可能性のある方向を選ぶべきであろうと思われる。

d・日中関係の改善を要望する国内世論は、今後ますます強くなるものと判断される。

(3)一般的にみて、国連における中国代表権問題を回避しつづけることはますます難しくなって来ていると判断され、大勢は審議すべしという方向に向かっていることは否定し得ない。従って、この動きに逆行する案を固執し続ければ、案自体が否決されるのみならず、却って反動として、中共の無条件加入が一挙に実現してしまう惧れも多分にある。寧ろ、今秋の総会で本問題に直面して、十分審議を尽した方が賢明であると思われる。

(4)台湾に対する取り扱い

a・国連総会において、次の趣旨の決議をする。

i・台湾の法的地位は未決定であり、従って、別段の決定がなされるまでは、台湾は中国の領土に含まれないことを確認する。

ii・台湾の法的地位を確定するために、なるべく速やかに国連監視の下に住民投票を行い、（イ）中共への帰属、（ロ）独立（国民政府の下における場合と同政府を排除する場合とがある）のいずれかを決定させる。

b・中共が以上の方式による国連加入に同意せず、また国民政府も住民投票に反対する場合には、何らかの方法で国民政府の反対を排除して、速やかに投票を実施し、既成事実を造る。

(5)わが国の国連における態度としては、将来の日中関係を考慮して、いずれの場合も棄権することとする。

2・日中関係

終局的には中共を承認するが、その時期については、目下のところ、中共の国連加入が認められた後、または台湾の法的地位が確定した後が適当であると思われる。それまでの間は、可能な範囲内でいわゆる「前向き」の態度を取るが、これについては中共の真意不明な点が多いので、その打診のために政府間接触の措置を講ずる必要がある。

3・対米関係

米国に対しては、以上の方針を予め通報するとともに、国連総会における審議棚上げ案については、その提出を思い止まるよう説得し、かつ今後とも密接な連絡協議を保持するものとする。

②「日本の中国政策」　昭和三十六年三月十七日　米参[28]（アメリカ局参事官）

1・長期的目標

日本の国際環境の安定化をはかるため、中共と外交関係を樹立するとともに、台湾は自由世界に止めることを対中国政策の目標とする。

(1)日米安保体制維持が前提。中国政策は民主主義国家としての基本的立場に立つものであることは申すまでもなし。

(2)台湾の分離、すなわち「二つの中国」は中共の対日三原則と正面衝突する。それゆえ公言はしない性格のものとなるべきである。

(3)日本の公式の立場は「中国に二つの政権が存在するから、隣接国家としてこの現実の事態に順応し、その国際関係を処理するものである」というラインになる。「日本のおかれた特殊の立場よりそのとるべきコースも他の関係国とは異なるものとなる。」

(4)台湾分離の具体的施策として米国は、国府から台湾人の政府への漸進的移行を考えており、国連信託統治、国連管理下の人民投票などは非現実的かつ危険と考えている。いずれにせよ対米協議が必要。台湾を自由世界に留めておけるのは、米の軍事力のみ。

(5)日米の中国政策は、台湾を自由世界に止めつつ中共との交流を拡大するという基本線では一致している。しかし全く異なるのは、米国が中共と先鋭に対立し、国府が米の軍事的庇護下にあるのに対して、日本は中共を刺激する行動をとることが内外事情よりできず、国府に対しても強い影響力を持たないことである。従ってその中国政策は低姿勢とならざるを得ない。今後さらに米側と話合うべき基本的問題である。

2・当面の施策

(1)国連総会について、投票を棄権するとしても事前に米側の立場と調整をはかる。

(2)中共との人事交流、接触面の拡大をはかる(米国への事前通報を行って)。

同文書はさらに、中共が国連加盟に成功した場合に日本が蒙るであろう「中共無条件承認、国府否認」についての内外の圧力、その場合に日本が重大決断を迫られることを予想し、池田首相訪米にあたっては出発前に米側と意見交換を行った上で、大統領との会談における発言内容を決定することを提言、そして「日米両国の立つ共通基盤の確認、両者の立場及びアプローチの差異に対する相互理解及び今後の行動の調和などの広範な問題に止め、国連総会まで協議を続ける」基本方針を最後に示し、その内容を結んでいる。

日中関係、日米関係の主管局であるアジア局・アメリカ局の作成したこれら二つの文書は、外務事務当局が中国問題について再検討作業を行った結果、「中共承認、台湾の自由世界維持」をその基本方針とするに至ったことを明らかにしている。

島重信外務審議官は以上の成果を踏まえ、日中打開の空気が盛り上がっている国内事情から見て、従来の「静観」一点張りの中国政策は不可能になったと判断した。更に島審議官は、中共が「貿易上、個別取引は有望」と強調することで日本世論の撹乱を狙っていること、国連中国代表権問題について米国が根本対策を打ち出さない限り、もはやモラトリアム案の提出は適当かどうか疑わしくなっていると考えた。そして彼は考え得る日本の立場について、中共の「対日政治三原則」（①中共を敵視せず、②「二つの中国」を作る陰謀に加担しない、③日中関係正常化を妨げず）への取り扱いぶりをそれぞれ「①日米安保体制の変更を意味しない、②台湾と本土の切り離し政策に積極参加しない、③日台関係否認に積極的に動くものではない」とする条件の下、次のように結論している。

国連中国代表権問題について、国府が全中国の代表という擬制をこれ以上押すことは、自由陣営にとって困難を増すのみである。「台湾確保の根拠」として必要な程度の地位を与える考えに切り替えるべきではないか。また、中共を正統政府として認めることは、彼らの地位を実際以上に高めることにはならない。むしろ国府の地位を過大評価する擬制にとらわれることで多数国の支持を失う危険のほうが遥かに大きいことを悟るべきである。[29]

こうして、外務事務当局の対中国方針は「二つの中国」論を堅持しつつも、大筋においてその最終的目標を中共政権承認とする方向に収斂したといえる。

さて、ここで米国外交筋が外務事務当局による右の研究作業をどのように評価していたかについて、一瞥しておく。当時、外務省の対中共政策再検討作業に関心を抱いた駐日米大使館は、四月六日、グレイスティン（William H. Gleysteen）書記官（中国問題担当）を小島太作アジア局参事官に接触させ、情報収集を試みている。[30] グレイスティンは、日本外務省が中共政策を再検討していることを新聞報道によって知ったが、日本政府は結局のところ何ら積極的行動をとり得ないのではないかと観測する、と述べ小島の意見を求めた。

グレイスティンの問いに対し、小島は、日本政府が（中国問題を）全く静観するだけでは済まされない事情があることは否定できないと前置きし、日本政府は中共承認に至らぬ限度内で若干の前向き措置を考えざるを得ないかもしれない、と返答している。小島は更に、巷間伝えられている米国の中国代表権問題に対する方針「中共・国府双方の代表権同時承認」を取り上げ、そのようなことが法的に可能なのかと質した。グレイスティンはこれに対し、ワシントン事務当局者はかかる方式を法的根拠を欠くものと考えている、しかし総会で双方の代表権を承認する決議が行えないわけではない（安保理事会では更に困難）と述べた。グレイスティンは、米国にとって条約上の義務とモラールの上からの配慮が必須条件であり、如何なる妥協方式でも台湾に中共の支配権が及び易い形では受諾できないことを強調し、米国は台湾情勢の流動性に鑑み、蔣介石後《（ママ）》の新事態を考慮に入れつつ台湾政策を樹立するだろう、と結んだ。小島は、国連代表権問題で不利に陥った米国が、台湾分離方式が国際世論の前で甚だしく無理なやり方と解せられる事態に対応するため、蔣介石の没後、台湾人による独立宣言を行わせ、それを承認することで台湾支持の合法性を獲得する長期的政策を考えているようであり、米国はそれまで国連で時間稼ぎを続けるつもりか、と推論している。

外務事務当局の作業が一段落し、池田訪米を二ヶ月後に控えた四月下旬から、東京（総理官邸）及び箱根（箱根観光ホテル）を舞台として、池田以下政府首脳と外務省首脳の訪米に向けた打ち合わせ会が行われることになった。

次節では、アジア局が作成した「池田・ケネディ会談要領（案）」の内容、総理訪米打ち合わせ会における中国問題の討議、および外務事務当局の用意した文書を分析し、池田および外務事務当局の中国問題に対する基本的認識について検討する。

三　総理訪米打ち合わせ会における中国問題

昭和三十六年四月六日、アジア局はそれまでの検討作業を集大成し、かつ日米首脳会談に備える意味で「池田・ケネディ会談要領（案）」をまとめた。「要領（案）」は甲乙両案から成り、その内容は次の通りである。[31]

（甲案）　中国問題について

1．国連における中国代表権問題

（1）本年秋の第十六回国連総会においては、中国代表権問題に関する、従来のような棚上げ案は次の理由により採択されることも保證し難い。

（イ）二月八日、英国上院においてヒューム（Sir Alec Douglas-Home）外相は「国際生活《ママ》の現実は中共の国連加入を要求している」旨発言したが、この見解は英国の地位にも鑑み英連邦諸国は勿論、ＡＡ諸国及び広く国際世論に相当の影響を及ぼすものとみられること。

(ロ)二月二十三日、ブラジル大統領は「中国代表権問題を議題に含めることに賛成投票する」旨、公式に態度を明らかにしたこと。

(ハ)昨年米国案に対し棄権したチュニジア、ソマリア等が反対に廻る公算が大であること。

(2)中共に国連の議席を与えることの是非はともかくとして、代表権問題の審議を封じようという措置は既に説得力を失っており、却って非条理であるとの批判が強まっているものと判断される。同時に、棚上論に固執するならば中共が不当に遇されているという中共に対する同情を助長する恐れなしとしない。何よりも棚上論が否決されるようなことになれば米国の国際的プレスティージの失墜は免れず、これは自由陣営にとっても不利な影響を受けることになる。よって棚上論の提出は見合わせることとして、自由陣営としては代表権問題の討議に応じ、自由陣営全体の利益となるような解決策を推進すべきである。

2．台湾問題

(前略)米国をはじめとする自由陣営の関係諸国は台湾処理に関して、国連において多数の賛成を得られる見込みのある合理的且つ現実的な方式を作成し、協力してこれが実現につとむべきであると考える。その際、いかなる案であろうと、国府・中共双方を満足させることは至難であると考えられるが、国際世論の圧力でこれを押し切ることとしたい。

(乙案)

1．国連における中国代表権問題(前段は甲案と同様)

今秋の第十六回国連総会において、もし米国があくまで棚上案を強行し、いかなる形であろうと中共の国連加入には反対するという態度をとるにおいては、わが国としては、対中共賠償問題をはじめ困難な諸問題をかかえているので、自由陣営の一員であるという立場からすれば甚だ遺憾ではあるが、いずれの側にも立たず棄権の態度をとることにより事態を静観することとしたい。

2・台湾問題

自由陣営諸国の大多数が賛成し、且つ国共双方の納得を得る案はあり得ないと考えられるが、今後の情勢の変化に伴い、例えば台湾の地位決定は当分棚上げし将来の決定にまつというような妥協案が成立した場合には、わが国はこれを支持したいと考えている。

「要領（案）」がまとまった直後、アメリカ局は「中共問題（対米プリゼンテイション案）」を作成している。同文書は、日本にとって共産圏との先鋭な対立がその国力、その他の事情から考え非現実的であるという認識に立ち、台湾との関係を維持しつつ中共と何らかの関係調整を希望するという路線によって、対中関係改善を要望する国内圧力に応えようとしていた。台湾については中共の武力行使に反対するが、国府については「現在支配する地域の政権であるという取り扱いに漸進的に、かつ事実上移行することが現実的であるのみならず情勢の安定化にも資する」と考えた。同文書は、事実上の「二つの中国」もしくは「一つの中国、一つの台湾」という、いわば現状の枠組内での対中改善を提唱するものであり、その基本的認識は「二つの政権が存在する現実」を凍結し、その上に新秩序を作ることが「日本の世論の最大公約数」であるというものだった[32]。

昭和三十六年四月二十一日、東京・永田町の総理官邸において、中国問題を議題とする第二回総理訪米打ち合わせ会が行われた。出席者は政府側が池田首相、大平正芳官房長官ら、外務省側は小坂外相、武内龍次事務次官、島外務審議官、安藤吉光アメリカ局長、安川壮、島内敏郎各参事官である。

打ち合わせ会における出席者の詳細な発言を記録した議事録は現存しないので、主たる討議点と中国課の準備した配布資料を分析することによって、政府・外務省の考え方の概要を一瞥してみたい。

島審議官は打ち合わせ会の冒頭、出席者一同に対し「外務省は過去数次に亘って中国問題の討議を重ねたが問題が複雑で未だ統一された見解に到達していないので、本日は問題点を提起するに止める」、「中国問題には、国連における代表権の外に幾多の問題があり、日本にとっても中共との直接の関係を如何にすべきかの根本問題が存するが、これ等の問題も結局国連における代表権問題に関連して来るので、本日は国連における中国の代表権に問題を集約することとする」と前置きし、次のように説明した[33]。

・英国は中共が国連に議席を持たないことは不自然であり、中共を承認している以上中共が中国を代表するのは当然という立場だが、従来、自由陣営団結のため米国の棚上案に賛成してきた。しかし米国に新政権が成立したのを機会に政策転換を期待しているものと見られる。台湾・中共切り離しには賛成だが、国連代表権について、台湾を如何に取り扱うかについての具体的腹案を持っているかは不明。

・米国は棚上案の困難は認識している。目下各種可能性を検討中。米国にとって最小限度の要件は、国府が国連議席を保有すること。「二つの中国」以上には出られない。米国の対台湾コミットメント維持とは、米華相互防衛条約の堅持を意味し、必ずしも国連において台湾が中国全体の代表としての地位を保持すべきであるとの立場に固執しているものとは見られない。しかし、台湾の議席喪失にはあくまで反対である。

・中共は台湾と共に国連入りすることに反対。台湾も基本的に同じであるが、今後の米国の説得によっては受け入れ可能性ありか？　ただ国府は住民投票の条件には強く反対するであろう。

・日本は、台湾を中共に引き渡すべきではないとの立場をとることは当然であるが、国連において台湾が中国全体を代表するのは不自然であり、世界世論の支持を失うおそれがあるという点で英国と同じ立場をとる（外務省全体の意見ではないが、国府の国連議席喪失はやむを得ないという見解もある）。

出席者は以上の説明を元に、まず「国府が議席を喪失した場合、台湾の国としての地位はどうなるのか」という根本問題について協議した。彼らは、国府・中共双方を同時に満足させる解決法がない以上中共は結果的に国連に加盟しない可能性が高く、米国はそれを期待しているのかもしれないと、些か勘繰った見方もしたようである。安川参事官が作成した配布資料「国連における中国代表権問題[34]」は、従来の棚上げ方式（モラトリアム案）継続、または無条件（台湾を含む形）で中共に代表権を認めるという、いわば両極に位置する二案に加え、中間案として、①中共代表権問題を実質討議に付すが、代表権については何ら決定せず、国連に中国問題調査委員会を設置する等の方式によって棚上げ方式と同一結果をもたらす方式、②中共代表権問題を実質討議に付すが中共の代表権を排除し、現状どおり国民政府に中国全体の代表として国連議席を保有させる方式（事実上の現状維持）、③国民政府と中共双方に国連の議席を保有させる方式、④中国本土の代表、すなわちその支配権が台湾に及ばないという条件の下、中共に代表権を認める方式（この場合国民政府は国連の議席を失い、台湾帰属は将来の問題として残る）、を挙げている。安川参事官は③の二重代表権方式について、（1）国府・中共を別個の国として加盟させる、いわば国連において「二つの中国」を固定する方式、（2）中共に武力不行使を保証させ、かつ米国が第七艦隊を台湾海峡から撤退させ、一定期間を経過してから台湾帰属を決定する住民投票を行う方式を考えていた。しかし、それは国府・中共双方の反対を招くことは明らかであり、仮に国府が受諾しても中国全体の政府という根拠を失う以上、安保理常任理事国の地位に問題を生ずるであろうとしている。④についても、中共が受諾する可能性は低いであろうというのが安川参事官の見方であった。

すなわち、国府・中共双方が「二つの中国」を認めないと主張する以上、国連代表権問題は現状維持または中共加盟（すなわち国府脱退、現状変革）の二者択一とならざるを得なかったのである。この時期、米国もまた中国代表権問題をめぐって苦慮していた。中国課は、葉公超駐米国府大使が三月二十六日突如帰国し四月一日ワシントンに帰任した一件について、朝海浩一郎駐米大使、井口貞夫駐華大使の報告をまとめている。それによると、パーソンズ（Jeff Graham Parsons）極東担当国務次官補は朝海大使に、台湾があまり非現実的な態度をとると米国側も十分効果的な支援を与えることが出来なくなるゆえ、この点につき国府の注意を喚起するため葉大使に一時帰国してもらった、と語ったという。国府外交部および国防部筋の情報によると、葉大使はラスク（Dean Rusk）国務長官から、①今秋の国連総会において米国は中共の国連加入にあくまで反対するが、万一の場合に備え、あらかじめ覚悟を決めて自力更正できるような体制を検討しておくこと、②国府に対する軍事経済援助は継続するが、国府内部の民主化を推進するよう配慮すること、③国府は今明年中に逐次金門、馬祖を放棄する措置をとること、を明らかにされ、これを本国に伝達するため帰国したとのことであった。葉大使は台北滞在中、蒋介石総統以下政府首脳部と四回にわたり会談したが、国府首脳部は当然、米国側申し入れに激しく反発したという。ラスクの申し入れに対する国府の反響は次の通りである。国府は、今秋の国連総会においてもモラトリアム案は成功すると考えており、万一中共が国連加盟するような事態になれば断固たる措置をとる、すなわち国連脱退も考慮する、また金門、馬祖の放棄には絶対反対であり、「二つの中国」は全く考慮の範囲外である。[35]

この国府の頑なな姿勢に加え、中国問題について英国との立場の相違も、米国にとって将来の不安要因の一つであった。四月上旬ワシントンで行われた米英首脳会談において、マクミラン（Harold Macmillan）英首相はケネディに対し、国連におけるモラトリアム案はもはや多数を得る見込みはなく、否決されたときの措置を事前に考慮する必要があろうと述べた。米国はマクミランの見解に大筋で同意しながらも、中国代表権問題が国連の単なる手続で決定されること、例えば信任状委員会で取り上げられ決定される（単独過半数で）が如きことには強く反対すると述べ、英国の同意をとりつけている。米国は二重代表制を含む諸案を研究することを提案したが、マクミランはそのような案には国連における複雑な手続き問題が含まれる、と消極的であった。なお、マクミランは米国があくまでも台湾の地位を支持することには賛意を表し、「中国を代表するのは国府であるか中共であるか」という代表権の問題として取り上げられれば中共を承認している英国は苦しい立場となるが、米国の立場を危うくしてまで中共と妥協する意図はないと語っている㊱。

配布資料に記された関係各国の情勢を検討した結果、池田首相は次のように語っている。

「中国代表権問題に対する米、英、中共、台湾の態度はよく理解した。これを基礎として、日本にとって如何なる案が最良であるかを更に検討されたい。ただし、その際台湾に対して犠牲を要求しなければならないことはもちろんであるが、さらばといって中共に与える影響ばかりにとらわれるべきではない。」

「台湾に対して犠牲を要求しなければならない」という池田発言は、日本政府として国府に譲歩を要求する、場合によっては「全中国の代表」たる地位の放棄を求めることもあるという意味に解釈し得るであろう。国府すなわち台湾の安全と繁栄を保持しつづけることの必要性と重要性は、日米両国に共通する認識であった。『朝日新聞』は、池田が日米首脳会談に臨んで抱く抱負について、「首相は中国問題に関する限り単なる聞き役に終わろうとの消極的態度」をとらず、「わが国の基本的立場を、このさい率直に伝えることによって、米国の対中国政策の決定に、できれば一枚加わりたい意向」であり、「わが国をしばる〝制約〟そのものに、できるだけ弾力性を持たせたいとの考え方だろう」[37]と分析しているが、極めて正鵠を射た指摘というべきである。

いわば「台湾維持」と「日本独自の対中政策」を両立させる手段としての、日本政府による「二つの中国」政策追求が、ここから生じてくることになるのである。池田訪米に備え、外務事務当局が準備した携行資料の中国問題に関わる部分は、必然的にその考えを色濃く反映する内容となった。

四　総理携行資料に見る中国問題
―外務省研究作業の集大成―

六月十日の『朝日新聞』は、朝海駐米大使が九日、マコノギー（Walter P. McConaughy）極東担当国務次官補を訪ね、日本政府が池田首相訪米に備えまとめたトーキング・ペーパーを手交したことを報じている[38]。それは世界情勢、極東の一般情勢（中共、韓国、沖縄、小笠原等を含む政治問題）および経済諸問題を含む浩瀚なものであったが、本節は外務省研究作業の集大成というべき中共問題を論じた部分を摘記し、その内容を検討する[39]。

〔**総理訪米資料「中国問題」**〕

①国府支持の減少について

「この傾向は必ずしも中共の性格に対する加盟各国の感情を反映するものではなく、主として国連のユニヴァーサリティーの原則に忠実であろうとする主張と見るべきであろう。現在形式的には国府が国連において中国本土を代表する正統政府として取扱われているが、大多数の国はこれを単なる擬制としか考えていない。（中略）国府に対する同情の減少は自由陣営全体として憂慮に堪えないが、この現象は国民政府に対する反感の現れであるよりも、上述不合理に対する不満の現われの要素の方が大きいと思われる。」国府の国連における現在の地位を維持する努力が続けられるほど、国府への支持は減少するであろう。中共に国連議席を与えるべきとの議論は、もともと共産圏がその勢力増加を目的として提起したものであることは間違いないが、今日この提案に賛成する国は必ずしも親共的傾向を有するものとは限らないし、単に上述不合理に対する反発から中共の国連参加に賛成する国の数がむしろ増加しつつある。「この考えによれば、中共の性格ないし過去の行動は主たる判断の基準にはならない。」「若し国府を国連に残しておくことが自由陣営として必要ならば、国府の地位をその現実に支配する地域を代表する政府に限定することによって中共の参加に当って国府が国連から追放されるのを防ぐことしか方法はないと考えられる。」

②中共政権の対内的及び国際的地位

中共政権は十年以上の統治実績と厳格な統制によって、その基礎は次第に強化されてきている。軍縮・核実験停止その他国際協定の有効な実施のため、中共除外は不可能となってきている。

③日本の国内動向

日本人は理屈を超えた対中親近感を持っている。国府を正統政府と認めている故に中国本土と公的関係を持ち得ないという議論は一般日本人には理解し得ない。国府の地位についての「擬制」が、日本と中国本土の正常化を不可能にしていることへの不満が強まる。国府・中共双方との関係を持てばよいという素朴な考えが、やがて国府は中国本土との関係を阻害する「邪魔物《ママ》」という感情に転化する惧れがある。

④自由陣営の要請

中国問題について自由陣営が必要とする最低条件は、①台湾が共産勢力の手中に入らないこと、②台湾住民の意思に反してこれを共産体制の支配に追いやらないこと、③可能な限り国民政府を国連にとどめおくこと、である。国連における国府の「現在の地位」を維持する努力が今後どの位成功し続けるか。我々はその期間はそれほど長くないと考える。他の何らの方策がなければ、中共参加と同時に国府はその地位を失い、中共は台湾支配を主張し得る立場となろう。これは「自由陣営にとって最も悲惨な敗退」である。かかる結果を防ぐため、中共の国連参加によっても台湾はその領域に含まれないこと、すなわち「国府が現在台湾を支配する正当な政府」であることを法的に確定することが最も有効ではなかろうか。

⑤予想される事態の発展

「二つの中国論」は国府・中共とも受け入れない。しかし国連における中国問題の空気は国府に不利である。放置すれば国府の自滅、中共の対台湾要求合法化となる。台湾を合法的に自由陣営にとどめるためには「何としてでも国府にその地位が限定されたものとなることを承諾させる外ない」が、この役割を果たし得るのは米国のみである。

国府説得が成功した場合、国府は台湾政府として国連にとどまる（安保理常任理事国の地位を保有し得るかは大いに疑問であるが）。そして、中共は中国本土の政権として国連に加盟する。中共がかかる地位を受諾せねば、それは中共自らの責任となる。

国府が妥協しない場合、国府は手続き問題で抵抗する等の手段を用いて時間稼ぎができるが、「実質問題としてわれわれのなし得る限度は中共の支配は台湾に及ばないという留保を付することより上には出ないのではなかろうか。」台湾を共産勢力に渡さぬという目的は成就するが、中共は正統政府として議席を占める一方、国府は新たに加盟が認められない限り国連にはとどまることができないだろう。国府は国連においても認められない根拠曖昧な政権に転落し、その台湾支配も米国の後押しによる実力のみが唯一の根拠となってしまうだろう。常任理事国の地位は、国連憲章改正を含む安保理再編成の方法でしか解決できないであろう。

⑥棚上案に対する考察

棚上案の有効性は対決を一～二年延ばす以上の効果は望めなくなっている。棚上案で防ぎ得なくなったときは「自由陣営の完全な敗退の外何も残らない」であろう。自由陣営にとって今必要なことは、①棚上案に執着することによって自由陣営の足並みが乱れるのを防ぐこと、②国府に非現実的な地位を保持させようとの努力を推し進めることにより、これ以上国府に対する支持を減らさないこと、③中共の国連参加が防ぎ得なくなっても、国府が国連に残り得る途を早期に確保しておくことについて、あらゆる努力を払うこと、である。

⑦日中間の直接接触

国府・中共の国際的地位が変わらない限り、日本は現在の態度（国府が中国の正統政府）を変更しない。中共との友好増進といっても、現在その承認は考えておらず、日華政治関係を変更するような中共との政治的接近は考えていない。日米の中共に対する態度の相違は次の通りである。日本は政治的信条の異なる国との間でも「相互の国際的立場尊重と内政不干渉」の原則の下、友好を保持することを国是とする。これは共産主義の脅威に如何に対抗するかという問題とは全く別の問題である。「共産主義対策としては、共産国との接触を遮断することはそれ程有効な措置とは考えない。」中共との人の往来、貿易、文化交流など政治的関係なき交流を進めたい。必要ならば政府間接触を行い、技術的取極めを結ぶことも支障ないと考える。

すなわち、国府が全中国の支配者であるという「擬制」に基づく国連のあり方、日中関係の現状に疑問を呈し、台湾を自由陣営にとどめる努力を行いつつも、大陸に共産政権が存在する現実を直視しこれとの接触を維持する。そして国府には一日も早く「台湾政府」としての地位に甘んじることを納得させ、その国連追放・国際的威信の喪失を防止すべきであるというのが、外務省による研究作業の結論であった。それは現状維持から一歩進んで、

「穏健な現状改革」、すなわち国府の「地方政権化」を推進するというシナリオであり、「一つの中国、一つの台湾」、すなわち事実上の「二つの中国」政策推進を意味していたのである。

しかし、日米首脳会談の結果、両国が中国問題について何らかの具体的了解に達する見込みは薄かった。日本外交に及ぼす米国の影響力は余りに大きく、しかも「きわめて複雑で割り切った結論を出しにくい性質の」中国問題の本質に鑑み、「日米会談は中共問題、とくに、その焦点とされる国連代表権問題の処理に関しては『自由陣営の一致した歩調を確保する線で対処する』との一般的抽象的合意にとどまる見通しが強まってきた[40]」というのが一般的観測だった。

外務事務当局の研究作業が終了した後、中国問題の打開について「どのような『日本の意見』を述べるかは、全く首相の決断にかかってい」たのである。

(1)『朝日新聞』(夕刊)、昭和三十五年七月十九日。
(2)『朝日新聞』、昭和三十六年一月一日。
(3) 岡崎勝男『戦後二十年の遍歴』〔シリーズ戦後史の証言・占領と講和⑥〕、(中央公論新社、一九九九年)、九五～九六頁。
(4)『朝日新聞』(夕刊)、昭和三十六年一月十九日。
(5) 岡崎前掲書、九九～一〇〇頁。
(6) アメリカ局安全保障課『台湾の軍事的価値』、昭和三十六年三月(高木資料、防衛庁防衛研究所図書館蔵)、二四頁。執筆者は、元海軍少将高木惣吉氏。なお、本文書は台湾帰属の行方が及ぼす影響について次のように論じている。「(東西)両陣営が台湾の争奪をめぐって全面戦争または大規模な局地戦を賭するとは考えられない。のみならず、その戦略的価値は要求する側の中共よりも、むしろ受身の自由諸国側にとって貴重である。従って台湾の帰属が極東の勢力均衡に及ぼす影響は、決して両陣営に対して等価値をプラス及びマイナスしたことにはならない。

換言すれば、米国が躍気《ママ》となるほど中共側はあせらず、持久戦の姿勢をつづけて蔣政権の衰滅を待つ公算である」（一二三頁）。
（7）外務省国連局『国連情報　三』、昭和四十七年四月十五日。執筆者は、国連局政治課長天羽民雄。
（8）大村立三『二つの中国』（弘文堂、昭和三十六年）、一一頁。大村立三は読売新聞記者。
（9）大村前掲書、一八頁。
（10）坂内富雄「中共問題に対するアメリカの態度」、『世界週報』（時事通信社）、第四十二巻三十九（一九六一年九月二十六日）号、一七頁。
（11）大村前掲書、二〇～二一頁。
（12）同右、一九頁。
（13）佐藤紀久夫「ケネディ政府の中共政策」、『世界週報』第四十二巻七（一九六一年二月十四日）号、一九頁。
（14）坂内富雄「中国代表権問題はどうなるか・アメリカの国連対策をめぐって」、『世界週報』第四十二巻二十五（一九六一年六月二十日）号、一四～一五頁。同記事は米国の中国代表権問題に対する認識過程を四つに区分し、ケネディ政権発足から四月頃までの四ヶ月を、中共を含めたアジア政策に弾力的態度をとろうとした「第一の時期」、議会その他の政府牽制によって、当初の弾力的立場から後退して中共の国連加盟反対を明らかにした五月を「第二の時期」、中共加盟阻止のため、モンゴル（外蒙）とモーリタニアの加盟を抱き合わせにした方式を検討した六～七月を「第三の時期」、正攻法で加盟阻止を図るに至った「第四の時期」と分類している。モンゴル・モーリタニア抱き合わせ方式については、岡崎前掲書、一〇一～一〇六頁参照。
（15）外務省百年史編纂委員会『外務省の百年』（下）（原書房、昭和四十四年）、一〇二六頁。
（16）岡崎前掲書、一〇六～一〇八頁。
（17）『朝日新聞』、昭和三十六年三月七日。
（18）『朝日新聞』、昭和三十六年三月八日。
（19）同右。
（20）中国課「対中共対策（案）」、昭和三十六年一月八日。『日本・中共関係雑集』第四巻、外務省外交史料館。

(21) 米参「対中共政策について」、昭和三十六年一月二十七日。『日本・中共関係雑集』第四巻。
(22) 西村熊雄「奇妙な台湾の〝法的地位〟・日本の国府承認は国府を中国全体の代表政府として承認したものではない」、『世界週報』第四十二巻第九（一九六一年二月二十八日）号、三〇～三三頁。同条約の交換公文第一号は、「この条約の条項が、中華民国に関しては、中華民国政府の支配下に現にあり、または今後入るすべての領域に適用がある」というものだが、中華民国政府は「または今後入る」を「及び今後入る」の意、すなわち将来の大陸反攻を意味するものとしていた。日本側はこれに対し「然り、その通りである。（中略）中華民国政府の支配下にあるすべての領域に適用があることを確言する」と答えている。日華平和条約と交換公文の成立過程については、袁克勤『アメリカと日華講和　米・台・日の構図』（柏書房、二〇〇一年）を参照。
(23) 「問題の主要点」（作成部局なし）、昭和三十六年二月二十日、『日本・中共関係雑集』第四巻。
(24) 中共情報第三二〇一三号（総番号七三三〇）「中共側の『二つの中国』論批判」、『中国情報（旧中共情報）七二〇～七五九』第十六巻。外交記録A—〇二四二。
(25) 米参「中国問題についての在台北米国大使館オスボン参事官との意見交換概要」、昭和三十六年二月二十七日。『日本・中共関係雑集』第四巻。
(26) アジア局「対中共政策（案）」、昭和三十六年三月三日。『日本・中共関係雑集』第四巻。
(27) アジア局「対中共方針（案）」、昭和三十六年三月三日。『日本・中共関係雑集』第四巻。
(28) 米参「日本の中国政策」、昭和三十六年三月十七日。『日本・中共関係雑集』第四巻。
(29) 外務審議官「中共問題の諸前提と可能な対策」、昭和三十六年三月十八日、『日本・中共関係雑集』第四巻。
(30) アジア局小島参事官「中国問題に関する米大使館員との会談の件」、昭和三十六年四月六日。『日本・中共関係雑集』第四巻。小島は、グレイスティンが審議棚上（モラトリアム）案の提出を断念はしないが、次段階の作戦（すなわち、モラトリアム案に替わる方策）を如何にすべきかに関心を示していたことを指摘している。
(31) アジア局「池田・ケネディ会談要領（案）」、昭和三十六年四月六日。外交記録『池田総理米加訪問関係一件（一九六一・六）』第一巻。（以下、『池田訪米一件』と略。）
(32) 米参「中共問題（対米プリゼンテイション案）」、昭和三十六年四月十三日。『日本・中共関係雑集』第四巻。

(33)「第二回総理訪米打ち合せ　昭和三十六年四月二十一日」、『池田訪米一件』第一巻。訪米打ち合せ会は、四月十七日（第一回）から六月十六日（第九回）にかけ、総理官邸および箱根観光ホテルにて行われた。
(34)中国課「国連における中国代表権問題」（作成の日付なし）（安川参事官案）、『池田訪米一件』第一巻。第二回打ち合せ会のため用意、配布された資料であり、外交記録には「別紙三」として収録されている。
(35)中国課「葉公超駐米大使の一時帰国に関する件」、昭和三十六年四月二十一日。『池田訪米一件』第一巻。右の配布資料の一つであり、「別紙二」として収録。
(36)中国課「米英首脳会談について（中国問題関係）」、昭和三十六年四月二十日。『池田訪米一件』第一巻。配布資料の一つであり、「別紙一」である。マクミランはケネディに、米国がモラトリアム案を提出するとすれば否決される危険が大きく、その際英国としては反対するか棄権するほかなかろうと述べ、中共加盟問題が信任状委員会等でとりあげられることになれば、英国は中共承認国としてこれに反対することは極めて困難であると説明している。これに対しケネディは、現状において本問題はなお議論の余地が多く、かつ純然たる思索的性質のものであるので、その解決は将来の適当な時期まで引き延ばすべきであると応えた。なおスチーブンソン米国連大使は、国府、中共双方に「二つの中国」政策を押し付けることは出来ない（この点は、ケネディも同意見である）と指摘し、最終的決定において双方を拘束しない暫定的な基礎に立った取り決めが作成できないか、と提唱した。
(37)「池田首相訪米の問題点（下）」、『朝日新聞』、昭和三十六年六月十四日。
(38)『朝日新聞』（夕刊）、昭和三十六年六月十日。
(39)「六．極東問題（特に中国問題）」。『池田訪米一件、会議関係資料』第一巻。
(40)『朝日新聞』、昭和三十六年六月二日。同記事は、外務省の研究作業について「中国代表権問題に関するいわゆる〝タナ上げ決議案〟方式が自由陣営にとってすでに有効な決め手ではなくなったとの認識のもとに、この問題を西側全体に好ましい形で解決するための各種の案を列挙し、その利害得失を論じたものだといわれている」と、ほぼその内容と意義を正確に記している。

なお、日本政府の中国問題に対する基本的姿勢を最もよく現わすのは、自民党外交調査会中国小委員会委員長松本俊一の『中共問題に関する中間報告』（一九六一年五月十五日）であろう。石川忠雄・中嶋嶺雄・池井優編『戦

後資料・日中関係』（日本評論社、一九七〇年）、一九九〜二〇一頁。

Ⅲ　池田総理訪米と日中関係

一　朝海・ラスク会談

池田がその訪米希望を米国政府に伝達したのは、ケネディ新政権発足の直前、昭和三十六年一月上旬のことであった。小坂外相は朝海駐米大使に宛て「池田総理は五月二十五日頃、国会終了後渡米して新大統領と会談し、なほその機会に新国務長官とも会見したい考えであるので、貴大使はパーソンズあたりとしかるべく連絡のうえ、ラスクに面会し右の趣を予め申入れらるることといたされたい。右に関連し本大臣は十一日マックアーサー（Douglas MacArthur II）大使を招致して懇談したが同大使も右措置に同意を表し、本電と並行して十一日会談の趣旨を本国政府に電報する筈。なほ本件は当分絶対極秘としたいから御含みおきありたい」[1]と指示を与え、朝海はとりあえずこれをパーソンズ極東担当国務次官補に申し入れた。

パーソンズへの申し入れから約二十日後の一月三十一日、朝海はラスク新国務長官に会見を求め、約四十分にわたって会談している。その狙いは「意見交換より、日米の当面している重要案件につき日本側立場より新国務長官をブリーフすることをねらいと」するものであり、いわば来るべき池田訪米・日米首脳会談に備えた「地ならし」作業というべきものであった。

朝海は、池田首相訪米問題と日米関係一般についてラスクとかなり広範囲にわたる話し合いを行ったが、その内容は次のようなものである。[2]

1・池田首相の訪米問題

ラスク（長官）は、日本側の申入れ（五月下旬、国会終了後の訪米希望）は自分も承知しおり、自らホワイト・ハウスとも討議中につき、遠からざる機会に日本側に回答することとなるべし、と答えた。

2・日米関係一般

(イ)日米関係の弱化は極東に重大な影響を及ぼすべく、このことはソ連や中共が声を大にして日本の中立外交援用を呼びかけおることに照らしても判る。

(ロ)日本の、ことに青年層に強い平和主義、中立主義の空気が流れていることは否定し得べくもない。その理由として、

a学生の、米国とは比すべくもない経済的窮乏。

b国際的視野の欠如。理想と現実を混同し易い。

c憲法第九条に支持された極端な平和主義。

d反動と烙印を押されることを嫌う教授の態度。

等を指摘し得べし。

(ハ)しかし一般国民の間に存する感情としての中立的傾向と中立主義を主張する政治的勢力を区別する必要がある。両者はしばしば一体となって行動するが、後者は中立主義を標榜しつつも実質は多分に容共的色彩を帯びているのに対し、前者は然らず。

(ニ)このような現象を生起した原因は、基本的には日本の敗戦に伴う急激な政治、社会的変革に完全に順応し切れない日本人の政治的未成熟に存するものであることは認めざるを得ない。
(ホ)しかし、日本人は根底においては極めて常識的かつ慎重であり、自由陣営に止まることが自己の進むべき道と判断していることは過般の総選挙において保守党が圧倒的多数を獲得したことによっても明らかであるし、アイク(アイゼンハワー)訪日拒否の真最中の一通信社《ママ》与論調査もこれを裏書きしている。
(ヘ)新旧政権の交代の機会に、日本側は米国の対日態度を重大な関心をもって見守っており、米国人識者の日米関係に関する言動は、貴長官が予想している以上に大きな影響力を及ぼす。ある有力米国人が「米国は日本が将来中立化することを予想し対策を考える必要がある」といえば、日本では「米国識者も日本の中立化を希望している」と曲解される程である。
(ト)日本政府は、日米が自由主義陣営の一員たる地位を堅持することが世界、特に極東の平和維持に不可欠という基本認識において、米国新政権も日本側と見解を一にするものと信じて疑わない。米新政権が今後いかなる対日政策をとるかについて日本側が非常な関心を以て注視していることに鑑み、米新政権は以上の基本的考え方を今後も機会ある毎に明確にしておかれることが望ましい。

朝海の右申し入れに対し、ラスク長官はケネディ新政権の外交政策はアイゼンハワー旧政権のそれと全く同一ではないが、基本的ラインにおいて大きな変化があるということはないと返答した。

日本の中立化は日米両国にとって不利であるのみならず、世界の大勢に大きな影響を及ぼす出来事である。共産側は世界革命実行の障碍は米国およびその同盟国と目しており、これは我々としてもシリアスに解さねばならない。日米協力が極東平和維持の重大要素であるとの見解に同意し、新政権がその方針であることを強く保証する、というのが朝海に伝えられたラスクの結論である。

朝海は、日本国民一般は日米協調関係の重要性を理解していると主張、日本における中立主義的ムードと中立主義を志向する政治勢力は全く別のものであり、とりわけ後者は明らかに思想的傾向において容共、すなわち反米親ソ的であることを強調している。そして日本の学生層を中心とする平和主義・中立主義的な感情の淵源を経済的窮乏、世界の現実に対する理解不足等の要素に基づくと具体的に明らかにすることで、米国側の対日不信感を払拭しようと試みている。これは岸前内閣末期の新安保条約批准をめぐる日本国会の混乱、社会党、総評、全学連その他左翼勢力の暴力行為による治安撹乱とアイゼンハワー大統領訪日中止という一連の不祥事が、日本政府に、日米関係の将来について如何に不安を抱かせたかを示すものであろう。池田内閣発足時の小坂外相記者会見が示すように、日本政府はその日米関係に与えた傷を一日も早く癒そうと努力していた。池田の訪米目的は、かくの如き米国の対日不信、不安を取り除くためのものでもあった。

そのような、いわば必ずしも安定しているとは言い難い状況にある日米関係を踏まえつつ、朝海は池田が訪米にあたって持ち出すであろう重要問題の一つである中国問題について、ラスクと協議している。次に掲げるのは、ラスクに対する朝海の具体的説明を要約したものである。[3]

中共問題および、日米の対ソ・対中共評価には若干の相違があることを自分はワシントンで気付いている。米国人はソ連及びソ連人には比較的親近感を持っているが、中共に対する考えは極めて厳重である。日本人の両者に対する評価は米国とは逆である。

ソ連への非友好感は、①その意図に対し、一九〇五年以来不信の念が晴れていないこと。②第二次大戦における対日参戦の態様。③日本人の捕虜を抑留し、その多くが雲散霧消（筆者註・死亡）させられたこと等によると思う。

中共に対しては、①長年の対支侵略につき日本人に贖罪意識があること。②地理的近接と同文同種の気持の存在すること。③現状を理解しつつも、昔の支那市場をノスタルジックに想起する気持が無意識的にあること。④支那人を歴史的、伝統的に平和愛好の国民なりと観念し、強大な非妥協的な政権の下にある国民という認識はあまり持ちたがらないこと。

自分はいずれの評価がより事実に近いかの議論はしないが、日本国内には自分の指摘したような感情があり、中共との政治的、経済的、文化的接触を主張する無視し難い政治勢力があることは指摘せざるを得ない。

新任駐日（米国）大使の第一および最大の任務は「日本人の中共に対する観念を評定し、いかに日米相互の利益にならないような事態に対処して行くかを発見するにありと考えている。」

中共問題は単に米、中共間の問題にとどまらず、日本の国内政治に及ぼす影響も重大であり、「この点においては当地および東京において日米政府がいかにコーディネーションを行っても行ない過ぎるということはない。」充分御了解のこととは存ずるが、重ねて申し述べる。

ラスクは右の説明を聴取後、以下のように返答している。

米国は日本が中共との経済的接触を希望していることは判る。しかし北京は経済を全く政争の具に利用していることは御存知の通りであり、その時々の方針に応じて貿易を促進したり、制限したり、自由自在であることを知らねばならない。

米国人は必ずしもソ連に親近感を有することはないが、中共に対しては「過去久しきにわたって支那に対しセンチメンタル《(ママ)》・アタッチメントを有しおり、これが裏切られたと感ずるだけに一層強いリアクションが出てくることはやむを得ないところと思う。」支那人の野心と貪欲は全アジアを危殆に瀕せしめており、「これをいかに扱うかは慎重に考えざるべからず。」「またこの点で日米間に緊密な協力あるべしという貴見はよく承ったし、全然同感である。」

朝海・ラスク会談によって、中国問題に対する日米の考え方に明白な相違が存在することが明らかとなった。外務事務当局が池田の訪米準備資料を作成しようと活動を開始した同時期、米国はワシントンにおける日本政府の代表である朝海に極めて厳しいその中共観を伝達し、米国は中国問題について日本と容易に妥協しないという決意を示したのである。

朝海は、米国の厳しい対中共姿勢を明確に理解した。池田訪米を間近に控えた六月中旬、朝海は中国問題に対する日米のスタンスの明瞭な違いにつき、小坂外相に宛て次のように打電している。④

「日本としては中共が国連に入ってくるものとの前提で台湾の確保を考えおるのに対し、米国は貴長官《(ママ)》（筆者註・ラスク）が先日ギャンブルという言葉を使われたとおり台湾を国連に留めることにより、むしろ中共の国連加盟が阻止される可能性を考えていることが違っている」。

しかし、中共への不信感から強硬姿勢をとっていたとはいえ、米国が東アジアにおける最重要同盟国・日本の中国問題認識に配慮しなくてはならないことは当然であった。それは対日関係の円滑化、および東アジアの安定という政治目標上、避けて通ることのできない問題だったからである。

次節では、日本政府すなわち池田内閣の中国問題に対する姿勢と考え方について、米国政府が如何なる認識を有していたのかという問題を検討する。

二　米国の見た日中関係—池田首相訪米を迎えて—

米国務省はアイゼンハワー政権最末期の昭和三十五年十二月、「戦後日米関係とその諸問題の分析・米国が今後対日関係において直面するであろう見通しおよび諸問題とともに」をまとめている。その狙いは、日米双方において新政権が発足する現在、戦後日米関係を総括し、かつ今後四年間にわたって米国新政権が対日関係において直面するであろう状況とその諸問題を分析することは重要かつ喫緊の課題である、という認識に基づき、安保問題で傷ついた日米関係を改めて見直し、将来の健全な日米関係に向けての見通しを確立することにあったと思われる。

同文書は極めて長文にわたるゆえ、本節ではその主題に関連の深い安全保障問題、そして中国問題に焦点を合わせつつ以下にその内容を摘記し、米国側の情勢認識を分析することにしたい⑤。

〔米国務省「戦後日米関係とその諸問題の分析」一九六〇年十二月〕

アイゼンハワー政権が第二期を迎えた一九五七年、それは日米関係が戦後における第三の危機的局面に入ろうとする時であった。早期には有効であった政策も新たな局面においては全く適切でなくなり、日米関係は全く満足し得ない基礎の上に立つようになっていた。戦後日米関係における第一の局面は占領時代（一九四五～一九五二）であり、我々には二つの目標があった。その一つは民主的改革であり、それは日本国民を再び全体主義的支配の下に置かないことを目標としていた。そして、今一つは戦争で破壊された国家が経済的安定、社会的政治的安定の前提条件たる基本的状況を取り戻すことを援助し、その結果日本が共産主義者の転覆活動の犠牲者とならぬようにすることであった。

第二の局面は一九五二年に始まったが、日本はここに至り、平和条約によって法律的主権を回復した。しかし、この主権回復はいくつかの面で名目的なものであった。なぜなら日本は未だ大幅に米国に依存していたからである。外交的には、日本は大きく孤立していた。経済的には、日本は未だ米国から巨額の援助を受け取っていた。その貿易収支は大幅な赤字であった。安全保障面においては、日本は自国防衛のための負担をほとんど始めるに至っていなかった。更に言えば、占領時代の痕跡が不可避的に第二の局面へ持ち越されるに至ったのである。

我々は四年前、日米関係における第三の危機的な局面に入った。そこにおいては、日本の完全なる主権が自由陣営の主導国家の一つとして回復され、日米関係を健全な基盤に置く必要があった。片務的協定、一方的な権利や特権といった我々の占領政策のある局面はその有効性を保ち続けていた。そしてそのもたらす利益にもかかわらず、それらは維持するには政治的に余りにコストの高いものとなりつつあった。日本人は占領政策から生じたあらゆる不平と苦情を有しており、日本の主権と合法的な権利、そしてその著しい成長と復活を全く考慮しないような不平等、または差別的な処遇に対して急速に怒りを感じるようになりつつあった。一九五七年二月に岸首相が就任した際、彼は多くの不平と苦情を（マッカーサー）大使に列挙した。それは、次の通り。

(1)日本人農婦射殺事件。米国は行政協定下における日本への国際的義務を尊重したがらないように、また犯人を日本の司法に引き渡すのに消極的であるように思われた。

(2)在日米軍兵力が過剰であること。それらが全米軍兵力と軍事基地の日本撤収を求める圧力と化している。

(3)日本経済が必要としている多くの地域と工場を、米軍が保有していることへの不満。

(4)在日米軍基地維持費を負担しつづけることへの不満。多くの日本人はこれらを「占領経費」と呼ぶようになりつつある。我々が軍隊を駐屯させている他のどこの国々においても、このような経費は支払っていないからである。

(5)戦争犯罪人問題。米国は未だに約百人もの「戦犯」を巣鴨拘置所に留め置いている。戦争でより被害を受けた他の国々、例えばフィリピン共和国、中華民国でさえ「戦犯」を釈放した後に至ってもである。多くの日本人はこれを、米国が日本の「戦争犯罪」の「生きた恥辱」を維持しようと努力している現われだ、と見なすようになっている。

(6)小笠原諸島を返還すべきであるという主張。それが不可能なら、少なくとも元島民の帰島を許可すべきであり、または金銭的補償を代替手段として与えるべきである。

(7)日本政府および国民による、沖縄の施政権と琉球諸島返還の強い要望。

(8)太平洋における核実験を止めるべきという、強い情緒的主張。

(9)安保条約を改定すべきであるという主張。それは日本が占領状態の時に交渉し、米国に「押し付けられた」条約であり、米国に他の国では享受しないような一方的権利と特権を付与するものである。

(10)「岸計画」拒否に象徴される、日本のアジア開発計画への（米国の）関心の欠如。

同文書は、これら戦後日米関係における第二の局面で露わとなった日本人の対米不満を列挙し、日米関係を真に意味あるものにするにはその平等互恵的基盤が必要であるという日本人の考えを取り上げている。同文書はさらに、その後米国が日米関係を調整すべく払った努力、そして池田・ケネディ時代の日米関係のあり方について提言してゆく。

一九五七年に至り、もし日米関係が崩壊する危険を冒したくなければ、我々は日本の対米不満に対し急速かつ柔軟に対処しなければならなかったことは明白であった。

そこで我々は農婦射殺犯人を日本の司法当局に委ね、全陸軍部隊を日本から撤収し、米軍が使用していた数百箇所の土地と工場を返還し、米軍維持費の日本側負担を削減し、巣鴨拘置所の「戦犯」を釈放、核実験を中止し、日本人の希望する形、すなわち我々の条約関与が他の同盟国と等しい形態の、そして日本の憲法解釈に従った形での安保条約改定にも応じたのである。

これら一連の行動（日米両政府の見解の相違によって、あるものは数年を要したが）の結果、四年前には日米関係を害し、破壊する危険のあった諸問題は日本側の満足できる形で解決されるか、または米国によって処理し易い均衡状態に保つことを目的に処理されたのである。多くの日本人は、我々が彼らを対等なパートナーとして処遇しようと努力したことに感謝しており、こういった感情は、彼ら日本人もまた米国の友情と協力を必要としていることへの理解と相俟って、昨年五月から六月にかけての混乱状況を広範な反米運動へ転化させようとした親共産主義的分子、および反米分子たちの全面的敗北に大いに貢献したといってよいであろう。この比較的満足すべき状態にある日米関係はまた、昨年七月総理就任後初の記者会見において池田が「自分から対日政策について米国に変更または修正を申し出る点は何もない。その理由は、米国の政策が両国の最善の利益に役立っているからである。」と述べたことでも明らかである。小坂外相は他日、このことを繰り返し述べている。換言すれば、現在のところ日米関係には我々を悩ますような緊急かつ重大な問題は存在しないということである。非常に協力的にして親米的な日本政府が権力の座にあり、日本国民は一般的に友好的である。またさらに重大なことであるが、彼らは自らの利益は日米協力関係によってもたらされる、と信じている。

しかしながら、我々の側には如何なる意味でも自己満足に浸るような余地はなく、また過去の主要な問題を解決したというだけの理由で、日米協力関係を維持するために将来何一つする必要がないなどと考える余地もないのである。

まず第一に、日本は依然としてアジアにおける北京・モスクワの第一の標的であり続けており、日本内外に存在するその支持者たちは間断なく日米両国の離間を策し、そのために親密な国家間にさえ不可避的に起こり得る見解の相違を利用しようと策しているのである。さらに、日本には社会主義者が昨今その利用に成功したような、広範かつ潜在的な中立主義感情が存在する。この潜在的中立主義感情は「政策」というよりむしろ日本の一般大衆に支持された「ムード」であり、その多くの部分が曖昧ではっきりしない知識階級によって力を与えられているものだ。さらに言えば、現在は処理し易い均衡状態に留められているものの、決して解決されていない諸問題も存在する。なぜなら、それらは日米関係の将来にとって固有の問題であり、これら特殊な諸問題は両国の国益を分かつものだからである。我々が現在細心の注意を払いつつ注視しなくてはならず、そのような相違点が悪化し、深刻な公的摩擦が起こる前に我々の行動または政策について時宜を得た、建設的な調整をする準備をしなくてはならないのは、この種の問題である。

同文書は、岸内閣以来の米国の対日関係調整努力に加え、安保改定の混乱直後に成立した池田内閣の発足から約五ヶ月を経た現在、日米関係を深刻な危機に陥れるような危機は去ったと見ている。しかし同文書は、日米関係の表面的平穏さの背後に潜む未解決の懸案こそ、将来における危機の原因になり得るという認識を明らかにしている。その将来における危機の一要因こそ、中国問題であった。ここで、同文書が分析する中共問題について検討してみたい。

（中共について）

我々は、これが日本のあらゆる政権にとって最も緊急な問題であり、注意深く処理しなければ日米関係を急速に悪化させかねないことを認めなくてはならない。

日本人は一般的に、共産主義ロシアと共産主義中国を全く異なる視点に立ちつつ捉えている。ロシアは依然として恐れの感情、そして歴史的な敵意に由来する疑念をもって、そして野蛮国という認識、西欧の一国という認識によって見られ続けているのであるが、その一方で中国人は日本がその文化の多くを負う、何世紀にも亘って経済その他の絆を保ってきた、そして日本がその政権の性質如何にかかわらず友好関係を維持しなくてはならない「アジアの同胞」と見られている。さらに、中共との密接な貿易その他の関係を持つことのみが日本のあらゆる経済問題を解決してくれるという、人口に膾炙した「神話」が多くの日本人によって信じられている。また、彼らは日本と中共の貿易・友好関係を妨げているのは米国であるとも信じている。

我々は日本政府が近い将来における中共の政治的承認を真剣に考えているとは思わない。それがあり得るのは、我々が政策を変更するか、米国の主要な自由主義同盟諸国がそのような行動に出るか、あるいは中共が国連に加盟するか、いずれかの事態が起こった場合であろう。なぜなら、日本は中華民国政府を承認した条約を有しているからである。

しかし、来るべき時期において日本が中共と貿易その他の接触を拡大することを求めるのは、国内政治上の理由から見て確実であろう。郵便・気象・漁船救助といった技術的分野においては、公式協定の締結にまで至るかもしれない。

我々の議論において、またはこのような事態の進展を処理するにあたって、我々は次のような公的印象を作り出すことを回避すべく注意しなくてはならない。それは、我々が中共政権への敵意から日本が中共との貿易、友好関係を切り開こうとするのを規制し、妨害しようとしているという印象である。同時に、我々は近い将来国連総会の大多数が中共加盟に賛成したとき、我々が拒否権を行使したならば、そのメリットにも拘わらず日本および他のアジア諸国に対し、極めて深刻な逆効果をもたらすであろうことを認めねばなるまい。中共に関する我々の政策と行動に支持を与えるよう日本政府に要請するときは、日本に対して強要するという印象を周囲に与えることを回避する細心の注意が必要である。そのような印象が生じることは、米国の立場のみではなく親西欧的な日本政府のそれにとっても打撃となるであろう。実際のところ、今日の日本の左翼勢力と報道機関が日本政府の外交政策を攻撃する時のポイントは、国連その他の場における対米盲従、すなわち盲目的な対米追随という点にあるからである。

結局、予想し得ないような国際情勢の変化、日本に影響を与えるような経済不況が無ければ、来るべき多難の時代において日米協力を維持する鍵となるのは、日米間の諸問題を処理するにあたって将来我々が示すステーツマンシップにかかっているのである。

同文書は、中国問題こそ将来の日米関係に致命的影響を与える可能性のある重要問題に他ならない、と米国政府が認識していた事実を明らかにしている。中国問題が内包する日米関係にとっての「危険性」をケネディ政権発足直前の同文書が指摘した事実は、中国問題をめぐって幾度か大きく動揺することになる、その後の日米関係を暗示するかのようであった。

昭和三十六年六月、米国政府は同月二十日に来訪する池田との会談に備え、「池田総理大臣ワシントン訪問　六月二十日〜二十三日　一九六一年」と題するポジション・ペーパー各種を作成し対日政策検討の資料としている。

それは、池田・ケネディ会談を控えた米国政府の中共問題に対する考え方を最もよく現した公文書であるといえよう。その内容を検討することによって、我々は当時の米国政府の中共問題、および日中関係に対する考え方を明確に知ることができるのである。

〔ポジション・ペーパー『池田総理大臣ワシントン訪問』六月二十日〜二十三日　一九六一年〕[6]

〔対中共政策〕

（日本政府の予想される立場）

1．日本は、中共は侵略勢力の代表であり、アジアの平和と安定を脅かしているという米国の見方に同意するであろう。彼らは、中共とソ連の相違という含意について、また中国本土の経済状態について、米国の評価を求めるであろう。

2．日本は次のように述べるであろう。池田首相は、中共政権または中華民国の国際的地位に劇的な変動がない限り、中共不承認という日本の現政策を維持する用意がある。しかし、日本は政府が中共に対してより積極的な政策をとるよう求める国内からの圧力に直面していることを指摘するであろう。彼らは北京との貿易・文化交流の拡大をはかる意思、そして恐らくはある種の技術的取極め（気象情報の交換、郵便その他）を結ぶ可能性にも言及するかもしれない。日本は、そのような行動には政治的譲歩は含まれないと保証するであろう。しかし、もし望み得るようなら、ワルシャワの米中大使級会談に類似した方法での対北京接触を希望すると述べるかもしれない。

3．国連代表権問題について。日本は今秋の第十六回総会において、モラトリアム案は成功しないであろうと言うかもしれない。彼らは国連総会で多数の支持を得ることができ、かつ中共を国連から排除し続けるような戦術の開発について、米国との密接な協議を希望すると述べるであろう。日本はまた、その戦術は同時に中華民国の国連議席、およびその台湾支配を保証するために形成されねばならないとするであろう。

4．日本は、米国が彼らと緊密に協議し、対中政策の進展について日本側に通報し続けるという保証を求めるであろう。

（勧告される米国政府の立場）

1．中共のイデオロギー的言明、およびラオス問題に対する行動によって示されるように、中共の国際関係に対する態度は以前同様好戦的である。しかし、現在の北京の経済的諸困難は、北京政権にその産業化計画のペースダウンを余儀なくさせるだけでなく、少なくともある程度の政治的不満を生み出してもいる。我々は、昨今の経済的困難が克服されるまで北京が大規模な国際紛争に巻き込まれることを望むかどうか、疑っている。しかし、中共はいつでも多方向に侵攻する能力を有している（例えば、台湾海峡）。自由主義諸国はこの脅威に対する警戒を緩めるべきではない。

2．北京のモスクワとの論争は、中ソ関係における著しい緊張を反映するものであるかもしれないが、彼らはそれぞれ同盟関係の長所をはっきり分かっている。中ソ両国は、どちらも自由主義社会を共産主義化するというその願望を後退させようとはしていない。両国の重要な相違点は、ソ連が米国と自由主義諸国の実力をよく知り、その結果核戦争の危険を冒すような主導的動きを躊躇しているということである。一方で現在の中ソ論争が継続、激化すれば、ある交戦行為が中共によって選択されるかも知れない。それは共産主義世界は自由世界に比し、戦争を恐れるものではないという考えの正確さを示したいためであろう。

3．米国の中共承認は現時点ではあり得ない。それは中共の我々に対する極度の敵意と交戦行為によるものである。その行為は、彼らが米国、および東南アジアの自由主義諸国との緊張緩和に全く関心がないことを示している。北京の敵意はドクトリンの問題であって、一方による要求緩和によって弱め得るものではない。

4．我々は、日本政府が国内からの圧力を押さえようと努力していることに感謝する。我々は日本が非戦略物資で中共と貿易を行うこと、北京政府と限定された技術的取極めを結ぶことを承認する。しかし、我々は日本政府に対し、中共政権に不要かつそれに相応しくない権威を付与したり、国府のそれを減じるような行動を回避するよう、強く主張するものである。

5．米国は、第十六回総会においてモラトリアム案を頼ることができないことに同意する。我々が考慮する代替戦術の一つは、「後継国家案」である。それは中華民国を引き続き加盟国として維持し、中共に国連の条件を受諾する責任、または自らの責任で排除され続ける責任を負わせるというものである。共産圏の反対が予想されるものの、この戦術の成功には安定多数の支持が必要となる。我々は中共代表権問題に影響する全問題について、日本と完全に協議する。

6．中華民国の将来について、我々はその国連代表権の性格が来るべき諸事件によって急速に影響を蒙るであろうという点で、日本政府に同意する。しかし、我々は国府が前もってその地位の公式な減退を受け入れると予想するのは非現実的である、と確信する。米国は国府に対し、「台湾政府」としてのみの役割を受け入れ、果たすように説得することも、強制することもできない。そのような事態を受け入れるよりむしろ、「我が道を行く」用意が国府にあるという証拠が存在する。一方で、国府は中共加盟を理論上は可能にするような国連内の議会協定を暗黙のうちに認めている。彼等は国連代表権に非常なる重要性を付与しているので、原則上は受け入れない「二つの中国」を現実政治上の手段として受け入れるかもしれない。国府が国連に留まる限り、国連加盟を拒否すると頑なに言い続けているのは中共である、と我々は信じている。また我々は、加盟国の多くが国府の完全追放、台湾への権利主張を受け入れよという北京の要求を呑むとは信じない。

『池田総理ワシントン訪問』は、米国が中国問題において日本と協議することの重要性を認めていること、国連代表権問題の転機が近いこと、そのため「後継国家案」を考案中であること等を明らかにしている。しかし、同文書が示すように、米国政府は国府に「台湾政府」としての地位を認めさせ、いわば国府をして「地方政権」の地位に甘んじさせるという構想には反対であった。すなわち、米国は米華相互防衛条約の締結によって台湾を防衛し、かつ国府が「大陸反攻」を企てることを抑止してはいたが、「全中国の支配者」というその主張を否定することには消極的だったのである。米国政府の認識は、この点で外務事務当局の構想と明白に一線を画するものであった。

しかし、米国政府が「二つの中国」に繋がる中共同時加盟を国府が認める可能性に期待しているのは注目に値する。すなわち国府は「全中国の代表」という地位（主張とした方が正確かもしれない）の放棄は拒否するが、国連議席を守るため場合によっては「二つの中国」を受け入れるかもしれないというのである。

米国政府もまた「二つの中国」が存在する現実を事実上認め、これに如何に対処するかという問題に苦慮していたのだった。ただし、「二つの中国」という言葉の意味が日米両国で微妙に異なっていたことに留意する必要があろう。いわば米国の構想する「二つの中国」は、場合によっては中共の国連加盟という代償を国府に求めることもあり得るが、あくまでも「全中国の代表政府は国府」というものであり、日本のそれは国府に「地方政権」の地位を受諾させ、彼らに「全中国の代表」を放棄するという代償を求めるものであったからである。

『池田総理ワシントン訪問』は、次に池田内閣を取り巻く諸状況について分析を進めてゆく。[7]

（一九六一年　日本における『中国の年』）

過去数年にわたる休眠状態を経て、日本・中共関係は急速に表面化しつつある。これは今や池田政府が一九六一年に直面する主要政治問題の地位を占めるに至った。池田首相・小坂外相が本問題に関する対米討議を、訪米時における最重要課題と見ていることを疑う余地はほとんどあるまい。

大多数の日本人にとって、北京との関係は他の外交問題とは関連のない、情緒的含みを持つに至っている。まず第一に、日本人は自らのすぐ近くにある、強力な、彼らがはっきりと文化的親近感を覚える国家との間に、多かれ少なかれ正常な関係を持つことができないということに明確な欲求不満を感じ始めている。この潜在的感情に加え、今世紀の大部分において日本が中国で行った侵略行為への罪悪感、これに対する贖罪という情緒的意識、東西の紛争に巻きこまれたくないという一般的願望がある。更に、日本の国益を考慮するよりむしろ、日本と中共の関係正常化を禁じているのは米国の圧力のみであると考える傾向が顕著になっている。

北京に関わるこの情緒的不安定さは、他の諸要素によってさらに複雑化する。日本の産業界トップは中国本土との貿易に限界があることを認めているが、貿易業界の一部、とりわけ繊維業界と中小企業は一九二〇～三〇年代の支那市場へのノスタルジアを想起し、貿易復活のため中国本土との関係拡大に積極的な重要圧力団体を構成している。彼等は過去数ヶ月、他の実業人と協力するに至っている。彼らは、米国の域外調達減少による差損分を相殺する手段として大陸貿易に注目している。さらに、米国における保護主義の台頭が日本に代替市場、とりわけ共産圏のそれを求めさせているのである。

(昨今における中共の接近法)

この高まりつつある心理的、情緒的欲求不満、そして経済的不安を背景として、中共政権はこの数ヶ月にわたって一九五八年の春に彼らがとった戦術を実質的に変更してきている。当時、日本の非戦略物資を中心とする中共貿易は急速に増加していたが、北京は日本企業との全契約を一方的に破棄し、両国間の直接貿易は打ち切られたのである。北京は表面上その理由を長崎における右翼青年の中共国旗毀損（いわゆる「長崎国旗事件」）に置いたが、その動機が一九五八年の国政選挙で日本社会党が有利となるようにとの中共の願望から発していたことは明らかだった。契約破棄は日本ではそのように受け取られた。とりわけ、北京が貿易再開は中華民国との関係を断絶するという基礎に立った政府間協定の締結まであり得ない、と声明した後はなおさらであった。

しかし昨年九月のインタヴューにおいて、周恩来は政府間協定がなければ大規模貿易はできないが、日本の「友好」商社との私的契約交渉が現在できないと考える理由はない、と語った。日本側はすばやく反応し、昨月だけでも七十社以上の日本企業が「友好商社」の資格を取得し、訪中団が派遣された。貿易額は毎月二〇〇万ドルを超えるに至る。中共はこの貿易再開をもう一つの戦術的革新に結びつけた。彼らは日本社会党との緊密な関係を求め、与党自民党の全党員に深い嫌悪感を示しているにもかかわらず、今や池田首相率いる自民党主流派への反対者として知られる勢力（自民党反主流派）を引き寄せる戦術に出ているのである。

（池田首相への圧力）

この中共の「二股政策」は、池田首相がその前任者から継承した、北京に対し何ら積極的行動を起こさない「静観策」を変更せよという、既に存在していた圧力を劇的に強めることになった。議会において、池田政府は中国問題をめぐって社会党左派の一致した攻撃に直面してきた。昨年、日米相互協力および安全保障条約の批准に反対し暴動を起こした社会主義者たちは、対中共関係を日本と米国、自由主義諸国の同盟関係を決裂させるための、また日本を彼らが信奉する親ソ連圏的傾向に向かわせるための楔に使おうとしている。

この目的を達成するため、彼らは日本の東アジアにおける「孤立」を強調することで日本人の情緒的感覚を刺激し、同時に中共との関係改善がもたらす経済的利益を主張する。東西紛争に巻き込まれるのを避けたいという日本人大多数の願望を利用するアピールも、大きな役割を演じるであろう。

自民党内の反池田派に対する中共の「求愛」は、局面に新たな危険と不安定さを付加するものである。この時点で北京承認の必要性を感じる保守政治家はほとんどいないであろうが、彼らは党内の立場改善にこの問題を進んで利用するだろう。もし可能なら、池田率いる党内連合を破壊するために、である。しかし、何人かの反池田派指導者は、ケネディ政権下の米国対中政策が池田その人より柔軟さを維持している一方で、池田は東京よりむしろワシントンで作られた外交政策を許容しているではないか、と非難するであろう。

(池田政権の見解　中国政策全般)

池田首相と彼を支える党内連合指導者は、日本が現在とっている中共不承認政策こそ彼らの国益に叶い、かつ維持されるべきであると考えている。彼らは、極東の現在の勢力バランスを逆転させ、日本を米国と自由世界から孤立させるような政策を主導するのは危険な選択と感じている。さらに、彼らは台湾を中共支配下におくような如何なる極東協定も、日本の平和と安全に対する直接の脅威であることに同意している。しかし、一般大衆および反対党、そして自民党自体からの圧力は全く無視し得ない。そこで首相は古くからの「静観策」を維持する必要に直面しているのだが、一般大衆向けにさらに訴えかけをせねばならない。彼はまた、政府の決定は日本の真の国益が存在すると日本自身が評価したところから生じているのであり、如何なる意味でも米国追随ではないことを大衆に確信させねばならない。

池田は中共承認を暗示するような政策に細心の注意を払いつつ、限定された、かつ慎重な政策を進めてゆくであろう。それは強制的バーターシステムの廃棄、通常現金ベースによる貿易再開のようなものになろう。また郵便、気象情報交換など技術的協定の締結もあるかもしれない。

ワシントン会談において、池田首相・小坂外相はこのような政策と限定された動きについて米国の「理解」を求め、対中共政策に影響する全問題につき我々と協議するという意思を強調するであろう。池田政権は、このような方法こそが日本の世論を満足させ、自らに対する反対圧力を押さえることができると共に、従来の政策に本質的変更を加えず日本を緊密な対米協力から引き離さずに済む、と信じている。彼らはまた、米国の政策変更について似たような保障を求めている。彼らは、米国が政策変更を行った事実を知らされないこと、米国の政策変更以前よりむしろその後で自身の政策修正をしなくてはならないことを最も怖れているのである。

（池田政権の見解　国連中国代表権問題と台湾の地位）

池田首相とその政府は、次期国連総会で中共代表権問題がどのように扱われるかという問題にとりわけ関心を有している。かなりの部分で、これは日本の国内政治上、対北京関係の鍵である。中共が国連に加盟しない限り、北京政権承認圧力は封じ込めることができる。しかし、万一中共が国連加盟するような場合、承認に向けた早急な行動が現政府または他の日本政府によってとられねばならないような地点まで、一般の圧力が強まることになる。

首相は第十六回総会において米国が追求するつもりの戦術審議に、非常に関心を持っているであろう。日本はモラトリアム案は成功しないであろうし、これを用いるべきではないと考えている。彼らは中華民国の議席を維持し中共の加盟を阻止する、加盟国多数の支持を得る他の戦術を支持する用意がある。しかし、彼らは特に台湾を共産主義の支配から自由であらしめることに関心を持っており、台湾を支配する合法政権としての中華民国の国際的地位を疑問視するような戦術の形成には、細心の注意が払われるべきであると信じている。

（日本の政治状況(8)）

自由民主党は中庸な保守政党であり、戦後日本のほとんどの時期において政治権力を掌握していた。彼らと池田は基本的には親西側の政策をとり、それは米国および自由世界との経済、政治、安全保障上の緊密な関係を維持することである。

しかし、日本の政治状況には、政治的不安定を生み出す多くの要素が存在する。その主なものは新たな民主機構を日本に深く根付かせることに失敗したことであり、自民党の風土病とも言うべき派閥主義、政治的に極端な第一野党・日本社会党である。池田は昨年七月の就任以来、一般的に諸問題を処理することに成功してきているが、彼は未だこれら諸問題に有効な対処を行わねばならないのである。来るべき自民党役員選挙に備え、池田は党内においても一般に向けても、自分はケネディ大統領および米国政府と合意に達し、自由世界の重要な一員として日本を代表し得たのだということを一般に示すことで、今回の訪米を彼の批判者を沈黙させるため利用せねばならないのである。

頗る長い引用になったが、これが池田・ケネディ会談に備えて米国政府が準備した『池田総理ワシントン訪問』の概要である。同文書は、池田が今や中共問題を利用する自民党反主流派の攻撃に曝されるようになった事情を重視している。すなわち、米国政府は中国問題の取扱いを誤るとき、それは日米関係の基礎を揺るがす事態に繋がりかねないことを、はっきり認識していた。特に中共が「友好商社」を通じた貿易拡大策によって繊維業界、中小企業との取り引きを再開したことは、やがて財界を通じた対中正常化圧力を自民党に及ぼす惧れがあった。しかも、自民党反主流派が中国問題打開を自らの政治的野心に利用する可能性も看過し得なかった。池田政権を支える自民党主流派は、岸信介、その実弟佐藤栄作、大野伴睦らであった。彼らは全て自民党の「親台湾派」に区分される人々であり、それだけに対中正常化問題をめぐる反主流派の池田攻撃は強いものになることが予想されたのである。

さらに、米国は池田がワシントン訪問・日米首脳会談の「成功」を党内反対勢力および野党に対抗するための政治的資産として利用しなくてはならない事情も知悉していた。すなわちこのことは、日本の政治的安定を確保するため、来るべき池田・ケネディ会談を成功に導くことが米国の対日政策上、極めて重要であったことを意味していた。

しかしその一方で、台湾の国連議席維持・中共の排除という米国の基本政策に照らしたとき、米国が中国問題において対日譲歩をなし得る範囲には、最初から厳しい限界が存在したと見るのが至当である。いわば米国は日本の政治的安定、すなわち池田の政治的地位保全と、自らの極東政策の微妙なバランスを考慮しつつ、池田との会談に臨む難しい立場に置かれたのであった。

なお、『池田総理ワシントン訪問』の一部をなす文書「日本の国内情勢」は、日本の保守（自民党）政治家は、自民党全体としては不関与（disengagement）政策すなわち日米同盟を軽視する孤立的政策に反対し、選挙戦における大損害（すなわち、落選による敗北）を避けようとするが、世論の動向に配慮して琉球問題、中国政策といったとりわけ微妙な諸問題について「(対米）独立」姿勢をデモンストレーションし、またあらゆる地域的安全保障協定への加入拒否を通じ、彼らの路線調整を図っている、と分析している[9]。米国は、池田の政治的地位を脅かすのは中共の圧力そのものよりも、むしろその圧力を体現し利用した日本国内の政治勢力であることを理解し、そこに将来の日米、日中関係における不安定要因の存在を見ていたといえよう。

こうして、日米両国の様々な思惑を包含しつつ、中国問題の討議は日米首脳会談に委ねられることになった。

三　日米首脳会談

日米首脳会談は、六月二十日から二十三日にかけワシントンで行われた。その日程は二十日に池田・ケネディ第一回会談、池田・ラスク第一回会談、二十一日に小坂・ラスク第一回会談、池田・ケネディ第二回会談（大統領専用ヨット上)、二十二日に小坂・ラスク第二回会談、そして最終日の二十三日に池田・ケネディ第三回会談、となっている。

右の日程中、中国問題が議題となったのは二十日の池田・ケネディ第一回会談、そして翌二十一日の小坂・ラスク第一回会談だった。本節では会談の具体的内容を検討した後、日米双方が中国問題についてどのような結論または了解に達したのかを具体的に検証してみたい。

六月二十日の池田・ケネディ第一回会談においてケネディは次のように述べている[10]。

来るべき国連第十六回総会において中国問題を何とか措置する必要があるが、日本側はモラトリアム(棚上げ)案は成功しないという考えのようである。自分もその点には自信がない。我々の反対にもかかわらず、中共の反対で国府が追放されるようなことがあってはならないであろう。

これに対し、池田は日本人の中国に対する親近感について触れた後、日本側の立場を説明しつつ答えた。日本は「六億の住民が国連に代表されていないことは非現実的と思う」が、現在のところ中共政権の承認は難しい。日華平和条約もあり、中共承認を国論が納得しないであろう。また、台湾は決して共産側に渡してはならない。蔣経国が後継者となったとき、その生い立ちから考え彼が国共合作に走ることを我々は怖れている。台湾の人口は九百万人であるが、そのうち七百万人は本島人(台湾出身者)であり、彼らは自由と平和を望んでいる。台湾の人口は九百万人であるが、そのうち七百万人は本島人(台湾出身者)であり、彼らは自由と平和を望んでいる。モラトリアム案で一時を糊塗することは策を得たものではあるまい。むしろ、台湾の地位を高めるために積極的措置をとるべきである。

そして池田は、「自由陣営の多数は台湾を確保することを希望しており、国府、中共ともに一つの中国を強く主張しているから国連において国府の席を確保することができれば中共は入って来ないのではないか」と述べている。

池田発言のポイントはまず、(ア) 中共政権の承認は今のところ不可能であるが、六億の人口を要する大国である中共が国連代表権を持たないのは不自然であるという認識、(イ) モラトリアム案は一時を糊塗する案でしかなく、日米両国は台湾の地位を高めるために積極的措置をとり、台湾を国連に留めることによって「二つの中国」を拒否する中共を国連から排除する、と要約出来よう。この二点を組み合わせて考えると、池田発言の真意が台湾の地方政権化、すなわち国連加盟国の多くが疑問を抱いている「全中国の代表」という「擬制」の放棄を国府に求め、「台湾政府」としての国府を自由陣営の一員として強化育成することにあったのは容易に想像できる。そしてそのような方策こそ、国連加盟国とりわけ自由主義諸国が国府を支持する道であり、国府を国連に留める最も確実な方法だったからである。

ケネディは、この池田発言の真意を汲み取ったように思われる。彼は池田に次のように述べ、その苦衷を洩らした。

「ウィーンにおいてフ首相 (フルシチョフ Nikita S. Khrushchev) も台湾がいる間は (中共は国連に) 入って来ないと述べていた(六月上旬の米ソ首脳会談時)。従って国府の議席を確保する方法が成功すれば中共は国連に入って来ないと予測される。(中略) 米国において、これは極めてエモーショナルな問題で自分の大統領就任前日アイゼンハワー大統領に会った際、同大統領は中共の国連加盟を防ぐためなら自分は喜んで政界に戻ると述べていた程である。特に議会の取扱いが難しく、国府が残ったまま中共を入れる方式があるとしても中共を入れるということを米国民にいうわけにはいかないところに困難がある」。

池田はこれを「了解できる」と答え、そこで池田・ケネディ会談における中国問題討議は終わっている。ケネディは、池田の提起した「台湾の地位を高めるための積極的措置」には直接答えなかったが、議会筋に強硬意見が存在するゆえ、米国は事実上中共問題について積極的措置をとることができないと述べている。池田とケネディに共通の認識があるとすれば、それは国府を自由主義国陣営の重要な一員として国連に留めることであった。しかし、池田が国連における国府の地位を守ることを重視しつつも、中共が国連代表権を持たない現在の状況は「不自然」という立場をとるのに対し、米国は中共問題を「エモーショナル」な問題としてその国連代表権についての考慮を拒否するという点に、日米間の大きなギャップが存在したのである。

日米両国は、翌二十一日の小坂・ラスク会談、すなわち外相レベル会談において更に具体的に中国問題を討議している。以下は、その会談内容の要約である。[11]

（中共代表権問題）

ラスクは、昨日のケネディ・池田会談をフォロー・アップする意味で今一度述べたいと前置きし、「中共承認は米国にとっては当分問題にならないという意味で active question ではなく、また北京にとっても米国が台湾を放棄しない限り問題外であるわけで、この点ははっきりさせておきたい」と発言し、日本の見解は如何と質した。

（小坂） 昨日総理からはっきり述べたように、日本には中共承認の意図はない。問題は国連の規定下に取扱うという技術的なものに過ぎない。米英に合意があって日英米三国共同の行動をとることが大切だ。

（ラスク） 中共の国連議席が台湾追放を意味するのなら反対である。これは国府に対する礼儀の問題である。モラトリアム（棚上）案の前途が危ぶまれていることから、単なる多数決で中共加入、台湾の議席喪失となることを避けることが肝要だ。単純過半数という事態にならないよう、もっと熟慮された手段が必要だ。米国政府として最終的にどういう立場をとるかは未定である。英国は中共加入に反対し得ない。彼らは中共を承認している立場にある反面、何らかのフォーミュラを作り出すことに協力する意図があるものと見ている。米国は、中共は台湾が国連に留まるなら加入を欲しないだろうと見ている（中共側の態度変更はあり得るだろうが）。しかし、中共加入と台湾の関係については、ウィーンでフルシチョフも米国と同じことを述べていた。米国は安保理問題との問題は別個に取扱いたい。もし問題が安保理議席ということになれば、米国は台湾が自らの権利を行使できると考えている。台湾政府は公式的にはall or nothingな基本政策をとっている。この問題については非常に敏感であり全中国の政府という立場を堅持しているが、もっと熟慮された方法を採用することが問題解決に必要だ。モーリタニアと外蒙のバーゲンになったとき、もし台湾がこれに反対すれば、十ないし十五のアフリカ新興諸国は台湾を支持しなくなるだろうから、そのことも考慮の必要がある。

(小坂)　台湾自身が自らの立場を正確に認識するか否かが本質である。米国が台湾にこの点を知らしめる必要があるし、米国のみがそれをできる。

(ラスク)　数年来国民政府と話し合っているが、国府への説得力については楽観できない。現にアイゼンハワー大統領が数年前、外蒙の投票について国府に棄権を打電したが彼らはこれを拒絶した。[12]国府にとって全中国の政府であることが台湾におけるレーゾン・デートル（存在事由）であるだけに非常な困難がある。米台両国は親密な関係にあるように表面上は見えるけれども、台湾は米国の衛星国ではない。

(小坂)　我々としては国府を国連内に留めておくことが大切だが、国府に自己の立場を認識させることも大切だ。米国は当然国府に対しモラトリアム案を出さないかもしれないと通報したと思うが、これに対して国府がどう反応したか知らせて欲しい。実は出発前、国府はモラトリアム案を支持して欲しいと申し入れてきたが、我々はこれにコミットしなかった。

(ラスク)　国府も外蒙に対するアフリカ諸国の反応などから、モラトリアム案が大きな危険に曝されていることは理解していると思う。彼らは米国が関係諸国に政治的圧力をかけて最大の努力をすれば何とかモラトリアム案で切り抜けられると考えているようだが、米国の政治的圧力行使には二つの困難がある。まず米国は全ての国に圧力をかける立場にないこと、またこの一つの問題について強力なことを行うことは米国のセキュリティに関わるということだ。例えば、本問題への態度を口実に対インド援助を停止するようなことはできるものではない。政治的圧力の有効性は疑問であり、国府もそれは知っている筈だ。

(小坂) この状態が引き続けば自由諸国の分裂を引き起こすことが明白で、台湾政府に対する各国の同情は失われていないと思うが、国府がその支配力の及んでいない中国本土を代表しているというが如き擬制をとっていることには強い反対がある。もっと現実的な解釈を作る必要があろう。忘れてはならないのは、①自由諸国のコモンフロント（共同戦線）を作ること、②台湾政府のオーソリティを台湾のみに限ること、③理事会の議席は総会の問題とは切り離すこと、の三点である。結論として中共の排除より、台湾の国連における地位保全を考えることが必要だ。

(ラスク) いずれにせよ、関係国の多角的協議が必要である。

この小坂・ラスク会談で、小坂は「国府の地位を台湾に限定する」という日本側の主張をはっきりラスクに伝えている。小坂の語る通り、日本は国府のモラトリアム案支持申し入れにコミットせず、事実上その要請を断っている。

しかし、先述の如くこの時期の米国には中共加盟問題について具体的行動をとる用意は全くなく、またケネディが池田に説明したように、それは現実的に不可能であった。

前節で指摘したように、確かに米国は国府が政治的現実として中共の国連同時加盟を認める可能性に注目してはいた。しかし、それはあくまで国府が自らの国連代表権の重要性に鑑み、これを守るために譲歩を余儀なくされる可能性を指摘したものであり、国府が積極的に同時加盟を容認するという意味を含むものではなかった。ラスクが小坂に明言したように、米国は台湾追放に繋がる中共加盟にはあくまで反対だったのであり、決して積極的な「二重代表権」の支持者ではない。原則的には中共・国府とも、国連が事実上「二つの中国」を承認する「二重代表権」には反対であり、その強行はかなりの確率で現状の劇的変更、すなわち国府の国連脱退に繋がることが予想された。しかも、ラスクが小坂に語ったように、米国は国府に対し「二重代表権」の受け入れ、そして「台湾政府」としての地位を受け入れるよう説得する自らの力に確信を持つことができなかったのである。さらに、五大常任理事国の一つである国府の進退問題が安保理議席問題に結びついたとき、それはほぼ確実に国府の拒否権行使になったであろう。国府の拒否権行使は共産圏およびアフリカ新興諸国をはじめとする勢力の強い反感を買い、その国連における地位を弱化させる危険が大きい。

小坂・ラスク会談は、国府により柔軟かつ洗練された外交方針を望みながら、これに有効な手を打つことのできない米国のジレンマをよく示しているといえよう。

そうした米国の立場から必然的に導き出される結論は、消極的な現状維持（現状の凍結）ということにならざるを得まい。六月二十三日付『朝日新聞』は「中共問題をめぐる討議のなかで、これまでのところ明かになった主要点」を、「一．米国は『中共の国連加盟には今後とも反対の態度をとる』ことを米政府の方針として明かにし日本側は米国がそのような立場をとることを了承した。二．日本政府は国連での中国代表権に対しても、また国際間の中国問題の処理に当たっても、自由陣営側にある台湾の地位を支持し、これを維持することを基本線とすることを明かにし、いわゆる〝二つの中国〟に類する考え方に立つケネディ政権と共同歩調をとる形となった。」と総括した。同記事は、こうした意見は従来日本政府にも非公式に存在したが、日本政府は日米首脳会談でこれらの点につき「米政府に言質を与えた結果になった」と評している。[13]

しかし、日米首脳会談は中国問題にかかわる日米両国の見解の相違を明らかにしたと同時に、その見解の相違を調整し得るのが事実上の「二つの中国」政策推進であることも証明したように思われる。外務省筋が日米首脳会談を評して「はっきり〝二つの中国〟で進むという意見一致がみられたわけでもないようだ」と語ったことが二十三日の『朝日新聞』に報じられているが、日米両国は本問題についてこれ以上の技術的・法律的な議論に入ることを回避し、取り敢えず「二つの中国が存在する現実」を容認しこれに対処するという線に議論を収斂させることで、事実上の政治的妥協を図ったというべきであろう。

その事実を具体的に証明するのが、六月二十四日の『朝日新聞』記事である。同紙は香港発情報として、池田首相が日米首脳会談の結果「米国に追随して」「二つの中国」政策をとることを明らかにしたという評価が当地で広まりつつあり、北京・台北がその対日態度を急速に硬化させる可能性が強まったと報じている。[14] その証明となるのが六月二十二日、日本共産党訪中議員団と中共政府が発表した共同声明[15]であり、在香港国府系新聞の対日非難記事であった。とりわけラスクが国連中国代表権問題について新たに小坂に示したといわれる「継承国家論」は、「二つの中国」を肯定するものとして厳しい批判の対象となった。[16]

日米両国が「二つの中国」が存在する現実を認めたこと、いわば「二つの中国」の現状凍結を主張したことを、北京・国府は共に「二つの中国」を肯定するものと激しく非難した。中国問題について、北京・国府の双方を共に満足させる解決法は事実上存在しなかったのである。日米両国は「二つの中国」を事実上認める線で折り合い、曖昧な妥協を図ることによって中国問題を「敬遠」し、極東の政治的現実を急激に変化させるような「具体的」解決を性急に求めようとはしなかった。「二つの中国」論は、いわば中国問題をめぐる日米両国の緊張を緩和し、その関係を調整するという意味も有していたのである。

さて、小坂外相はラスクと会談した際、「米英に合意があって日米英三国共同の行動をとることが大切」と発言し、中国問題について英国の見解を重視すべきとの認識を示している。その小坂はワシントンを訪問後直ちに英国へ渡り、マクミラン首相、ヒューム外相と中国問題について意見交換を行っている。

中国問題について英国の意見を求め、あるときは日英共同行動を提唱するという考えは、戦後日中関係史の中にその類例をいくつか見出すことができるが[17]、小坂訪英もまたその延長線上に位置付けることができるであろう。次節では中国問題に関する小坂・マクミラン、小坂・ヒューム両会談の概要を一瞥し、中共承認国である英国が本問題をどのように考えたかという問題を探ってみたい。

四　小坂訪英と中国問題

昭和三十六年四月六日の『朝日新聞』は「小坂訪英に期待、中共問題打開を図る英国」と題し、英国政府が中共の国連加盟問題について積極的意見を持っているゆえ、小坂外相の訪英には大きな期待をかけていると報じている[18]。

二月八日、ヒューム外相は議会で「国際情勢は中共の国連加盟を要求している」と演説し、三月の英連邦首相会議では、大多数の首相が中共の国連加盟を支持したという。それまで国連において対米配慮からモラトリアム案に賛成投票を行い続けてきた日本政府が、池田訪米に備え積極的に中国問題解決に向け動き出すと見た英国政界では、小坂との意見交換を「日本政府の真意及びこの秋の国連総会に望む態度《（ママ）》」を知る上で重視し、これに期待していたのである。

小坂・ヒューム会談は七月五日、ロンドンで行われた。その要旨は次の通りである[19]。

（小坂）　国連における中国問題解決の先決問題は、台湾を如何に処遇するかにある。しかし、今下手に「二つの中国」を持ち出すと蒋経国等の国共合作の動きを誘発する惧れがある。台湾を現状に即した形で国連に止めておくことは、多数諸国の支持するところと思う。そこで、国府に自己の現実の姿を悟らせることが必要だが、この工作を担当するのは米国が最適であり、この旨を先の日米会談に際し米側に伝えたところ、それは他国にして貰いたいとの意向であった。

(ヒューム) 台湾を現実に即して国連に残すことは多数の支持を得るだろうとの見解には同感である。本問題に対する日本の基本方針をうかがいたい。

(小坂) 第一に台湾を中共に渡さぬこと、第二に台湾住民の意思に反して共産圏に渡さぬこと、第三に中国の議席問題は総会と安保理とに分けて処理することである。

(ヒューム) 英国の考えも大体同様である。国府に現実の地位を認識させる役はやはり米国が最適であるが、米国がそれを躊躇しているとすれば他に如何なる国があるか。

(小坂) カナダ、豪州、ガーナ等は如何。

(ヒューム) カナダ、豪州とも力が足らず、インドはこれに理解を示しても協力はしないだろう。貴国は台湾に対する影響力は大きく国府説得の適役と思うが如何。

(小坂) 日本の台湾に対する影響力は大きくはなく、また日本国民は蒋介石に恩義を感じているので、そのようなことはできないであろう。万一日本がその役に適しているとしても、現段階では到底不可能で、今後情勢が熟し国府の考えも変わる見透しのついた段階が来て始めてそのようなことが考えられるかもしれない。なお別にマクミラン首相も本大臣に対し日本の台湾に対する影響力について問い、また大野（勝巳）大使に対し台湾住民の対日感情について質問した。

(ヒューム) 中国代表権問題が直接表決に付されるときは、英国としては中共に票を投ぜざるを得ない。故に米国にストレート・ヴォート（直接投票）を避けさせたい。このことはすでに米国に申し入れている。二つの中国の構想は、蔣介石が同意しなければ提案することができない。国府説得は米国のみがなし得る。このこともすでに米国に申し入れてある。

（小坂）　それも、相当多数の国が二つの中国を支持する事実を先に作っておかねば、米国としても説得できないであろう。

そしてヒュームは、国府説得は公然とこれを説くのでなくては駄目であろうし、そうすれば国府がこれを拒絶するのは明白である、米国は「継承国家論」を道具に使っているとの疑いを世界に与え信用を失う惧れがあると述べた。その際、ホイヤー・ミラー（Sir Frederick Hoyer Millar）外務次官は結局「二つの中国」は意味なしと語り、英国が米国の「二つの中国」論的解決法に批判的であることを小坂に仄めかしている。

そして同日の小坂・マクミラン会談で、小坂は「日本にとって重要なことは、大陸の勢力が日本に与えるインパクトの問題である」と、中国問題が日本の国内問題に及ぼす影響について語り、本問題について英米協調が是非とも必要であること、日本はそれに協力を惜しまないことを強調した。小坂は、台湾を維持し、その地位を確固たるものとするためには「台湾が全中国を代表するとの擬制をやめること先決なりと考える」との持論を展開したが、マクミランはこれに「そうだ」と相槌を打ち、同感の意を示している。

英国政府首脳は「二つの中国」論に基づく中国問題の処理には批判的であったが、四月のケネディ・マクミラン会談でも明らかになったように、台湾を自由主義諸国の一員に留めることの重要性には同意していた。しかし、その彼らも中国代表権問題が直接投票に付される際は中共に投票せざるを得ないと明言していたのであり、むしろ直接投票を回避することによって、中国問題をめぐる米英対立を回避したいと望んでいたのである。

英国は米国との立場の違いを小坂に主張し、なおかつ米国の政策を批判しつつも、中国代表権問題が直接投票のような関係国の明確な意思表示を必要とする手続きに委ねられることは、英国にとって政治的に不利と判断していた。それはすなわち、中国問題を「二つの中国」のまま事実上凍結するという日米両国の外交路線を黙認することを意味していた。

中国問題をめぐって積極的な協調政策をとることは困難であったかもしれないが、英米両国はいわば「中国問題について本格的な論争を回避する」ことでその認識が一致したようである。

五　米国の見た池田内閣の見通しと中国問題

昭和三十六年十月、駐日米国大使館が国務省に宛てた報告書「日本の政治構造の現況」は、臨時国会直前の日本の政治情勢について、次のように論じている。[20]

〔駐日米国大使館報告『日本の政治構造の現況』三六年十月〕

A・新池田内閣

1・池田とその強力内閣が幸先良いスタートを切ったことには疑いない。内閣支持率は四十四％、不支持率は二十八％である。戦後の総理大臣で、一年以上四十％以上の支持を集めた者はいなかった。

2・池田人気を保障するものに、彼のトレード・マークであるいわゆる「低姿勢」がある。彼は昨今のワシントン訪問によって（政治的）権威を得、ソ連の行き過ぎた振る舞い（核実験の再開等）からは利益を得た。しかし、これは移り気で悪名高い日本の大衆が「池田のイメージ」に飽きれば、あるいは日本経済が低迷の兆しを見せれば変化するものであろう。消費者物価の上昇は、既に日本の大衆に不安を引き起こしている。

B・自民党内派閥

1・池田は訪米以来、党内をよく統制している。これはほとんどの観察者が同意するところである。彼のライヴァルである佐藤、三木、河野そして藤山らは、閣外にあれば池田とその政策を狙い撃ちにする自由を有するであろうが、彼らがその一員である内閣を傷つけるようなことをすれば、世論の反発を招くという怖れによって今は行動を控えている。さらなる二つの理由は、(1)池田内閣の目標は国際的危機という難しい時代に日本が対処するということであり、そのサボタージュは悪であるということ、(2)組閣に当たって池田は保守党が如何に強力な政府を作ることができるかを示した、ことであろう。派閥の利益のために引き起こされた失敗は、池田のみならず全保守勢力にとって打撃となる。

2・池田の地位は、党内派閥の現勢力バランスによって著しく強化されている。吉田茂、岸信介両元首相が現通産大臣の佐藤栄作（岸の実弟）を池田の次期総裁と為したがっていることは公然の秘密である。このことは、佐藤を主要競争者にした一方、彼を党内の実力者たる河野、三木、藤山の敵とすることになった。彼ら（それぞれ自らを次期総裁に擬している）が行動を控えているのは、池田攻撃が佐藤を池田に取って代わらせるだけとなる可能性によるものであろう。

C・短期的見通し

1・以上の理由から、派閥争いから生じる池田首相への差し迫った危機はないであろう。池田は論争を呼ぶような性格の手段をごり押しするとは思えないので、ほとんどの者は現国会を平穏と予想している。二つの反対党たる社会党、民社党も政府攻撃を行う真の理由がなく、静かであろう。状況が変化、とりわけ物価の上昇が続いても、池田内閣にとっての恩寵の時代は少なくとも今年一杯は続くであろう。

D・長期的見通し

1・佐藤の総裁就任は、恐らく一九六二年七月の党選挙ではあり得まいというのが、大方の観察である。佐藤、河野の出馬辞退で藤山になるという見方もあり、池田はあと二～三年務め、その後に若手の中曽根（康弘）がこれを継ぐという者もいる。

2・保守党があと十年日本を支配し、その次に日本の都市化と左派主導の日教組が新有権者に与える影響とから利益を得た社会党が政府とより対等に戦えるようになる、という予測がある。吉田元首相（報道が信用できればであるが）を含む多くの人々が、政府を組織する責任は日本社会党にとって健全かつ成熟した効果をもたらすであろうと語っている。しかし、これには強い反対意見もある。当館は、十年後の社会党による権力掌握を予測する強い考え方が広範にあるという事実、そしてそれが保守政治家の間にさえ驚くべき冷静さで見られることに、強い衝撃を受けた。

訪米・日米首脳会談の成功という成果を上げた池田内閣の安定性を評価しながらも、日本の大衆の「移り気」と経済成長に伴う日本の都市化、そして左派主導の日教組教育に影響された新有権者が社会党勢力を増大させる恐れに注目するその内容は、駐日米国大使館が今後の日本政局の動きは決して予断を許さない、と見ていた事実を示している。とりわけ保守政治家でさえ、近い将来における社会党勝利の可能性を信じている事実は、米国に「強い衝撃」を与えた。

本報告は、中国問題の行方に直接言及してはいない。しかし、党内における池田のライヴァルとされる人物の中には、対中関係正常化を自らの手で達成し、その「業績」を将来の政治的資産となすことを狙う者が存在した。河野一郎はその一人であり(21)、彼は岸前内閣時代から中国を含む対共産圏正常化の「業績」を、将来の総裁選を狙う足掛かりにしようとしていた。河野が来日した中国側要人（孫平化、王暁雲）に対し、自らが政権の座につければ直ちに対中関係正常化に向け行動を開始する旨を明言した、という田川誠一の証言は、そのことを裏付けるものであろう。㉒

日米首脳会談の結果、池田は「二つの中国」の現状を事実上容認する政策の継続で米国と合意した。池田内閣の下でいわゆる対中共LT貿易覚書（「日中総合貿易に関する覚書」）が調印されたのは、翌昭和三十七年十一月のことである。「長崎国旗事件」以来冷え込んでいた日中関係は、ここにおいて表面上平穏な状態に復帰したかに思われた。㉓

しかし、池田が選択した事実上の「二つの中国」の現状を容認する方針は、国府・中共双方からの強い対日批判を招いたことも厳然たる事実である。先述したように、日本は「二つの中国」を容認することによって、北京・国府双方の反発を招くリスクを承知の上で対米関係調整を優先させる道を選択した。この「二つの中国」を容認する政策は、政治情勢が基本的に平穏な状況の下では、問題を表面化させずに済むであろう。しかし、一度中国問題に関わる何らかの政治的懸案が発生し、日本が国府・中共いずれかの政権を選択せねばならないような状況が出現した場合、その矛盾は一挙に顕在化する。

その懸念は昭和三十八年十月、来日中の中共国籍者による海外亡命申請という形をとって現実となった。それは、「二つの中国」が孕む複雑・困難な問題を典型的に示す一件であり、日米首脳会談の結果一度は沈静化した「台湾＝全中国の代表政府」という「擬制」への強い疑問を再燃させた事件であり、同時に中国問題が日本の国内政治問題であることを示す典型的事例ともなったのである。

（1）　小坂大臣発朝海大使宛「池田総理訪米に関する件」、昭和三十六年一月十二日発、第四十九号電。『池田訪米一件』第一巻。

（2）朝海大使発小坂大臣宛「ラスク新長官との会談に関する件」、昭和三十六年一月三十一日発、第八十五号電。『池田訪米一件』第一巻。

（3）同右。

（4）朝海大使発小坂大臣宛「池田総理訪米に関する件」、昭和三十六年六月十七日、第一六二一号電。『池田訪米一件』第一巻。

（5）A Summary Analysis of United States-Japan Postwar Relations and Problems, with the prospects and Major Problems the United States will face in coming period in its Relations with Japan, 1960.12.16. "Declassified Documents Quaterly Catalog", Carrollton Press, Arlington VA.(microfiche) (hereafter cited as DCD), 1998, no.3345.

（6）VISIT OF PRIME MINISTER IKDA TO WASHINGTON, June 20-23, 1961. 1961.6.14. DCD, 1993, no.2021.

（7）ibid.

（8）VISIT OF PRIME MINISTER IKEDA TO WASHINGTON, June 20-23, 1961. The Japanese Political Situation, 1961.6.13. DCD,1993, no.2018.

（9）ibid.

（10）朝海大使発小沢（佐重喜）大臣臨時代理宛「総理訪米（中共問題）の件」、昭和三十六年六月二十日発、第一六五五号電。『池田訪米一件　会談関係』。

（11）朝海大使発小沢大臣臨時代理宛「総理訪米（小坂・ラスク会談）に関する件」、昭和三十六年六月二十二日発、第一七〇九号電。『池田訪米一件　会談関係』。

（12）拙稿「国連第十総会における日本加盟問題」、『國學院大學大學院紀要・文学研究科』第三十二輯、平成十三年三月、参照。昭和三十（一九五五）年の国連第十回総会で、ソ連提案の一括加盟案に外蒙が含まれることに反発し、国府が拒否権を行使した。これに対し米国はアイゼンハワー大統領の親書を蒋介石に送り、拒否権行使を思い止まるよう説得したが、国府はこれを拒否した。なおこの国府の拒否権行使は日本加盟のみを流産させる結果を招いている。これはまた、国連加盟各国の国府に対する反発を激化させた一件でもあった。

(13)『朝日新聞』、昭和三十六年六月二十三日。
(14)『朝日新聞』、昭和三十六年六月二十四日。
(15) 前掲『戦後資料日中関係』、二〇四〜二〇五頁。
(16) 六月二十四日の『朝日新聞』は二十三日付『シカゴ・サン・タイムズ』の報道するところとして、ラスクが小坂に対し「継承国家論」につき次のように説明したと報じている。①中国の世継ぎあるいは後継者は、一つの中国ではなく現在では二つの中国で、一つは中共、他の一つは台湾である。②継承国家理論によって、中国の国連議席は二つに分かれる。③そして、この案では、国府は安保理および総会に議席を有し、中共は総会の資格審査委員会に申し込んだうえで総会にのみ議席をもつことになる。④この問題は総会の手続き事項として扱われ安保理における国府の拒否権発動を回避することができる。しかし、小坂は訪英中の七月六日行われた記者会見で、「継承国家論」は「よい案だとは考えていないし、また実現できるとも見ていない」と発言している。英国もまた、同案に対しては消極的であった（『朝日新聞（夕刊）』、昭和三十六年七月七日）。
(17) 例えば、陳肇斌『戦後日本の中国政策　一九五〇年代東アジア国際政治の文脈』（東京大学出版会、二〇〇〇年）、一一二〜一一七頁に紹介されている「日英米政治協商（吉田構想）」がその一例であろう。シンガポールに「対共政策本部」を創設し、日英米仏蘭による反共攻勢、中ソ分断および在東南アジア華僑を使った大陸奪還も視野に入れるという構想であるが、英国はこれを日本が英米間に楔を打ち込む狙いで提唱したものと疑い、日本は「米国の背後で日英共謀を行っている」という印象を周囲、とりわけ米国に与えることを好まなかったため、構想自体が自然消滅した。さらに当時アイゼンハワー政権の国務長官となっていたダレス（John F. Dulles）は、欧州諸国がダレスを指して「国連を機能不全に陥れた」と批判している事情、および吉田政権の余命がいくばくもない事情を考慮した結果、この問題についてイニシアチブをとることを避けたという。また、「吉田構想」の後継構想というべきものが、岸内閣時代の「日英米政治協商」いわゆる「藤山構想」であったが、中立政策を「不道徳」とするダレス、および中共との衝突を恐れ、構想が国連の権威に触れることを懸念した英国によって反対され、結局陽の目を見なかった（同書、二一六〜二二八頁）。
(18)『朝日新聞』、昭和三十六年四月六日。

(19) 小坂大臣発中華民国井口（貞夫）大使、香港小川（平四郎）総領事宛「大臣訪欧に関する件」、昭和三十六年七月二十一日、第一二一九号電。『小坂外務大臣欧州訪問関係（一九六一・七）』。

(20) The Current Political Situation in Japan, Oct. 5, 1961. H.L.T. Koren to McConaughy (Walter P.) Lot File 69D347, Box3, RG59, National Archives, College Park, Maryland (hereafter cited as N.A).

(21) 拙稿「マッカーサー駐日大使と日本の国内政治　安保改定における与野党の動きを中心に」（『政治経済史学』第四二〇号、二〇〇一年八月）、一一七～一三三頁参照。

(22) 田川誠一『日中交流と自民党領袖たち』（読売新聞社、昭和五十八年）、七～一七頁。田川・孫・王会談は昭和三十八年五月八日。

(23) 池田内閣期の日中関係を概略的に述べた論文として、田麗萍「池田内閣の中国政策　封じ込め戦略と対中積極論の狭間で（一）・（二）」、『京都大学法学論叢』第一三七巻二号（一九九五年）、および第一三九巻一号（一九九六年）がある。

115

Ⅳ　周鴻慶事件――「二つの中国」の矛盾と日本外交――

一　はじめに

昭和三十八年十月に起こった周鴻慶事件は、「全中国を代表する政府」である国府と外交関係を維持しながら中共との経済交流（LT貿易が一例）を継続する、事実上の「二つの中国」政策を進めていた日本が、その「二つの中国」いずれかの主張の二者択一を迫られたという点で戦後日中関係史上特筆すべき事件であった。

かつて、米国が日米首脳会談に備え準備した政策文書『池田総理ワシントン訪問』で指摘したように、日本には国府を「全中国の代表政府」とする「擬制」に対する疑問、そして大陸を支配する中共政府との関係を不正常のまま放置する現状への不満が、根強く存在していた。その疑問・不満は中国問題の根本的解決がない限り消えない性質のものであり、いわば中国問題における不安要因として将来に持ち越される形となっていた。その一方、自民党内には岸信介元首相、佐藤栄作、大野伴睦、石井光次郎、船田中といった親台湾グループ、すなわち「台湾ロビー」が確固たる勢力を築いており、中国問題は一度それが重大化したとき、そのまま日本の国内問題と化す性質をも併せ持っていたのである。

当時、日本との外交関係を有していた国府は、日本との密接な交流をその経済発展の原動力にしていたが、日華関係の現状に決して満足していたわけではない。国府は常に日本が中共政権に傾斜するのではないかという惧れと不安を抱き、日本の動向を注視していた[1]。彼らが特に警戒したのは中共貿易の大規模な進展である。国府は中共との交流拡大について幾度も日本に警告を発し、これを牽制しようと試みる。

いわば、日華関係は「擬制」に対する日本側の不満・疑問、その反映としての対中共貿易拡大、そして国府の対日猜疑心という真に危ういバランスの上に成り立っていたといえる。昭和三十八年は、その危うい日華関係のバランスの崩れる危険が続けて生じた年であった。この年、倉敷レーヨンが中共にヴィニロンプラントを売却しようとした問題は国府の対日不満を著しく高め、彼らは駐米大使を通じ、米国に日本を牽制するよう依頼するに至る[2]。それに追い打ちをかけるように起こった池田首相のいわゆる「大陸反攻否定発言」は、国府に「日本の裏切り」と言わせるに至った[3]。

なお駐華米大使館の報告によると、国府はこの時期、将来の日中貿易関係に影響を与える自らの能力に極めて悲観的となりつつあったという。自民党を含む日本の政治組織は、貿易を通じて政治的影響を日本に及ぼすことを狙った、且つ事実上の日本による国家承認を予測した中共の浸透工作の下にあるというのが国府の見解であり[4]、いわば、彼らは対日関係における一種の「無力感」に囚われつつあったのである。

周鴻慶事件はそのような時期に発生したので、国府の著しい対日強硬姿勢を招き、日華関係の緊張は極限に達し事実上国交断絶寸前の状況に陥った。それは最終的に国府の駐日大使召還、駐台北日本大使館の襲撃という事態にまで発展している。

本章は事件の概要、関連諸国である日本、国府、中共、米国の対応を分析し、事件がその後の日米、日華関係に与えた影響について具体的考察を試みるものである。

二　事件の概要

昭和三十八年十月七日午前五時半頃、「中国油圧機器訪日代表団」（一行八名）の団員・周鴻慶（山東省出身、四十四歳、男性）が宿泊先のパレスホテル（東京・大手町）を脱出、タクシーで狸穴（港区）のソ連大使館に亡命を求め逃げ込むという事件が発生した。周は、東京・晴海で開催された「六三年世界油圧化機械見本市」に参加すべく日本油圧機器工業会の招きによって九月六日来日した中共代表団の日本語通訳であり、七日午前羽田空港発のＢＯＡＣ（英国海外航空）機で香港を経由し帰国することになっていた[5]。

ソ連大使館に逃げ込んだ周の日本在留期限は十月四日で切れており、帰国予定日（七日）までの三日間は仮上陸扱いになっているという事情から、麻布警察署はソ連大使館に周の身柄引渡しを要請したが、ソ連大使館側は本人の亡命意思確認のためと称し身柄引渡しには応じなかった。周の身柄がソ連大使館から麻布警察署に引き渡されたのは翌八日朝のことである。同日夕刻、在留期限の切れた周は出入国管理令違反で送検された。翌九日、起訴猶予処分と決定した周に東京入国管理事務所は「不法残留者」として収容令書を執行、東京入国管理局にその身柄を収容したのであった。

亡命を申請した以上、周は日本入管当局に対し亡命希望先を伝達する権利を有する。次に記すのは、外交記録を元に著者が作成した周鴻慶事件の概要である[6]。

十月十日　違反調査期間始まる（～十五日）。周、中共へ帰国する意思はないと言明。「日本では華僑が台湾・大陸に分かれて争っているので、活動が制限されてしまう。従って国府（台湾）行きを希望する。」その後、日本在留を希望。「政治と縁を切り暮らしたい。家族を呼び寄せたい。」又は、中共と国交のない第三国への出国を希望。

十月十五日　周に対し、退去強制事由に該当すると通告。周、口頭審理を請求。日本在留ができるか、台湾送還かについて更に審理を要請。

十月十六日　口頭審理始まる（〜二十三日）。弁護士らと面会。日本在留を希望。

十月二十一日　小田政光弁護士、周に「中共政府の五項目」を伝達。

十月二十二日　呉晋文華僑総会副会長、周と面会。中共帰国を勧告。呉玉良一等書記官（国府）、国府帰国を勧告。

十月二十三日　「退去強制事由該当認定に誤りなし」という結論に達する。周に判定書謄本を交付。周はこれを不服として、所定期日内に異議申出書を提出する旨を述べる。

十月二十四日　周、中共帰国の意思を表明。周、異議申出放棄書を提出。

十月二十六日　退去強制令書発付、即日執行。

十月二十九日　国府大使館、日本政府に抗議。「周の中共帰国は脅迫によるもの。」

十月三十日　大野伴睦使節団、訪台。（十一月一日帰国。）

十月三十一日　小田弁護士、関本三郎日中友好貿易促進会会長ら、周の早期出国を要請。ＢＯＡＣ機の座席用意。自費出国申請書を十一月一日より九回にわたり提出。松本治一郎日中友好協会会長、周の「不法抑留」に抗議する文書を法相に提出。

十一月一日　周、早期帰国を訴えハンガーストライキに入る。

十一月二日　左派華僑総代八名、東京地検に人身保護請求。

十一月五日　周、ハンスト中止。
十一月六日　木村四郎七駐華大使、一時帰国。
十一月七日　周を仮放免。高木武三郎日本赤十字社会部長が身元引受人。周、一ヶ月仮放免許可として日赤病院に入院。
十一月十三日　国府大使館、周と左派分子の接触を禁ずるべく取り計らうことを日本政府に要請。
十二月六日　仮放免期限満了に備え、その三日間延長を決定。
十二月九日　高木社会部長、仮放免許可申請書を提出。十二月二十日まで延長。
十二月二十日　仮放免期間、十二月三十一日まで延期。
十二月二十四日　賀屋興宣法相、大平外相、黒金泰美官房長官が協議。周の年内送還決定。
十二月二十五日　後宮虎郎外務省アジア局長、訪台。日本側の真意と立場を国府に説明。
十二月二十七日　周を東京入管に出頭させ、中共帰国の意思を確認。一月一日以降、本人の自由意思に従い中共帰還を許可する旨決定。国府外交部、木村大使に抗議覚書を手交。
十二月二十八日　国府外交部、対日非難声明を発表。
十二月三十日　帰国中の張厲生駐日大使、辞任。
（昭和三十九年）一月一日　周に出国許可証交付。
一月九日　周、大阪港発の「玄海丸」で中共へ帰国。（十二日、大連着。）国府外交部、対日非難声明。台北でデモ発生。

右の事件概要が示しているように、周鴻慶事件を複雑化した根本原因は、亡命希望先を転々と変える周の首尾一貫しない言動にあったと断定してよいであろう。周は自分が退去強制処分に該当する旨を申し渡され、口頭審理を請求した十月十五日午前の段階では、呉玉良・国府大使館一等書記官に「台湾へ行きたい」と申し出ており、同日午後には日本油圧工業会推薦の小田弁護士に「日本に残留したい」と、全く異なることを述べている。その翌日、周は来訪した小田・藤井五一郎両弁護士に対し再び「日本に残留したい」と述べた。ところが、周は口頭審理の結果「退去強制事由該当に誤りなし」と通告され、これを不服として異議申出書を提出すると述べた翌日（十月二十四日）、突如として中共帰国の意思を表明し異議申出放棄書を提出（すなわち、日本在留意思を放棄）した。『朝日新聞』の松山幸雄ワシントン特派員は、周のめまぐるしい意思変転を「一個人のとっぴな行動[7]」と評しているが、この事件は周の「とっぴな行動」によって日本、中共、国府、米国を巻き込み、単なる個人の亡命事件を超えた国際的波紋を生ずるに至ったのである。そして本事件が日本外交にもたらした更に重要な影響は、本事件が「国府＝全中国の代表政府」という「擬制」に対する日本の疑問・不満を再燃させ、中国問題をめぐるその後の対米交渉に影を落とす結果を招いたことにある。

中共、国府そして日本は、本事件に対しどのような主張を展開し、かつこれに対応したのであろうか。

三　周鴻慶事件をめぐる中共、国府、日本の主張とその対応

周鴻慶は先述のように昭和三十九年一月九日、大阪港発の「玄海丸」で中共に向け出国した。日本政府がその中共帰国の意思を尊重した結果であり、中共政府は日本の措置に満足の意を表している。その意味で、事件をめぐる日本・中共間の紛争は実質的に表面化せず解決された。中共政府が日本側に働きかけた行動としては、周恩来が高碕達之助宛の書簡で日本政府の善処を求めたこと、「（周の）妻子が広州まで来て本人の帰国を待つと同時

にその健康を案じている」という言い方で事件の早期解決を申し入れたこと、が挙げられる程度である。[8] いわば、中共政府は事件に対し公式には沈黙を守り通した。

もちろん、中共の立場を日本国内で「代弁」する役割を果たした人物の存在は無視できないであろう。小田弁護士は十月二十一日、中共政府の「五項目」を周に提示しその中共帰国を慫慂しており、左派華僑の呉晋文も台湾に行くくらいなら「日本にいる決心を固めよ」と、周の国府行きを阻止するべく行動した。[9] 関本三郎、松本治一郎らの抗議行動、そして左派華僑グループの東京地検に対する人身保護請求（周の拘束は違法と主張）も、周の中共帰国を促進する運動の一環であり、間接的な中共政府支援活動であったといえる。

しかし、国府の反応は周鴻慶の「帰還」に成功した中共政府とは全く対照的なものとなった。周鴻慶の「帰還」に失敗した国府は、その原因を日本の中共政府寄りの行動にあると断定し激しい対日非難を行うと共に、駐日大使・参事官以下の主要館員を本国に召還した。その結果、日華関係は事実上国交断絶寸前に陥るのである。

事件発生当初、国府が外務省アジア局中国課に申し入れたのは、周を「中共に還すことは絶対に止めて貰いたい[10]」ということだった。彼らは東京入管に収容された周の国府帰還工作を始めるべく、弁護士を斡旋し面会させる措置をとるが、周がその接見に応じなかったことで日本側に口上書を持って抗議している。木村駐華大使は、周が亡命希望先を転々とする間、台湾各紙が事件を詳細に報じるとともに、一度国府帰還を表明した周が左派の圧迫によって日本在留を余儀なくされているのは「日本政府の不公正な措置」による、と非難している状況を本省に伝えた。[11]

国府外交部は十月二十七日、沈昌換部長自ら木村大使に電話で「日本政府の周取扱いに関する法規上の基準は理解し得ないわけではないが、周は転々とその意思を翻し、いずこに本意があるか解らぬような人物である。ついては日本政府は本件措置決定を取急ぐことなく当分延期し充分冷却期間を置いて当人の意思を最終的に確かめることを国府として衷心希望する」[12]と、日本政府の慎重な考慮を求めた。さらに翌二十八日、沈は木村を招請し蒋介石の緊急書簡を手交した。沈が口頭で伝達したその要旨は、①本事件はヴィニロン案件より重大な問題である、②中共不承認国日本が本件亡命者を中共に引き渡すことは、当国に対し非友誼的、非協力的政策である、というものである。沈は「日本政府は不幸にして本件の政治的重大性を深く認識せず単に入国管理のテクニカリチーの案件として」処理しようとしている、周の冷静な心境に立ち帰るのを待ち、我が方代表者との接触に意を用いられたいと付言し、今一度日本政府の熟慮を求めた。[13]

国府のこのような働きかけに対し、日本政府は「冷却期間」を置きつつ事件を慎重に処理する旨を沈および張群秘書長に伝達した。しかし、木村大使は賀屋法相が本件処理の最高責任者として、国府側が、日本法務当局が左翼ないし中共関係者の策動の影響を受けているかのような誤解を抱いていることについて、その威信に関わるものとして強い不満を抱いている事実を指摘、日本の本件に関する措置は国際司法裁判所に提出しても正統性を認められるものであり、日本法務当局が政治的介入に反発する「伝統的な独自性」を有していることを、明治二十四年の大津事件を引用しつつ説明した。[14]

国府にとって、周鴻慶事件はその国威に関わる重大事件であった。「二つの中国」を認めない国府（中共も同様である）にとって、周の中共帰還は絶対認めることのできない屈辱的事態であり、何としても回避したいことだったのである。蒋介石は、周があくまで国府に帰還する意思を有していたにもかかわらず、「共産政権側の圧力を受けた日本は、なんとかして、周鴻慶を大陸に強制送還しようとした」のであり、周は「共産特務」の監視下に置かれた病室に強制的に隔離され、脅迫と洗脳工作の果てに中共へ強制送還されたのだ、としている。[15]

しかし、日本政府の立場はあくまで法治国家として周鴻慶事件を処理するというものであった。事件発生当初、中国課は、かつて国府軍艦から逃亡した水兵を国府の引き渡し要求にもかかわらず、本国送還の場合迫害を受ける強い可能性があり且つ本人が本国送還を望まない場合に該当すると判断、これを中共に自費出国するという条件で釈放した先例を取り上げつつ、次のように処置すべきだとした。まず中共に対しては「日本が周を不法に拉致した」という宣伝を封じるため、本人の自由意思であることを残留中共代表団との面会許可等の措置によって確認すべきこと。そして国府に対しては、台湾連行を働きかけてくるであろうゆえ、なるべく国府大使館には知られぬよう措置し、ソ連渡航が本人の意思であることを確認する必要がある（周がソ連大使館に駆け込んだ事実から、当初周の亡命希望先はソ連と思われた）。[16]

東京入管に身柄を収容された周に弁護士を斡旋することも、条約局法規課長の意見に従い彼に「公正な態度決定の環境」を与えることを目的としたものであり、[17]決して洗脳・脅迫の手段ではなかった。さらに事件発生当日の十月八日、国府側は周に面会する弁護士を麻布警察署に大至急派遣されたいという中国課の再三の要請に直ちに反応せず、徒に時間を空費するという失態を演じている。

その経緯について、矢次一夫は次のように証言する。「外務省から連絡を受けた国府大使館のある官吏が、なぜか六時間も放置していたんですね。このときすみやかに大使館員が周のところに駆けつけ、さっさと大使館に引き取っていたら、中共や日本の国貿促（日本国際貿易促進協会）とか、中共側の諸君はくやしがったろうけれども、何分にも亡命は本人の自由意思ですから、たいしたことにはならずにすんだと思うんですよ。ところが、長時間放ったらかしたことから、この間に中共側の関係団体が周のところへ押しかけ、多勢で彼を取り巻いて国府側への亡命希望を取りやめさせ、むりやり中共側に連れ戻したのです。だから国府の駐日大使館は見事に〝とんびに油揚げをかっぱらわれた〟ことになって、それから急に『日本政府はけしからぬ』となったわけです。[18]」

矢次が証言するように、中共側が周を中共に帰還させるべく、日本人弁護士等を通じ間接的圧力を行使したことは事実と思われる。一方、国府側には迅速な対応を欠いたせいで周の身柄確保に遅れをとったという事情があったであろう。

しかし、事件を複雑化した根本原因が亡命希望先を次々に変更し、関係諸国を混乱させた周自身の行動であった事実は否定し難い。日本政府の立場は終始一貫して、本人の意思を最優先することにあった。ところが、国府大使館とのその推薦弁護士が日本側の提供した優先的便宜を十分利用せず、周の意思が二転三転したことによって事態はますます混乱した。日本側は、このような周の行動に困惑するのみだったというのが実情であろう。

さらに重要なことは、事件の結果、日本政府とりわけ外務省に、国府の対日強硬姿勢に対する反感が現われ始めたことだった。周が中共帰還を要求するハンストを中止し、日赤病院に入院する直前の中国課文書は、次のように述べている。

〔**「周鴻慶の取扱いについて」** 昭和三十八年十一月五日　中国課[19]〕

一・周に対し今後も拘禁を続けることは単に周の身体虚弱化等不測の事態を生ぜしめる可能性があるのみならず、わが国の法体制に対する信頼感ひいては国家のプレステージという点からも望ましくない。ましてや『国家の重大な利害』に基づく法務大臣の指揮権発動というが如きは常識的にも通用しないのみか外務省が本件の主要責任を負わされる（周に対する行政手続の進行については外務省は何らの発言権も有しなかった）こととなり断じて避くべきである。

二・当方が中華民国の主張への顧慮から為し得ることは周を仮釈放するとともに華僑総会（左派）を身許引受人として下げ渡し、別途華僑総会に対しほとぼりのさめるまで中共帰国を延期させるよう説得することしかないと思われる。華僑総会側も先般中国課長に対する陳情において『何も今すぐ中共に還せと要求するわけではなく、とにかく釈放してくれ』と述べていた経緯もあり当方の説得によりわが方の立場を理解させる途は充分あるものと考えられる。

三・中華民国側の主張は政治論としてはともかく明らかに内政干渉であり、わが方の法体制のインテグリティを守るためにも（例え手続の過程において若干の不備があったとしても）最後の点では断乎その主張を拒否すべきであり、それにより日華関係に損害を生じてもやむを得ないと考えられる。

すなわち、中国課は国府の主張に配慮する必要性は認めているものの、周と中共側弁護士、華僑総会代表者らとの接触を非難する国府の主張は対日内政干渉に等しいと反発している。すなわち日本政府として国府の主張に応じ得る限度は、沈外交部長が木村大使に述べた「ほとぼりのさめるまで」事態の冷却期間を置くことだったのであり、周を日赤病院に入院させたことは、正にそのことを目的とした措置である。しかも、日本政府は国府の主張に配慮すべく日赤病院に入院中の周に働きかけることさえ行った。周の身許引受人となった高木武三郎日赤社会部長は十一月十九日、法務省に宛てた書簡で、政府が一週間ほど預かって欲しいと保護を依頼した周の身柄を未だ日赤病院に置き（この時点で入院十二日目）、完全に健康を回復した周の保護を日赤に押し付け、その後日赤側に何ら説明をしないだけでなく、「誰に会わせろとか会わせるなとか本人の意思に反する実行不可能なことを強いようとしている[20]」と、政府の態度を批判している。これは、賀屋法相の内命によって、当局が福井盛太弁護士（国府大使館選任）と周の面会を要請したことを指す。親台湾派の賀屋が事件を国府有利に解決すべく工作を行っていた事情を伝える証言であるが、これは政治的厳正中立を守ろうとするゆえに国府から「赤の巣窟」と非難され、中共側からも白眼視されてきた日赤の不満が表面化した一件でもあった。

しかし、十月二十四日に中共帰国を表明してから周本人が一貫してその主張を変えようとしない以上、そして仮にそれが蒋や矢次の述べるように中共側の工作による結果であるとしても、日本政府は本人の自由意思尊重という基本原則に立脚する以上、彼を中共に帰還させる以外に選択肢を持たなかったのである。中共帰国を訴える抗議書[21]まで提出した周を日赤に入院させたまま留め置いた日本政府の行動は、国府に対する配慮以外の何物でもなかった。

大平外相は十一月二十二日の記者会見で、「賀屋法相に会い周鴻慶問題の今迄の経過を review したが、今後どうするかについては本人の意思がふらふらしていないとも云えぬし、また事柄が国際的にエキサイトしている問題なので今後しばらく本人の意思を確かめるような手順をふんでみることにしようという話だった」と述べている。記者の一人が「国外退去令も出た」周になぜ今一度意思確認をするのだと質問した時、大平は「事柄が非常に政治的だからだ。法律より先に事案があるわけで事案は必ずしも法律がぴったり合うようには起ってくれない」[22]と答え、周の日本残留延長が事実上国府への配慮であることを認めているのである。日本政府は周が「中共に対して自分の稼いだマイナスの点数をできるだけ少なくする努力をしている」ことを理解しており、「国府の面子を立てるため日本政府の意思再確認に応ずるなどということは中共からの訓令でもない限りは考えようもない」と判断していた。この点からも、日本政府が国府への配慮から故意に事件「解決」を遷延していた事情が窺えよう。

十一月十二日、外務大臣室において大臣・次官・外務審議官以下が参加し周鴻慶事件についての協議が行われた[23]。後宮アジア局長は「中共から亡命した者が中共に帰ることはあり得ないとの固定観念」に囚われた国府を「如何ともできない」と述べ、大平外相はこれに「何時までもそのような者とはつき合えない」と応えている。大平は、日本はあくまでも法治国家としての筋を通すべきであるという意見であったが、後宮は本問題を池田首相の政治的決断に委ねる必要性があるという見解を述べ、本問題で国府が対日断交すれば日本は却って中国問題におけるフリーハンドを得るという、ある「中国通の長老」の言葉を紹介している。さらに、原冨士男中国課長も矢次一夫が聞いた賀屋法相の「国府には最大の考慮を与えた、台湾がこれで事を構える位ならば台湾の終わりである」という発言を紹介し、日本としてこれ以上の譲歩はできないとの見方を示した。一方で黄田多喜夫外務審議官、中川融条約局長は国府に配慮する必要から、周鴻慶を退院後入管に再収容する案も選択肢に入れるべきであると主張、日本外交が「法治国家を守るか、国府との外交を守るか」の二者択一に陥ることは不可であると論じた。

事件解決の方法について外務事務当局の意見が分かれていた事実が看取できるが、重要な事実は、周鴻慶事件の複雑化・解決長期化が外務事務当局および日本政府、とりわけ親台湾派である賀屋法相にさえ国府への不信感・反感を感じさせたことであろう。日本が周本人の意思を尊重し法に従って事件を処理したにも拘わらず、国府は在台北日本大使館の襲撃、駐日大使召還という非友好的手段でこれに応えたのだった。

この日本側の不信・不満を要約し、日本の立場を総括したのが次の文書である。

〔『**周鴻慶事件』に対する政府の基本的立場について**　昭和三十九年一月十日　アジア局[24]〕

「周鴻慶氏の問題については、政府は公正且つ本人の意思尊重を旨とし、また友好国たる中華民国の立場にも深甚な注意を払いつつ本件解決に努力した結果、客年十二月三十日周氏を中共に帰還せしめることに決定し、同氏は一月九日中共向け便船により大阪港より出航した。本件処理に当って政府が法治国家として現行法律に基づき公正なる取扱を行なってきたことはいうまでもないが、同時に中華民国側が本件発生当初より事態の成行に重大なる関心を示したことに鑑み、日華両国の友好関係維持の見地より本問題の取扱について中華民国政府に対して外交チャンネルを通じてあらゆる必要なる説明を行ったほか、客年末には担当局長（後宮アジア局長）を派遣し本問題の経緯処理方針および政府の真意などを詳細に中華民国政府に伝える等、同国の理解を得るため万全の努力を払った次第である。」そして、日華関係の危機招来は遺憾だが、その背景は「中華民国側において、わが方の努力にも拘らず、わが国の法制並びに本件取扱い振りに対する理解が必ずしも十分でないと思われる事情があると判断されるので、政府としては本件取扱いについての中華民国側非難に対する事実関係等につき次のとおり内外に明らかにする必要があると信ずるものである。」

一・中華民国側が本件周事件を「重大なる政治事件」とし、日本が本件を政治的に取扱わず「事務当局の法律技術的取扱い」に委ね、周を単に不法残留者として処分したことに強い不満を抱いていることは、「わが国法制に関する根本的無知に基づくもの」である。わが国の現行法制上、外国人の出入国・滞在を管理する法律は出入国管理令のみであり、外国人の「政治亡命」を取扱う特別な法律はない。またそれを許可する慣行もない。従っていかなる外国人といえども、日本在留中に適正なる滞在資格を失った場合、不法残留外国人として自動的に出入国管理令の適用を受け、入管当局に身柄を引き渡されることに一点の疑問もない。

二・入管当局は周に国外退去の判定を下したが、この判定に対し更に法務大臣に異議を申し立てることができる旨を通告した。周にその意思があれば、異議申立てによって日本に在留することは可能であった。しかし周は突如として中共帰還を表明し、法相への異議申立てを自ら放棄した。「ここにおいて周に対する国外退去処分は自動的に確定し」た。政府は周が再三再四亡命先の意思変更をした事実に鑑み、また中華民国側の要望（身柄引渡し）にできる限り沿うため、「冷却期間を置く趣旨をもって退去処分の執行を引きのば」した。しかし周の中共帰還意思に変化なく、それは最終的なものと判断せざるを得なかった。

三・中間民国が具体例をあげて非難する日本政府の「公正を欠く」措置について、これらは彼らの誤解又は一方的な判断である。

(イ)中華民国は自ら推薦した山内繁雄弁護士が麻布警察署長に周との面会を要求したところ許可されず、中共側の小田弁護士が面会を許可されたと非難する。しかし、事実は周が面会希望者を極度に警戒したゆえ麻布警察署長が大使館の紹介状を持参すると良い旨、好意的に申し出たのに対し、山内弁護士は大使館の推薦状を持参すべく辞去、その後再び訪問してこなかった次第である。

(ロ)台湾渡航意思は、小田弁護士の甘言に惑わされたものという非難は当たらない。十月九日の入管収容から十五日の違反審査終了まで何人も面会を許可されず、十六日に始めて藤井、小田両弁護士に面会。台湾行きの意思が変更になった後も、公正を期するため藤井・小田両氏に面会している。

(ハ)入管当局が、周が収容初期の段階で台湾行きを希望した際ただちに強制退去処分せず、一方で周が中共帰国の意思を表明してからは本人の意思変更について十分審理を行わなかったという非難は当たらない。周が初期の段階で台湾行きを表明したことは事実だが、一貫してそれを望んだわけではない。第三国出国、日本残留と転々と意思を変えている。台湾行きを一貫して希望したのなら、違反審査終了時に下った退去強制処分に服せば、当然台湾に行くことができたはずである。しかるに異議申立てを行ったことは、周が日本残留を希望したためと見るべきである。口頭審理終了後、退去強制に異議を申し立てれば、事実上日本への政治亡命が認められる機会があったにも拘らず、周は中共帰国を表明した。周は異議申し立ての権利を放棄したのであり、この場合自動的に退去強制令書が執行される次第である。

(ニ)日赤病院が「赤の巣窟」という非難は、納得しがたい。周が中華民国系人士と面会しなかったのは全く周本人の意思によるものであり、日本政府が非難を蒙る性質のものではない。

そして、同文書は次のように結んでいる。「(日本)政府は、本問題の如き思慮のない一私人によって引き起こされた事件により日華関係が今日の如き悲しむべき事態に立ち至ったことを深く遺憾とし、中華民国側が、(日本）政府の誠意を理解され、大局的見地に立って伝統的な日華友好関係の回復に尽力されるよう切望するものである。」

周鴻慶事件は、法治国家としての日本の立場と、「二つの中国」は存在しないという国府の政治的立場が正面衝突した事件である。いわば日本は法治国家の枠組み内で国府の政治的主張にできるだけ歩み寄ろうと試み、その限度を超える手前で踏みとどまったといえる。すなわち同事件は、国府・中共双方を満足させ得る解決法が存在しない以上、日本と双方何れかの衝突が必至であったという意味で、「二つの中国」の矛盾が日本外交に降りかかった典型的事件であったといえる。

次節では、日華関係を断絶寸前の危機に陥れ、国府に対する日本政府・外務省の見方にその後大きな影響を与えるに至った、同事件に対する米国政府の反応を検討する。

四　周鴻慶事件と米国

日華関係の緊迫は、米国にとって無関心ではあり得ない事態である。既に触れたように、米国は「国府＝全中国の政府」という「擬制」、そして大陸との不正常な関係に疑問、根強い不満を抱く日本の現状を十分理解している。周鴻慶事件による日華関係悪化は、日本の対中共接近につながる危険を内包しており、必然的に米国極東政策全体に影響を及ぼす可能性があった。

昭和三十八年十一月三十日、台北でライト（Jerauld Wright）駐華米国大使は陳誠副総統と会見し、周事件によって困難に陥った日華関係について国府が対日強硬措置（とりわけ経済分野において）をとることがないよう主張した。ライトは次のように主張した。日本は事件の重要性を理解し、周鴻慶本人の意思を確かめるべく中共・

国府双方に接近の機会を与えるべく工夫している。しかし、周が中共へ帰還する道を選ばないという保証はない。そのようなことが起った場合、国府が日本に過激な措置をとらないよう希望する。もし対日強硬措置が必要なら、事前に米国に連絡されたい。

これに対し陳誠は、かつて中国はソ連軍駐留を避けるため中国軍を日本占領に派遣しなかったが、もしソ連軍がやってくれば日本も朝鮮・ドイツのように分断国家化していたはずであると反論した。彼は次のように語った。日本はそれにも拘らず昨今国府の国益を害する行動に出た。それは池田が大陸反攻を軽蔑するかの如き発言をしたことであり、中共へのヴィニロンプラント売却であり、このたびの亡命者の処遇である。自分は訪台した大野伴睦、船田中に対し、もっと国府の意見に注意を払うよう池田を説得して貰いたい、と述べその約束を取り付けたと応えた。なお、ライトは陳誠のコメントを聞いた後、周鴻慶を国府・中共いずれも承認しない国へ送ることが解決策に見える、というのが恐らく当地における率直な感情なのだろう、とその感想を記している㉕。

なお、米国は周鴻慶事件の処理について日本政府とも協議を行っている。しかし、日米外交当局が周事件について具体的協議を開始したのは、日本政府が大平・賀屋・黒金三者会談によって周の出国を正式に決定した十二月二十四日以降のことである。その理由は事件が日本の国内問題である以上、米国が早い段階でこれに介入することを避け、もっぱら日本政府の事件処理を見守ったことに求められるであろう。しかし、周の中共帰還が決定し、かつ国府の対日態度がますます強硬となった頃、米国が非常に婉曲な言いまわしを用いつつ、国府の主張にいま少し配慮するよう日本政府に促す発言を行っていることは注目に値する。

十二月二十七日、ワシントンで武内龍次駐米大使とハリマン（W. Averell Harriman）政治担当国務次官が会談した際、ハリマンは「少しでもその（筆者註・国府の）態度をやわらげるよう日本側が努力されることを切望する」と前置きし、在京国府大使館員を周に会わせることを東京で米国側から日本政府に申し入れたが、館員の面会ぐらいは何とかできないものだろうか、と武内に質問した。なおハリマンによると、黄田外務審議官はこの米国側申し出を「テークノート」したのみだったという電報が、駐日大使館からワシントンに入ったという[26]。

　武内は折角の申入れゆえ一応本国に問い合わせてみようと答えたが、既に釈放され中共系華僑の下に引き取られた周が面会に応じる可能性は極めて低かったと思われるし、事実武内もそのようにハリマンに語っている。同日、東京ではエマソン（John K. Emmerson）駐日公使が黄田外務審議官を訪れ、ワシントンからの訓令に基づくものとして、「周の出国をあと数日延期することは国府の面子をたてるという意味で、極めて重要な意味をもつので、その実現方希望する」[27]と申し入れた。なおエマソンは翌二十八日も黄田を訪れ、国府側の者が周に面会していないことが彼らの不満の種となっている現状に鑑み、米国大使館として国府大使館に接触し、周に至急会見方斡旋の労を取ることにつき黄田の意見を求めたのだった。しかし、黄田はエマソンに「今となってはたとえ会見ができても周が台北のバリザンバウ（筆者駐・罵詈讒謗）を行うこと必定であり、又新聞に洩れると米国政府の介入とプレイアップされる惧あるのみならずデスペレイトになってゐる在京中国（国府）大使館で故意に新聞に洩らして周問題を日本と米国との問題に転稼《（ママ）》する惧すらあり得べきことを伝へた[28]」のだった。

　すなわち、外務省は米国による事件介入を二度にわたって事実上拒否したのであり、周鴻慶事件をあくまで日本の国内問題として、かつ出入国管理令の規定に従い、法律問題として処理するという原則を貫いた。日本政府が周を出国させたのは、法務省が繰り返し周本人の意思を確認し、ぎりぎりまで外交情勢の好転すなわち外務省の国府説得を待ち、法的措置の限界が来たと判断したゆえの決定だったことは明らかである。米国もまた、周鴻慶事件の政治問題化を拒否し、あくまで法律問題としてこれを解決しようとする日本政府の措置が合法である事実を認めざるを得なかった。彼らが最も怖れたことは、周鴻慶事件が契機となって日本に国府への嫌悪感が広がり、日華関係が修復不能なほどに悪化することだったのである。

その後、米国が国府の対日強硬手段実施を押さえる方向で行動した事実は、その具体的な証であったというべきである。日本政府が周に出国許可証を交付する前日（十二月三十一日）、ラスク国務長官は国務省極東局を通じ、蒋廷黻駐米大使に次のような意見を伝えている。駐日大使館高官の本国引揚げは日本の国府支持世論に悪影響を及ぼすことに加え、来る訪日時に私（ラスク）の日本政府及び一般世論への対応を困難にするものである。国府は日本が非常に有力な国連における国府支持国であり、中共がアフリカその他の国々の支持を集めつつある現在、その支持の重要性がますます大きくなっていることを理解すべきである。周事件を問題化するのは賢明でなく、自由主義国ならば本人（周鴻慶）がそうすると主張する以上、彼の中共行きを止めるような行動は取り得ない[29]。

さらに同日、台北ではライト大使が蒋介石を訪問し、約一時間にわたってその説得を試みた[30]。

ライトはまず、自分は国府提案（状況調査と亡命者の最終意思確認のため普遍的代表団を派遣する）について本省および駐日大使館に伝達したし、国務省は日本大使（武内）に、日本側関係者と周の最終面会に国府代表が同席することが事態を円滑化できるのではないか、と提案したと述べた。その上でライトは、駐日大使館からの報告につき蒋介石に次のように語っている。すなわち、日本政府はこの提案を受け入れ難いであろう、なぜならそれは無益（fruitless）であり、日本政府は本件を日本の問題であり、外部の参加や助言を必要とする性質のものとは考えていないからである。日本は本事件を適切に処理し、亡命者周鴻慶の真意確認のため、できることは全て行ったと考えている。

さらにライトは、日本からの国府外交団召還は我々の重大関心事であり、かつ深刻な動向である、それは日華関係の衰微と日本の中共接近に繋がろう。また米国を含む友好諸国が太平洋の二大重要国（日華）関係の破綻を見れば、友好諸国の間における国府の地位に破滅的影響はないとしても極めて深刻な結果を招くことになる、と警告した。そして米国の立場はあくまで中立であると述べ、本件は日華間で解決すべき問題であるとその発言を結んだ。

蒋介石は、本件は国内移住問題ではなく政治問題なのだ、米国は日本に対し正邪につき意見表明できないのか、また日本の行動を適切と思うのかと質問した。さらに蒋は日本の昨今の行動（ヴィニロンプラント問題等）を取り上げ対日非難を展開した。沈外交部長がこれを敷衍した後、宋美齢（蒋介石夫人）が米国は日本に対し中共への求愛の危険性について警告を発することはできないか、とライトに質問している。ライトは、それは米国の中立の立場に反すると答えたが、蒋介石は日本の周事件処理は米国の日本甘やかしが原因であると米国の姿勢を批判したのだった。

ライトは会談の結果、事件の経過は今後しばらく予断を許さないが、自分は国府が周鴻慶事件を理由として対日全面断交等の過激な手段に訴えるとは予想しない、と本国に報告している。幸いにしてその予測は的中し日華関係は徐々に修復の方向へ向かうことになるのであるが、事件が日米関係、そして日華関係に及ぼした影響は大きかった。「二つの中国」論は、かつて日米関係を調整する際には有益な議論であったが、それは反面、日華（または日中）関係を破壊する危険も包含するという事実が、この事件によって明らかとなったのである。

周鴻慶事件は、中国問題の持つ複雑さと難しさを改めて浮き彫りにする一件であったが、事件の招いた様々な外交的困難は、日本に根強く存在する「国府＝全中国の代表」という「擬制」に対する疑問・不満を再び噴出させることになる。

昭和三十九年一月二十五日、日米貿易経済合同委員会出席のため来日したラスク国務長官は、二十六日総理官邸において大平外相以下外務省首脳と会談した。会談は去る十一月凶弾に倒れた故ケネディ大統領を悼む大平外相の挨拶で始まったが、大平はその後直ちに中国問題について協議することをラスクに提言した。折から、ドゴール（Charles de Gaulle）仏大統領の中共承認が世界的話題となっていた頃である。ラスクはこれに同意し、米国は北京政府との友好関係を拒絶するわけではないと前置きしつつ、次のように論じた。中共が関係改善を望んでいるという証拠はワルシャワ米中大使級会談でも見当たらず、彼らは台湾海峡、ラオス、ヴェトナム等で武力行使の意図を放棄していない。米国は、現在は北京を助けるべき時期ではないと信じる。その理由は、中共の脅威からアジア諸国を救うために米国の血と資源が今も費やされているからである、と。

更にラスクは、パリにおいて日本政府がドゴールの中共承認を思い止まらせるべく説得工作を行ったことに謝意を表し、国府の対日感情はこの一件によっていたく好転したと述べた。さらにラスクは、イタリア・西ドイツなどが同様のことをドゴールに行ったのは、彼らがフランスの中共承認や西欧諸国の対ソ連圏貿易拡大によって、米国世論が米国のＮＡＴＯ関与縮小を是とするようになってきている状況に危機感を覚えたからである、と説明している。

これに対し、大平は「国際的傾向としての中国問題を語ることとは、物事の一側面に過ぎない。日本にとって中国問題は国内問題なのである。フランスの中共承認は国内の論議を呼ぶ要因となるであろう」と、日本にとっての中国問題が米国とは異なり、その処理に当たって慎重さを要する国内問題であることを強調している。一方で、大平は中国問題をめぐる日米対立の深刻化は賢明でないことを理解しており、これを回避すべく配慮していた。会談の冒頭、彼が「日本政府は日華関係の正常化を強く希望する」と発言しラスクらを安堵させようとしている事実は、その配慮の具体的現われといえるであろう[31]。

しかし反面、大平はラスクに対し「この度起った日華間の紛糾（周鴻慶事件）は、国府が全中国に主権を行使しているという『擬制』（原文　fiction）から生じたものである[32]」と発言しており、いわば「日本政府の本音」を米国側に告げることも忘れなかった。

この大平発言には、周鴻慶事件を法律問題として処理する法治国家としての対応が、これを政治問題化しようとする国府、そして第三者である米国の干渉によって乱されかけたこと、その間日本が様々な外交的困難を経験せざるを得なかったことへの不快感が込められていたと見るべきであろう。もし類似した事件に今後巻き込まれることがあれば、日本外交は再び「二つの中国」の狭間で苦しい選択を強いられることになる。大平の発言は、極東の政治的現実と、米国主導による中国問題をめぐる「擬制」の乖離の大きさ、そして、かくの如き不自然な現実を自らのイニシアチブで打開できないことへの苛立ちの現われであったと解釈し得る。

五　吉田・毛利・大平の訪台

昭和三十九年二月二十三日、吉田茂元首相は北澤直吉自民党代議士らを伴い「私人の資格」で訪台の途についた。訪問の目的はヴィニロンプラント売却問題、周鴻慶事件等で悪化した日華関係を修復する素地を作ることであり、吉田は池田の蔣介石宛親書を携帯しての訪台となった。到着翌日の二十四日、吉田・蔣第一回会談において吉田は、日本にとって「国府の重視は〝国策〟」であると説明し、共産主義は日本国内およびアジアにおいて脅威であると述べた[33]。

蔣介石は吉田の説明をおおむね了承したが、対中共ヴィニロンプラント輸出に関する日本の説明について、日本政府は「政経分離」と言うがこの輸出は実は政府が認可するものではないのか、と「政経分離」をめぐる建前と実態の乖離につき疑問を表明したが、吉田はこれに答えなかったという。さらに蔣介石が日本は中共への援助を止めて欲しいと明確な表現で要請した際も、吉田はこれに答えなかった。翌二十五日、第二回会談で両者は日本政府要人（外相）が四月頃訪台することで合意[34]、二十六日の「予定外の」第三回会談において、①日華両国は政治的には一致して反共政策をとること、②日韓交渉は一日も早く妥結させる、ことで意見が一致した。なお、この第三回会談で蔣は対中共プラント輸出について、純民間ベースならやむを得ないとこれを認めたといわれる。[35]吉田・蔣はさらに今後の経済協力促進を約し、会談を終えた。

外務省は、この吉田・蔣会談を日華関係改善の素地を作ったものと高く評価したが、反面国府の対日要求の厳しさを改めて知らされた。池田内閣の「政経分離」論に対する国府側の難色、そして吉田の帰国間際に予定外の第三回会談を行い、反共政策堅持と日韓交渉妥結という具体的政治問題について合意を求めてきた事情から考え、国府が「吉田氏の訪問を単なる個人的訪問に終らせず、なんらか政治的な確認事項をとりつけたい[36]」と考えていたことは明らかであった。外務省は、吉田が日本の今後の対国府・中共政策を制約するような言質を先方に与えたとは考えなかったが、日華関係の抜本的改善のために大平外相の訪台は不可避であろうと結論し、その具体的日程調整に入る。

なお、蔣介石はその回顧録において、国府は「大陸民衆の解放」、「共産主義追放」、「大陸反攻支持」といった項目からなる「中共対策要綱案」を吉田に託して日本政府に伝達し、吉田が四月四日付の張群宛書簡でこれを確認してきたと述べている。蔣はこれこそ真の「吉田書簡」であり、その後日本政府は中共の反発を恐れるあまり、大日本紡績が日本輸出入銀行を通しヴィニロンプラントを対中共輸出するのを今年中（昭和三十九年）は承認しない旨を記した、その重要性において遥かに劣る五月七日付の書簡を「吉田書簡」と称することによって真実を糊塗した、と批判している。[37]史料の制約上その真偽を確認することは極めて困難であるが、蔣介石が四月四日付「吉田書簡」によって日本から「反共」「大陸反攻」について言質を取ったと考え、そのような解釈を回顧録に記した事実は記録されてよいだろう。

しかし、吉田は元首相とはいえ、あくまで「私人の資格」で訪台したに過ぎず、その発言が日本政府の行動を制約するものでないことは明らかである。この時期、中国問題とりわけ中共問題にかかわる日本政府の事実認識は、蒋が「日本から得た」と回顧録に記した言質の内容とは大きく異なるものであった。

一月三十日の衆議院予算委員会で池田は「中共が平和を愛好し、隣邦として外交関係を結んでもよいと認められるようになり、同時に世界の世論も認めるべしという情勢になったとき」に、日本は中共承認を決断すべきであるという趣旨の答弁を行った。[38] さらに大平外相も二月十二日の衆議院外務委員会において、「中共が国連の正当なメンバーとして祝福されるというような事態になれば、わが国としても国交の正常化を考えねばならないのは当然」[39]と答弁し、一月三十日の池田発言を「さらにはっきりさせ」、日本政府の対中共国交正常化についての姿勢を明確化したのであった。

さらに外務省は三月五日午前、中国問題について「統一見解」を発表、池田・大平の答弁が「中共が国連加盟したとき日本は直ちにこれを承認する」という意味に誤解されている現状を是正すべく、外務省の考え方を明らかにした。[40]「統一見解」は、①対中国基本政策、②中共の侵略性、③国連における中国代表権問題と中共との国交正常化問題、から構成されている。その要旨は、まず①日本の対中国基本政策は、国府との外交関係維持と「政経分離」原則に基づく対中共貿易の継続という現状を維持することが日本の利益を維持し得る方策であり、「二つの中国」が存在する現実は日本のみの力では如何ともし難いゆえ「国連を中心に十分審議し、世界世論の背景のもとに公正な解決策を見出す」ことを目標にするとしている。②については、中共の対日思想攻勢を警戒すべきこと、③は国連における「実質的な討議をつくして世界世論の納得する公正な形で解決する」基本的態度を貫く、となっている。

すなわち、日本の中国政策はあくまでも極東の政治的現実に基づく「二つの中国」論が基本になっていたのであり、蒋介石が回想録で記すような「反共」「大陸反攻」への言質とは、その本質において全く異なるものであった。

外務省の「統一見解」が新聞紙上に発表された三月五日、毛利松平外務政務次官が台北に向け羽田を発った。その訪台目的は「昨年八月末の倉敷レーヨン・ヴィニロンプラント対中輸出承認、周鴻慶事件以来悪化していた日華関係が、二月下旬の吉田訪台で改善の糸口ができた」ゆえ、「時機を失せずこの糸口を確実なものに」し、「時期の確定しない外相訪華前に（中略）少なくとも新大使を任命し、外相訪華の際の道をベイヴ」することにあった。毛利によると、国府側の空気は吉田訪問の成功もあってかなり好転していたが、池田内閣がどの程度このような好転した「ムード」を具体化するかについては、一抹の不安を抱いていたという。[41]

毛利が台北滞在中の三月七日、国府側の不安を現実化する事件が発生した。大日本紡績ヴィニロンプラントの対中共輸出について池田首相が「輸出認可の時期を慎重に考慮する」、また福田一通産相が「ヴィニロンプラントの輸出は必ず実現する」と発言した旨の情報が伝えられた結果、国府立法院における対日強硬派が沈外交部長らの政策を「対日宥和策」として攻撃し、毛利滞在中の新駐日大使任命が頓挫を余儀なくされるという事件があった。これは正に「『吉田訪台の成果に対して池田政府がどうこれを具体化するか』という党及び政府関係者が注視してきた焦点を日本政府がまさに対日強硬派をエンカレッジするような形で正面から突いて来た」ことを意味した。[42] その発言の波紋は大きく、折から訪台を準備中だった岸元首相ら、日華協力委員会日本側メンバーの訪台延期を招いたのである。その原因は、池田が委員会メンバーにヴィニロンプラント対中共輸出延払の延期、国府への借款供与、大平訪台の時期について納得いく回答を与えることができなかったからであり、いわば日華協力委員会側が「対中共延払輸出の大幅延期、大平訪台の明確な時期」という「訪台みやげ」を池田から得ることができなかったことにあるという見方も存在する。[43] 岸、石井光次郎ら親台湾グループは、池田の本心は大平訪台の回避であると疑い、池田派は親台湾グループの動きを池田に対する「いやがらせ」と見た。なお、池田派の中には「今さらなぜ国府へ行く必要があるのか」と岸、石井らの訪台を疑問視する声があり、これを聞いた石井が激怒するという一幕もあったという。

中国問題をめぐる自民党の内訌が表面化した形であるが、池田自身は日本政府の最高責任者として、大平訪台による対国府関係改善すなわち政治的解決の必要性を認めていたものと思われる。さらに陳建中ら国府特務関係者は、毛利に同行した原中国課長に対し、この大日本紡績ヴィニロンプラントの一件が表面化したことによって毛利政務次官に「土産」（新駐日大使任命等）は差し上げられなくなったが、もし大平外相が訪台されれば国府は必ず「土産」を持たせる、たとえ大使は無理でも公使・参事官クラスの任命によって駐日大使館を強化するゆえ、とにかく大平外相の訪台を実現して欲しいと繰り返し要望したのであった。㊹

国府が、対日関係を険悪化させたまま放置することは賢明にあらずと考え、「私人としての訪問」であった吉田のそれではない、「公人」たる大平外相の訪台を関係改善の糸口にすべく模索していた状況が理解できよう。すなわち、大平外相訪台による日本政府の「誠意の表明」は、沈外交部長らを「対日宥和」派として非難する反日的強硬派の発言力を封じるためにも必要なことだったのである。

大平外相が訪台（公式訪問）のため東京を発ったのは七月三日、蔣総統、沈外交部長と会談したのは翌七月四日のことである。台北・総統府において行われた大平・蔣会談で、蔣は東亜における対共産党問題の重要性を説き、日本の繁栄は一国のみで図ることはできず、周辺諸国との連帯が不可欠なはずである、日本は「使命感」を持って欲しいと論じた。大平は共産主義の危険性とその脅威に関する蔣の見解には基本的に同意したものの、中共を打倒しない限り日本を含む東亜の平和も繁栄もないという蔣の主張には、日本は民主政治体制をとるゆえ政府の意思を国民に強要することはできない、共産主義も弾圧ではなく「大きく呑み込み解毒しつつ消化」せざるを得ない立場にあると返答し、共産主義に対する日華両国の立場の違いをはっきりさせ、日本が国府の「反共」主張に無条件で同調するわけにはいかないことを主張した。㊺

また、同日行われた大平・沈会談で沈外交部長は、今後国府は日本の立場としてできないことは要求しないし、日本を困らせるような要求もしないと大平に語り、周鴻慶事件を含む昨年来の国府の対日要求につき、日本を過度に困難な立場に追い込んだことに対し事実上遺憾の意を表したのである。しかし沈は、国府として「二つの中国」論は決して受け入れられず、また台湾の法的地位が未定であるという議論は国府の「いのち取り」となるゆえ決して触れないで欲しいと、国府側の最低要求条件は断固として日本側に提示している㊻。大平は私見として、自分は「二つの中国」は一国内に二つの勢力が存在する極めて困難な状況を解決するための便宜的（コンベンショナル）又は希望的（ウィッシュフル）な考え方であり、暗中模索の域を出ずつきつめたものではないと考えており、「私はこのようなコンベンショナルな議論には勿論賛成しない㊼」と答え、国府側の理解を求めた。なお、大平は台湾の法的地位については、日本はサンフランシスコ講和条約でその権利・権限・請求権を放棄した以上何らの発言権も持たないという、従来からの日本政府の公式見解を述べるに留めた。

こうして、周鴻慶事件によって決定的悪化に陥った日華関係は、修復に向け動き出した。大平に同行した後宮アジア局長は、大平外相に対する国府当局の歓迎振りに感銘し、これは国府が同じ反共国家として「小異を捨てて大道につくべき㊽」であると判断した結果であろうと記している。

しかし、大平外相の公式訪問は、日華間の諸懸案を完全に解決したわけではなかった。対中共プラント輸出と周鴻慶事件をめぐる日華関係の悪化は、先述のように、日華関係が「国府＝全中国の代表」という「擬制」に対する日本の疑念と不満、そして日本の中共傾斜を恐れる国府の猜疑心という、極めて微妙なバランスの上に立脚している事実を明らかにするものだった。では、日本及び国府と、安全保障・経済両面で密接な協力関係にある米国は、この日華関係の内包する不安要因に如何なる対処を行ったのか。次節では、周鴻慶事件解決（周の日本出国）から池田内閣退陣に至る時期の日華関係、日中関係に対する米国の評価とその対策について検討する。

六　米国より見た池田内閣期の日中関係

―周事件が遺したもの―

周鴻慶事件によって最悪の状況に陥った日華関係は、日本政府・外務省要人（吉田・毛利・大平）の訪台、対日関係悪化を回避しようとする国府当局の政治的判断によって、漸く修復の端緒をつかむことができた。

しかし、大平外相が来日中のラスク国務長官に対し率直に語った、日華間の諸紛争は結局、国府が全中国に主権を行使しているという「擬制」に由来するという発言は、その後の日華関係、日中関係をめぐる米国政府の対日行動に微妙な影響を与えていることが、米国側記録から読み取れる。本節では、周鴻慶事件後の池田内閣期の日華、日中関係にかかわる米国側文書を検討し、同時期の日華、日中関係に対する米国の対応について分析する。

日華関係の悪化が招来する結果として米国が最も懸念したのは、言うまでもなく日本の対中共接近である。昭和三十九年五月、中川進駐米公使とグリーン（Marshall Green）極東担当国務次官補の会談において、この米国政府の懸念が日本側に率直に表明された。五月八日付の中川・グリーン会談録には、最近訪中した松村謙三が現LT貿易事務所内に中共貿易代表部を設ける件につき、①東京に中共代表部の個別事務所は設けずLT事務所に包含される、②LT事務所に勤務する中国人五名の仕事は貿易業務に限定され、領事機能は持たないが、新設事務所（貿易代表部）が渡航書類を扱うべきである、と説明したことが記されている。米国政府の疑問は、渡航書類の取扱いは領事業務であり、それは中共政権の実質的承認に繋がるのではないかという点だった。なお、中川は情報がないゆえ、この点について日本大使館として返答はしかねると答えている。[49]

さらに五月二十七日の中川・グリーン会談では、周恩来が訪中した松本俊一（元外務次官、元衆議院議員）に対し、日中大使級会談を提案したという情報が話題となった。この情報を米国側に提供したのは金沢正雄参事官であるが、金沢は、周恩来は香港の日本総領事を窓口にする接触、およびフランス・パリにおける日中両国大使の接触を提言、一説によるとラテンアメリカ、東欧など日本、中共双方が外交代表を置く場所における接触も提言したらしい、と説明した。グリーンは日本の情報提供に謝意を述べ、次のように述べた。

周恩来が、日華関係を覆すという動機でこの提案を行ったことは疑いない。日本政府はこの点、事態の微妙さを理解しておられると信ずる。ワルシャワにおける米中大使級会談の発端は、中共に捕らえられた米国人捕虜の釈放を求めたことにあったのであり、それが後になって台湾地域における武力行使問題を含む広い範囲に移ったのである。これは、周が日本に提案した類の議論よりかなり狭いものである。私見であるが、日本は米国が会談時に有していたような要求を持っていない。大陸にもはや日本人服役者はなく、台湾地域の武力行使問題は日本を直接巻き込むものではない。さらに言えば、日本は大陸に行くことのできる訪問者その他を通じ、意見交換するチャンネルを持っている。それは米国が持っていないものだ[50]。

グリーンは、周恩来提案を日華関係険悪化という絶妙のタイミングを狙った「日華離間工作」であると断定した。彼が、周提案と米中ワルシャワ大使級会談の性格の違いを強調することによって日本を牽制しようとしたことは明らかである。さらにグリーンは、大陸への渡航が甚だ制限されている米国人と異なり、大陸との交流手段を持つ日本人は現時点で事実上「二つの中国」政策の利点を十分享受しているではないか、これ以上中共との交流に何を求めるのかと、暗に日本の「勇み足」を批判した。

さらにグリーンは、中川との会談に備え準備した協議事項案において、中共が五月十二日付『人民日報』社説で「中国の台湾に対する主権行使に干渉を許さない」と主張したことを取り上げ、これこそ北京と外交関係樹立を望む全ての国々が中共の台湾に対する無条件かつ絶対の主権を認めねばならない証拠であると論じ、さらに昨今中共が「二つの中国」論に著しく敏感になってきている事情に注目している。[51] そのような客観情勢を考慮すれば、日中大使級会談提案という形をとった中共の「平和攻勢」が、実際は日本による中共承認、中共の台湾に対する主権承認に繋がる危険を包含するものであり、軽々しくこれに応えるべきではない、というのがグリーンの伝えた国務省の判断だった。

中川・グリーン会談直前に作成されたCIA文書『日本政治における中国問題』は、周恩来が「日華離間工作」を施す余地があると判断した時期（周鴻慶事件後）における、日本の国内情勢が記されている。以下は、その要旨である。

〔**『日本政治における中国問題』**　一九六四年五月一日[52]〕

(1)日本政治にとって、中国政策にかかわる問題は喫緊の課題である。日本の世論は一般的に大陸との密接な関係を望んでいるが、政府が如何に早く行動するべきか、および対米・対華関係において如何なる代価が支払われるべきか、について見解が分かれている。主要政党はおのおの中国問題をめぐって分裂し、自民党内の反池田勢力は本問題を政権転覆の道具に利用しようとしている。

(2)日本と大陸は歴史的に深い繋がりで結ばれ、日本人には大陸市場への憧憬の念が根強い。また過去の戦争に対する贖罪意識が中国問題に影を落としている。一九六二年以来、日中貿易は急速に増大してきた。しかし、日本にとって遥かに重要なことは自由主義諸国との貿易関係であるという事実が、特に（日本と諸国の）政治的関係を律してきたのである。現在、北京の懐へ駆け込むことによって不必要に米国の反感を掻き立てても、日本が得るものは何もないからである。しかし、部分的核実験停止条約調印、フランスの中共承認などの出来事が東西デタントの可能性を日本に信じさせ、対中共接近へと駆り立てる力となった。さらに、日本は対米依存を減じ、急速な経済成長を支える新市場を開拓せよという主張が行われてきた。

(3)池田率いる自民党は、北京に対し「曖昧な前向き姿勢」をとる以上の政策に公式コミットすることは注意深く避けてきた。池田をそうさせた原因は、対米関係の重要性である。今一つは、日本が国府と結びついていることである。日本の実業人の多くにとって、現在手中にある国府との貿易利潤の方が未だ得ぬ中共のそれより重要なのであろう。

(4)日本人の多くが、何らかの形における「二つの中国」という解決法を好ましく思っていることを疑う余地はほとんどない。しかし政治上の理由（国内政治上のバランス維持、西側諸国の好意獲得）から、現政府はこの方向への主導権発揮を回避している。それが「政経分離」原則の採用となった。しかし、政府の立場を支持する多くの者が、口にこそ出さないが持っている前提（国府の大きな疑惑の対象である）は、非公式関係の発展が実際には北京政府との完全な親交回復に繋がるであろうということである。

(5)日本には「中国ロビー」が存在する。それは総理経験者・閣僚経験者を含む保守政治家から、戦闘的マルキストまで含む広範なものである。

(6)一九六三年夏（池田が中共へのヴィニロンプラント売却延払いを認める直前）、池田は内閣改造で党内「党人」と「官僚」のバランス維持を図った。「官僚」右派の佐藤栄作および岸信介の力を押さえ、「党人」大野伴睦の力を借りるためである。その結果、池田は急進的ではない、かつ深入りを回避し得る「前向きな」中共政策をとることが可能になった。しかし昨年十一月の選挙で河野一郎が力を得たことが状況を変化させた。自民党最左派にして共産圏貿易支持者の河野建設相は、農林省に強力な支持者を持つ。北京政府が大量の繊維製品を買いつける可能性が河野の関心を惹いたのである。六十三年後半、池田は中共貿易をより推進しようとしていた。彼は北京への前向き姿勢が好評であることを悟っていたし、また彼にとって何ら害とならぬ「池田は対中正常化を行った首相として歴史に名を留めることを望んでいる」という噂すら存在した。河野の勝利は、池田の助けとなった。池田の総裁三選立候補（七月）に、河野のライバル佐藤が反対の動きを始めていたからである。

(7)この点で、中国政策は自民党の主導権争いに深く関わっている。佐藤は対池田闘争のため、台湾ロビーの長・石井光次郎と共にヴィニロンプラント問題を取り上げた。日本国内の「台北派」は、「プラントの中共売却は貿易よりむしろ援助であり、自由世界への侮辱である」という国府の非難を繰り返している。とりわけ台湾支持者の極右勢力と岸元首相は反池田戦術を国府に教唆するのみでなく、佐藤の反池田キャンペーンに米国の支持を要請した。国府は慎重であるが、岸・佐藤・石井らを支持する動きを見せている。一方で、中共が河野を支持しているのは疑いない。周恩来は河野の政治的未来に何度も関心を表明してきている。

(8)池田はそのカードを絶妙に使った。彼は中共への信用供与についてできる限り沈黙を守りつつ、広範な支持を集めたこれらの行動を実際には支持していた。同時に、彼は国府へのジェスチャーを行い、長老吉田茂を説いて「個人的親善使節」として訪台させた。しかし、池田は吉田訪台に個人的に関わることは避けた。日本政府は恐らく来る七月の選挙まで、中国政策についてこれ以上コミットすることは避けるであろう。その結果、自民党内の親台湾派、中共派による動きは制限され、池田はその日和見的前向き姿勢を継続できるであろう。

(9)中国政策は、日本の政治を分極化する。実際の政治に関する限り、基本的問題は単に、不可避的な北京に対する接近の方法とその時期、そして米国・国府両国に対し支払われる敬意の程度が残っているだけなのである。

中国政策をめぐって分裂する日本政府とりわけ自民党の実情は、中共が「日華離間工作」を施す余地が十分ある、と米国情報筋が判断していた事実が推測できる報告である。さらに同報告は、「政経分離」に基づく日中関係がやがて正式の「親交回復」に至るという日本人のコンセンサスを指摘し、日本の中共接近は結局のところ不可避であるという認識を示している。そして、不自然な状態を余儀なくされている（主として米国の圧力によるもの、と多くの日本人は考えていた）日中関係の現状への不満が潜流する日本の現実、その不満に対する抑止力になっているのが対米関係の重要性であるという事実を指摘した本報告は、米国が今後とるべき対日政策の大枠をも同時に示していたように思われる。

米国はまず、日本国内の親台湾派に働きかけを行い、米国の真意を理解させ、自らの行動への彼らの支持を取り付ける工作を行った。そして一方では、日本国内の親中世論を過度に刺激することのないよう、日本の政策決定から不即不離の距離を保ちつつ、これを直接間接に牽制したのである。

八月下旬、訪米した船田中衆議院議長（自民党　台湾ロビー）に対しラスク国務長官が述べたことはその具体例である[53]。ラスクは船田に「米国は、決して中共が存在しないなどというふりをしているわけではないことを強調しておきたい」と発言した。これは明らかに、かつて大平が彼に語った「国府＝全中国の代表」という「擬制」が日華紛争の根本原因であるという発言を念頭に置いて行われたものであり、ラスクが親台湾派・船田に米国の立場を直接訴えたものであった。ラスクはさらに次のように語った。過去八年もの間、我々はプラハ、ワルシャワで中共と重要問題につき討議してきた。これこそ、我々が中共の存在を完全に認識していることの証明である。米国は中共の米国は自由主義諸国のどこの国よりも長く、中共指導者達と実質討議を行ってきているのである。米国は中共の意図について決して無知ではなく、その政策は中共の態度と意図に関する知識に立脚したものだ。我々はまた、二十万以上の将兵を中共から僅か三十分の場所（筆者註・ヴェトナム）に配置・維持しているのであり、これは明らかに、米国が中共政権の存在を完全に知悉していることを示すものだ。

ラスクが船田に訴えたことは、日本はその長期的国益から考え、北京からどのような行動を期待するのか真剣に考えて欲しいということであった。具体的には、中共が東南アジア、インドその他に軍事的脅威を与え続けることが日本の利益になるのか、という問題について考慮することを求めたのである。ラスクは、日本国民がこの点を真剣に考えることこそ、日米両国の国益における相互性を強化するであろうと語った。すなわち、ラスクは自民党の親台湾派である船田を通じ、党内の国府支持勢力に米国の立場を伝え間接的にこれを激励したように思われる。これは松村謙三、河野一郎らに代表される自民党親中共グループに対する米国の警戒心の現われであり、また対中共貿易を活発に推進する池田内閣に対する間接的牽制でもあった。米国の行動は、日華関係の悪化に乗じる中共の対日浸透工作に、彼らが非常に強い危機感を抱いていたという事実の証明であろう。

しかしその一方、中国問題について非常に難しい立場にある日本の実情に十分配慮せよと説く駐日米大使館の意見もまた、この時期における米国の認識であったことも事実である。その見方を代表する文書が、オズボーン駐日公使の執筆による報告書『日本の対中共政策』である。中国問題の取扱いを誤ることは日米関係の将来に関わる、という危機意識に裏打ちされた同文書、そして国務省によるその評価の基本線は池田退陣後、佐藤内閣時代にも継承されることになる。

〔オズボーン報告『**日本の対中共政策**』　昭和三十九年八月十九日[54]〕

(1)占領終了後間もない時期、日本はその中国政策において米国と接近する傾向があった。中共との更なる貿易、政治関係を望む一般国民と実業界の願いが挫かれるほど、日本政府よりむしろ米国政府が批判の矢面に立った。もし日本政府が当時もっとはっきりと反中国政策を支持しようとしていれば、その結果起る大変動は、ずっと昔に日本の中共承認に至っていたであろう。

（2）日本政府は一九五八年から「政経分離」のスローガンを用いつつ、できる限り柔軟な外交戦術を追求してきた。それは台湾の地位、国連代表権問題、そして中共承認に関する米国の対中政策を大枠で支持しながら、中共との貿易および非政治的関係を保つことである。この日本政府方針は、米国の圧力よりむしろ日本の国力についての認識が増加したこと、そしてより「独自の」中国政策を追求する必要性によって発達した。それは多くの国民、実業界、官界がアジアにおける中共の影響力増大を評価する現実主義とも相俟ったものである。

（3）日本の中共承認への潮流は知覚し得る程に存在し、結果的承認があり得るかもしれない。しかし、日本政府は国内政治状況を十分コントロールする力を保持しており、日本の本質的国益へのダメージが最小限になる環境に至るまでは、承認を食い止めることができるだろう。恐らく、これは我々が望み得る最高のことであり、米国の利益にとっても比較的満足できるものだ。

（4）日本の現内閣は、日本の国益を損ねる状況（台湾の喪失、対米関係の深刻な毀損、東南アジアへの中共膨張等）における中共承認は回避するであろう。池田はそのような行動をとる前に辞職を選択するであろう。このことは、日本の中共承認に賛成する圧力のみを、米国が特別の警戒心を以て観察する必要があることを示している。

それは非常に強力なものであり、抵抗しようとすれば政府の崩壊を招くかもしれないからである。現在のところ中共承認圧力は賛否のバランスを保っており、日本政府がこの危機に直面することはないであろう。

(5)日本政府がもし中共承認を決意したら、それは恐らく日本の国益の合理的計算に立脚した、日本政府又は自民党の自由な選択となろう。

(6)米国は日本政府との協議を最大に強調し、かつ可能な限り、対中共関係によって日米相互の利益を得る点につき、共通の理解を求めねばならない。当館はそのような協議が完全な率直さを以て、しかも最高レベルにおいて、しかも政策決定前に行われるべきであると考える。

(国務省コメント)

オズボーンの分析は明快にして正確であり、素晴らしい成果である。日本との密接な協議が米国の「バランスのとれた効率のよい政策上の地位」を維持するため重要であることには、全員が同意している。しかし、我々が協議したように、日本国内の微妙な圧力バランス（上記報告がよく描写している）は考慮されねばならない。我々は、報告の描写した諸要素が、中国政策に関する機転の効いた、強力な日本政府への申し入れを除外したものだとは信じていない。しかし、これらの現実から考え、我々は日本政府と行う協議の速度・調子を適切なものとすべきであろう。

米国政府は、日本政府の崩壊を引き起こし、又は現在の緩慢政策（go slow policy）を変えるよう日本に強いるに十分な、日本の政党・実業界・報道・一般の反応を誘発しないような地点で踏み止まるべきである。

七　フランスの中共承認、中共の核実験をめぐる日米華三国関係

昭和三十九年一月二十七日、フランスが中共政権を承認したことは世界各国に様々な反響を巻き起こした。フランスの行動を「遺憾」とする米国政府、そしてこれを中国問題の「健全な解決」であると歓迎するソ連[55]、そし

てフランスの行動はアジアに利害関係を持たぬ国家による「無銭遊興」に過ぎないと冷評する賀屋興宣の言葉[56]など、その受け止め方は様々であった。

しかし、各国の反応に共通していたのは、フランスの「単独行動」が極東地域の政治情勢に与えるであろう微妙な影響への憂慮であった。本節はフランスの中共承認、および同年十月実施された中共政権による初の核爆発実験が日米華三国関係に与えた反響を中心に、極東地域の複雑な政治的現実につき一瞥しておきたい。

さて、米国政府はフランスの中共承認が間近に迫った昭和三十八（一九六三）年暮れ、フランスの中共承認に対する反論、およびフランスの行動が極東情勢にもたらす影響について調査し、その結論として「フランス中共承認論への反論」（以下、「反論」と略）をまとめた[57]。

「反論」は次のように論じる。まず、中共政府はフランスが中共・国府双方と外交関係を継続することは認めないであろう。中共は国府の否定（承認取消し）が外交関係樹立の前提条件であるという要求を公式に撤回していないからである。

そして「反論」は、中共承認が各国にもたらす影響について、日本、カナダ、ベルギー等の国々が中共承認を要求する著しい国内圧力に曝されると予測する。「反論」はとりわけ日本の承認変更（中共承認への転換）は国府にとって破壊的効果を及ぼすであろうことを指摘し、日本が「二つの中国」同時承認を試みたとしても国府の対日関係断絶を招くことは確実であるとする。そしてそれは、国府にとって最も重要な貿易相手国であり、その経済的存立に不可欠な同盟国日本から国府を切り離すという、最悪の結果を招くことになると警告する。さらに、日本の中共承認は、日本を自由世界と同一歩調をとることから引き離そうとする一部勢力の動きを増長させ、その結果いつの日か侵略的な中共政権が日本の産業力で強化される可能性すら否定し難い、としている。

「反論」は、フランスが東南アジアの安定は中立化によって実現するのであり、そのためにも中共承認が不可欠であると論じていることに強く反発し、そのような論理は根拠無き空論に過ぎず、万一東南アジア情勢を中立的解決に導くことができるとすれば、それは交渉を希望するというヨーロッパ人の意思表明より、むしろ共産主義者がその野心的計画を追求することの危険を察知した結果であろうと、皮肉を交えつつ論じた。さらに中共承認は東南アジアの華僑を中共の宣伝下に追いやる結果を招くのみならず、西側との経済的文化的交流を欠いた中共がソ連に接近するという論理もまた、中ソ論争の現実から考えれば全く根拠に乏しいものに過ぎないと、厳しく批判した。

「反論」が示すように、米国政府はフランスの「単独行動」が各国、とりわけ中国問題について常に微妙な立場に置かれざるを得ない日本に与える影響を最も憂慮していた。彼らは、周鴻慶事件で悪化した日華関係を修復せねばならない日本が直ちに中共承認へ進むとは考えなかったが、日本国内の親中共勢力がフランスの行動によってその勢いを増す可能性を重視していたようである。一月二十四日、蔣廷黻駐米大使がラスク国務長官を訪れ「池田内閣はこれまで意識するとしないとに拘わらず、自民党の親中共勢力たる河野一郎、松村謙三、高碕達之助、三木武夫らの政治的影響力を増大させてきた」と日本の姿勢を非難した際、ラスクがこれに強く反論しなかったことを見ても、米国政府の懸念が蔣の指摘と大筋において一致していたことは、ほぼ間違いないと思われる。[58]

しかしその一方で、ラスクは同会談において、国府の「硬直した」外交姿勢につき蔣大使に強い苦言を呈している。米国政府はかねてから、たとえフランスが中共を承認しても、駐仏外交団引き揚げは行わないよう国府を説得していた。[59]

ラスクはその点を敷衍し、次のように論じている。国府がフランスの中共承認問題に対処した手法につき、米国政府はいたく失望した。我々にとって、国府が対仏関係断絶を拒否したなら、全世界と外交関係を結ぼうとしている中共政府に対し大きな影響を与えたことは火を見るより明らかだったように思える。国府の行動によってフランスの対中共関係樹立が容易になり、そのような環境でフランスが北京との関係を樹立すれば、我々の政治的権威はもはや他国で行使し得なくなろう。フランスは国府との関係を自ら壊したいとは思っていないというのが、米国の得た情報であり信念でもある。国益という観点から、国府は事態の重大性を直視して欲しい。我々がフランス・中共関係樹立を困難にする戦いで共闘できないとすれば、国府を支持する米国の国益喪失は大変厳しいものとなる。ドゴールは複雑な人物で、説得はほぼ不可能である。フランス政府は、国府が関係を断絶しない可能性を非常に恐れているようだ。従って国府は決して駐仏外交団引揚げの意図を示すべきではない。引揚げは国府の地位を全面的に弱体化するであろう。フランスの中共承認はいわばダムを決壊させるものであって、我々は間もなく日本、ベルギー、カナダ等の中共承認問題に直面することは確実である。我々がパリ、北京の行動を困難にする出来得る全ての行動を行う重要性は、強調し過ぎることはないのである。[60]なお、ラスクの言葉に対し蔣は、自分は個人的意見として台北に、外交団引揚げは大使交換後まで待てと進言したことのみを語り、あとは沈黙を守っている。

国府が「二つの中国に反対」する旨の断交覚書を手交して対仏関係を断絶したのは、二月十一日のことだった。蔣がラスクに語ったように、関係断絶発表は中・仏代理大使の交換通告を受けた後に行われた。対仏断交通告を受けた米国務省は、「国府の措置は正当」であるという声明を発表した[61]が、右に掲げたラスク発言に代表されるように、その本心は穏やかならざるものであったろう。

四月、米・華国連代表部が会談した際、国府代表部は彼らの立場を次のように説明している。我々はぎりぎりまでドゴール反対闘争を続けたが、今はそれを停止した。その理由は政府が国内向けの威厳を保持するということであるが、更に大きな理由は反仏運動を局限まで行うことが、結果として国府を「二つの中国」推進論の立場に置きかねないからである。多くの国々が「二つの中国」という解決法を望ましいとしていることは知っている。

しかし、我が政府は「二つの中国」には断固反対する。そのようなことを受け入れれば、現政府は確実に崩壊するであろう。後継政府がそれを許容したとしても、国府の反共姿勢は弱体化し、中共政府の浸透工作を成功させるのみであろう。もしも国連が「二つの中国」という解決方式を採用したら、我が国は国連を脱退する、と。

なお、米国代表部はこれに対し中共の浸透工作の基盤をなすのは台湾住民か、軍隊か、それとも大陸出身の文民かと質問したが、国府代表部はこれに明確に答えていない。更に米国代表部は、国連脱退は国府の立場を完全に失わせることであり、米国にとっても西太平洋の安全保障を維持することが極めて難しくなることを指摘した。そもそも中共は我々が彼らの台湾征服を阻んでいることを指して「侵略」と非難しているのであり、我々はこの非難から自らを守るためにこそ、国連加盟諸国の援助が必要なのではないか。多くの国々が進んで与えることのできる支持を無にすることが、国府の国益になるのであろうか、と。[62]

米国代表部は、国府代表部が自ら進んで「二つの中国」論について議論したことに注目したが、依然として変化せぬその頑なな外交姿勢には、もはや打つ手を見出し得なかったようである。

同月中旬、ラスクは台北を訪れ蒋介石と会談した。ラスクは、日華関係に困難な問題があることはよく分かっているが、それは日米関係についても同様であると前置きしつつ、蒋に対し、国府の国連議席を守る上で日本が果す米華両国にとっての重要性を説き、米国は確かにかつては対日占領国であったが、今は日本政府に命令できる立場ではないと、ともすれば国府が抱きがちな米国の対日影響力に関する過大評価を打ち消した。

これに対し蒋介石は、日本との関係断絶は国府にとってフランスとのそれ以上の打撃・孤立化になろうと返答し、自分はラスクの言葉をよく理解した、吉田訪台以来対日感情は改善されており、自分は日本が大陸に実際的援助を与えない限り関係改善に尽力するつもりである、と述べている。[63]なお、フランスの行動に対する日本政府の反応があくまで国府との正常化、すなわち周鴻慶事件の事後処理を最優先課題にするという穏健なもの[64]であり、当初懸念したような、日本政府が抗し切れぬほどの対中共接近圧力が日本国内に出現するという事態に至らなかったことは、米国政府にとって幸いであった。

しかし、米国政府はフランスの中共承認問題を通じ、中国問題の複雑性・困難性につき認識を新たにした。そしてフランスの中共承認は、近い将来これに追随するであろう欧州各国、そして日本の中共承認問題に如何に対処するかという、解決の見通しが立たない困難な課題を米国政府に負わせることになる。そして、中共政府が国際社会におけるその存在感を強烈にアピールし、かつ米国政府に対日政策再検討を考慮させるに至った今一つの案件は、十月十七日に西域で行われた中共初の核爆発実験であった。

なお、中共の核実験はかねてから予想されていたことであり、米国政府も日本政府もこれが直ちに極東地域の軍事バランスを崩し、西太平洋の安全保障に深刻な悪影響を及ぼすものであるとは評価しなかった。むしろ、米国が極東地域に展開している圧倒的な軍事力と核戦力の強大さから考え、中共の核実験は現実的脅威ではないという評価が優勢であったようだ。四月のラスク・蔣会談（既述）においても、蔣介石が将来行われるであろう中共の核実験は日本を自由世界から離間させる恐れがあると述べた時、ラスクはこれを否定し、米国の圧倒的な軍事力を見れば日本が敢えて共産陣営に投じるようなことは決してあり得ない、と断言している[65]。

むしろ、米国は中共の核実験を対日政策見直しの契機として利用することを決意したようである。昭和三十七（一九六二）年に作成された文書「中共の核爆発実験[66]」は、米国が中共核実験に際して日本と協議すべき事項について、①日本指導部の中共核実験に対する姿勢を明白にさせ、日本の再軍備賛成感情を力付けること、②近代科学技術における先駆者としての日本のプライドを刺激すること、③世界主要国として認知されたい日本の願望にアピールする、④必要なら脅威は日本の能力の範囲で封じ込め得ること、日本の核武装が直ちに必要ではないことを分からせる、⑤日本の防衛能力拡大について特別の助言を行うこと、だとしている。

しかし、同文書はむしろ中共の核実験が日本経済に及ぼす影響を考慮していた。その論旨は以下の通りである。すなわち、中共の核実験成功は日本国民が抱く強い潜在的不安、すなわち中共との外交関係欠如の不安を刺激するであろう。中共は貿易拡大の申入れによってこの不安感を効果的に利用することを考えるであろうし、疑いなくそのような行動に出るだろうからである。米国はこれに対し、日本経済の将来が自由主義諸国との密接な関係に依存することを再保証しなくてはなるまい。その手段の一つは、日本の経済協力開発機構（ＯＥＣＤ）加盟促進であり、あるいは日本を関税と貿易に関する一般協定（ＧＡＴＴ）の恩恵に完全に浴させることである。それには日米共同の努力によって、未だに反日的姿勢を変えない西欧諸国の一部の姿勢を変えることであろう。

中共の核実験成功が我々と西欧諸国の討議に有益な議論をもたらすことはないであろうが、それが中共の対日貿易攻勢を伴う可能性は、より緊密な日欧関係を作る必要性を高めるはずである。日本に対し米国市場へのより大きなアクセスを与えることについて、中共の核実験成功が日本への市場開放に対する労働側の抵抗を軽減するため利用できるとするのは楽観的に過ぎるが、米国は現在の自由政策を今後も継続すべきである。

在日米軍基地について、日本への核攻撃の結果、地域紛争を全面核戦争にエスカレートさせるという米国の意思を日本国民が信じ、かつ中共が米国のその意図を正しく評価すれば、日本国民は中共の核能力には低い相対評価を与え安心するであろう。

このように、同文書は中共の核実験成功を軍事的インパクトより、経済的インパクトに重点を置いて論じていた。軍事的インパクトについては文書の末尾に記された在日米軍基地についての評価が、全てを物語っているであろう。米軍の圧倒的戦力を日中両国が正しく認識している以上、中共の核実験が直ちに日本に対する安全保障上の脅威には直結しないという評価がそこには窺える。

しかし、米国政府は核実験成功による中共の国際社会における地位の上昇、そのことが日本国民の心理に与える影響力を無視し得なかった。OECD加盟に代表される、世界経済の一翼を担う日本経済、自由主義諸国とのより固い絆で結ばれた日本経済という位置付けは、こうして揺るがし難いものとなってゆくのである。

周鴻慶事件を経て日華関係が修復の道を辿り、極東情勢は一見安定を取り戻したかのようであったが、それは中共の国際的実力の上昇、国府の国際的地位の浸食という一般情勢の中で、いわば問題の解決を先送りしただけのものに過ぎなかったと言えよう。

昭和四十年代は、国際社会を舞台とする中共・国府支持勢力の伯仲、逆転という流れの中で、日本国内の親中共派・国府支持派による葛藤が、以前にも増してその激しさを増すことになる。

（1）『改定新装版　蔣介石秘録　日中関係八十年の証言』（下）（サンケイ出版、昭和六十年）、四九三～五一六頁。
（2）Japanese Sale of Vinylon Plant to Chicom, August 26, 1963. Lot File 68D373, Box1, RG59, N.A.
（3）『朝日新聞』、昭和三十八年九月二十一日。九月十七日、米ハースト系新聞編集長との会談で池田が「大陸反攻には望みがない」と発言したとされる報道に国府が反発。日本政府は、これをアジアの平和と安定を願ったもので、国府の基本政策に触れるような性質のものではないと否定した。なお蔣介石は回顧録の中で、池田発言を九月十九日と誤記している。（前掲『改定新装版　蔣介石秘録』、五〇二頁。）
（4）Japan-GRC-Chicom Relations, October 24, 1963. Lot File 68D373, Box1, RG59, N.A.
（5）『朝日新聞』、昭和三十八年十月八日。
（6）外交記録「中国人周鴻慶事件概要」等を元に筆者が作成。『諸外国亡命者関係雑件　周鴻慶（中共）事件』（以下、『周鴻慶事件』と略）、外務省外交史料館。
　なお、周鴻慶事件を扱った研究としては石井明「一九六〇年代前半の日台関係　周鴻慶事件から反共参謀部設立構想の推進へ」、『国際法外交雑誌』第一〇一巻二号（平成十四年）がある。また、当時の中国課長・原冨士男氏の回想録が同事件に言及している。原冨士男『回想外交五十年　在外勤務の哀歓』（東奥日報社、二〇〇一年）、八八

〜九七頁。
(7)『朝日新聞』、昭和三十八年十二月三十日。
(8)中国課「周鴻慶事件の現状と対策案」、昭和三十八年十一月二十日、『周鴻慶事件』第一巻。
(9)「中国人周鴻慶事件概要」(昭和三十八年十二月九日まで)、『周鴻慶事件』第一巻。
(10)中国課「亡命中共人に対する国府よりの申入れの件」、昭和三十八年十月八日。『中華民国の態度』第一巻。
(11)在中華民国木村大使発外務大臣宛、台第一三九一号電、昭和三十八年十月二十二日。『中華民国の態度』第一巻。
(12)在中華民国木村大使発外務大臣宛、第三六三号電、昭和三十八年十月二十八日。『中華民国の態度』第一巻。
(13)在中華民国木村大使発外務大臣宛、第三六六号電、昭和三十八年十月二十八日。『中華民国の態度』第一巻。
(14)在中華民国木村大使発外務大臣宛、第三九四号電、昭和三十八年十一月十四日。『中華民国の態度』第一巻。
(15)前掲『改定新装版　蒋介石秘録』、五〇四〜五〇五頁。
(16)中国課「中共人の亡命問題について」、昭和三十八年十月七日。『周鴻慶事件』第一巻。
(17)中国課「周鴻慶問題についての法規課長意見」、昭和三十八年十月十日。『周鴻慶事件』第一巻。
(18)矢次一夫『わが浪人外交を語る』(東洋経済新報社、昭和四十八年)、二二六頁。
(19)中国課「周鴻慶の取扱いについて」、昭和三十八年十一月五日。『周鴻慶事件』第一巻。
(20)中国課「日赤高木部長来訪の件」、昭和三十八年十一月十九日、『周鴻慶事件』第一巻。
(21)周の抗議書は昭和三十八年十一月二十六日付で、宛先は総理大臣、法務大臣、外務大臣の三者となっている。蒋一派(国府)から加えられた謀略、これを許した警察、入管当局への非難を列挙した後、中共帰還の意志は揺るがないゆえ即時帰国を許可して欲しいという内容である。『周鴻慶事件』第一巻。
(22)「大平大臣の記者会見」、昭和三十八年十一月二十二日。『周鴻慶事件』第一巻。
(23)中国課「周鴻慶問題」、昭和三十八年十一月二十一日。会議は十一月二十一日午後三時より四時半まで外務大臣室で行われた。出席者は大平外相、島重信事務次官、高野藤吉官房長、安川壮官房総務参事官、中川融条約局長、須之部量三条約局外務参事官、後宮虎郎アジア局長、原富士男中国課長。
(24)アジア局「『周鴻慶事件』に対する政府の基本的立場について」、昭和三十九年一月十日。『周鴻慶事件』第二巻。

(25) Wright to the Secretary of the States, no.447, December 1, 1963. DCD 1977, no.118C.

(26) 在米武内大使発外務大臣宛、第三三七七号電「シュウコウケイ事件に関する件」、昭和三十八年十二月二十七日。『周鴻慶事件』第三巻。

(27) 大平大臣発在中華民国木村大使宛、第四八六号電「周鴻慶事件に関する件」（転電・米国）、昭和三十八年十二月二十七日。『周鴻慶事件』第三巻。

(28) 在米武内大使発大平大臣宛、第二五三二号電「周問題についてEmerson《ママ》公使来訪の件」（台北転電）、昭和三十八年十二月二十八日。『周鴻慶事件』第三巻。

(29) CHOU Fung-ching case, From Rusk to Amembassy TAIPEI, December 31, 1963. DCD 1977, no.118E.

(30) From TAIPEI to SECSTATE, January 1, 1965. DCD 1977, no.118F.

(31) Japan's Interest in China: GRC and Peiping. January 26, 1965. DCD 1996, no.3170.

(32) From Tokyo to Secstate, January 27, 1965. "The Declassified Documents Retrospective Collection", Carrollton Press, Arlington,Virginia. (hereafter cited as DCDRC), no.639C.
なお、一月二十六日会談の外務省記録「大平大臣・ラスク長官会談要旨」（昭和三十九年一月二十六日、アメリカ局）は、その内容が要約であるため、米国側文書に比べ内容がかなり簡略化されている。Lot File 66D225, Box7, RG59, N.A. 更に、「中共を利するな」と日本側関係者に主張したラスク演説（一月二十八日、日米協会、在日米商業会議所共催夕食会におけるもの）の全文は、『朝日新聞』昭和三十九年一月二十九日に掲載されている。

(33) 『朝日新聞』、昭和三十九年二月二十五日。

(34) 『朝日新聞』、昭和三十九年二月二十六日。

(35) 『朝日新聞』、昭和三十九年二月二十七日。

(36) 同右。この点については、吉田訪台準備のため一時帰朝した吉岡章・駐華大使館参事官が、アジア局長以下関係官に対し詳細に説明した。吉岡は、国府が吉田を日本で最も信頼できる人物と見ているのは、池田総理の国府に対する態度があまりにも酷いからであると前置きし、吉田訪台の目的は「基本的には（国府が）日本に対して振り上げた拳を下すきっかけをつくること」であるが、「いざ訪台実現となれば若干欲が出てきて何か確約して貰おうという気持になってきているように感じる。特に沈外交部長あたりがその気持が強いのではないか」と述べている。更に吉岡は、フランスの中共承認後、国府の対日態度が強硬論のみではなくなってきたとも語っている。外交記録「日・中華民国関係」、ファイル管理番号 0120-2001-01331, A'-0365. 外務省外交史料館。

(37) 前掲『改定新装版　蔣介石秘録』、五〇六～五〇九頁。なお、蔣介石は吉田帰国後の三月四日、現地に在留していた日本人記者団と会見し、「大陸光復」(反攻)は「政治的方法七分、軍事的方法三分というのが持論」であり、また今後の対日関係は日本の態度にかかっていると論じている。『朝日新聞』は蔣発言を、台湾海峡で戦争が勃発することを恐れる国際世論を考慮したものであろうと推測した(『朝日新聞』、昭和三十九年三月五日)。

(38) 『朝日新聞』(夕刊)、昭和三十九年一月三十日。

(39) 『朝日新聞』、昭和三十九年二月十三日。

(40) 『朝日新聞』(夕刊)、昭和三十九年三月五日。

(41) 「訪華報告　外務政務次官毛利松平　昭和三十九年三月十六日」、外交記録『本邦要人アジア・大洋州諸国訪問関係』、外務省外交史料館。

(42) 同右。

(43) 『朝日新聞』、昭和三十九年三月十一日。

(44) 原中国課長「陳建中ら国府特務関係者との外交問題に関する会談の件」、昭和三十九年三月二十三日、『本邦要人アジア・大洋州諸国訪問関係』。

(45) 外務省「蔣総統・大平大臣会談要旨」、昭和三十九年七月四日。外交記録『大平外務大臣中華民国訪問関係一件(一九六四・七)』、外務省外交史料館。

(46) 外務省「大平大臣・沈部長会談」、昭和三十九年七月四日。『大平外務大臣中華民国訪問関係一件(一九六四・七)』。

(47) 同右。なお、大平自身は「二つの中国」という考え方に否定的だった。「北京も台北も、二つの中国という見解をかたくなに退けている。争われているのは、二つの政府のうちいずれが一つの中国を代表するか、ということであると思うからである。」従って、「何らかの権威ある国際機関が」中国を代表する政府を決定するのを待ち、「わが国としての取るべき措置を考えるのもやむを得ない」というのが大平の基本的認識であった。彼は昭和三十九年二月十三日の衆議院外務委員会における答弁（先出）も、このような考えに沿って行ったものだったと述懐している。詳しくは、大平正芳『風塵雑俎』（鹿島出版会、昭和五十二年）、三六七～三六八頁を参照。

(48) 後宮虎郎（外務省アジア局長）「最近の日華関係」、外務省情報文化局『世界の動き』第一五〇号、昭和三十九年九月。

(49) Green-Nakagawa Talks, Trade with the Mainland. May 8, 1965. Lot File 72D145, Box6, RG59, N.A.

(50) Fifth Green-Nakagawa Meeting, May 27, 1965. LotFile 72D145, RG59, N.A.

(51) Talking Points for Fifth Green-Nakagawa Talks, LotFile 72D145, Box6, RG59, N.A. なお、グリーンが中川との会談で準備した討議事項案には、国府における台湾人（内省人）の政治・軍事・教育各分野における参加の度合い（差別問題）、北京政府の国内引き締め策、平和攻勢などが記されている。またフランスの中共承認後、台湾を自由世界に留めることを重視する西側諸国が事実上「二つの中国」を固定化する「台湾独立」を肯定する論理に傾斜しつつある現状（五月十九日付『ニューヨーク・タイムズ』社説の論旨「中共は台湾に対するフランスのどっちつかずの立場を認めつつある」は、その一例）に北京が激しく反発していることを示すことで、米国は北京政府の非妥協的態度を日本に知らせ、対中復交の困難性を示すことで日本政府の北京傾斜に歯止めをかけようとしたのかもしれない。

(52) Special Report “The China Problem in Japanese Politics”, Central Intelligence Agency, Office of current intelligence. May 1, 1964. DCD 1977, no.22H.

(53) U.S.Policy in the Far East, August 31, 1964. LotFile 67110, Box4, RG59, N.A.

(54) Christopher A. Norred to Mr. Green, “Japan's Policy toward Communist China” August 19, 1964. LotFile 71D65, Box4, RG59, N.A.

(55) 『朝日新聞』、昭和三十九年一月二十八日。

(56) 賀屋興宣〔述〕『日中関係の諸問題』（〔財〕尾崎行雄記念事業財団、昭和四十六年）、二三～二四頁。

(57) Roger Hilman to the Secretary. Rebuttal of French Arguments for Recognition of Peking. December 26, 1963. Lot

File69D254, Box1, RG59, N.A.

（58）Memorandum of Conversation, January 24, 1964. Japanese Political Questions; French Recognition of Communist China.

（59）『朝日新聞』（夕刊）、昭和三十九年一月二十一日。なお国府側当時者は、フランスの承認から二週間後、中共が「台湾が撤退しなければフランスには行かない」と通告したため、フランス政府が国府大使館に立ち退きを迫ったと証言している。証言者は銭復（当時、行政院新聞局長、のち外交部長）。「当事者が明らかにした三〇年目の真実『日中』か『日台』かで揺れた日本外交」、『中央公論』（二〇〇三年四月）参照。

（60）ibid.

（61）『朝日新聞』および同夕刊、昭和三十九年二月十一日。

（62）Memorandum of Conversation, April 2, 1964. Lot File69D254, Box1, RG59, N.A.

（63）Memorandum of Conversation, Secretary's Visit to Taipei. April 16~17, 1964. GRC Relations with U.S. and Free World Nations of the East. なお、ラスクは会談の席上蒋介石に対し、大陸反攻の非現実性についても詳論している。既に中共が圧倒的軍事力で大陸を制圧している以上、他国とりわけ米国の援助、そして米軍の戦力（恐らく核兵器を含む）がなくては国府の大陸奪還は不可能であろう。そのような戦争はソ連の対中共援助を招き、事実上北半球を巻きこむ大戦争にエスカレートせざるを得ない。

米国の真意があくまでも台湾海峡の現状凍結、すなわち「二つの中国」の維持であったことは、国府による中共国内反政府分子への援助問題を扱った、一九六七年三月の国務省文書によっても明白である。

同文書は、大陸南部（台湾沿岸地方）の反毛沢東分子への国府の援助が、軍事技術的に極めて難しいことを指摘している。米国が真に怖れていたのは、国府の反政府分子援助によって、米国が大陸への軍事行動に巻き込まれる結果を招くことであった。

国務省は、大陸の情勢が少しでも不安定である限り国府の「大陸反攻声明」は発せられ続けるという前提に立ち、米国政府はこれらの「声明」を今後とも注意深く監視せねばならないとしている。Arthur W. Hummel, Jr. (Dupty Chief of Mission of the Embassy in Taiwan) to Josiah W. Bennett (Office in Charge of ROC Affairs). March 10, 1967. Lot

File72D145, Box7, RG59, N.A.

(64)　『朝日新聞』、昭和三十九年二月十二日。

(65)　ibid.

(66)　Leonard L. Bacon to Mr. Usher. Chinese Communist Nuclear Explosion. December 3, 1962. Lot File69D347, Box3, RG59, N.A.

V　佐藤内閣の中国政策と米国

一　佐藤内閣と日中関係

東京オリンピック成功の余韻さめやらぬ昭和三十九年十一月九日、佐藤栄作内閣が発足した。佐藤内閣は約七年八ヶ月にわたる長期政権となり、沖縄返還という大きな業績を成し遂げた。しかし、佐藤内閣の中国政策に対する評価は、決して高いものとは言い難い。すなわち、佐藤は「対米追随」外交に終始して積極的に中国問題打開に取り組むことなく、米国の対中共接近によって甚だしい政治的打撃を蒙り、退陣を余儀なくされたという消極的な評価が今なお有力であるように思われる。①

しかし、佐藤の中国政策は基本的に池田内閣が推進してきた従来の路線、すなわち国府との外交関係を維持しつつ中共との経済的・文化的交流を推進する、事実上の「二つの中国」政策を踏襲するものであった。キッシンジャーの極秘訪中、いわゆる「秘密外交」による米国の対中接近は世界各国を震撼させたが、日本政府がこれによって受けた衝撃は、アジア各国の中で最大のものであったという。② それは「ニクソン・ショック」と呼ばれ、日本国内の日中関係正常化待望論を勢い付ける効果をもたらす。当時、佐藤の首席秘書官であった楠田實は、ニクソン訪中計画の公表が佐藤内閣に与えた打撃が極めて大きく、閣僚ですらこれが佐藤の「早期引退につながるのではないか[3]」と考えていた事実を、その「日記」に記している。佐藤内閣の中国政策を指して「対米追随」外交とする批判的見解がこれまで多かったのは、右の事情を反映するものであろう。そのため、佐藤内閣によって推進された中国政策の実態が、池田前内閣のそれの踏襲であったという事実には、あまり関心が払われてこなかったように思われる。

佐藤が対中共関係を自ら打開できなかった原因について、佐藤のブレーンの一人であった千田恒（サンケイ〔現、産経〕新聞記者）は次のように語っている。

「サンフランシスコ講和で独立を達成した時の経緯から見ても明らかなように、日本が佐藤の時代にいわゆる『大国的行動』を対中国との関係でとれたと考えるのは、いささか幻想的にすぎよう。太平洋戦争に敗北したというところから戦後日本がスタートしたという事実を忘れてはならないわけで、佐藤はその戦後日米関係の限られた枠組の中で、日本の中国政策を考えねばならなかったことを理解しなければなるまい[4]。」

千田の指摘する、戦勝国米国に対する敗戦国日本の弱い立場は、確かに日本が「米国に先んじて」対中共関係を打開し得なかった原因の一つであろう。さらに、沖縄返還を自身の内閣における最高の政治目標とする佐藤の決意、そしてその目標達成のため対米関係を最重要視したことが結果的に中国問題の打開を遅らせ、日本外交が米国の後塵を拝する結果を招いたという指摘もまた首肯できる。

しかし、そこには「交渉相手国」の中共自体が「文化大革命」による混乱状態にあった事実、そして米国と中共の対決という側面を有していたヴェトナム戦争の拡大・激化という、日本一国の力では如何ともし難い国際政治上の諸要因が複雑に絡み合い、佐藤の外交的選択を著しく拘束したという事情があったことを見過ごしてはならないであろう。

中国問題をめぐる佐藤内閣時代の日米交渉を検討するとき、それが決して単なる「対米追随」外交ではない事実、すなわち池田内閣時代と同様、日本政府・外務事務当局が「国府＝全中国の代表政府」という「擬制」と極東の現実とのギャップに苦悩し、限られた選択肢の中でその是正を図ろうと試みる過程だったことが明らかとなる。

本章は、「二つの中国」路線を踏襲する佐藤と日本政治の現状に対する米国政府の認識、そして中国問題をめぐる日米間の外交交渉について分析を行う。そして本問題を分析した後、日中関係進展の拘束要因となった中共の「文化大革命」、朝鮮半島情勢、そしてヴェトナム問題をめぐる日米関係の緊張を招いた「一九六八年の危機」を取り上げ、佐藤自身による中国問題打開を不可能にさせた国際政治的背景である、当時の極東情勢一般についての考察を進めてゆきたい。

米国が将来の総理・自民党総裁候補としての佐藤栄作に注目したのは、昭和三十七年十月、彼が欧州諸国訪問の帰途ワシントンに立ち寄りケネディ大統領、ラスク国務長官と会見した時のことであった。ハリマン極東担当国務次官補は、ラスク宛の書簡で次のように佐藤の立場を説明している。[5]

佐藤氏は、吉田氏（元首相）によると「将来の最有力首相候補」だという。時が来れば、佐藤氏は池田氏の最有力後継候補であろう（池田退陣は恐らく一九六三年または六四年）。氏は蔵相、通産相を含む政府・自民党の要職を歴任してきた。

氏は現在閣僚ではないが、一～二年のうちに首相となる可能性ある人物ゆえ、私は貴殿と氏の会見を、主として彼の日本における地位と展望に対する我々の承認を示すこと、また彼との密接な関係を開くことを目的とするものと考える。同時に、この会見は次に述べる件につき米国の見解と態度を明らかにする機会として、有効に活用されるべきである。

〔共産主義と戦う米国の決意と能力〕

九月十五日付ライシャワー（Edwin O. Reischauer）大使の報告によると、佐藤、岸元首相は「自民党の最保守代表」であり、昨今の大使との会談で米国の共産主義と戦う能力と決意に深い疑いを表明したという。占領改革のあるものに対する憤慨、そして一九六〇年の共和党から民主党への政権交代を見て、彼ら右派勢力は米国内の非友好的情報源から発した「共産主義への態度変化」に対する、最も扇情的な告発を額面通り受け取ってきた。左派労働組合「総評」から多くの指導者を米国に受け入れたことは、「駐日米大使館と総評・社会党との密接な関係」という彼らの疑念を掻き立てた。ライシャワー大使は、彼らとの率直・友好的な話し合いでその誤解をかなり改めたと信じている。それにも拘らず、ライシャワー大使は米国官辺筋が佐藤と会談し、共産主義に対する米国の姿勢について初歩からもう一度強調すべきであると勧告してきている。

〔中共貿易について〕

貴殿は、日本がその基本的利益を守る能力を我々は疑っていない、と佐藤に伝えるだろう。同時に我々は中国本土の経済的失敗が、人民の中共指導部への大きな圧力という結果を生じたその時、非共産国が中共に借款を与えないことが重要と考えている。

昭和三十七年十月十八日、ハリマンは大統領会見を待つ佐藤とホワイトハウスで話し合った。佐藤は中国問題について、自分も含め日本人は人口七億人の巨大市場が隣国にあることに関心を抱きつづけてきたし、日本人の多くは中国問題につき何らかの行動がとられることを希望する、また西欧諸国はこれを許すであろうと述べた。

さらに佐藤は、米国はココム・チンコム規制を主張するが、英国は航空機まで中共に売却している、中国市場について状況は曖昧になっているではないかと述べ、日本の実業界に対中貿易増大政策の主張を開始するにあたり混乱が起っていると指摘した。

これに対しハリマンは、(1) 中共はソ連と立場が違う。その経済危機が継続することは政治的危機に繋がる。ソ連と東欧衛星諸国は対中共借款を停止し、その貿易は過去二年で半額となった。我々はそれゆえ中共が対日接近すると信ずる。我々は日本に対し、中国貿易で米国の政策に同調せよとは要求しない。(2) しかし、我々は現在は中国に対し寛大になるには最悪の時期であると指摘したい。今は北京を孤立させるべきである。中共国民対政府圧力が増大すれば、北京の国内政策・対外政策は変化し、我々にとっての危険を減じるようになる、と答え、対中共「封じ込め」の継続を主張したのだった。[6]

すなわちこの時期、「自民党の最保守代表」「右派」であるはずの佐藤もまた、日米両国はその外交政策上、中共の存在を無視することはできないと考えていたのである。昭和三十九年一月、日米貿易経済合同委員会出席のためラスクが訪日した際、佐藤はラスクと中共問題について語り合う機会があった。『佐藤栄作日記』は、その事情を次のように記す。

一月二十六日（日）「米ラスク長官、中共問題にふれる。米国は依然極東政策に何等の変化なし。」
一月二十七日（月）「正午、ラスク以下米委員を（池田）総理招く。ラスクの隣に席を与へられ食事中種々話し合ふ。遠廻しに中共問題に触れる。困ったものとの感深し。[7]」

佐藤がラスクと中共問題を話し合った一月二十七日は、フランスが中共政権の承認、外交関係の樹立と三ヶ月以内の大使交換を世界に公表した日である。『佐藤栄作日記』の記述が示すように、佐藤はラスクとの会話で「遠廻しに中共問題にふれ」ることにより米国の反応をうかがったのであるが、ラスクは「依然」として「何等の変化な」き米国極東政策、すなわち対中共強硬政策を主張するのみであった。「困ったもの」という記述は、米国政府の「妥協なき」対中共姿勢に対する、佐藤の感想であると解釈できよう。

それから約十ヶ月後、米国務省は『日本の新首相についての予想』と題する文書において、池田の病気退陣後まもなく発足した佐藤内閣の支持基盤とその対中共態度につき次のようにまとめている。[8]

(1)佐藤は政権を維持するため、同等の力を持つ自民党指導者の協力と支持が必要であり、国民的コンセンサスの枠内に止まる必要がある。このことが、佐藤の個人的見解を政策に反映する範囲を限定するであろう。しかし、前任者池田のそれから佐藤政権を区別し特徴付けることは可能である。

(2)北京政府と何らかの公式関係を樹立するという勢いが、政府・自民党内に増しつつあるようである。暫定協定への積極的努力を始めようという議論も出ている。佐藤は、全保守党指導者の中で北京との政治関係に最も魅了されることの少なかった人物である。しかし、彼の実際の行動は対中共国交正常化を完全に妨害するより、そのような動向の効果と範囲を最小限に押さえることに限られると思われる。彼が閣僚で唯一人中共貿易フェア（東京）を訪問したことは、彼が「政治の風」に身を委ねたことを示す一例だった。

佐藤が科学技術庁長官として中国経済貿易展覧会に出かけ、来日中の南漢宸・中国国際貿易推進委員会主席に会ったのは昭和三十九年四月のことである。同文書はこの事実を指して、佐藤が「政治の風」に身を委ねた行動と表現した。後年、田川誠一は佐藤が現職閣僚として中共の展覧会に出向いたことを「異例のこと」だと記した。[9]

中共政府もこのような佐藤の態度に対中正常化の意思を期待したものらしく、当初は佐藤を指して「先見の明ある政治家[10]」と賞賛する発言を行っているほどである。

しかし、政権を獲得した以上、佐藤は対米協調路線という戦後政治の大きな枠組みを守りつつ、その外交政策を進めなくてはならない。隣国としての密接な結び付きゆえに対中「封じ込め」政策を貫徹することのできない日本の立場から見れば、米国政府の頑なな対中共「封じ込め」政策は、佐藤がかつて日記に記したように「困ったもの」であったかもしれない。しかし、対米協調を最優先しなくてはならない佐藤の対中共行動は、やがてその熱意と速度を減じざるを得なかった。ちなみに、佐藤個人はかつてワシントンでハリマンに語ったように共産主義には強い嫌悪感を持っており、かつ早急な中共との友好関係（国交）樹立には本来消極的な考えを持っていた。また、自民党「最保守派」の代表である佐藤はその政治的スタンスゆえに、自らの政権基盤を守るためには、当時自民党内に力を増しつつあった対中正常化推進勢力から自らに向けられる攻撃を回避しなければならなかった。こうして、佐藤内閣はその発足直後から、米国の対中「封じ込め」政策という大きな拘束要因に加え、年々強まる自民党内の対中正常化圧力にも曝されることになる。そして、佐藤内閣の中国政策をめぐる困難をますます大きくしたものが中共の「文化大革命」、およびヴェトナム戦争の激化だった。

駐日米大使館が昭和四十年一月の佐藤訪米に備え作成し、国務省に提出した文書『佐藤訪米と中国問題』は、内閣発足と同時に佐藤が直面した中国問題の本質を詳細にまとめている[11]。

同文書はまず、「日本には、友好関係を通じてこそ中共は徐々に現在の非妥協的姿勢を緩和することができるのであり、日本は何らかの形で米中調停を援助する重要な役割を果たし得る、という真剣な信仰が存在する」と前置きし、日本の中国政策の現状について次のように論じている。

〔「佐藤訪米と中国問題」駐日米大使館報告〕

(1)日本は、中共が「政経不可分」を主張するにもかかわらず、国府を外交的に承認する一方で、「政経可分」と言いつつ、外交関係のないまま相互に利益を出す水準に至るまで大陸との貿易を発展させてきた。日本がこのようなデリケートな外交的バランスを保つことが可能だった要因は、その多くを国連における国府の地位と、その結果としての中共の国際的承認の欠落とに依っているのである。国連における国府の地位が基本的に安泰である限り、日本は「二つの中国」を同時に扱うというその政策を実行できる。

(2)その前提が崩れ去ったとき、日本の立場は深刻なものとなるであろう。NATO加盟国を含む西側諸国の多くが北京を承認し貿易を拡大すれば、日本は政府と国民が不利と考えるような地位に置かれることになる。椎名悦三郎外相も大平前外相も、中共が国連に加盟すれば日本はその不承認政策を改めねばならないだろう、と公式に述べた。

(3)本館（駐日米大使館）は、佐藤と本件について完全かつ率直な議論を行うことを勧告する。一般的には、中共が国連加盟した時に何が為されるべきかを我々が論じることは、心理的に良くないことであろう。そのような議論自体が、中共加盟に抵抗しようとする他国の決意を削いでしまうからである。しかし、日本の場合この論理は当てはまらない。彼らは、我々が新たな戦術を考えることを拒否するなら、米国は日本をパートナーとして処遇していないと考えるであろう。日本と中共の国連加盟について協議することは、我々の「現実主義」に対する彼らの関心を高め、日本が我々との協調体制を継続する機会をむしろ強めることになる。日本は、米国が国連で中共加盟を阻止しようとする戦術が一年以内に無効化する、と考えている。

(4)本館は、米国が変えることのできない最低限の政策は、台湾を中共の手から確保することと考える。対中共態度については、一般の圧力や意見不一致が日本政府を我々とは幾分異なる姿勢をとらせるかもしれないが、台湾については利害と態度の一致が存在する。

(5)もし、我々が台湾の国連議席喪失に備える日本の計画を援助することに失敗すれば、我々は大きな危険を犯すことになろう。日本政府は無条件で北京を容認せよという一般の圧力に準備なきまま抵抗する羽目に陥り、深刻な国内政治上の反動に直面し、遂には中共の条件によってその承認を余儀なくされるであろう。それは日台貿易の中断、沖縄・朝鮮・台湾政策における日本の米国からの離反という結果になるかもしれない。

『佐藤訪米と中国問題』は、中国問題について佐藤と密接な協議を遂げることこそ日米協調の鍵であり、良好な日米関係維持のために不可欠であると論じている。とりわけ、彼らが一般論的には相手国の(中共加盟への)反対意思を削いでしまうゆえ好ましくないとしていた中共加盟問題に関する議論さえ、佐藤との間では「完全かつ率直」に話し合うべきであるとしている点に、中国問題をめぐる日米関係の微妙さが端的に示されているといえよう。

すなわち、米国は対中共「封じ込め」というその極東政策を大きく転換しない限り、かつて周鴻慶事件処理に当たって大平前外相がラスクに指摘した「国府=全中国の代表政府」という「擬制」の維持を、日本に要求し続けざるを得ない。その意味で、同文書は日本政府の中国問題にかかわる疑問・不満が未解決のまま先送りされ、未だ日米関係における不安定要因であり続けているという事実を指摘したに過ぎなかった。日米関係にとって、中国問題は正に「咽喉に刺さった骨」の様相を呈していたのである。

二　椎名・ラスク会談と佐藤訪米──中国問題を中心に──

昭和三十九年十一月二十八日、椎名悦三郎新外相が国連第十九回総会（十二月一日開会）出席のため訪米の途についた。椎名外相は十二月三日および五日、ニューヨークのホテルでラスク国務長官ら米国要人と会談した。会談内容は広範に及んだが、彼らはその際、中国問題についてもかなり詳細な意見交換を行っている。アメリカ局北米課がまとめた椎名「発言要旨」[12]から中国問題に関する部分を摘記すると、次の通りである。①佐藤政権における中国政策は、基本的に池田政権のそれを踏襲するものであり何ら変化はない。ただ国連代表権問題については今後発展の可能性があり、日米間の緊密な意思疎通を図りたい。②わが国の国府に対する態度は、日華友好関係の維持であることに変わりはない。本年初め貴長官来日の頃は周鴻慶事件により一時的危機状態にあった両国関係も、その後吉田元総理訪台、魏道明大使着任、大平前外相訪台及び張群秘書長来日等の経緯を経て好転、最近では周事件発生以前の状態に戻っている。③わが国は従来通り、国府の国連追放がないようあらゆる努力を払う。中共支持国の提出する中共への代表権付与、国府追放決議等は現在のところ、僅少差で否決し得るものと判断している。しかし、中共の核実験、非同盟諸国会議等がAA諸国に与えた心理的影響がどのような形で投票に現われてくるかは予断を許さない。情勢の推移によっては、同決議案が過半数を占める可能性も否定できない。従って、重要問題指定の確保が特に重要となるが、現状で判断する限り過半数は得られるものと考えられる。④今次総会では一応中共加盟を阻止し得るだろうが、来年については「逆睹し難いのではないか」と思われる。「本大臣としては国府の議席が維持されるなら、中共の国連加入もやむをえないと考えている」が、米国の感触はどうか。仮にカナダ、英国、イタリア等が「一つの中国、一つの台湾」の議席を認めようと動いたら、米国はどう対処するのか。「いずれにしても、わが国としては大平前大臣が貴長官に述べたごとく、もし中共がなんらかの形で国連参加を認められたならば、わが国が現在の中共不承認政策を継続して行くことは、国内世論の動向からも困難であろうと思う。」

椎名はさらに、「米国は中共に対しふうじ《（ママ）》込め政策をとっておられるようだが、日本は自主的に中共問題を扱って行かねばならぬ」し、「世界の多くの国が中共加盟を認めることとなるとどうしてもわが国もこれに同調すべしとの国内の与論を押えてゆけなくなる」と述べ、日本は台湾切り捨てには反対するが、中共の処遇については国際世論に従うべきと考えている現状をラスクに訴えた[13]。

国連カナダ代表部は既に「一つの中国、一つの台湾」による中共の国連加盟に向けて積極的動きを開始しており、マーティン（Paul Martin）代表は椎名に「侵略性、好戦的性格を理由に中共を国連に入れてはならぬという考えはせまい考え方であると思う」と語り、米国の国連対策を公然と批判するに至っていた。椎名は「日本は中国とは地理的にも極めて近い関係にあるため、二つの中国を言い出せない立場にある[14]」と日本の立場をマーティンに説明しているが、今や国際世論が中共の国連代表権支持に向け、大きく傾斜しつつあることは否定し難い事実であった。米国内にさえ、事実上の中共承認を説くヒルズマン（Roger Hilsman, Jr.）前極東担当国務次官補、ケナン（George F. Kennan）教授らの主張が出現しており、米国がこの先何年間「重要事項指定方式」を利用し中共を国連から排除できるかは、正に「逆賭し難い[15]」情勢だったのである。

ラスクの返答は、「中共に現在の政策が誤りであることを信じさせることが必要であり、現在の政策が正しいと中共に考えさせるが如き政策をとることは誤りである」という従来の主張（「封じ込め」政策と国連代表権の否認）を繰り返すものであったが、彼は中共加盟問題に関わる客観的情勢を日本と相互連絡し、かつ協議することには同意した。

佐藤首相が就任後始めてワシントンを訪問したのは、昭和四十年一月十一日から十四日のことである。この佐藤・ジョンソン大統領（Lyndon B. Johnson）会談に備え国務省が準備したバックグラウンド・ペーパー『佐藤総理訪米[16]』は、中国問題について次のように指摘している。日本は、これまで「政経分離」による対中共政策および非公式交流を継続してきたが、北京の政治的圧力に屈することを一貫して拒否してきた。日本は中国問題における安全保障上の側面について米国に全面同意していない。それは彼らが日米安保条約に守られた結果、中共の政策遂行に直面せずに済んだことが一因である。中共は佐藤に対し圧迫政策をとり、日本国内の親北京派を使い佐藤に圧力をかけることを望んでいるだろう。しかし中共がこの方法をとれば佐藤は強硬政策を採用し、対中共関係調停の潮流は鈍化を余儀なくされる。昨今の中共核実験も、日本政府に心理的な、また安全保障上の影響を与えた。

そして同文書は、椎名外相がラスク長官に日本の国連中国代表権政策に変わりはないと述べた事実について、本問題における日米間の相違は、米国が中共加盟に反対し行動する際、日本は台湾支持の正統性について一般国民にその理由を説明しなければならないことにあると指摘した。また、日本人は万一国連に中共が加盟する時でさえ国府を犠牲（追放）にすべきではないと考えており、かつ「重要事項指定方式」の今後の有用性にも疑問を抱き始めているので、米国にとって最も重要なことは日本と協議せず中国代表権問題の戦術を変更しないことだと結論している。

一月十二日、国務省のラスク長官会議室で行われた会談で、佐藤とラスクは中共問題について意見を交換した。以下に、その内容を掲げる。[17]

（佐藤）　中国問題は微妙な段階に来ている。日本の立場は、少なくとも今次総会において国府追放を防ぐため尽力することだ。しかし北京を支持する国々が増加する一方、国府支持国は減少しつつある。日本が支持している米国の立場が、予想以上に早く崩れることを怖れている。中国についての長期的政策を長官から伺いたい。

（ラスク）　近隣諸国に対する北京の態度が変化しなければ、我々はアジア太平洋地域で常に緊張状態に置かれる。

国連への中共加盟を目指すあらゆる動きは最も重大、かつ由々しき事態である。もし北京が平和共存政策にその外交路線を転換すれば、その加盟を拒否し得るかどうか疑わしい。その時は台湾の排除がないよう保障することが問題になる。これは克服し得ない袋小路となるかもしれない。北京・台北は双方とも「二つの中国」を拒否しているからだ。中国代表権問題は現在変化することはないと信じるが、将来はあり得るだろう。日本と密接に協議し続けることが本質的に重要と強く感じる次第である。米中ワルシャワ会談で、中共は「米国の台湾放棄」を関係正常化とより進んだ交渉の必要条件（sine qua non）にしてきている。米国が決して呑めるわけのない要求である。

（佐藤）　多くの加盟国が、中共が大陸を支配しているゆえ国連入りすべきだと考えている。カナダがこの時期に「一つの中国、一つの台湾」案を提言したことは不幸なことだ。中共加盟による外交関係樹立国の増加は、日本国内の中共承認要求圧力を政府が押さえ得ないほど強いものとするであろう。自分はこのような事態をできるだけ将来へ延期したいのである。中共加盟の際米国はどう対処するのか。米国はその時中共承認を考えるのか。

（ラスク）　国連が台湾を追放するとは信じ難い。北京は台湾が留まったままの国連に加盟すべきかという問題に直面しよう。同じジレンマは承認問題についても存在する。換言すれば、もし日本が北京と台湾を同時承認すれば、北京は日本との外交関係を受け入れないだろう。

（佐藤）　双方が、一方の存在とその継続を実際上認めることは不可能だろうか。

（ラスク）　そのような時が来るかもしれない。

（佐藤）　北京と台北の合作の危険性はあるだろうか。（三木武夫自民党幹事長より）蔣介石没後の台湾の地位につき長官の意見を伺いたい。

（ラスク）　蔣の後継者が誰であれ、米国の支持を得る限り大陸に屈服するかどうかは非常に疑わしい。共産主義者が政権を獲得すれば話は別であるが。欧州において米国と自由主義諸国がソ連を封じ込めたように、太平洋における中共封じ込めを真剣に考えねばならない。

椎名・ラスク会談、および佐藤・ラスク会談の記録を分析すると、当時の米国が中国問題打開の方策を事実上見出すことができず、苦悩していた状況が明らかとなる。ラスクは、中共加盟を支持しこれを承認する国々が増加したとき、日本政府は中共承認を要求する国内の圧力に抗しきれず結局国際世論に同調（中共承認）する他ないであろうという椎名外相の言葉にも、また「中国についての長期的政策」を提示して欲しいという佐藤首相の要請にも直接答えることができず、従来の主張である中共封じ込めの必要性を説くのみであった。すなわち、米国政府は中国問題に関わる疑問について、日本政府を納得させる返答を与えることができなかったのである。中共支持国の増加という抗し難い国連の趨勢に接した米国にとって、打つべき手は事実上「重要問題指定方式」による中共加盟阻止しか残されておらず、ラスクは中国問題について今後も日本と密接に協議するという従来の言葉を繰り返すのみであった。

しかし、ラスクに「中国についての長期的政策」の有無を質問した佐藤もまた、中共加盟の実現がもたらすであろう日本国内の中共承認圧力増大、そしてその対米関係への悪影響（沖縄返還問題）を懸念しており、その時期をできるだけ延期したいと考えていたのが実情であった。さらに、佐藤は帰国後の二月二十四日、魏道明駐日大使の訪問を受けた際、周鴻慶事件後悪化した日華関係を修復する「最大の政治的価値」を持つと国府が主張する「吉田書簡」につき、これを尊重かつ遵守するよう釘を刺されていた[18]。佐藤は「吉田書簡」の評価について明確な言質を魏大使に与えることは避けたものの、関係修復から間もない日華関係を再び危機に陥れるような事態は回避しなければならなかった。換言すれば、中国問題が直ちに重大化する事態は国論の分裂を招き、その結果佐藤内閣の基盤を揺るがすことになりかねないのであった。

すなわち、日米首脳は中国問題の行詰り、およびその早急な打開が不可能である現実をよく理解していた。その意味で、日米首脳会談はいわば中国問題の現状維持を双方が暗黙のうちに決定した会談であったともいえる。

但し、日本政府は従来の中国政策（国府との外交関係維持、中共との経済文化交流維持）に変化がないことを広く国内外に示すため、日米首脳会談終了後に発表される共同声明案について、対中共関係に触れた部分にいわゆる「政経分離の原則」を明記するよう強く主張したのである。武内駐米大使はその理由を次のように説明する。①「政経分離」という言葉は日本がその対中共関係における立場を説明する際の常用句である。その削除は広く注目を集め、佐藤内閣に大きな混乱を与える原因となろう。②政経分離は、日本政府が国民に対し北京不承認、中華民国支持の正当化を可能とする。それはほぼ全ての日本人が望む中共との貿易・文化的接触を許可するものである。③もし北京が経済問題に政治問題を絡ませてくれれば、「政経分離」という公言された立場ゆえに、日本国内の憤慨を引き起こすであろう。④「政経分離」は、日本の行動に明確な障壁を設定し、米国から見れば将来における日米提携による中国政策における最も有益なものとなろう[19]。

なお、武内の説明を聴取したライシャワー駐日大使とグリーン極東担当国務次官補は、その主張に理があることを認め、日本側の希望に添う形での声明発表を意見具申している。

一月十三日午後（ワシントン時間）ホワイトハウスで発表された日米共同声明は、日本政府の申入れ通り「政経分離」原則に基づく対中共関係をその中に明記し、いわば日米両国の中国問題に対する姿勢の相違点を併記したものとなった。米国政府は、中国問題について密接に協議することは、日本に「中国との仲介役を依頼するという意味ではない」と条件を付けながらも、基本的に日本の主張を受け入れたのである。

「首相と大統領は、中国問題がアジアの平和と安全に最大の影響を及ぼす問題であることを認め、この問題に対する両国の立場について腹蔵のない意見を交換し、今後も密接な協議を行うことに合意した。

大統領は米国の中華民国に対する確固たる支持の政策を強調するとともに、中共の隣国に対する好戦的政策および膨張主義的圧力がアジアの平和を脅かしていることについての憂慮の念を強く表明した。

首相は中華民国政府と正規な外交関係に基づく友好的なきずなを維持するとともに、中国大陸とは政経分離の原則に基づき、現在行われている貿易などの分野における民間ベースの接触を引続き進めていくことが日本政府の基本政策であるむね表明した。[20]」

日本政府は、いわば従来の「政経分離」に基づく対中共政策に変化がないことを示すことで、日本の対中共接近を懸念する米国の疑惑を解き、日本国内の国府支持者、および中共支持者に向けたアピールとしたのであろう。佐藤内閣の中国政策が、同時に「二つの中国」との関係を求める池田内閣期のそれを踏襲したものであったことは、以上の考察によって明白である。しかし、それはかつて大平前外相の指摘した、国府が全中国に主権を行使しているという「擬制」の上に成り立った外交関係を、佐藤がそのまま踏襲したことをも意味していた。

そして、かくの如き現状は日中関係のみならず日米関係の将来にも害を及ぼすであろうと説き、米国の対中政策見直しを大胆に提言したのは、ライシャワー駐日大使であった。

三　ライシャワー意見書

ライシャワー・ハーヴァード大学教授がケネディ大統領の任命によって来日したのは、一九六一年四月のことである。周知のように日本人を妻とし、日本語に堪能な学究である彼は「文化大使」と呼ばれ、日米関係の発展に大きな功績を残した。そのライシャワーは昭和四十一（一九六六）年八月、離日にあたって米国の大胆な中国政策見直しを説く長文の意見書を本国に送っている。本節はまず、佐藤内閣発足直後の日本外交に対するライシャワーの評価を分析し、意見書の持つ意義を考察する一助としたい。

昭和四十年九月十五日、ライシャワーは大使公邸において保利茂（自民党・佐藤派）と会談した。ライシャワーはその際、ヴェトナム及び他の東南アジアにおける米国の行動支持において日本の政治指導者の態度は相対的に弱く曖昧であり、これは米国の日本防衛能力及び東南アジアにおける相互防衛上の諸利益促進を制限するものだと指摘している。そして共産主義の危険性、そして東南アジアを安定させる必要性を考えるとき、日本の指導力が明快さを欠くことは左派勢力による日米離間を招くであろうと警告し、日本の政治指導者が日米安全保障協力に対し消極的である事実を取り上げ批判した。

保利はライシャワーの見方に同意し、それが対中関係に及ぼす影響力はどうであろうかと問い、自分はかつて「中共の関心をヴェトナムと東南アジアからそらすため、日本は対中共関係を拡大すべきである」と佐藤首相に述べたことがあるが、佐藤首相はこれを「愚かな考えだ」と一蹴したと語った。

保利の話を聞いたライシャワーは、中共について次のように述べている。日本が中共の関心をそこまで引き出すことができるとすれば、それは彼らに日本政府を転覆する好機を与えたときのみである。共産主義者はあらゆる「弱い地域」を利用するし、東南アジアはそのための土壌を提供している。唯一の解決法はこれら地域の強化と安定である。日本は、中共に利用される危険のない対中共接近を希望する前に、その防衛上の地位を強化すべきである。日本がそういう強力な立場を確立したとき、米国は日本の指導力を支援するであろう。さらに言えば、日米は台湾に深い関心を持つ世界で唯二つの国家である。

さらにライシャワーは、日本の指導者は憲法第九条（の精神すなわち平和）を可能ならしめているのが日米同盟であることを何故大衆に説明できないのかと、些か皮肉を込めながら保利に質問している。[21]

すなわち、ライシャワーは日本の政治指導者の安全保障問題に対する曖昧な姿勢、大衆へ真実を説明する勇気の欠落、根拠のない観念論的平和主義を鋭く批判しているのである。そして中国問題に至っては、現状のまま対中共接近を希望することは却って日本の混乱を招くであろうと警告し、台湾に深い関心を持つ「唯二つの国家」たる日米が協力する必要性を説いている。その中国問題認識は極めて辛辣であり、日本人の中共に対する「甘い見方」に警告を発するものであるともいえよう。

しかし、そのライシャワーが帰国に当たって本国に送付した意見書は、米国対中政策の大幅な転換を説く注目すべきものであった。以下に意見書の内容を紹介し、その意義を考察してみたい。[22]

〔『ライシャワー意見書』　昭和四十一年八月十三日〕

(1)東京離任に当たって、私は中国問題につき、日本から見た同問題に関する私見を申し述べる。

(2)一九七〇年に満期を迎える日米防衛協力体制を破壊しようという、日本左翼陣営の大部分の決意は、我々の二国間関係にとって最大の脅威であった。しかし日本人が国際情勢について現実主義的になったこと、そして防衛意識が高まったことは、今やこの問題それ自体が一九七〇年又はそれ以降に深刻な困難と化す可能性をあり得なくしたように思う。

(3)一九六五年、ヴェトナム戦争における米国の行動をめぐって起きた日本人の非常に情緒的な反応は、戦争が継続する限り日米関係には危険な破綻の可能性があるかもしれないことを示した。しかし、琉球（沖縄）とヴェトナムの地位は、それ自体中国問題の反映なのである。日米関係に継続的危険をもたらすものは、二国間関係よりむしろ地域的アジア問題に対するそれぞれのアプローチにあると結論するのが妥当であろう。後者の中でも、中国問題と米国の対中政策に対する日本人の深い不安が最大の脅威であろう。

（4）昨今の経済的成功にも拘らず、日本人はその経済的未来に今だ不安を感じている。彼らは中共との経済関係を必要と考えており、米国の政策はその日本の利益と鋭く背馳するものだという考え方が存在する。

（5）佐藤首相と椎名外相の下で、日本政府は我々の対中政策を強く支持している。しかし、彼らの党（自民党）の大部分は、日本が我々の政策と密接な同一歩調をとることに反抗的である。そして大衆の大部分は、それを不幸なことだと感じている。日本人は「二つの中国」の存在を認知することが妥当と信じ、中共をよき隣人として平和共存に導くプロセスを加速するため、北京との貿易や交流を増大させ、その国連加盟（国連の条件に従った）を重要と考えている。日本人は、米国が中共との紛争に突入し、日本が結果として破局に陥ることを怖れているのである。

（6）私の判断では、基本的に非現実的であり、日本の長期的利益にならないと考える（米国の）中国政策に日本が結び付けられているという日本人の不安こそ、現在の日米関係に存在する最大の深刻な問題である。これは我々の関係にとって重い枷であり、長く続けば続くほどその重みは深刻なものとなろう。日本人は、日本人の感情に適した、かつ「対米追随」と非難されることのない新たな中国政策を望み始めた。

（7）私は国府に対する姿勢、北京に対する全ての態度を修正することは、米国の国益であると考える。我々は、台湾に住む一二〇〇万人（大陸の七億人ではない）が中国という巨大な歴史的政治的実体を代表し、中共政権は存在せず、台湾の中華民国によっていつか一掃されるのだと信じる「ふり」をしているのである。もちろん、我々はどの前提も信じない。私は、我々がこのような「ふり」をしていることが我々自身とその政策に打撃を与えているのだと考える。これは米国民を混乱させ、日本を含む同盟諸国を苦悩させるものである。

ある人は、極東の小さな同盟国（国府）を支え、その士気を保つためこのような見せかけも必要だと論じるかもしれない。私は、我々がとりわけ台湾において、現実を容認するよう（国府）指導者を説得する困難に直面していることを否定はしない。しかし、結局いつかは必要なことなのである。

(8)中国人が率先して世界と親交回復を求める際、世界最大の国家（米国）が中国は本当は存在せず、又は仮に存在したとしてもそれは堕落し、不安定であり、矛盾に満ちているゆえ国際社会から排除されるべきだという冷淡な口実を構えていると彼らが見なすほど、障害になるものはないであろう。しかし、私はより現実的、寛大で理解ある態度が中共の態度を急速に変えると主張しているわけではない。それはあり得ないと私は確信する。しかし、少なくともそれは中共が我々に接近しようとする上での、我々の側にある唯一最大の障害を取り除くことになるであろう。

(9)中共自身がより対米融和的になるまでは、とりわけ我々がヴェトナム戦争を戦っている現在は、対北京姿勢の再考は我々の面子を失い、封じ込め政策の弱化を招くとする議論があるだろう。しかし、私はこれに強く反対する。世界最強の国家として、我々は世界の大部分の人々（我々も含めて）が真実ではないと理解していることを信ずる「ふり」をして、面子を失っているのである。そして、我々は台湾のような小国の特殊な感情によって我々の基本政策が決定されているかのように振舞うことによって、面子を失っているのである。我々は台湾が国連に留まる権利を強く主張するが、北京が大国の代表であることを認め、国連その他国際機関における代表であることを明確にすべきである。台湾の政治的立場の難しさは理解するが、我々は一つの小国の特殊性が、今後何年にもわたって世界最大の国家の地位を決定し続けるような事態を許すべきではないであろう。国連における国府の地位が逆転の危機（今秋）にある今こそ、迅速に行動すべきである。世界世論と国連の投票結果は、私が以上述べた方向に我々の態度再考を促すであろう。躊躇は不利を招く。

以上がライシャワー意見書の内容である。その主張は米国政府の対中共「封じ込め」路線と真っ向から対立する。また彼自身が記しているように、本意見書は昭和四十一年八月、ヴェトナム戦争の激化という緊迫した状況の中で提出されたものである。本意見書の主張は結局陽の目を見ることなく終わったが、極東の現実と合致しない「擬制」である、全中国の代表政府を国府とすることの不合理さ、それが日米関係を毀損するのみならず長期的には米国の国益をも損ねるという指摘は、日本問題・東洋問題の専門家に相応しい説得力ある論理であり、極めて傾聴に値する卓見であるといえる。先に紹介した保利茂への発言と合わせ考えると、ライシャワーは日中関係を正常化することによって「擬制」に立脚した極東の不自然な外交関係を消滅させ、その基礎の上に新たな日米協力関係を築くという希望を持っていたのではないか。また意見書に明記されているように、日米安保条約自動延長を迎える昭和四十五（一九七〇）年を目指した左翼勢力の安保廃棄運動は日本政治の脅威にならない、というライシャワーの判断もまた、米国対中政策の大幅な見直しを説く本意見書執筆の動機であったように思われるのである。

ライシャワー意見書の内容そのものは、極東情勢の緊迫によって実現するに至らなかった。しかし、佐藤内閣が政権を担当した昭和四十年代前半（一九六〇年代後半）は、国府の国際政治上の地位、および日中関係全般のあり方について様々な議論が行われた時期でもあった。果たして、日本政府は「全中国の代表政府」とされた国府の国際的地位をこの時期どのように評価し、その未来についてどのような見通しを抱いていたのか。

さらに、内閣最大の政治目標を沖縄返還に定めた佐藤は、対米関係の最重視、東南アジア諸国との友好関係重視というその外交路線の一環として、昭和四十二年九月、現職首相としては実に十年ぶり（昭和三十二年の岸首相以来）に台湾を訪問した。中共政府の激しい反発を招いた佐藤訪台は、その意味で「対米追随」外交の典型であったように思われがちであるが、そのイメージは果たしてどこまで当時の日米関係、および日本と「二つの中国」の関係の実情を反映しているであろうか。

本章は、昭和四十年代前半の中国問題を検討することによって、これら諸問題の分析を試みる。

四　中国問題をめぐる自民党の内訌と日本の国府観

昭和四十一年五月、中川駐米公使は国務省極東局に対し、来る五月十九日行われる日米政策協議の議題を中共問題に集中したい旨申し入れた。㉓中川が特に興味を示したのは、①米国政府内に中国問題を研究する新たな動きが生じた件、②米国の外蒙承認問題、③パキスタン紙に対する周恩来発言、④中国に関するピアソン（Lester B. Pearson）発言、の四点である。国務省極東局は、それぞれの点について、①政府内の中国問題研究の動きはケネディ（Edward Kennedy）上院議員が中心であること、②米国の外蒙承認はそれを行う際日本と協議するべきこと、③周恩来の言明は基本的に以前のそれと同一である、④ピアソンはカナダ政府の公式な立場以上に踏み込むことを避けたが、カナダは中共加盟に傾きつつある、と中川に返答した。日本政府が中共問題にかかわる米国政府の動向に細心の注意を払っていたことを示す一例であるが、中川が申入れの第一点とした米国政府の中共政策見直しを仄めかす動きに関する質問は、日本政府が最も怖れる「日本の頭越しの米中和解」が現実化する可能性を警戒したものであり、米国の「独走」に対する牽制であったと見るべきであろう。

そしてこの時期、政府与党内には、日本外交にかくの如き不安を強いるような「対米追随」の中国政策に対する疑問の声が以前にも増して強まりつつあった。その原因について大平元外相は「戦後二十年、経済発展と共に不満足・無目的感が日本国民に生じている。日本は国内政治、外交共に大きな指導力を必要としている、という感情が急速に高まりつつあるのだが、佐藤はそのような政策を実行するような人物ではなく、むしろ政治技術者（political tactician）なのだ[24]」と、アインスワース（Thomas W. Ainsworth）一等書記官との会見で語っている。大平の語る「大きな指導力」を要望する日本国内の動向には、当然中国問題の解決を求める声も含まれるであろう。サンフランシスコ講和条約と日華平和条約、いわゆる「サンフランシスコ体制」のもたらした「擬制」に立脚した中国政策を根本的に改めることを要求する声は、この時期、野党・左派勢力のみならず、政府与党内にもより明確な形をとって出現していたのである。

大平はその現れとして、彼が議長を務めた九月十六日の自民党外交調査会の席上、旧河野派の中曾根康弘が来るべき国連総会において日本が「重要事項指定方式」の共同提案国になることに否定的発言を行い、国府支持勢力の長老である賀屋興宣がこれに強く反駁した一件を挙げている。賀屋による反駁の根拠は「日本の誠意に対する国際的疑念を招くような措置に反対する」というものだったが、中曾根は「自分は中国問題が実質的に『重要事項』であることを認めており、国連総会で日本がそのような投票を行うことに反対しているわけでもない、ただ支援のみにつき再考を主張した」と賀屋に応じた。大平はまた、藤山愛一郎経済企画庁長官が「重要事項指定方式」の賢明さを疑う発言をした件を取り上げ、これは「国内向けの人気取りという自己保身的考慮」から出たものだと付言した[25]。

この大平談話から導き出される結論は、①自民党内部に、従来の「対米追随」的な国府支持政策の堅持について疑問が生じつつあること、②自民党政治家とりわけ閣僚級の人物までが、中国問題を自らの政治的資産として利用し始めていること、となるであろう。

事実、中国問題をめぐる自民党の内訌は佐藤内閣期、昭和四十年代になって急速にその激しさを増した。大平がアインスワースに指摘したように、政府が中国問題を含めた「日本外交の行詰り」を打開できる強力な政治指導力を欠いている、という日本人の苛立ちもその一因であったろう。しかし、より根本的な原因は、従来日本に根強く存在してきた米国の対中政策、すなわち「国府＝全中国の代表政府」という「擬制」を日本が「強いられている」ことに対する不満が、米国のヴェトナム戦争介入の本格化、米軍による在日基地を使用したヴェトナム作戦行動、日本国内のヴェトナム反戦運動、そして中共「文化大革命」がもたらした混乱とその評価等によって増幅されたことにあるように思われる。彼らは、対米関係を最重要視する佐藤の外交政策を「対米追随」と断定して非難し、同時に中国問題こそ佐藤の「対米追随」を象徴的に示す事例であると主張した。換言すれば、不自然な日中関係の現状に対する日本人の不満が、いわば国際情勢と連動するような形で、中国問題をめぐる「国内冷戦」を深刻化させるに至ったということであろう。そして、その「国内冷戦」の典型的事例こそ、政府与党すなわち自民党内の国府・中共支持勢力による内訌だったのである。また自民党内の反佐藤派にとって、中国問題の行詰りとヴェトナム戦争へのコミットメントは、佐藤を攻撃する絶好の材料となった。それは政権与党の内訌であったがゆえに、日本外交の根幹に（たとえ間接的であっても）影響を与える可能性を持つ。その意味で、これは自民党と野党社会党の対立以上に深刻な事態だったといえる。

この時期、自民党議員の訪中が相次いでおり、松村謙三、古井喜実、田川誠一、宇都宮徳馬といった親中共派議員が日中交流の中心的役割を演じていた。古井喜実は自らの中共観について、「中国大陸には七億の人口があります。それに世界の三分の一は共産圏でしょう。そのすべてが悪で、こっちのすべてが善だとどうしていえますか。そんな攘夷思想はとおりません」、「中共も変わりつつあります。大きな流れからいえば、社会主義の中の自由化という、後もどりできない歴史的進路を歩んでいますね。」と語っている。[26]

しかし、彼ら自民党親中共派議員の「親中共的」行動は、自民党親米・親国府勢力（いわゆる「台湾ロビー」）に強い警戒感を抱かせた。岸信介は、日本の国会議員の中に「台湾」という側面を考慮せず中共問題を考える傾向が存在することをいたく不安に感じる、とエマソン駐日公使に語っている。岸は、彼ら親中派議員を始めとする多くの人々は、国府が国連を追放され、また万一中共が台湾を支配するような事態になった時、台湾と全太平洋の防衛機構が蒙るであろう大損害について考えていないと、安全保障面からその国際情勢認識の「甘さ」を指摘し、古井ら親中派議員の派遣する訪中団はその多くが中共側の招待と資金で渡航し、先方が見せたい場所のみ見せられて帰国するだけであると、彼らの行動を手厳しく批判したのだった[27]。

岸はまた、自民党政治家とりわけ閣僚級の人物が中国問題を自らの政治的野心に利用する傾向について、後日アインスワースに一つの具体例を語っている。それは昭和四十二年七月、タイ・バンコクで開かれたＡＳＰＡＣ（アジア・太平洋諸国閣僚）会議における三木武夫外相の発言である。三木がその演説で「この会議が排他的なグループを作る会議でも反共運動を進めるための会議でもなく、この地域における広い基盤に立って協力の増進を目的とするものであることを更に強く内外に明らかにする必要がある」と述べたことは、関係国に波紋を投げかけた。同会議は、中共の浸透工作を憂慮する東南アジア諸国および米国の提唱した、いわば反共会議としての性格を濃厚に有していたからである。

岸はこの三木発言を、国内向けの人気取りを目的とする報道向け「スタンド・プレー」であり、三木の総理総裁への野心と結びついたものであろうとアインスワースに語った。岸は、中共自身が「平和共存」という考え方を公然と非難しているような状況下で、また彼らが全ての国々の武力革命を提唱しそれを支持しているような状況下で、誰が中共との平和共存を享受しようなどと真剣に述べることができるであろうかと論じ、日本の外交政策を変更するが如き三木発言は極めて思慮の浅いものである、と評している[28]。

このように、佐藤はヴェトナム問題に代表される極東の緊張激化という状況の下、対米関係と中国問題をめぐる与野党、および与党内の意見対立に対処しなければならなかった。それは当然佐藤の外交的選択肢を著しく制約し、彼は対米関係最重視の結果、国民の悲願であった沖縄返還という業績を成し遂げたものの、自らの手による中国問題打開は遂になし得なかった。しかし、そのことを理由として佐藤の外交政策を「対米追随」と断定するのは早計である。佐藤の外交、とりわけその中国政策が果たして真に「対米追随」のそれであったかどうかは、中国問題に関する日米交渉の軌跡を検討・分析した上で出すべき結論であろう。

この時期、日本人が中国問題について抱いていた不満の第一は「国府＝全中国の代表政府」という「擬制」を日本政府に強要し続ける米国対中政策への不満であり、第二は対中共関係を不自然な状態のまま放置することを余儀なくされている現状への不満であり、そして第三は国連において中共政府を排除しつづけるため、この先何年間その有効性を発揮し得るか保証し難い「重要事項指定方式」に固執し続ける米国の態度への不満であった。

そのような日本側の感情を極めて率直に記した文書が、昭和四十一年十一月、日米政策協議に備え外務省が準備した『台湾の外交・内政上の地位』[29]である。同文書の原本は現存しないが、同文書を検討した米国務省が作成したコメントを分析することによって、その内容を間接的に知ることは可能である。米国側のコメントを元に、その内容分析を進めて行きたい。

同文書は、国府の今後および米国の取るべき行動について次のように提言した。①国府は大陸反攻政策と全中国の代表というその主張を放棄し、政治的経済的に活力ある台湾の建設を可能にするような、台湾中心の政策を実行する「内向きの転換」を遂げるべきである。そのためには中産階級の育成が鍵となるであろう。②中国本土、台湾と日本の複雑な関係は、日本が国府に対し「大陸への野心を捨てよ」と説得することを難しくしているゆえ、その役割は米国が果たすべきである。しかし、現在は国府の政策転換をなし得る時期ではなく、国府の国連脱退を防止することが為すべき仕事である。③蒋介石は「二つの中国」で妥協するよりむしろ国府を国連から脱退させるであろう。その結果国際的承認は北京に集中し、国府はますます国際的に孤立することになる。国府は、台湾の国際的地位を国連内に維持することで妥協しなくてはならない。国府が「全中国の政府」という主張を放棄すれば、北京政府の台湾に対する主権主張は国際的関心を減じることになろう。④蒋介石没後、政権は蒋経国が継承する。また、国民党政権は台湾人（内省人）を懐柔しその基盤を強化しようとしている。⑤台湾経済は過度の軍事支出、官僚機構の汚職という阻害要因により、その人口増加に比して経済成長の速度は十分でない。また日米両国に過度に依存する島国貿易という脆弱さを有している。

以上が、外務省『台湾の外交・内政上の地位』の概要である。米国務省は、同文書について次のようなコメントを付している。

(1)分析の主要点について我々はその内容に同意する。

(2)我々は、国連の現況について詳細な議論を避けるべきである。国連の状況変化は非常に早く、戦術的に極めて複雑である。日本側から質問があれば、現状で中国代表権問題について意味あるコメントはできないと返答すべきである。

(3)同文書は、米国が台湾の国内状況（大陸反攻の放棄、政策決定過程への台湾人参加等）に及ぼし得る影響力を過大評価している。米国の政策はそのような方向に向けて我々の影響力を慎重に行使することであり続けてきた。蒋をして大陸反攻を放棄させることは重要だが、直接的努力は逆効果である。軍事支出削減、近隣諸国との政治経済的協力、台湾経済成長の持続等の方策をとるべきである。それは台湾の活力を大陸反攻という軍事的姿勢から他方へ転じさせ、また大陸から物理的・イデオロギー的に離れて生きる自信を彼らに持たせる間接的効果を持つのである。

(4)蒋経国の権力継承に対する不安要因（軍によるクーデターの可能性等）を見逃している。また嚴家淦は、蒋経国反対者の支援する有力な後継者である。

(5)台湾経済について、米国は未来を楽観している。日本が指摘した軍事費過剰、市場の狭隘さ、輸出依存、官僚制度、国営企業、汚職などはもし台湾経済が今後も成長を続けようとするならば、全て必要なことだ。産業化が台湾の将来の鍵であることを国府はよく理解している。

外務省『台湾の外交・内政上の地位』は、従来日本がとってきた「二つの中国」あるいは「一つの中国、一つの台湾」政策を国府に受諾させるため、米国が主導権を握り、積極的に行動することを提言していた。すなわち、外務省は日米政策協議にあたって「擬制」に立脚した日中関係の清算を改めて米国側に要求したのである。

一方、国務省はそのコメントで、米国は国連代表権問題、蔣介石の説得共に現在は積極的行動を取り得ないとしているが、蔣介石に「台湾政府」の地位を受諾させる（大陸反攻を放棄させる）という日本の主張には、基本的に賛同している。つまり、日米両国の認識は「二つの中国」（あるいは「一つの中国、一つの台湾」）政策を堅持することで基本的に共通していたのであり、両国の見解が異なるのは実質上、それを国府に説得する時期と方法の問題のみであった。

しかし、ここで注意すべきは、日本が台湾経済の将来を米国に比して著しく過少評価していたという事実であろう。国務省は日本の悲観的見通しに反論するコメントを記しているが、中共との貿易を年々増加させつつある日本が台湾経済の将来をより低く評価していることは、日本がその貿易関係の重点をますます中共に移行させる可能性を想起させるという意味で、彼らを憂慮させる現実であった。

以上、佐藤内閣初期の中国問題をめぐる自民党の内訌、および日本の国府観について一瞥したが、同時期の日本外交は、佐藤内閣のとった対米協調路線から来る表面上の「対米追随」イメージとは対照的に、米国に対する

「擬制」の清算要求、国府に対する日米の評価の相違等、むしろ対米「自主」的色彩すら存在したことが判明するのである。

そのような状況で行われた、昭和四十二年秋の一連の外遊（第一次、第二次東南アジア訪問、米国訪問）の皮切りとして佐藤首相が台湾を訪問したことは、中共政府や日本国内の反佐藤勢力（与野党共に）から「中国敵視」、「中国への内政干渉」、そして「対米追随」という激しい攻撃を浴びせられることになったが、これらの批判は果たして当時の政治的、外交的現実を正しく反映したものといえるであろうか。佐藤首相訪台時の具体的発言を元に、その意義を検討してみたい。

五　佐藤首相の訪台

佐藤首相が台湾訪問の途についたのは、昭和四十二年九月七日であった。前日の『朝日新聞』社説は、「首相の訪台に望む」と題し次のように論じている[30]。

「わが国首相が公式に訪台するのは、さる三十二年の岸首相についで二度目であるが、岸氏のあと自民党政権を担当した故池田首相は、ついぞ台湾を訪問しなかった。（中略）率直にいって、佐藤首相の今回の訪台が賢明な外交といえるかどうかは、すこぶる疑問である。」

「かつて岸元首相は訪台した際、蒋総統の大陸反攻論に同感の意を表したが、その後、米国と国府の話し合いの結果、同論は〝封印〟されたままになっている。こんどの首相訪台にあたって、よもや大陸反攻論までむしかえされることはあるまいと思うが、伝えられる蒋総統の見解からすれば、中国封じ込め政策の強化が、こんどの訪台の議題にのぼる可能性が強い。それだけに、アジアの緊張緩和、平和共存という、記者会見での首相の方針を、訪台を前に、改めて銘記したい。」

この『朝日新聞』社説は、佐藤訪台に批判的だった与野党議員、報道その他の意見をほぼ集約したものといえる。松本七郎社会党国際局長はさらにストレートに、佐藤訪台は「米（国）への奉仕」と断じ、「反共・反中国の日台関係を一層強化する」[31]との談話を発表した。さらに中共政府は新華社を通じ、佐藤訪台は「米帝国主義の意向を受けて（中略）中国の神聖な領土台湾にはい」るものであり、「佐藤政府が直接わが国の内政に干渉している重大な罪悪行為である」[32]と非難した。

これらの批判は、佐藤首相の訪台は中共政府を敵視する行為であり、いわば日米台三国の連携によって中共政府を封じ込めることがその究極の目的であると断定し、中共政府を刺激する怖れがあるという理由で、訪台そのものの意義と有効性を疑問視しているのだった。

さらに佐藤訪台を批判する者が懸念していたのは、佐藤が蒋介石との会談において、かつて佐藤の実兄である岸首相が行ったとされていた、日本政府として蒋介石に対しその主張である大陸反攻への同意を与えることであった。つまり、日本が台湾海峡・中国大陸の紛争に直接関与しかねない危険を犯すような言質を、佐藤が先方に与えはしないかということである。『朝日新聞』に代表される日本国内各紙は、かつて岸首相が蒋の大陸反攻論に同意したという意味のことを記している。

しかし、昭和三十二年六月三日に台北で行われた岸・蒋会談の記録を仔細に検討すると、事実は新聞報道と微妙にニュアンスが異なっていることが分かる。外交記録は、会談の席で蒋が「自由中国と協力し、大陸解放に協力することが日本の新しい大陸政策と思う」、「中共がはびこっている間は新大陸政策はできず、中共の存する限り日本の安全は脅かされている」と語ったのに対し、岸は「中共問題は中国の問題なるのみならず、アジアの問題である。日本国民はソ連と違って中国に対しては親愛の情を持っている、大陸を中共が占めていることは日本にとって他国の問題ではない」[33]と返答したと記している。

すなわち、岸は中共による大陸支配が日本にとって重要な意味を持つという客観的事実を認めたに過ぎず、蒋率いる国民党の大陸反攻を日本が支持すると発言したわけではない。それが、あたかも岸が蒋に「日本の大陸反攻支持」について言質を与えたかのような誤解を生んだのは、同日の日本各紙が、岸が「国府が中国を奪回すれば結構だ」という意味の発言をしたと報じたことが発端だった。それから約一ヶ月半後の七月二十五日、周恩来は訪中した「日本民間放送使節団」に対し、岸首相が台湾で「蒋介石政権が大陸反攻を実行できれば私にとってまことに結構なことだ」と語ったことは、「中国人民を敵視している言葉である」[34]、と非難している。

外務省の会談記録と各紙記事との内容的相違がどこから生じたかを確認することは困難であるが、台北における岸発言（あるいは、発言とされたもの）が結果的に日中関係に波紋を投げかけたことは事実である。佐藤は訪台にあたってこの一件を心中に銘記し、その発言を極めて慎重にした。

さて、佐藤は九月八日午前、および晩餐後の二度にわたって蒋介石と会談、意見交換を行った。アジア局中国課の記録に基づき、以下にその内容を記す[35]。

（蒋介石）　米国の戦後二十年にわたる誤った中国政策がアジア情勢混乱の原因である。日華両国共同でこれを矯正する必要があるゆえ、総理のご尽力を乞う。具体的な米国の誤りは次の通りである。

（1）核兵器の問題。米国は中共が核兵器運搬手段を持つまでにはなお数年を要し、従って未だ中共の核は現実の軍事的脅威ではないと考えているが、アジア諸国は既に深刻な不安を感じており、中共が運搬手段を完成する前に断固たる措置をとり、この脅威を除去せねばならない。

(2)中共は目下、党、軍、政府内部のいずれにおいても混乱に陥り政権の格好をなしていない。この機会に中共を倒すため決定的方法をとる必要がある。

(3)ソ連は中共政権の崩潰を内心は望んでいる。彼らは中共の北方領土に野心を持つが、南方領土には野心を持たない。従って大陸の南方に軍事行動を取ってもソ連は介入しないであろう。今は毛沢東打倒の好機である。

(4)中国一般民衆は共産主義と考えが相容れず、毛沢東、劉少奇いずれも支持していない。中共打倒運動を起こしても中国人民は中共政権擁護に立たないだろう。ソ連が領土的野心を露わにしたとき、中国人民はこれに反対するであろう。

(5)中共政権の支柱である党、軍内部が既に大きく分裂しているのみならず、反毛機運が高まりつつある。以上のことを米国はじめ西欧指導者達は認識しておらず、未だ中共を統一された実体と見ている。総理は素直にこのことを米国指導者に述べるべきであろう。米国は議会内においてすら対中共宥和策の動きがあり、日本は政府世論の力を動員して、これら誤った考えを持っている欧米に対する啓発を行う必要があり、また日本がこれを行えばその効果は大きい。

蔣介石はさらに、国府は「二つの中国」に反対すること、それは中共も同様であることを主張し、米国は国府の大陸反攻によって紛争に巻き込まれることを怖れているが、自分はこれを内戦として米国その他を巻き込まないことがよいと考えていると述べている。

佐藤と蔣は晩餐後の八日夜、約一時間にわたって再び会談したが、佐藤はその席で「日本憲法は日本の軍事的介入を禁止しており、自分は憲法・自衛隊法を守ってゆきたい。紛争の平和的解決、武力不行使の原則はあくまで貫徹する」と述べ、日本は中共、ヴェトナム問題に武力を行使することはできないと「日本の立場」を蒋に伝えている。さらに佐藤は近日中に南ヴェトナムを訪問することに触れ、「日本国民の間にはこれによって日本が南ヴェトナムに軍事介入するかもしれないと懸念する向きもあるようだ。しかし、自分はむしろこの旅行を通じヴェトナム紛争解決に資することを念願している」[36]と述べ、来る東南アジア歴訪計画があくまで平和目的であることを強調したのであった。

九日午前、佐藤と嚴家淦副総統兼行政院長は「アジアの平和促進」、「国連憲章に従い努力」という「日本・国府共同声明」[37]を発し、佐藤は同日午後発の日航特別機で帰国の途についた。『朝日新聞』は、佐藤首相が帰国した翌日の九月十日付社説「首相訪台のバランス・シート」[38]において、紛争の平和的解決、全ての国との平和共存を主張した佐藤の「労を多としたい」が、佐藤が蒋介石との会談において中国向け延払い輸出を不可能にしている「吉田書簡」の問題を取り上げず、日中貿易拡大の糸口をつける努力を払わなかったことは「残念」であり、国府は「共同声明である程度わが国に花をもたせながらも、佐藤首相の訪台の結果、日台関係のきずなを強めて、実をとったともいえる」と論じ、首相訪台は北京の反発を招きつつあるゆえ「やはり賢明な策とはいえないようである」と評した。以下、この『朝日新聞』社説の佐藤訪台に対する評価が、どこまで同会談の実態を反映しているかを検討してみたい。

確かに、大陸反攻論の可能性を熱心に論じる蒋介石に対し、佐藤はこれを聞き流すのみで蒋に言質を与えるような発言は一切せず、むしろ日本は中共・ヴェトナム問題に武力を行使することはできないことを強く主張している。先述のように、『朝日新聞』社説はこの佐藤の姿勢を率直に評価している。なおこの時期、蒋の大陸反攻論に対する日本政府、とりわけ外務省アジア局中国課における認識を最もよく示しているのは、右に要約した蒋介石発言を記録した文書への書き込みであろう。（5）で蒋介石が指摘した中共政権の内部に生じた反毛沢東気運、中共政権の実体についての欧米指導者の認識不足、それゆえ日本が主役となって彼らを啓発すべきであるという一連の論理に対し、同課担当官は一言「虫が良すぎる」という言葉を文書の余白に書き入れている[39]。この一担当官による書き込みこそが日本政府、外務事務当局の大陸反攻論に対する理解だったのであり、これを到底実現不可能な空論と見ることは、実は日米両国政府のコンセンサスでもあった。日米両国政府の基本方針はあくまで国府を「台湾の政権」として平和裏に維持・発展させ、「二つの中国」の現状を維持することだったからである。つまり、日本と国府の主張は実質的に平行線を辿っていたのであり、その意味で九日午前発表された佐藤・嚴共同声明は、両国の意見不一致という会談の実態に言及することを避け、両国が共に受諾可能な一般的原則を列記するのみに留めた「対外的作文」であったといえる。

『朝日新聞』社説が論じるように、国府が佐藤訪台によって対日関係を強化するという「実をとった」ことは事実であろう。しかし一方で、国府は従来通り日本の大陸貿易を黙認し、いわば日本の遂行する「二つの中国」政策を引き続き、かつ実質的に承認するという政治的代償を余儀なくされているのである。すなわち、日本は佐藤訪台によって、日中貿易継続という形で「二つの中国」政策への実質的黙認を取りつけた。『朝日新聞』社説は「吉田書簡」問題を取り上げ、佐藤が訪台によって日中貿易拡大の道を開くことができなかったのは「残念」であるとしているが、それは明らかに国府が日本に譲歩し得る限界を超えた要求であった。現行の日中貿易継続を実質的に黙認することが、国府が佐藤に行うことのできる「最大の譲歩」だったのである。国府（中共もそうであるが）にとって「二つの中国」を公然と認めることは、その国是の上から不可能である。しかし、彼らは対日関係悪化が国府に及ぼすマイナス効果を勘案した結果、政治的判断に基づいて日中貿易の現状を事実上認知し、日本・国府双方にとって無難な「共同声明」を発表することによって佐藤訪台を無事に終了させたのだった[40]。

しかし、米国務省は日米首脳会談（十一月十四日および十五日）直前の十一月七日付文書で、九月の佐藤訪台時に国府が行った沖縄問題に関する提言を取り上げ、これを日華関係における懸案事項と分析している。すなわち、訪台時、佐藤は沖縄問題について蒋介石に次のように述べている。「日本国民は沖縄の祖国復帰を強く願っている。もちろん、日本政府は沖縄に現存する米軍基地の安全保障上の重要性をよく理解している。従って、沖縄返還について是非蒋総統の御理解を求めたい」。しかし、蒋は佐藤の要請に対し「日本と全アジアの安全保障はこれら沖縄基地に依存しているゆえ、安全保障上の問題がなくなるまで日本への返還は延期した方がよいであろう」と答え、沖縄の早期対日返還に必ずしも同意しない消極的姿勢を見せたという。

国府は、「国府の安全保障に密接な関連性を有する」沖縄の地位に関わる重要な進展につき、日米両国は逐次これを国府に通知すべきという見解であった。さらに重要なことは、蒋介石の発言によって国府が沖縄返還に必ずしも積極的でないことを知った佐藤は、その政治生命を賭けた沖縄返還への国府の支持を取り付けるため、将来その国府に対する外交的立場を弱めてしまうリスクを負ったのである。具体的に述べると、佐藤が中共政府に政治的に接近することは、米国を後ろ盾にした、かつ沖縄問題を「人質」にした国府の妨害によって阻まれるという構図の成立である。すなわち佐藤の立場から言えば、沖縄返還を達成するためには米国および国府との友好関係が絶対不可欠の前提となり、その中国政策転換はますます困難となる。この点こそ、佐藤が中国問題について背負った最大の拘束要因であったといえるだろう。

さらに米国は、佐藤訪台について今一つの問題を取り上げた。それは、佐藤首相への答礼として日本を訪問した蒋経国・国府国防部長の動向である。昭和四十二年十一月二十九日、外務省で三木外相、東郷文彦北米局長、ジョンソン（U. Alexis Johnson）駐日大使、パーネル（Lewis Purnell）政治担当参事官が四者会談を行った際、ジョンソン大使は来日中の蒋経国が佐藤首相または三木外相に対し、九月の佐藤訪台時、蒋介石が佐藤に大陸反攻を論じた件につき触れたかどうか、また佐藤・三木が「蒋介石は未だ大陸反攻を行う危険がある」と考えているかにつき質問した[41]。

三木は、蔣経国は自分とこの件を議論していないと述べ、佐藤・蔣経国会談に出席した小川平四郎アジア局長に本件を問い合わせ、小川から大陸反攻論は話題にならなかったことの確証を得てジョンソン大使を「安心」させたのである。米国は、国府の大陸反攻論が極東の緊張を増幅させるのみならず、それが万一中共との軍事的紛争にエスカレートするようなことがあった場合、ヴェトナム戦争の戦況を含む極東情勢全般に悪影響を及ぼす可能性を強く懸念していた。ジョンソン大使の質問は、その懸念が具体的に現われたものであるといえる。

以上、本章は外交記録に基づき佐藤訪台における日華首脳会談の内容、そして訪台の持つ政治的影響について分析してきた。そして日米両国の外交記録は、佐藤訪台が決して与野党の反佐藤勢力または報道関係者が批判するような「対米追随」外交でも、「中国敵視」外交でもなかったことを示している。

若泉敬が証言するように、佐藤訪台は「アジア、大洋州での友好、平和、反映への途を探求し、アジアの一員として積極的な役割を果たす日本外交の姿勢を明確にするとともに、それを踏まえて十一月に訪米し、そこでこのアジア・大洋州外交の成果を結実させるという強い戦略的配慮[42]」に基づく行動であったと見るのがより客観的考察であり、佐藤の意図と会談内容に忠実な見解ではなかろうか。それは沖縄返還という政治目標とも密接に関わる行動であり、佐藤は十一月の訪米によってその目標実現に向け具体的第一歩を踏み出すことになる。

佐藤は蔣介石との二度にわたる会談において決して蔣の議論と主張（大陸反攻、中共の内部事情観測、ソ連の動向等）に同調することなく、日本はあくまでヴェトナム・中共問題に武力を行使することはできず、国府とは立場が異なることを主張し続けた。その訪問目的は決して米国に「奉仕」するものではなく、沖縄返還という「国民の悲願」たる政治目標を視野に入れたものであり、国府からこれへの支持を取り付けるべく努力した外交行動であったことを疑う余地はないであろう。中国問題についても、佐藤は日本が「二つの中国」と関係を維持する現状の継続を確認したのみであり、特に意識して「中国敵視」政策をとったわけではなかった。

しかし、中共政府は佐藤訪台そのものが「二つの中国」を認める陰謀に加担する行為であり、中国領土である台湾への「内政干渉」であると厳しく非難したのである。東京駐在の日中貿易（廖承志）事務所（代表は孫平化）は佐藤訪台を非難する声明を発するのみならず、遂には警視庁を相手に暴力事件を引き起こし、日本国内で政治活動を行ったことについて日本政府から厳しい警告を受けるに至っている㊸。

経済活動のみを行なうことを条件に日本駐在を許されている日中貿易事務所が、「政経分離」の原則に背いて政治的発言を行ったことを、日本政府は極めて遺憾とした。そしてこの事件が示したことは、日中貿易事務所は彼らが必要と判断したとき、あるいは政治情勢によっては、直ちに「中共の政治的主張を代弁する機関」すなわち事実上の「駐日中共政治代表部」と化すという現実だったのである。

米国は、日本国内に政治的混乱を惹起する恐れさえある、事実上の「駐日中共政治代表部」である日中貿易事務所の存在について、如何なる見方をしていたのであろうか。

六　ハンフリー副大統領の語る極東情勢
――日中貿易とヴェトナム戦争――

昭和四十年一月十三日、佐藤首相訪米に同行した三木武夫自民党幹事長は、ハンフリー（Hubert H. Humphrey）上院議員（一月二十日、副大統領就任）、エマソン駐日公使らと中共貿易について協議した㊹。

三木から中共についての見解を求められたハンフリーは、次のように返答している。

中共は侵略的で米国に対し侮辱的である。英国はこの点を重視しないが米国は道義的判断を行う。これは我々の流儀であり、あたかも英国人が紅茶を、我々がコーヒーを好むようなものであろう。日本は中共に経済的関心を持っている。これを米国政府の見方として言うことはできないが、私は仮に米国がこれに賛成しなくても、日本は日中貿易を発展させるであろうと想像する。我々は日中貿易に反対するのではなく、その条件に関心を持っているのである。それは、英国・フィリピン・米国以上に有利な条件で日本が対中共信用供与や借款を行うことは、我々の地位を毀損するからである。

日本は、貿易政策を通じて中共の好戦的侵略的精神を緩和できないであろうか。中共が貿易を必要としていることは明らかであり、私は個人的には日中貿易には右の意味で積極的要素があり得ると考えている。

すなわち、ハンフリーは私見と断りつつも、日中貿易を通じ中共の対外閉鎖的な姿勢を変化させ得るかもしれない、日本にその役割を期待すると語っている。さらにその一年半後、三木・ハンフリーはそれぞれ副大統領、通産大臣として再度会談した。その際ハンフリーは、中共を孤立に追いやることは米国の望むところではなく、我々は彼らとの交流を橋渡しすることによって彼らを国際社会の信用し得るメンバーにしたいと考えている、と述べた。

ハンフリーは、中共が呼びかけに答えるまで米国は封じ込め政策を続けねばならず、また彼らが国連憲章の義務を受け入れず、朝鮮半島問題の国連による解決を認めず、また「一つの中国」論を主張する限り、彼らの国連代表権を認めることはできないと主張している。

右の三木・ハンフリー会談、およびハンフリーの発言（米国政府の考えとして言うことはできない、と断ってはいるが）から推定できることは、米国が中共封じ込め政策という大枠の中に日中貿易という小さな「圧力弁」を設けることで、日本、中共双方が抱く対米不満の捌け口とすることを考えた形跡があることである。日本は、日中貿易を通じて中共との経済的交流を確保し、米国が日本に「押し付けた」とされる「国府＝全中国の代表政府」という「擬制」への不満を軽減し、その結果米国は日本の対米不満圧力を減少させることができる。一方、中共は対日貿易という道を通じ完全な国際的孤立から抜け出す機会を与えられ、米国の封じ込め政策による圧力をかわすことが可能となる。また、日本にとって政府が認可した日中貿易とその代表部の存在は、対中共関係を与党反主流派、野党、民間団体の手に委ねず、これを自ら統轄できるという利点があったであろう。

以上の点から考えると、日中貿易を拡大・発展させる利点は、日本国内に事実上の「政治代表部」と化す中共貿易代表部を設置するリスクに優る、という判断が米国政府内に存在したことは、ほぼ間違いないであろう。ただし、そこにはハンフリーが三木に述べたように一つの留保条件が付されていた。それは、日本が諸外国より有利な条件で中共に信用供与、借款等を行わないことであり、その貿易品目を非戦略物資に限定するということである。そのような留保条件を付しながらも、米国は日中貿易の将来につき極めて冷静な予測を行っており、それは日米関係および極東の安全保障に深刻な悪影響を及ぼすものではないと見ていた。米国にとっての日中貿易は、あくまで日本・中共双方の対米不満を解放するための「緩衝装置」(shock absorber)であったといえよう。

一九六八年一月、米国政府が作成した『日中貿易の見通し』[45]は、米国政府の日中貿易に対する見方の一端を示すものであった。

〔『日中貿易の見通し』米国務省、一九六八年〕

(1)一九六七年の日中貿易は、一九五九年以来初めて減少した。しかし、日本は中共にとって主要貿易相手国であり、双方ともその維持・交流機関併設に関心を持ち、長期的に見れば貿易が大きく痛手を受けることはないと思われる。

(2)日中貿易の年額五億五千八百万米ドル(一九六七年)という数字は、戦後のピークだった年額六億二千百万米ドル（一九六六年）の十%減である。それにも拘らず、日本は中共の主要貿易相手国であり、一九六七年に年額四十億米ドルに達した貿易総額の十三%に及ぶ。しかし、中共との貿易額は日本の百八十億米ドルに及ぶ貿易総額の三%に過ぎない。

(3)中共の「友好商社」を通じた商業的統制は、日本共産党および社会党に対する中共の影響力を維持し、これに補助金を与える手段を提供していた。そして日本国内に中共の政治的指令を受ける組織を育成することが目的であった。そして、それは核ミサイル開発の技術力と設備を入手する手段でもあった。

(4)日本共産党と北京の断交（一九六六年）、文化大革命への日本国民の反感は、日本政府に対し、中共への譲歩を迫る日本国内の圧力を軽減した。また、「友好商社」支援者を確実に北京政府に忠実ならしめることが難しくなった。

(5)日本貿易促進協会および日中友好協会が、親北京的中国人学生および過激派日本人学生と共に東京で反政府デモに参加した。そのような行為の政治的影響力は限られている。多くの日本人は恐らく彼らを中共への「おべっか使い」と皮肉を込めて認めることであろう。彼らの行為は文化大革命の急進性が続くことを証明することであり、日本の実業人に「中国の安定した、拡大する市場」を説得する役目を果たすことができないであろう。

(6)周恩来は訪中した日本の左翼人士に、LT貿易には全く言及せず、日中貿易に関わる日本人は暴利を貪る者より、革命運動の尖兵たらねばならないと述べたという。そして、政治的代償を支払わず中国側から厚遇を期待することはできない、とも語ったという。しかし、日本側はLT貿易協定の満了を懸念していない（満了後の特別協定締結を予測しているゆえ）。

(7)昨今の日中貿易の急速な拡大は、「大躍進」政策（一九五八〜六〇）の失敗と中ソ対立という中共の特殊事情を反映していた（中共が西側へ貿易をシフトした結果）。日中貿易がこれ以上伸びる見通しは、主として中共の全貿易の成長にかかっている。

さて、右に論じたように、ハンフリーは日中貿易を日米関係そして極東情勢全般の中に位置付けつつ冷静かつ前向きに評価していた。しかし、それは彼自身が三木に断ったように、副大統領に就任する以前の「ハンフリー個人の」見解を述べたものに過ぎなかったことも事実である。米国政府は日中貿易そのものを制限ないし妨害するような対日圧力こそ行使しなかったものの、この時期の日本政府および世論のあり方には、かなり厳しい批判を有していた。従って「公人」としてのハンフリー副大統領が日本側に伝達しようとした、いわば米国政府の日本に対する「本音」を取り上げることによって、彼らの日中関係に対する見方の今一つの側面、すなわちその厳しい評価について検討しておく必要があるだろう。

ハンフリーは副大統領就任後、昭和四十（一九六五）年十二月二十八日に訪日した。現職大統領の訪日事例が存在しなかった当時、副大統領であるハンフリーはこれまで訪日した米国政府関係者中、最高位の人物であった。従って米国政府はその訪日を極めて重視し、米国のヴェトナム政策、東南アジア政策を日本政府要人に直接かつ明白に伝達する絶好の機会と位置付けていた。ハンフリーが訪日によって日本に伝えるべきことは、

(1)今日の国際情勢において、米国はヴェトナム問題を最重要と考えていること。北京の勝利は、将来の中共の歩みに根本的かつ長期的効果をもたらすであろう。軍事行動及び思想の領域における自由主義世界の成功は、中共の根本的変化、そして希望的に見るなら中共を今少し現実的世界観へ導くであろう。

(2)ヴェトナムにおける目標は共産侵略は勝利できぬことを示すことにある。我々は北ヴェトナムの破壊、中共

の破壊を目標にしているのではない。関係国政府との無条件協議を準備している。
(3)我々はできる限り多くの友邦に、この軍事行動を支持して欲しい。同時に、我々は東南アジアの経済的社会的発展が軍事的努力と同時並行せねばならないことも十分理解している。日本その他の同盟国と共に、これら非軍事目的についても熱心に取り組みたい。

とされていた[46]。彼らは佐藤が持ち出してくるであろう問題として、ヴェトナム戦争が対中共戦争にエスカレートする可能性、長期的視点に立った中共問題の討議等を挙げている。彼らは中共問題を処理するための日米政府間協議には賛同の意を表したものの、国連代表権問題に関わる質問については事実上議論を拒否し、政策変更の場合は日本に必ず協議するとのみ返答している。

この時期、米国政府が日本に対し最も強調したいと考えていたことは、ヴェトナム戦争と中共問題の関連性であった。一九六五年三月に始まる北爆によりヴェトナム戦争への本格的参戦に踏み切っていた米国にとって、日本のヴェトナム戦争に関する世論は、対日関係における最大関心事の一つであった。

彼らは、ヴェトナム戦争をエスカレートさせる米国の行動は、やがて日本を中共との戦争に巻き込むという恐怖が日本の世論を規定していること、そして多くの日本国民が米国の北爆停止、地上軍撤収を主張していることに注目した。日本国民はヴェトナム戦争を民族主義的内戦と捉え、共産主義の侵略行為とは考えていないことが米国の政策に対する批判になっており、その根本には世論を誤導している日本のヴェトナム戦争報道がある、と彼らは見ていた[47]。

ヴェトナム戦争の激化が中共との軍事衝突に繋がるという日本国民の捉え方は、ヴェトナム戦争に対する批判がそのまま対中共関係正常化圧力に直結する危険を内包するものであり、米国政府にとって看過し得ぬものを含んでいた。しかも、それは日本の左派勢力および中共政府による、ヴェトナム戦争遂行を支持する佐藤内閣への激しい攻撃となった。ハンフリー訪日に備え準備された国務省文書は、日本の世論が米国のヴェトナム戦争介入と日中関係を、極めて密接な関係を有するものと考えていたことを物語っている。

ハンフリーは来日前、十一月一日に朝日新聞社のインタヴューに答え極東情勢につき自身の見解を「自由に」語っているが[48]、中共政権については、彼らが拡張主義をとって隣接諸国その他で非共産主義政権を転覆する陰謀をめぐらし続けるのであれば、米国は中共との非公式な接触を保ちながらも決してこれを承認しないであろうと断言した。彼は佐藤との会談で、ヴェトナム戦争について日本の「軍事的な協力は期待しない」が、和平交渉における日本の役割を期待すると述べた。『朝日新聞』は、ハンフリーの言葉を「ベトナム戦争に対する日本の世論をめぐって微妙な緊張状態にあるとされている日米関係がそうさせた」ものであると指摘し、その来日目的は「日本世論を考慮し、日本側首脳と突込んだ意見交換を行なって積極的な支持をとりつけ」ることにあったと論じた[49]。

ハンフリーの来日目的はまた、米国のヴェトナム戦争介入が「平和のため[50]」であることを佐藤以下日本政府首脳に訴えることであったが、それは日本の世論の多くが抱くヴェトナム戦争観とは、大きく乖離していた。加えて、ハンフリーの発言に見られる米国の厳しい対中共観は、日本が自らの主導権によって日中関係を打開することが極めて困難であることを意味していた。そして、やがて現実の外交日程に浮上する沖縄返還問題は、その実現のため佐藤内閣のヴェトナム戦争支持、対米協調路線を不可避のものとする。

日本外交を拘束するこれらの諸要因こそ、佐藤内閣の外交的選択肢を厳しく制限し、中共国内の政治的混乱とも相俟って日中関係の混迷をますます深めることになるのである。

（1）例えば、田麗萍「佐藤内閣と中国問題・状況対応型外交、その意義と限界（一）・（二）」、『京都大学法学論叢』第一四一巻五号、一九九七年、および第一四三巻三号、一九九八年、はその代表的なもの。

（2）East Asian Reactions to the President's Planned Visit to Peking. From INR/REA Paul M.Popple to EA Ambassador Brown, October 13, 1971. LotFile 94D176, Box4, RG59, N.A.

（3）楠田實『楠田實日記　佐藤栄作総理首席秘書官の二〇〇〇日』（中央公論新社、二〇〇一年）、六一五頁。（一九七一〔昭和四十六〕年七月十七日条。）楠田に佐藤「早期引退」の予測を語った閣僚は、経済企画庁長官の木村俊夫。

（4）千田恒『佐藤内閣回想』（中公新書、昭和六十二年）、一四一頁。

（5）Your Meeting with Eisaku Sato, Japanese Political Leader. October. 1962. Averell Harriman to the Secretary. Lot File 67D110, Box4, N.A.

（6）Trade between Japan and Communist China, October 18, 1962. LotFile 67D110, Box4, N.A.

（7）『佐藤栄作日記』第二巻（朝日新聞社、一九九八年）、八〇頁。（昭和三十九〔一九六四〕年一月二十六、二十七日条。）

（8）Prospects for New Japanese Prime Minister, November 10, 1964. Thomas L.Hughes to acting Secretary. DCDRC, no.641G.

（9）田川誠一『松村謙三と中国』（読売新聞社、昭和四十七年）、二一〇～二一一頁。

（10）竹内静子「南漢宸の四十日」、『エコノミスト』第四十二巻二十三号、一九六四年六月二日、二八頁。

（11）SATO VISIT CHINA QUESTION, December 28, 1964. DCD, 1992, no.3261.

（12）アメリカ局北米課「椎名大臣、ラスク米国務長官会談における大臣発言要旨」、昭和三十九年十一月二十六日。外交記録『椎名外務大臣訪米関係一件』。

（13）十二月三日の会談における椎名発言。武内大使発外務大臣宛政第七三二四号電「シイナ大臣・ラスク長官会談録」、昭和三十九年十二月八日。『椎名外務大臣訪米関係一件』。

（14）国連松井（明）大使発外務大臣宛、第一二四七号電（暗）「シイナ・マーチン会談について」、昭和三十九年十

二月三日。『椎名外務大臣訪米関係一件』。

(15) 前掲「椎名大臣、ラスク国務長官会談における大臣発言要旨」。

(16) VISIT OF PRIME MINISTER SATO, January 11-14, 1965. DCD 1999, no.3244.

(17) Memorandum of Conversation, Communist China. January 12, 1965. DCD 1999, no.3247.

(18) GRC Ambassador Wei's talk with Sato February 24. March 25, 1965. LotFile 72D145, Box6, RG59, N.A.

(19) Japanese Desire to Mention "Separation of Political Matters from Economic Matters in the Communique INFORMATION MEMORANDUM". January 9, 1965. Marshall Green to the Secretary. LotFile 70D45, Box3, RG59, N.A.

(20) 『朝日新聞』(夕刊)、昭和四十年一月十四日。

(21) Reischauer Conversation with Japanese Conservative Leader. September 15, 1965. LotFile 69D347, Box3, RG59, N.A.

(22) Foreign Relations of the United States 1964-1968 vol.30 China. (United States Government Printing Office, 1998), pp.366~372.

なお、国務省がロストウ(Walt W. Rostow)政策企画部長とライシャワーの会談に備え準備した一九六五年一月下旬の文書は、米国が中国問題について余りに頑なな姿勢を続けるならば、国際情勢は我々がもはや国府のために国連議席を保持できないような、あるいは国際社会における国府の地位を認め得ないような方向へ変化するかもしれないと論じ、そのような時は急速に近付きつつあるとしている。そして、我々が何らかの形で「二つの中国」を消極的に黙認する方向へ動かねば、我々の立場に好意的な、また国府を独立した非共産主義勢力として維持したいという純粋な希望を持つ国々でさえ、国内外の圧力を受けて国府の国連追放、さらなる国際的孤立という結果を認めざるを得なくなるであろう、と結論している。ライシャワーがこの意見書の影響を受けたかどうかは明らかでないが、中共封じ込め政策の限界を率直に認める意見が国務省内に出現しつつあったという事実は、注目されるべきであろう。

Robert H. Jonhson to Mr. Rostow Your meeting with Ambassador Reischauer Today. January 28, 1965. LotFile 69D254, Box1, RG59, N.A.

（23） Fourteenth Regular Meeting with Nakagawa, BRIEFING MEMORANDUM, May 19, 1966. LotFile 71D479, Box2, RG59, N.A. 周恩来のパキスタン紙『Dawn』に対する発言は四項目あり、その内容は、①中国は対米戦争を挑発せず、②アジア・アフリカ地域に米国率いる帝国主義者の侵略があれば、中国政府と人民はこれを支援する、③米国が如何に大兵力を派遣しようと、彼らは中国で確実に殲滅されるであろう、④一度戦争が開始されればそれは無制限となり、米国の海空軍力における優越に頼る勝利は希望的観測となるであろう、となっている。

（24） Memorandum of Conversation, September 17, 1966. LotFile71D479, Box1, RG59, N.A.

（25） ibid. 大平は昭和四十一年九月八日、政務調査会外交調査会会長代理に就任。

（26）『毎日新聞』、昭和三十九年四月二十九日。

（27） Memorandum of Conversation, Asian Situation. September 28, 1966. LotFile 71D479, Box1, RG59, N.A.

（28） Memorandum of Conversation, Japanese Political Situation. July 19, 1967. Lot File 71D479, Box1, RG59, N.A. なお、三木は昭和四十三年十月二十九日、総裁選出馬のため外相を辞任している。

（29） U.S.-Japan Planning Talk: TAIWAN, November 28, 1966. "The Foreign and Domestic Position of TAIWAN" LotFile72D145, Box6, RG59, N.A.

（30）『朝日新聞』、昭和四十二年九月六日。

（31） 同右。

（32）『朝日新聞』（夕刊）、昭和四十二年九月八日。

（33） アジア局「総理大臣と蔣中華民国総統との会談録」、「岸総理東南アジア訪問記録第四号」昭和三十二年六月。『岸総理東南アジア訪問関係（一九五七。六）』。筆者は中川融アジア局長。

（34）『朝日新聞』、昭和三十二年七月二十六日。

（35） 中国課「佐藤・蔣会談議事録」、昭和四十二年九月十二日。『佐藤総理中華民国訪問関係（一九六七。九）』第二巻。日本側出席者は佐藤、島津（久大）大使、森（治樹）外務審議官ら。国府側出席者は蔣介石、嚴家淦副総統、魏道明外交部長、蔣経国国防部長ら。

（36） 同右。

(37)『朝日新聞』（夕刊）、昭和四十二年九月八日。
(38)『朝日新聞』、昭和四十二年九月十日。
(39) 前掲「佐藤・蒋会談議事録」。
(40) Call by Chinese Ambassador Chou Shu-Kai, Wednesday, November 8 at 3:00 p.m. BRIEFING MEMORANDUM. Thomas A.Ainsworth to Mr. Bundy. November 7, 1967. LotFile 72D145, Box6, RG59, N.A.
(41) Chinese Nationalist Intentions. November 29, 1967. LotFile72D145, Box6, RG59, N.A. 蒋経国の来日は、昭和四十二年十一月二十七日より十二月二日まで。外交記録「中華民国要人本邦訪問関係　蒋経国国防部長関係」、A'-1-6-1-6-2、A'0392. 外務省外交史料館。
(42) 若泉敬『他策ナカリシヲ信ゼムト欲ス』（文藝春秋、一九九四年）、五四頁。
(43)『朝日新聞』、昭和四十二年九月十二日。貿易事務所を取材した時事通信記者および抗議行動を行った右翼団体との小競り合いで、事務所員が日本警察官に「暴行」されたとする中国側の抗議があったが、国家公安委員長は「暴行」の事実はないとこれに反論した。
(44) United States-Japan Relations and Policy Problem in Asia. January 13, 1965. DCDRC no.642G.
(45) Prospects for Sino-Japanese Trade. January, 1968. Thomas L.Hughes to the Secretary. DCD 1998, no.203.
(46) VICE PRESIDENT'S VISIT TO JAPAN. December 28~29, 1965. December 23, 1965. Lot File 71D479, Box1, RG59, N.A.
(47) VICE PRESIDENT'S VISIT TO JAPAN, December 28~29, 1965. December 23, 1965. Japanese Attitude toward Viet-Nam War and Southwest Asian. (Background Paper) LotFile 71D479, Box1, RG59, N.A.
　ヴェトナム戦争に関する日本の報道の「偏向」については、バンディ極東担当国務次官補が賀屋興宣、水田三喜男、一萬田尚登ら自民党衆議院議員との会談において、トンキン湾事件を例に語っている。バンディは米駆逐艦がトンキン湾で「偵察任務」についていたに過ぎないことを強調し、北ヴェトナムが南ヴェトナムにおける戦争の補給役を果たしつつ主役を演じていることを指摘した。そして、中共は口頭の援助と限られた物資を援助しているに過ぎず、北ヴェトナムとの関係は決して良好ではないこと、より深刻な紛争に至るまで中共が北ヴェトナム援助を継続するかは疑問であることを賀屋に述べている。いわば、バンディは日本国内に根強い「ヴェトナム戦争の激化＝対中共戦争」という論理を、このような形で打ち消したのかもしれない。Memorandum of Conversation, September 23, 1964. Japan's Relations with Korea and Other Asian Neighbors. LotFile 66D225, Box7, RG59, N.A.

(48)『朝日新聞』、昭和四十年十一月四日。

(49)『朝日新聞』、昭和四十年十二月三十日。

(50) 同右。ハンフリーを歓迎する『朝日新聞』社説（昭和四十年十二月二十六日）は、日本国民の多くは「北爆によって北ベトナムの戦意と戦力をくじき和平の機会をつかむという米国の論理を不合理」と考えてきたと論じ、またヴェトナム戦争が「米中戦争」へ発展することを日本国民は「一番警戒」しており、「対中国侵略戦争の後始末もできていないのに、ふたたび中国相手の戦争に引込まれること」は欲しない、と論じている。ハンフリーを「良心的かつ進歩的」な政治家として歓迎する『朝日新聞』社説も、そのヴェトナム戦争観については、ハンフリーのそれとは全く相容れぬものであったことが理解できる。

Ⅵ 「文化大革命」をめぐる日米関係

一 中共政府の佐藤内閣観

本書はこれまで、中国問題に対する日米両国の対応、いわば中国問題を日米両国の視点を中心に検討してきた。これまで考察の対象とした、池田内閣期の外務省が行った中国問題の再検討作業、池田・ケネディ会談に代表される同時期の日米両国による中国問題協議、「二つの中国」の矛盾が顕在化した周鴻慶事件、そして昭和四十年代前半（一九六〇年代後半）における佐藤内閣の中国問題への対応ぶり等は、いわば日米両国による中国問題への「能動的対応の軌跡」を分析する作業であったといえる。既に見たように、それは日本にとっては、①対米協調の維持、②不自然な「擬制」に立脚する対中関係の打開、という当時の国際情勢においては両立が極めて困難であった二つの課題を追求する外交活動であり、米国にとってはその極東政策の要に位置付けられた台湾防衛義務の貫徹、そして「中国封じ込め」政策の維持を意味するものであった。

しかし、言うまでもなく、外交史の検討・考察においては交渉相手国の事情分析が必要不可欠である。同時期の中共政権が置かれた国際的地位、その外交的環境を検討して初めて、日米両国が行った中国政策の国際政治上における意味を理解し得るのであり、同時に日米両国が中国問題を根本的に打開（対中共正常化）することができなかった事情も理解し得るであろう。

本章では、同時期の中共政権を対日、対米強硬路線に導いた原因であり、かつ中共政府を社会主義陣営からさえ孤立させるに至った根本原因「文化大革命」による中国本土の政治的・経済的・思想的混乱、そして米国が当事国であったヴェトナム戦争の激化に代表される、極東情勢の著しい緊迫化という二つの要素を取り上げ考察する。中国側史料が利用不可能であるという制約上、その分析は日米両国の公開史料に依拠せざるを得なくなるが、少なくとも当時の日米関係、および日中関係が置かれた外交的状況の本質を説明することは、可能であろうと考える。

そのため、本節はまず「文化大革命」開始期における中共政府の対日姿勢、すなわち佐藤内閣に対する姿勢を検討し、次に日米両国の見た「文化大革命」の姿とその評価について分析することによって、「文化大革命」が同時期の中国問題をめぐる日米関係に及ぼした影響を検証してゆきたい。

池田内閣の発足直後、すなわち昭和三十六（一九六一）年は、毛沢東の主唱したいわゆる「大躍進」政策が失敗に終り、経済的混乱が中国本土を襲った時期に相当する。「大躍進」政策と「人民公社化」政策の失敗が明らかとなった結果、昭和三十四（一九五九）年四月の第二期全国人民代表大会第一回会議において、毛沢東は国家主席に再選されず党主任主席となり、国家主席の後任には劉少奇が任命された。いわば、毛沢東は経済政策失敗の責任を負う形で国家主席の地位を退くことを余儀なくされたのであるが、同年八月広西省廬山で開催された中共中央委員会第八回総会では、毛沢東の推進した「大躍進」「人民公社化」政策を公然と批判した彭徳懐国防部長、黄克誠人民解放軍総参謀長らが解任されている。これは、毛沢東の主導する「来るべき政治的巻き返し」、すなわち「文化大革命」の勃発を予見させる政治的事件であった[①]。

また昭和三十五（一九六〇）年以降は、中ソ両国の対立関係が深化してゆく時期に相当する。それは社会主義建設路線の相違から生ずるイデオロギー論争に端を発し、やがて両国の長大な国境に沿った軍事衝突にまで至るのである。

そのような時期、中共政権は日本を含む西側との貿易拡大に乗り出し、日本との間にはLT貿易協定を締結するに至った。池田内閣期の日中貿易が順調に伸びていった背景には、中共政権が対ソ関係の悪化によるソ連技術者の引揚げ、経済援助縮小によって生じた苦境を、日本を含む西側諸国との貿易関係によって補おうとした事情があった。従ってこの時期、中共の対日態度は池田内閣の対米協調路線を非難する表面上の姿勢とは対照的に、比較的柔軟にして穏やかなものであった。

昭和三十九年一月、前年九月下旬から約二ヶ月にわたって北京、瀋陽、撫順、鞍山、太原、西安、広州各地を視察した共同通信社経済部の松尾好司記者が外務省アジア局中国課を訪れ、陳毅外相との会見を中心に中共の内情を報告している。昭和三十八年十月二十八日、北京・国務院外事弁公室接見室において日本人一行と会見した陳毅は、国連代表権問題について「アメリカの指揮棒で動いている」国連に「加盟すべきか否か考えさせられる」し、「国際社会で重要な役割を果たすことは国連に入るか否かによってのみなされるものではない」と述べつつも、中共政府は今後とも「合法的地位の回復」を放棄しないし、「普遍性を持てば国連を軽視するものではない」と述べ、あくまでも中共政権の「正統性」認知を主張する。しかし、陳毅は日中国交回復について次のように語っている。

「今すぐにでも日中国交を回復したいと望んでいるが、困難は日本側にある。」

「一番良いのは日本政府が蒋介石政権の承認を取消し、われわれを認めることである。二つの中国は絶対認めない。今の状態は大使館を置いていないだけで実際には国交回復したのと同じだ。西園寺（公一）氏はいわば地下の大使である。」

「日本は世界市場で売ることができる。両国は互いに依存し合うという関係ではなく平等互恵の関係である。今、蔣介石を追い出すことはできない。[2]」

陳毅の発言は、国交回復を阻む原因は日本側にあると論じつつも、日中関係の現状は事実上の「国交回復」と同じであると認め、現時点でただちに蔣介石を「追い出すことはできない」と述べるなど、対日関係および極東情勢の現状を極めて柔軟に捉えるものだった。なお、松尾記者は陳毅の発言から、日中関係は現状のままでよいというニュアンスさえ感じられた、と述懐している。中共政府のこのような柔軟姿勢は、中共が対ソ関係の悪化が招いた国際的孤立という不利な地位に置かれた以上、LT貿易の当事国日本との関係悪化を極力回避したかったことを示しているのであろう。

しかし、その中共政府の対日姿勢は一九六四年末、佐藤内閣の発足後に大きな変化を遂げるに至った。中国課「佐藤内閣に対する中共の評価」は、その推移を三段階に分けて論じている。[3]

（1）初期の佐藤内閣評価（一九六四・十一～六五・一）

六十四年十一月の日本共産党大会に参加しようとした彭真一行の入国を拒否したことで、佐藤内閣への非難が開始された。佐藤の中国敵視政策の具体例として挙げられたのは、①彭真入国拒否、②中共の核武装攻撃、③米原潜の寄港許可、④台湾帰属未定論の表明、⑤中共の国連代表権回復反対、⑥いわゆる「吉田書簡」再確認、である。中共が早い段階で態度を硬化した理由は、佐藤が岸信介の実弟であり親米派の最右翼であることが理由という見方もある。廖承志は宇都宮徳馬に対し「佐藤内閣は岸内閣より悪くないと思うが、しばらく静観する」と述べ、陳毅は同じく宇都宮に「佐藤内閣の対米屈従が池田内閣よりひどいのは遺憾である」と、また岡崎嘉平太に「佐藤内閣は池田内閣より後退しており、中国に非友好的である」と述べている。

（2）　対日非難の激化（一九六五・二〜十二）

六五年二月、米軍のヴェトナム北爆が開始される。日韓関係正常化の達成。中共は、日本が自由陣営の一員として積極的に行動することは、自らへの重大な敵対行為という見方をした（日韓基本条約調印、対華一億五千万ドル供与等）。佐藤内閣は「米帝国主義のアジア侵略の道具」という非難が激しくなる。「日韓基本条約粉砕、ヴェトナム戦争反対、日本軍国主義復活反対」を強く主張。

「佐藤内閣は悪質な軍国主義者、吉田茂や岸信介の遺鉢をひきつぎ、中国・朝鮮・アジア人民を敵視している。」（六五・四・三『北京放送』）

「佐藤内閣は露骨な親米・中国敵視の反動政府であり、中国人民は佐藤内閣に如何なる幻想も抱いていない。」（六五・四・八『人民日報』）

「佐藤内閣は戦後の日本におけるどの内閣よりも反動的である。」（六五・十一・十六『政府声明』）

（3）　最近の動向

基本的評価は不変。中共にとって二正面の敵は「ソ連修正主義」と「米帝国主義」であるが、佐藤は「親米・ソ連・反中国」である。中共は「米ソ日三国神聖同盟」による中共封じ込めを疑っている。佐藤内閣は九・三〇事件以後反共となったインドネシア政府に接近している。これは「日本軍国主義復活」、「東南アジアへの拡張主義」、「大東亜共栄圏の復活」を意味する。

さらに、初の日中記者交換協定によって北京特派員を勤めた共同通信の山田礼三記者は、外務省中国課における内話において、佐藤内閣発足時に久野忠治（自民党衆議院議員・佐藤派）が、佐藤は「アジアのドゴールになる」と強調したことについて、廖承志が、我々はドゴールを米国に楯突いたという意味で評価しているのであり、佐藤氏が本当にアジアのドゴールたるかは「お手並み拝見」であると語った逸話を紹介した。山田によれば、廖承志はその後、佐藤は日共党大会に参加を希望する彭真の日本入国を拒否し、その後の訪米談話において米国のヴェトナム政策を支持した、それゆえ我々はヴィニロンプラント契約（大日本紡績）を切ったのだ、と語ったという。

さらに昭和四十年八月、来日した南漢宸が愛知揆一（自民党・佐藤派　元文相）との会談で愛知から「日本の貿易総額の内、中共貿易の占める割合は二％位であるので、日中貿易をやりたいのは寧ろ中共の方であろう」と言われ不快の念を抱いた一件、および佐藤内閣が「吉田書簡」によって（日中貿易に）国府の介入を許している現状に言及し、「日本が台湾政府を持ち出す限り絶対に受け付けないというのが中共の日本に対する原則的態度であろう」とした。山田はさらに、陳毅が岡崎嘉平太との会談で「日本政府が吉田書簡に縛られている限り、中共はビニロンプラントを買う積りはない」と述べたこと、陳の言葉は「周恩来の言付けである」ことを孫平化から聞くに及び、岡崎がようやく陳毅発言を中共政府の公式見解と気付くに至った事実を紹介し、「岡崎氏は曾ってわれわれ北京駐在日本人記者に対し、中共指導者の中には廖承志等知日派と対日強硬派があると語っていたことがあったが、どうも岡崎氏の考えは少し甘い気がする」と指摘し、中共指導者の強硬な考えは毛沢東以下一貫している、と感想を語っている。[4]

中共政府の佐藤内閣に対する攻撃は、「文化大革命」の開始とその進展に連動するかのように激しさを増していった。それは「文化大革命」がもたらした国内の混乱、および国際的孤立から生じる国内の緊張を、日本政府攻撃という「捌け口」に求める動きであったとも解釈し得るであろう。そして、それはまた先に論じた日本国内における佐藤内閣攻撃、すなわち中国問題をめぐる与野党の対立激化、とりわけ政府与党である自民党までが中国問題をめぐって内訌を引き起こす過程と、表裏一体をなすものでもあった。

その外交目標を沖縄返還に定め、必然的に対米協調路線を基本方針とした佐藤内閣は、いわばその政権運営が長期化すればするほど、中共政府の強い非難を浴びる宿命を背負っていたともいえる。そして、「文化大革命」の進行によってイデオロギー的にますます急進化した中共政府は、国内の思想的締め付けと連動して、佐藤内閣への攻撃を一層強化することになるのである。

本章は日米両国が行った「文化大革命」の実態分析について具体的に検討した後、西側主要国の一部、および日本国内の親中派による「文化大革命」観に言及し、「文化大革命」が中国問題をめぐる日米関係に及ぼした影響について分析する。

二　日本政府の「文化大革命」分析

「文化大革命」は、「大躍進」政策失敗の責任をとる形で国家主席の座を劉少奇に譲った毛沢東が華南方面に隠棲したのと同時期、昭和四十（一九六五）年十一月、姚文元が歴史劇「海瑞罷官」を批判したことに始まった。「海瑞罷官」は、約六年前に失脚した彭徳懐元国防相らの復権を求める政治的意図を持つものであり、毛沢東路線に反抗的であるとされたのが批判の理由であったが、このことは間もなく北京市委員会の全面的改組に繋がり、かつて日本共産党大会出席のため日本入国を申請・拒否された彭真政治局常務委員兼北京市長の追放となった。その後、昭和四十一（一九六六）年八月の中国共産党第八期中央委員会第十一回全体会議（十一中全会）において、毛沢東以下の主流派による党組織改組、劉少奇の党内序列格下げ（やがて追放）、毛沢東・林彪（毛・林）体制の確立へと事態は進行してゆく。

同時期、日本国内で作成された「文化大革命」に関する最も詳細な研究報告は、昭和四十二年四月付の内閣官房内閣調査室「中共『文化大革命』の考察」（以下、「『文化大革命』の考察」と略）であろう。全九二四頁から成るこの浩瀚な研究報告書は、「文化大革命」の性格とその意義の分析から始まり、その進行過程、中国共産党内における権力交代の内訳までを網羅するものである。同報告書の内容は、いわば日本政府当局の「文化大革命」に対する公式見解と見なして差し支えないであろう。

「『文化大革命』の考察」は、「文化大革命」の本質を「中国における社会主義革命と社会主義建設の方途について発生した具体的政策執行に関する対立から、指導権争奪闘争に発展した思想浄化革命であり、一九三五年一月貴州省の遵義会議で確立した中国共産党の毛沢東指導体制の中で、発生した『右翼偏向』路線との対決・克服の闘争である」[5]としている。すなわち、「『文化大革命』の考察」は、「文化大革命」の本質を中国共産党の主導権掌握をかけた「権力闘争」、換言すれば毛沢東率いる党主流派が仕掛けた「奪権闘争」そのものである事実を明確に指摘していた。

以下、「『文化大革命』の考察」が「文化大革命」に関する評価を記した部分を引用し、日本政府当局の「文化大革命」に対する見解を確認しておく。

「ユーゴの『現代修正主義』に対して激しい怒りを感じていた毛沢東は、モスクワ訪問によって、フルシチョフによって指導されたソ連共産党第二十回大会以来顕在化してきた『現代修正主義』の逆流と戦うことこそ、スターリン（Iosif Vissarionovich Stalin）亡きあとの真のマルクス・レーニン主義者として自己の果すべき歴史的使命であり、それをなさなければ、社会主義国はユーゴのように帝国主義の浸透によって資本主義国に逆戻りし中国の共産党政権は崩壊し、世界革命も水泡に帰するであろう、との危機感と使命感につかれたものとみられる。[6]」

「五十八年十二月（筆者註・毛沢東の国家主席辞任時）において、毛沢東の前にひろがっていたのは、同年五月の八全二回会議における社会主義建設の総路線・人民公社・大躍進の『三面紅旗』路線と現代修正主義との闘争開始を経て、世界革命戦略の巨大な国内的礎石を確立し、反ソ抗争を主軸とした『現代修正主義との闘争』という広大な歴史的展望であったと思われる。つまり、毛沢東は、『三面紅旗』を旗印とした国内政策を劉少奇、鄧小平の推進に委ね、（中略）レーニン（Vladimir I. Lenin）とカウツキー（Karl J. Kautsky）、ベルンシュタイン（Eduard Bernstein）、スターリンとトロツキー（Leon Trotskii）、ブハーリン（Nikolai I. Bukharin）らの論戦につぐ、フルシチョフとの第三回目の歴史的論戦の準備にとりかかったものとみられよう。[7]」

「以上にみたとおり、文化大革命はその本質において明らかに中ソ対立を契機とした『マルクス・レーニン主義の純粋性の保持』という側面からとらえるならば遠大な意識革命である。しかし、この基本的な連続革命の理論に拍車をかけたのは、執政党としての中国共産党指導層に政策実施にあたって強硬・穏健二つの考え方が存在し、これが発展、固定化したことであるとみられる。[8]」

「毛は五八年五月の八全二回会議で国内外政策の基本路線を示して安堵し、もっぱら対ソ戦術に専念していた間に、大躍進の失敗もからみ、穏健派によって党の実権が漸次握られ、表面は毛沢東の指導に従う態度を示しながら、客観的現実に則した、毛から見れば修正主義路線、政策がとられ、安定化してきたことに愕然としたのではなかろうか。[9]」

すなわち「『文化大革命』の考察」によると、「文化大革命」の起源は、かつての「大躍進」政策の失敗を挽回しようとする劉少奇、鄧小平ら「穏健派」が進める「現実に則した」路線を、「修正主義」と非難する毛沢東によって惹起された政策論争であった。そして『「文化大革命」の考察』は、その後この政策論争が毛沢東の思想を無謬とする「個人神格化」思考に転化していったことを指摘している。

「政策論争は、ほぼ六五年後半からしだいに深刻なものとなり、六六年四月頃から、新しい政治闘争、権力争奪闘争に発展したのではないかとみられる。[10]」

「毛沢東は、共産主義運動の経験を総括し、社会主義社会の矛盾ならびに階級闘争の基本的認識に立脚し、プロレタリア文化革命を提起し、前人未到の高峰によじのぼる指針を与えた。したがって毛沢東思想は、マルクス・レーニン主義の当代における最高峰であり、世界革命人民の灯台であり、百科全書である。」

「この考え方は、もはや毛沢東は他のいかなる者によっても掣肘を受けない存在であり、世界に冠絶する絶対者という思考方式につながるものである。（中略）ここに文化大革命の顕著な特質があるといえよう。（中略）つまり、中共は文化大革命の歴史的意義をそこに発見しているとみられる。その当否、その成否、その非客観的な幻想性などはここでは問題ではない。彼らがそう考え、そう行なっている事実が問題である。[11]」

昭和四十一（一九六六）年八月一日から十二日にかけて北京で開催された十一中全会は、「文化大革命」を徹底推進するための毛・林体制確立を目指した「一種の党内〝クーデター的〟なにおいも否定できない[12]」会議となった。同会議は、十六項目からなる「プロレタリア文化大革命に関する党中央の決定」を採択したが、それは「文化大革命」の目標として、①資本主義の道を歩む党内実権派の撲滅「一闘」、②ブルジョア階級と全ての搾取階級のイデオロギー批判「二批」、③社会主義の経済的基礎に適合しない全ての上部構造（思想文化）の改革「三改」、を挙げている。

『文化大革命』の考察」は、「文化大革命」の本質について「劉少奇、鄧小平らに代表される実権派を打倒し、その勢力を一掃して、新たに毛・林体制を確立することを目標とした権力争奪闘争であると規定しているに等しい。この点が従来の整風整党運動と異なる点であり、今次文化大革命を単なる〝中国のルネッサンス〟とみる一部の評価は、実態を正しく把握したものではないことを立証している。言い換えれば、イデオロギーと政策面で異質分子を排除し、党指導権を完全に自派の掌中に収めんとする権力闘争である。それはまさに中共の言うとおり、『食うか食われるかの大闘争』であり、『党と国家の運命にかかわる超重大事』なのである[13]」と結論している。

すなわち、日本政府は「文化大革命」の進行中から、その実態を「共産党中枢における権力闘争と、大衆の間における暴力・混乱の渦巻きであった[14]」と、ほぼ正確に認識していたのである。

三　米国の「文化大革命」観とＣＩＡ報告「中共の国際的孤立」

米国が「文化大革命」の本質を権力闘争と考えていたことは、昭和四十一年九月、アインスワース一等書記官が大平元外相に、ジョンソン駐日大使がワシントン日米協会において「文化大革命と紅衛兵運動は、主として中共内部の路線対立と序列競争から生じたものである[15]」と演説した事実を伝えたことから推定できる。

本節では、「文化大革命」に関する米国官辺筋情報、および米国政府が「文化大革命」について詳細に調査した二つの公文書の内容を元にして、彼らの「文化大革命」観につき分析してゆきたい。

毛沢東を中心とする中共の「文化大革命」推進勢力が紅衛兵なる青少年を動員し、国内の混乱状況に拍車をかけたことは周知の事実である。当時、米国務省および在香港米国総領事館は、紅衛兵動員による一連の国内混乱について次のように論じている。

「一九六六年九月二日付国務省情報⑯」

(1)紅衛兵を中心とする国内事情の背後には、中共の対内・対外政策の行詰り、これをめぐる相克対立が政府・党機関に表れ、大きな国内的危機に直面している事情がある。

(2)(一九六六年)八月十八日以降、紅衛兵が急速に一大勢力となった理由は、毛沢東が党の抜本的改革を行なうに際しこれに依存するほかなくなったためである。表面的には大衆から自発的に生まれたように見える紅衛兵こそ、革命のイメージに一致する。毛は林彪と組み、紅衛兵の如き大衆運動によって支持されていることを党自体に示そうとした。

(3)従って紅衛兵中心の昨今の動向は、イデオロギー対立というよりも権力闘争と結びついた政策の相違対立と見るべきである。すなわち、毛は自己の周囲を固める反面、軍部の支持を背景としつつ、直接的には自然発生的と見える紅衛兵に修正主義的党幹部、学者および学生を攻撃させ、もって毛のラインで国論を統一し危機を乗り切るものと見られる。

(4)毛が軍部、紅衛兵、腹心の部下に頼らざるを得なくなったことは、中国歴史上しばしば見られた皇帝政治末期の状態に類似している。これは政情不安の表れであり、今後とも不安定な状況が続くであろう。

(5)今次文化大革命は国内問題であり、対外政策の硬化にはならないであろう。紅衛兵によるソ連大使館へのデモ行進も、その後の抑制ぶりから見れば決して外交関係断絶を招くような事態にはならないであろう。

「在香港米国総領事館情報」

(1)六月頃から、「修正主義反対」の青少年に関する報道あり。中共指導部はその頃から紅衛兵の組織を進めていたものと思われる。

（2）紅衛兵組織の目的は、「下からの突き上げ」による党内「反対派」（中共首脳部の強硬政策に反対する「実権派」、すなわち反毛沢東派たる劉少奇ら）の押し切りである。それはまた、一般大衆に「文化大革命」の深刻さを知らせる手段であり、紅衛兵活動によって青少年に「革命経験」を与える狙いもある。

国務省（香港総領事館含む）の「文化大革命」とりわけ紅衛兵動員に対する評価は、その動機が党内権力闘争にあるというものだった。そして、この評価が「文化大革命」に対する国務省の一般的評価だったのである。ただ、国内問題である「文化大革命」が中共対外政策の硬化に繋がることはない、とした予測については、その後の経緯に照らしこれを否定せざるを得まい。実際には、後述するように、「文化大革命」路線こそ中共政府を国際的孤立に追いやり、その対外政策を著しく硬直化させる原因となるのである。

次に検討するのは、国務省文書「中共・文化大革命　一九六七年夏」[17]（以下、「中共・文化大革命」と略）である。同文書は同年五月以降の中共情勢をいくつかの項目に分類して論じたものであり、国務省が全世界の米国在外公館宛てに送付したものである。

「中共・文化大革命」は、まず大陸の一般情勢を次のように論じる。

〈国務省文書「中共・文化大革命　一九六七年夏」〉

文化大革命は二年目に入るが、混沌状態が広まった中で、秩序を再建する建設的計画を推進しようという政治家が登場する兆候は実質的に見られない。逆に、昂進する暴力と公共秩序崩壊の証拠が確実に蓄積しつつあり、経済的打撃と大衆の幻滅を示すものが現われつつある。文化大革命の行き過ぎを押さえようとする力は、北京指導部の中に無傷で存在しつづけたが、指導部の不和と、文革を終了させる政治的・イデオロギー的コストを受け入れることを良しとせぬ意識の存在が、日々の状況悪化に繋がっている。

派閥抗争を終了させ、通信・交通への妨害を中止し、紅衛兵は故郷および組織に戻れという北京からの新たな命令が出ているが、それは早い時期の似たような命令の鸚鵡返しであった。以前と同様これらの命令は無視され、その解釈と実行を混乱させるような曖昧にして一貫しない用語で表現されたのである。


すなわち「中共・文化大革命」は、「文化大革命」がもたらした混乱が収拾される見通しは今のところ全く見られず、状況は悪化の一途を辿るであろうとしている。そして、その直接の影響はまず中央政府の権威衰退となって現われた。「文化大革命」の渦中で地方の秩序と中央政府の権威を守ったのが人民解放軍の干渉であった事実が判明してきたにも拘らず、北京政府は各都市に起こりつつある略奪、暴動を武力鎮圧することに踏み切れなかった。その理由は、軍による暴動鎮圧行為が党中央・軍への反感を煽り、「文化大革命」の精神を窒息させることを怖れたからである。

さらに「中共・文化大革命」は、いわば中国全土が「文化大革命」によって無秩序状態と化し、暴動・戦乱・テロリズムの横行する状況となったことを生々しく報じている。反毛沢東派、劉少奇派の追放は各地で続行しており、特定個人を失脚に追いやるための論争・攻撃は時として暴力事件に発展した。また労働者・農民が紅衛兵の残虐行為に報復するため武器を取るという事例も数多く、いわゆる「武闘」が発生した。居住地を離れ地方へ逃げた者も、現地人の猜疑心によって安住することはできず、国家的レベルで流民が発生しつつあるという状況であった。

「中共・文化大革命」は、「文化大革命」がもたらしたかくの如き中共国内の凄惨な実情が今後どのように変動してゆくかについて、次のように予測する。

「文化大革命」の混乱がまもなく終わるという兆候は、実質的に存在しない。多くの点において、大部分の観察者たちには、あたかも中共の政治構造が回復の見込みが明確でない急坂を転げ落ちてゆくかのように見えたようである。昨年の出来事によって、中共政権から政策の柔軟性の多くが失われたことを疑う余地はほとんどない。中共政権にとって問題なのは、毛沢東が破壊しようと決心し、現にそうしつつある政治機構を如何に再建するかということである。そして、現在の中共指導部は自ら作り出した混乱から脱出するため何らかの形で命令を発することができないのではなく、彼ら（少なくとも、毛沢東と彼に最も近いイデオロギー的信奉者、例えば林彪ら）が、呪文を唱える以外にそれを行なおうという気がないことである。

「中共・文化大革命」は、国家の崩壊と混乱は全体としてみたとき非常に限られた地方（主として都市部）であり、「文化大革命」の心理的影響は受けているが国家的規模で災厄を蒙っていない地方は未だに存在すると論じている。しかし、国務省は「文化大革命」がもたらした中共国内の政治的、思想的、経済的混乱（権力闘争という要素も含め）は事実上の「内乱」または「内戦」に等しいと認識していた。

最後に検討するのは、米中央情報局（ＣＩＡ）文書「共産主義運動における中国の深まりつつある孤立」（以下、「中国の孤立」と略）である。これは「文化大革命」下の中共政府の国際社会における地位について分析した文書であった。以下に内容を掲げ、その意味につき考察したい。

〔米中央情報局**「共産主義運動における中国の深まりつつある孤立」**　一九六六年八月五日〕⑱

二年前、北京政府は国際共産主義運動の内部に、モスクワに直接挑戦し得るような支持者のブロックを建設することに成功したかのように見えた。しかし、今や中国を支持するのは数ヶ国に過ぎない。国際共産主義運動における影響力の優越性については、モスクワが有利であることは自明の理であるゆえ、ソ連の主導権にとって脅威となるものはもはや存在しない。北京が自らの「支持者」として確実に期待できるのは、アルバニア、ニュージーランド共産党、そして小さな泡沫的グループのみとなった。

過去十八ヶ月の間、中国は極東における最も深刻な影響力後退に苦しんできた。北朝鮮と北ヴェトナムの支配政党は北京から離れ、日本共産党の支持ももはや当てにできなくなった。長く北京を支持し続けてきたインドネシア共産党は、昨年秋の流産したクーデターのため粉砕された。

北京にとって、唯一の西半球における外交的足掛かりというべきキューバとの関係もまた、低調である。北京は、もはやラテンアメリカで親カストロ（Fidel Castro Ruz）的行動をとることができない。北京がモスクワからの独立を鼓舞してきたルーマニアのような国でさえ、中国は昨今に至り深刻な困難に直面しているのである。

中国の勢力後退は、その多くを北京自身の硬直したドグマ及び政治的失策に帰すべきである。しかし、それらはフルシチョフ失脚以来ソ連の戦術に現われた変化にもその一部を負うものである。モスクワの新指導部は公開論争を沈黙させ、また海外の共産党に「北京を共産主義運動から除外すべきである」と説得する努力から後退することによって、地歩を得ている。さらに、フルシチョフの後継者による注意深いハノイへの軍事援助は、中国の「モスクワは武力革命闘争支援に消極的であり、米帝国主義に対して軟弱である」という非難を殺ぐことになっている。

（傲慢さという名の確信について）

中華思想という概念は、少なくとも正義と真実という考え方に関する限り、皇帝支配下の世界と同じくらい現在の北京では強力である。高齢化、ソ連との闘争で生み出された様々な圧力、そして過去数年にわたる国内外での敗北という欲求不満が、毛沢東とその取り巻きの「信奉者たち」を傲慢にさせ、北京を国際共産主義運動における孤立に追いやったのである。

今日、中国人は自分自身を全ての有効な革命経験を担う者と見なしており、ソ連修正主義という毒素と戦う、真のマルクス・レーニン主義の旗手であるとしている。毛沢東思想はマルクス・レーニン主義の最高かつもっとも創造的な形態を有するものであり、全世界の革命運動を導くものであるとされている。毛沢東は国際プロレタリア革命の優れた指導者である、北京は今や、毛沢東思想が普遍的真理であり、至るところに有効に適用されるものであると主張するに至った。

この物々しい自画像を裏付けるものは、「味方にあらざる者は敵である」というレーニン主義者の命題である。これは、北京によって他の共産主義者との関係に適用された命題でもある（『人民日報』、六五年一月十一日）。この記事は、真のマルクス・レーニン主義者に対して「自らと修正主義者の間に、政治的かつ組織的に明白な一線を引く」ことを勧告している。鄧小平総書記はこのことをさらに鋭く述べている。「マルクス・レーニン主義者と修正主義者の間には中道派も優柔不断もあり得ない」と（六六年五月六日、上海にて）。この言葉は、その時（少なくとも）北ヴェトナムに対する言葉として発せられたように思われる。

（北ヴェトナムとの関係）

ハノイにおける中国の影響力は、ソ連が北ヴェトナムに中国の供給できない近代兵器を供給し始めて以来、衰えつつある。しかし、北京は強い立場を保持し続けているし、今後もそうであろう。中国との地理的近接性は、戦争が続く限りそれだけで北ヴェトナムに中国との密接な関係を余儀なくさせるものである。あらゆる可能な相手からできる限りの軍事援助を得ることを切望するゆえに、ハノイは中ソという支持者のいずれかを怒らせることを避けるため、中ソ論争のよりきわどい問題を回避しつつ中道路線を追求しようとするのであろう。

中国は一九六四年にブレジネフ（Leonid I. Brezhnev）とコスイギン（Aleksei N. Kosygin）が権力を握って以来、ハノイにおける地位を失いつつある。フルシチョフ政権下のソ連は、ハノイと北京の主張するヴェトナムの地位の楽観的見通しに鋭く反対していた。ソ連は、このような路線は米国との直接的軍事対決および大規模なアジア戦争に直結するであろうと警告していたのである。しかし、一九六四年末までにヴェトナムにおける共産主義者の見通しは有望となったようである。ソ連の新指導部は、宣伝増大とハノイの戦争努力援助によって、国際共産主義運動における地位を改善できると考えるに至った。

フルシチョフの戦術は、北ヴェトナムを北京の手中に追いやる効果を持っていたが、ソ連新指導部は米国と対決する危険を比較的少なくしつつ、モスクワの援助を再開すると同時に、ハノイを中ソ論争においてより中立的立場に立たせることができると感じるに至ったのである。北ヴェトナムは恐らく、中国のみに依存を余儀なくされる事態を快くは思っていないであろう。行動の自由、そしてよりよい交渉上の立場を得る機会を喜ばしいこと以上に思っているであろう。

ハノイは、ソ連の路線転換に、北京の真似をして数ヶ月間行なっていた悪意に満ちた反ソ宣伝を中止することで応えた。一九六四年十一月、党理論誌「ホック・タップ」は、修正主義を攻撃したきつい記事が他の記事によって差し換えられるまで、ニュースタンドから撤去された。一九六五年三月までに米軍の北ヴェトナム空爆が本格化し、重装備の米軍戦闘部隊が南に向け派兵中であった。北ヴェトナム指導部は、北京との関係を緊張させることを十分知りつつ、ソ連新指導部にさらなる援助を求めた。党書記レ・ドゥアン（Le Duan）、国防相ザップ（Vo Nguyen Giap）、外相トリン（Nguyen Duy Trinh）がモスクワを訪れ、一週間に及ぶ協議の末出されたコミュニケは見解の一致を示すものとしてハノイに歓迎されたのである。

中国はこのソ連の影響力増大をよく知りつつも、ほとんど何もすることができなかった。ソ連の優れた軍事援助に対抗することができないので、彼らはソ連の援助を誹謗することだけで満足せざるを得なかった。「モスクワはヴェトナム人民の利益を究極的に米国に売り渡す意図で、単なる影響力を行使したいのみである」と。

（他のアジア諸国共産党）

アジアの他地域でも、共産中国はモスクワとの闘争に敗れた。北朝鮮は急速に北京の政策に批判的となりつつある。とりわけそのヴェトナム政策においてである。一九六五年五月、平壌政府は朝鮮総連（在日朝鮮人の団体）に書簡を送り、北京がブロック統一をサボタージュしていると非難した。書簡は中国がソ連のヴェトナム援助を公然と誹謗していることを酷評し、そのような援助の価値はハノイによって評価されるべきであり、北京が評価するべきものではないと述べている。書簡はまた、北京がキューバを修正主義国家呼ばわりしていること、ラテンアメリカの主導権を握ろうとしていることを非難した。朝鮮人共産主義者は、ハヴァナ（キューバ政府）の正当な影響力を主張するということであろう。

この書簡こそ、平壌政府がフルシチョフ失脚およびコスイギンの平壌訪問（一九六五年二月）以来、対ソ接近したことを如実に示すものである。ソ連の援助もまた平壌のモスクワ寄り姿勢を強化するものであった。北朝鮮に現われたジェット戦闘機と迎撃ミサイル装備は一九六五年五月、ソ連との間に締結された軍事協定によって供給されたものであろうと思われる。二基の沿岸防備巡航ミサイル、同数の地対空ミサイルサイト、そしてミグ19戦闘機がまもなく北朝鮮に配備されることになる。

北京への私的批判にも拘らず、北朝鮮は中国への直接かつ公然たる批判は控えている。北京・平壌関係が冷たくなりつつあることは、中朝友好相互援助条約締結五周年式典のあった今年夏の早い時期から指摘されていたことである。彼らが中国に宛てた公式メッセージや外交レセプションにおける演説では、朝鮮人はお決まりの「毛沢東主席率いる中国共産党指導下の中国人民」という言葉を使う。しかし、北京は以前の式典でそうしていたように、そのメッセージや演説の中で「金日成主席率いる」朝鮮労働党という言葉に言及し繰り返すことをしなかった。朝鮮戦争勃発十六周年記念式典における中国の演説も、朝鮮労働党と金日成への言及を目立って避けていたようである。そして両国はこの二年以上、高位の代表団を交換していない。

日本共産党は、かつて北京の信頼すべき支持者であったが、今や独自の道を行くようになった。これはとりわけ昨年三月のソ連党大会以来、顕著となった。中国の強い圧力の下で、党書記長の宮本賢治は渋々ながら大会ボイコットに同意した。しかし、彼は日本に帰国後、著しく北京から離れた。彼がソ連寄り路線に舵を切る決意を固めたことは明らかである。日本共産党は中国の政策、とりわけヴェトナム政策に批判的である。党機関紙『赤旗』は今やソ連関係記事を大量に掲載し、新華社のそれは削られている。毛沢東の活動宣伝すら日刊機関紙に出てこなくなった。

日本共産党の地位は、今や北朝鮮のそれと近い。それは共に北京とモスクワの中間路線を追求するという点においてである。昨年三月宮本が平壌を訪問した際、両党が国際共産主義運動において協力する立場をとることは明白であった。宮本訪朝の結果出された共同コミュニケは、共産主義団結の重要性と反ドグマ・派閥主義が強調されている。両党が中国を怒らせたことは確実であろう。

日本共産党の北京離れを示す今一つの証拠は、五月十一日付『赤旗』記事である。反修正主義を余りに強調することは、米帝国主義反対闘争の有効性を弱めるという警告である。

昨秋のインドネシア共産党崩壊という破局は、明らかに北朝鮮及び日本に北京離れを決意させた重要な要素であろう。両党は、北京への過剰な依存、中国路線の盲目的受容はインドネシア共産党の諸困難を自らに持ちこむものであり、実際にクーデター後の党崩壊に繋がるであろうと感じたのである。

昨今の海外における中国の退潮ぶりは、インドネシアにおいて最も深刻である。インドネシア共産党はかつてジャカルタで強力な影響力を持ち、北京とも友好的であったが、今や非合法化されてしまった。党委員長アイジット（Dipa Nusantara Aidit）らは殺害され、党組織は粉砕された。ほんの一年に満たない前まで、インドネシア共産党は北京の後ろ盾を形成した最強の非同盟政党だったのである。それは今や、政治勢力としての党の有効性（そして中国人にとって有効性）が来るべき何年かにわたり、実際上無に帰してしまったように思われる。

（東欧との関係）

昨年六月、ルーマニア訪問中の周恩来がルーマニア共産党首チャウシェスク（Nicolae Ceausescu）との間に公然と衝突を起こした。彼は、ブカレストを反ソ論争の指揮台として中国人に使わせたくなかったのである。意見不一致が余りに大きかったので、周恩来訪問を締めくくるコミュニケは出されることなく、また中国・ルーマニアの「緊密な絆」表明の薄っぺらさが白日の下に曝されてしまったのである。

中国人は、ルーマニアがソ連に一層の自主独立を主張するのを奨励することによって、かつてのソ連衛星諸国間に多中心主義（polycentrism）に向かう傾向が増大するのを利用しようと長い間望んでいた。北京はこの努力である程度の成功を収めてきたが、広範な自治への願望を中国人への積極的指示に転化することには失敗してきた。周恩来のルーマニア訪問目的は恐らく、大部分が「中国が東欧に持つ友好国はアルバニアだけではない」ことを示すことにあったのであろうが、この点に関しては全くの失敗であった。

アルバニアは、今や共産圏において唯一の誠実な北京支持者である。両国間の頻繁な高位者相互訪問は、悪意に満ちたソ連攻撃の機会を両国に与えるものだった。周恩来は過去十八ヶ月の間に二度チラナを訪問し、アルバニア首相シェーフ（Mehmed Shehu）は昨春長期間にわたって訪中した。その代表団のソ連新指導部攻撃、そして中ソの和解は不可能とする主張の激しさは、招待者たる中国のそれを凌ぐものであった。訪中の際、シェーフは毛沢東を「中国人民と国際共産主義の指導者」ときっぱり言い、「同運動の中心はソ連から中国へ移った」と主張した。滞在中、彼らは次のように語った。アルバニア人は、毛沢東が指導するマルクス・レーニン主義政党が行なう国際的運動、およびその創造を歓迎する。また、世界中に親北京的な少数党が急速に成長しつつある、と。

（見通し）

来るべき何時の日か、北京が既に示したような非妥協的、孤立主義的な線に沿って進むことを示すあらゆる兆候が存在する。それは、彼らが「一時的損失」と見なすコストを支払ってでさえもである。この根本的理由は、自分たちが世界革命の指導的地位を受け継ぐのだという中国人の確信によるのであろう。現在の挑戦的な、狂暴な路線は恐らく洗練され昂進するであろうし、さらに極端になるであろう。北京とその衰えつつある支持者たちは、その「原則的立場」を今後も主張することであろう。

彼ら自身の行動によって、中国人は自らの孤立の根本にある理論的立場（筆者註・文化大革命路線）を拒否することなく、その路線を突然変更することがほとんど不可能となっている。しかし、世界情勢の変化は北京政府が昨今の損失を埋め合わせることを未だ可能にするであろう。二年前、中国人が今日と同じように孤立する可能性、そして北京またはモスクワの指導者交代がほどなく中国の寒々とした局面を変え得るという可能性は、ほとんどなかったように思われる。

「文化大革命」の急進化による、中共の国際共産主義運動における孤立は深刻であった。CIA文書「中国の孤立」が指摘するように、いわゆる九・三〇事件によって北京＝ジャカルタ枢軸を失い、朝鮮労働党、日本共産党といったアジアにおける「友党」とさえ関係が悪化した中共の孤立状況は、内政・外交両面における中共自身の急進的政策に加え、ソ連の北ヴェトナム援助に代表される「中共孤立化政策」の結果でもあったのである。

同時期、スタヌラ（Ladislav Stanura）駐日チェコスロヴァキア大使館参事官、およびハース（Laszlo Hars）駐日ハンガリー大使館参事官は、エマソン駐日米公使との会談で、米国のヴェトナム政策を鋭く批判しつつも、「世界平和の主たる脅威は中共である」と明言している[19]。チェコスロヴァキア、ハンガリーという比較的ソ連に近い衛星諸国が、中共の国際共産主義運動からの逸脱を指して「脅威」と述べたのは当然であろう。しかし、中共の孤立状況の深刻さは、ルーマニアのようにソ連とある程度距離を置いた外交路線をとる国家との関係さえ悪化させたことにあった。

さて、このような中共の国際的孤立は、中共「封じ込め」政策を推進する米国にとって、ある意味で好都合であったことは事実である。昭和四十二年九月、三木外相訪米を控えた国務省の準備した文書は、「文化大革命」の行き過ぎが日本国民に大きな衝撃を与え、中共との関係を密接にしようとする日本国民の関心を弱める結果を招いたこと、日本政府への対中共復交圧力が減少したことを指摘している[20]。

以上の分析が示すように、日米両国政府が「文化大革命」を基本的に中共内部の権力闘争と認識し、その急進的・排他的な内政・外交路線が中共の国際的孤立を招いたと評価していたことは間違いない。しかし、日本と欧州諸国には「文化大革命」に対して、これまで論じてきた日米両国政府とは異なる見方・考え方が存在したことも事実である。特に、日本の親中国派の「文化大革命」観は、その後の日中国交回復に至る外交史を検討・分析する上で看過することのできない重要性を持っている。本章はその具体的内容を取り上げ、検討を進めてゆく。

四　欧州各国と日本の「親中国派」の見た「文化大革命」

いわゆる西側諸国中、日米両国を除く国々すなわち欧州諸国の「文化大革命」観については、外務省『中国情報』中に記録が残されている。その内容は主として英仏両国の反響に関する報告であるが、それらは「文化大革命」を権力闘争の一環と見る意見には批判的であり、その中には中共の「文化大革命」に対する公式見解「青年層に革命の興奮を味わしめ大西遷を経験している現指導者層の真の後継者たらしめるため、毛沢東のいう社会主義制度の下における階級闘争の継続の正しさを実地に教えること」を大筋において認める意見さえ含まれている。英国外務省の一部およびジャーナリズムの一部に存在した見解、そしてフランスの一部ジャーナリストによる見解は、彼らが「文化大革命」を中共の党内権力闘争という視点とは異なる角度から観察していたことを示す。そして興味深いことに、日本の「親中国派」の抱く「文化大革命」観は、フランスの一部ジャーナリストが抱くそれと内容的に酷似していた。

米国は、池田内閣期以来、対中関係正常化を目指す勢力による日本政府への圧力が増大しつつある事実を十分理解していた。既に指摘したように、「文化大革命」がもたらした中共国内の混乱状況が日本国民に衝撃を与え、その結果かかる圧力を一時的に軽減させるという結果を招いたことは事実である。しかしその反面、日本国内には「文化大革命」を中共の権力闘争ではない、青少年に対する「革命教育」であり、また社会改革を目指す行動と見なす意見も存在した。本節は、米国政府が見た日本の「親中国派」の中共政府に対する認識を検討し、それが後述するヴェトナム問題とも密接に関連した、昭和四十年代前半(一九六〇年代後半)期の日米関係における不協和音と化した事実を概観する。

以下、英仏両国の「文化大革命」観、および日本の新聞報道、知識人、そして「親中国派」財界人である岡崎嘉平太の「文化大革命」観につき、その内容を検討したい。

〔①英国外務省筋の「文化大革命」に対する見解(要約)[21]〕

(1)紅衛兵運動の背後に最高指導部の支持があることは明白であり、共産党指導部は若干の行き過ぎは当初から計算に入れていたであろう。紅衛兵の出現と党指導部内の権力闘争の反映とを結び付け議論することは余り意味がない。

(2)「文化大革命」と関連なく、中共のヴェトナム政策は不変。対米戦は回避する。

(3)紅衛兵活動の目的は、①権力派（実権派）の反対によって阻まれていた「資本主義および修正主義の残滓の徹底払拭」を紅衛兵の要求という形で利用し一挙に強行するため。②紅衛兵の暴力行為による反対派の抑圧、である。

(4)この二、三日の『人民日報』論説から、首脳部が紅衛兵の暴力抑圧に乗り出していることが分かるが、これは反対派抑圧という目的が既にある程度達成されたことを示している。

(5)最高指導者は政策上の相違に基づき急進派、穏健派に分かれて対立しているのであり、権力闘争と見るのは当たらない。

〔②英国各紙の論調〕

(1)『エコノミスト』は、紅衛兵の真の目的は延安時代の精神を味あわすことにあり、「文化大革命」の目的は物質的軍事的欲求不満の七億人民に、共産主義社会の精神的価値を強調することである[22]。

(2)『サンデータイムス』のヴィンセント（Jean-Louis Vincent）記者は九月四日付同紙で、「文化革命は粛清の正当化のために行なわれているのではなく、粛清はこの運動に反対する左右両派の追放を目的としているとして、いわゆる権力闘争説を否定」し、「文化大革命」の目的は『『持たざる者達』のためにすべての資源を利用し得るような新社会を建設することにある」と論じている。「文化大革命」が直ちに中共の対外強硬路線に結びつくという考えには否定的㉓。

〔③『ル・モンド』紙極東担当記者ギラン（Robert Guillain）の語る中共情勢㉔〕

（1）「文化大革命」をもって「狂気の沙汰」だとし、今回の毛・林路線の直面する諸困難をもって「内乱の前兆」と見る向きもあろうが、自分は今回の事態を毛沢東が熟慮に熟慮を重ねた結果打ち出した計画的なものであると思う。すなわち、一九五八年十二月の中央委員会で毛沢東に党主席と国家主席の兼務を続けることを要請しないことが決定され、翌五九年に劉少奇が国家主席の地位について以来、毛は党主席として思索、党務に専念させられることになった。毛は既にこの頃から、党や国家機関の権力の座についている後継者達の「保守的」傾向に気付き、これを是正していくためには先鋭的革命精神を絶えず昂揚しなければならないと考えるに至ったと思われる。すなわち、絶えず人民の革命精神を研ぎ澄ますことによって「革命の敵」を発見し、これに打撃を加えて革命の純粋性を擁護し、革命を前進させてゆくということが毛の信念であり、今回の「諸混乱」もまた革命的意義の「覚醒」の方法であると同時に過程であって、当初から計算済みのものであると考えられる。

（2）現在までのところ、種々の「混乱」は元々毛により計算済みのものであるだけに、毛・林派は運動の統制力を失ってはいないようである。「文化大革命」を「狂気の沙汰」だと見る向きもあったが、少なくとも現在まで科学技術研究部門は「革命」の対象から外されているところを見ても、これが「狂気」の産物ではないことが分かる。種々の指令も、曲がりなりにも党中央委員会の名において出されているし、発表も『人民日報』等を通じて整然と行われている。軍も表面には出ないが、林彪の下において一応は毛沢東を支持しているのではないか。

〔④フランス外務省談話〕

(1)紅衛兵の活動は、フランス革命中や一九四〇年代のソ連にあったような旧文化破壊、民族自尊心を向上するものといえる。[25]

(2)陳毅外相はペイユ（Lucien Paye）大使に次のように語った。「我々は、米国の挑発を受けぬ限り決して先に攻撃しない。それは台湾が米国に占領されているにもかかわらず、我々が何ら積極的攻撃をしないことからも明白である。ただ、米国はヴェトナムに何十万という派兵を行っている。この大きなメカニズムはやがて統制不能となることは必至であり、米国は中国領土を侵犯せざるを得なくなる。その時、我々は戦う用意がある。[26]」

以上のように、欧州諸国は「文化大革命」を権力闘争とする日米両国政府の見方とは異なり、これを大衆啓蒙、共産主義理念の強化という精神論的視点から捉えていた。『ル・モンド』紙のギラン記者は、「文化大革命」は毛沢東が入念に計画し発動したものであるとし、その動機は共産党の実権を掌握する劉少奇以下「実権派」の追い落としにあったと、ほぼ正確にその実態を捉えている。しかし、ギランは毛沢東がとったそのような行動を権力闘争であるとは見なかった。それは「革命の純粋性を擁護」する試みであり、人民の革命精神を「覚醒」させる試みでもあった。従ってギランの主張する「文化大革命」の本質は、中共政府による大衆啓蒙運動であったということになる。

そして、日本のいわゆる「親中国派」とされる人々の「文化大革命」観がギランのそれに極めて似ていたことは、「文化大革命」を報じる日本の新聞論調、あるいは知識人の談話が如実に物語っている。

かつて国務省文書は、「文化大革命」の行き過ぎによる著しい破壊行為、政敵に対する凄惨な弾圧、国内における「武闘」の発生に代表される国内の混乱が日本人の中共政府に対する嫌悪感を誘発し、「親中国派」による対中関係正常化圧力を弱化させた側面を指摘した。それは確かに一面の事実であったが、「文化大革命」が日本社会に与えた今一つの影響に、日本の一部新聞の論調、および一部知識人の抱いた、国際的に極めて特異な「文化大革命」に対するイメージが存在する事実も指摘しておく必要があるだろう。

昭和四十四（一九六九）年四月の中国共産党第九回全国代表大会（九全大会）は、毛沢東の後継者に林彪を指名し、いわゆる「毛・林体制」を確立した党大会であった。この「九全大会」は、事実上「文化大革命」の一応の「しめくくり」と見なされた。

『朝日新聞』は、「九全大会」以後の中国において「革命は終ったのではなく、さらに次の革命へつなげねばならぬ情勢をつくったのではないか」と論じ、次のように記している。

「中国の九全大会は、（中略）文化大革命という『革命』を一応〝収束〟して、生れかわった党の再出発の起点とみてよいことから、むしろ新たな党の結党大会と呼ぶのが適当かも知れない。それはすべてを毛沢東思想によって統率される党であり、文革の前の中国共産党とも、また、現在のソ連、東欧その他各国の共産党ともまったく異質なものだからである。

文革の当初、街頭に飛出した紅衛兵の破壊活動が海を越えて日本に伝えられたとき、困惑のまなざしをむける向きが多かった。そのころ『ジャリ革命』などという言葉が使われたのも、文革に対する評価がいかに混乱していたかを示している。

その後、壁新聞などに出た毛主席をはじめとする中国指導者の談話が報道され、『資本主義の道を歩む党内の最大の権力派』として、暗に劉少奇国家主席（当時）を非難する動きが高まるとともに、文革を毛、劉両氏の権力闘争だとする見方が出てきた。（中略）しかし、これを毛、劉両氏の単なる権力争いだとする見方には同調し難い。かなり古くから毛、劉両氏の間にあった路線の対立が、ぬきさしならないところまで発展して、ついに両者の権力闘争を生み出した、というのが妥当な見方であろう。」

「劉氏が資本主義の道を歩んでいたなどとは信じ難いという人が多かろう。しかし、中国人の心のなかには、いまだに封建的、あるいは資本主義的な考え方が残っており、それをいまのうちに一掃しなければ、ソ連のような『修正主義』に陥り、『正しい社会主義』の道からそれてしまう。ましてそのような傾向を助長するような政策を断じてとるべきではない、という考え方から文革が発動されたとすれば、『資本主義の道を歩む』という言葉の意味も、また劉氏が『中国のフルシチョフ』というレッテルをはられた理由も、ある程度理解できるのではあるまいか。

しかし、そのような封建主義や資本主義の残りかすは、多かれ少なかれ中国人全体の心の中に存在していたはずである。さらに、党、軍、政を通じての制度の定着化が官僚主義を生み、それが修正主義に結びつく危険性は、単に劉氏とその一派だけでなく、中国全体についていえたと思う。劉氏の過去の言動に毛路線から見てかなり問題があったことは否定できないかもしれない。」

すなわち、『朝日新聞』は「文化大革命」を単なる毛・劉間の権力闘争に起因するものと見ることは誤りであって、それは両人の社会主義建設路線の食い違いが結果的に権力争いに結びついたものであり、「文化大革命」そのものは「中国的社会主義建設の道を模索する壮大な実験」であり、「今後も長期にわたって続く」ものであると評価している[27]。

さらに「九全大会」について対談した知識人は、中国の「文化大革命」はソ連社会主義五十年の批判的総括に立つ革命であり、ソ連における利潤論導入、官僚制、ブルジョア文化摂取といった「修正主義」を打倒する試みである（菊地昌典）とした。さらに、「文化大革命」は「精神革命、人間革命という意味での文化革命」であり（石川滋）、これを単なる党内闘争の所産とみるのは誤りであって、大衆の不満・不安があってこそ「文化大革命」はあれだけ大規模な運動となったのであり、それを指導したのが「毛沢東以下のプロレタリア司令部」であったと論じた。そして、「文化大革命」は「プロレタリア独裁下でも『革命』はありえる」ことを明確にしたという意味で「マルクス・レーニン主義に新たな理論をつけくわえた[28]」ものである（安藤彦太郎）としている。

「文化大革命」を社会主義建設のための「壮大な実験」であるとする日本の報道機関、知識人の一部に見られた見解は、これを権力闘争、すなわち毛沢東による奪権闘争に他ならないと見る米国政府、日本政府の見解と著しく異なり、「文化大革命」を賛美するトーンすら感じられるものとなっている。

次に、日本の「親中国派」の抱く「文化大革命」観を典型的に示すもう一つの例として昭和四十一年十月二十六日、当時全日本空輸社長であった岡崎嘉平太がエマソン駐日臨時代理大使（公使）、アインスワース一等書記官と会談した際の発言を取り上げる。岡崎はかつて高碕達之助と共にLT貿易の成立に尽力し、高碕の没後、日中綜合貿易連絡協議会会長を務めた「親中国派」財界人の一人である。エマソンは、岡崎との会見内容について、自身のコメントを添えつつ次のように国務省に打電している[29]。

（一）中共の紅衛兵と「文化大革命」

岡崎氏は十一月一日から約二週間、訪中する考えだと述べた。彼は英国、そして程度は低いものの、米国には紅衛兵運動にかなりの誤解があるように思うと語った。西洋人は紅衛兵運動を中共指導部の権力闘争と解釈し勝ちである、というのが岡崎氏の考えである。

しかし、岡崎氏は二～三年前の訪中時、当地指導部が「革命運動の後継者」としている中国の若者らに革命経験が欠けている事実に関心を表明するのを、何度も耳にしたという。今日、若者達は指導者、幹部（cadre）、そして生徒らが延安で経験したような経験と規律を全く持たない。岡崎氏は、紅衛兵運動はこれら若者を純粋な革命運動へ指向させせようとする努力であり、おそらく毛沢東・林彪といった中共指導部によって前もって実行されてきたものであろうと考えていた。彼は、権力闘争という要素がそこに含まれるとは考えていなかった。その一方、彼は「革命の正しい路線」について中共指導部内に見解の相違があるらしいとも感じていた。

この見解の相違は、近代化の主張と毛の唱導する「精神」とのギャップにあると岡崎氏は考えたし、明治維新後の日本指導者のそれと比肩し得るというのが彼の見方である。氏は、政治をめぐるこの見解の相違は、逆の政策が推進されるときにはある指導者の没落・交代を呼ぶであろうが、彼らはスターリン統治下のように逮捕・処刑はされないだろうと信じている。

しかし、岡崎氏は「他人を圧迫するような行動を現在行なっているような紅衛兵が、どのようにして『民衆を苦しめた革命前』について理解しようというのか」という質問には、確答を避けた。ただ、氏は紅衛兵の行き過ぎについては軍の力で統制されてきたと信じている。既存の「共産主義青年団」を使わず、新たに組織した紅衛兵組織を使ったことをどう説明するのかという問いに対して岡崎氏は、中共指導部は運動を自発的なものに見えるようにしたかったのであり、より行動的人物を選びたかったのだろうとした。中共指導部高位者を紅衛兵が批判したという報道について氏は、北京政府は「批判の自由」の存在を世界に印象付けたいのであり、一方で指導者中に本当に批判に値するものがいるのだろうとも述べた。もし政治指導部の腐敗がなければ、日本の保守党は現在の困難を抱えていないだろう。

(二) 中共のソ連観

岡崎氏は、中共は事実上米国よりソ連を敵視しているという彼の考えを長々と説明した。中共は台湾問題以外、米国に真の苦情を持っていない。私見では、中共指導部は米国が故意に中国を侵略することなど全く信じていない。しかし、彼らはヴェトナム戦争の拡大による戦争を恐れ、これに準備を整えている。

(三) 米国は「もっと広い視野」を持つ必要がある(岡崎談)

米国はもっと広く、長期的視野に立った大戦略を持つべきである。中共は短期的にはより厄介な存在に見えるであろうが、結局ソ連は信じ難い国家であり、米中紛争の受益者となるのである。中国に侵略意図はなく、もし何かを得るとしてもそれを遂行する手段が全くない。人民解放戦争への中共の支持については、それをナショナリズム支持という額面通り受け取るべきであり、共産主義ドクトリンの派生物ではなく、独立戦争時の植民地(米国)に対するフランスの援助に比すべきものである。その一方、私は一九三九～四十年のドイツにおける経験、そして大戦末期の日本における経験に照らし、ソ連を全く信用しない。米国は平和共存というソ連のリップサーヴィスに騙されてはいけない。危険なものは共産主義ではなく、ソ連の国家的野心である。第二次大戦初期のソ連の国家戦略は、英国と闘わせることによるドイツ弱体化であり、日本との不可侵条約締結であった。それは日本が弱体化し、ソ連が危険なしに攻撃できるまで守られた。ソ連は同様に、米国の立場を弱体化することから利を得るであろう。

米国は、ソ連が平和協定到達のために北ヴェトナムを説得しようとしていると考えているようだが、自分は疑わしく思っている。彼らは北ヴェトナムに十分な援助を与え、その結果北ヴェトナムは戦争を継続でき、米国の力を侵食するのである。米国の真の国益は中国との平和協定にある。速やかにヴェトナムから自らを脱出させることだ。

（四）ヴェトナム問題の解決（岡崎談）

ヴェトナム戦争解決に当たっては、米国がホーチミン（Ho Chi Minh）に直接接触することが肝要である。最善の方法は米国首脳（大統領もしくは国務長官）がハイフォンへ飛び、ホーと面会を求めることである。これは「東洋的」アプローチであり、日本と中国の歴史における先例もある。ホーチミンはこれを拒否しないだろう。ホーはナショナリストなのであって、彼にとって共産主義は二義的な意味しかない。その戦争目的はヴェトナム再統一に過ぎない。ヴェトナムにおける米国の国力消耗は、自由陣営にとって極めて危険である。（地域的防衛について、日本はもっと行動的かつ積極的責任を果すべきではないかというエマソン等の問いに答え）ヴェトナム問題は軍事力のみで解決できるものではない。

（五）コメント

以上の報告は、主として岡崎氏が自身の見解を表明したものと理解されるべきである。当方からの反論、彼に再考を促す試みはほとんど為されていない。それは氏に対してはほとんど、あるいは全く効果を持たぬように思われる。

岡崎の談話は、「文化大革命」が権力闘争であるという見解を否定し、それを青年層に対する共産党の啓蒙であると意義付けたが、紅衛兵の動員による中共国家の混乱、民衆への被害については返答を回避している。さらに、米国のヴェトナム戦争介入は戦争に対する中国の不安を掻き立てるものであり、米国は「もっと広い視野」に立って政策を立案せねばならないと述べ、間接的ではあるが米国のヴェトナム戦争介入を批判し、米軍の撤退を考慮することを提言している。

当時、日本国内の「親中国派」すなわち与党の反佐藤派を中心とする勢力、および左派勢力を含む野党勢力は、中共との関係正常化を主張するのみでなく、米国のアジア政策とりわけそのヴェトナム戦争介入を強く非難し、米国の速やかなヴェトナム戦争介入中止と米軍即時撤退、そして日本による米国極東政策への関与を押さえることを主張していた。

その意味において、岡崎談話は日本の「親中国派」の主張をほぼ代弁するものだったといってよい。岡崎自身は対米協調を重視する穏健な保守的財界人の一人であり、決して共産主義に近い人物ではなかったが、その見解が米国にとって受け入れ難いものであったことも事実である。

これまで考察してきたように、「文化大革命」をめぐる日米両国政府の認識は、これを権力闘争と見ることにおいてほぼ一致していた。しかし、「文化大革命」の進展が日米関係における大きな不安要因を構成するに至ったのは、右に述べたように、「文化大革命」を「権力闘争にあらず、啓蒙運動である」と見る日本国内の「親中派」諸勢力が、同時に米国のヴェトナム戦争介入を強く非難し、返す刀で「対米追随的」な佐藤内閣への攻撃を強化したことにその原因が求められるだろう。その不安要因が急速に顕在化するのは、「文化大革命」の開始から約二年半を経過した昭和四十三（一九六八）年、ヴェトナム戦争における米軍の戦況窮迫、朝鮮半島情勢の緊迫という形で、日本を含む極東情勢が著しい緊張状態に陥った時のことである。それは日米安保体制を基盤とする日米関係を、根底から揺るがしかねない事件となって日本を襲うことになる。それは、いわば佐藤内閣期における日米関係最大の危機であったという意味で、正に「一九六八年の危機」と呼ぶに相応しいものであった。

（1）　アジア局中国課「『文化大革命』と中共の政局」、昭和四十二年一月十日。中国情報第三一〇四三号（総番号第一七〇九号）、『中国情報』第二十六巻。外務省外交史料館。
（2）　中国課「訪中日本人記者団員の語る陳毅外相との会見状況及び中共視察団」、昭和三十九年一月十三日。中国情

報第三四〇八一号（総番号第九三五号）、『中国情報』第二十一巻。

（3）中国課「佐藤内閣に対する中共の評価」、昭和四十一年十月三日。中国情報第三五〇四四号（総番号第一〇七〇号）、『中国情報』第二十六巻。

（4）「共同通信山田（札三）前北京特派員の中共内外情勢に関する内話」、昭和四十年十一月二十二日。中国情報第三二〇二八号（総番号第一〇二九号）、『中国情報』第二十五巻。

（5）内閣官房内閣調査室『中共「文化大革命」の考察』（昭和四十二年四月）、二頁。

（6）同右、三～四頁。

（7）同右、四頁。

（8）同右、六頁。

（9）同右、七頁。

（10）同右、一二頁。

（11）同右、一六～一七頁。

（12）同右、二九九頁。

（13）同右、三〇八頁。

（14）田中明彦『日中関係一九四五～一九九〇』（UP選書二四六、東京大学出版会、一九九一年）、五九頁。

（15）Memorandum of Conversation, September 17, 1966. LotFile 71D479, Box1, RG59, N.A.

（16）中国課「最近中共の『紅衛兵』の動きに対する各国反響論評（その二）」、昭和四十一年九月五日。中国情報第二二〇六三号（総番号第一〇六四号）、『中国情報』第二十六巻。

（17）The Cultural Revolution in Communist China Summer 1967. September 5, 1967. From Department of State to All American and Diplomatic Post. LotFile 70D45, Box4, RG59, N.A.

（18）CHINA'S GROWING ISOLATION IN THE COMMUNIST MOVEMENT August 5, 1966. DCD 1977, no.264C.

中共の国際的孤立状態については、インドネシア政変（九・三〇事件）直後にジャカルタを訪問した川島正次郎・自民党副総裁とライシャワー大使の会談に詳しい。インドネシア独立二十周年記念式典において、陳毅中共外相はインドネシア要人と会談することもなく帰国したという。川島はインドネシア政府当局者に中共と断交し、経済関係に集中するよう勧告したという。更に川島は、訪問先のビルマで、日本が地下資源開発等の経済援助を行う旨申し出た時、ネ・ウィン（Ne Win）大統領がビルマは中共の影響力を恐れるあまり鎖国政策をとっていると述べ、開国は中共勢力の浸透を招くゆえ援助はお断りすると述べたことをライシャワーに語っている。ライシャワーは、南ヴェトナムの米軍がビルマへの共産主義の圧力を軽減しているのではないかと語り、川島はこれに同意した。

川島は更に、インドネシアもカンボジアもビルマも非同盟自由主義諸国として協力することにより、中共の影響力から可能な限り自由になることができるではないかと述べている。Memorandum of Conversation, October 20, 1965. LotFile69D347, Box3, RG59, N.A.

(19) 23rd Party Congress, Vietnam, and Communist China. April 13, 1966. LotFile 71D479, Box1, RG59, N.A.

(20) Your Meeting with Foreign Minister Miki on September 14, BRIEFING MEMORNDUM. From William P.Bundy to the Secretary of State. September 9, 1967. LotFile70D45, Box4, RG59, N.A.

(21) 前掲「最近中共の『紅衛兵』の動きに対する各国反響論評（その二）」。

(22) 「同右（その三）」、昭和四十一年九月七日。中国情報第三一〇四一号（総番号第一〇六六号）、『中国情報』第二十六巻。

(23) 「同右（その一）」、昭和四十一年九月五日。中国情報第三一〇四〇号（総番号第一〇六五号）、『中国情報』第二十六巻。

(24) 在仏萩原（徹）大使発外務大臣宛、第一〇七号電、昭和四十二年一月十三日。「中共情勢に関する Robert Guillain 記者の内話」。

(25) 「最近の中共の動きに関する各国反響（その四）」、昭和四十一年九月十二日。中国情報第二一〇六四号（総番号第一〇六七号）、『中国情報』第二十六巻。

(26) 「同右（その三）」、昭和四十一年九月七日。なお、陳毅のペイユ大使との会談は八月十八日となっている。

(27) 「革命の後の革命・九全大会以後の中国（上）・新しい国造りへ模索・独自の道へ壮大な実験」、『朝日新聞』、昭和四十四年四月十五日。なお、この日の『朝日新聞』は、中共「九全大会」が「党規約と政治報告を採択」し、毛体制確立を示したこと、また毛沢東の後継者として林彪が確定したこと、中央委員会が選出（序列一位は毛沢東、二位が林彪、三位は周恩来となることが確実）されることを一面トップで報じている。

(28)「中国・九全大会と内外政策」、『朝日新聞』、昭和四十四年四月五日。座談会出席者は安藤彦太郎早稲田大学教授、菊地昌典東京大学助教授、石川滋一橋大学教授。

(29) Memorandum of Conversation, Mr. Okazaki's view on Asian Situation. October 26, 1966. LotFile 71D479, Box1, RG59, N.A. 岡崎嘉平太は、日銀入行後ドイツに勤務する。大東亜省参事官などを経て、戦後は池貝鉄工、全日空社長などを歴任した。LT貿易協定締結の際には、代表団の一員として高碕達之助と共に訪中し、協定成立に尽力した。

Ⅶ 「一九六八年の危機」——極東情勢の緊迫と中国問題・日米関係——

一 朝鮮半島の危機

昭和四十年代前半（一九六〇年代後半）の極東情勢は、昭和四十（一九六五）年二月に始まった米国のヴェトナム戦争本格介入（北爆開始）によって、その大枠がほぼ決定されたといってよかろう。そして、佐藤内閣は沖縄・小笠原返還問題に対する支持を獲得するため、また沖縄・小笠原返還の「見返り」を要求する米国側要求に応えるため、そのヴェトナム戦争支持政策を「公然化[①]」させてゆく。

このような佐藤内閣の動きは、与党内反佐藤派、野党、左派勢力の激しい反発を招き、彼らは佐藤の南ヴェトナム（サイゴン）を含む東南アジア歴訪に際し、羽田空港におけるデモに代表される激しい反対運動を展開したのである。そして中共政府も、現職首相としては実兄・岸信介以来十年ぶりに台湾を訪問した佐藤への反感を募らせた。中共政府がこの時期とった対日政策は、主として自民党内の矛盾（派閥抗争）を利用することによって佐藤を政治的孤立に追いやることであり、その目的を達成するため日本国民各層に長期間、かつ直接的に働きかけるというものであった。昭和四十一年九月十二日、周恩来は訪中した小坂善太郎以下自民党議員団に「中国は佐藤内閣に期待せず、反佐藤勢力が政権を握る日まで待っている」と語っている[②]。

「佐藤内閣を相手にせず」というこの中共政府の姿勢は、佐藤退陣に至るまで事実上堅持された。こうして、日中関係の抜本的打開は中共政府の対佐藤強硬姿勢のため極めて困難となったが、その傾向に一層拍車をかけたのが前章で見た「文化大革命」の激化による中共の国内情勢混乱、およびその対外政策の硬直化であった。後述するように、「内政干渉」とも解釈されかねない日本の外交政策に対する感情的非難、日本国内の左派勢力に対する扇動的言辞は日本政府の対中共態度を硬化させ、日中関係をますます険悪化させることになるのである。

昭和四十三（一九六八）年、極東情勢は朝鮮半島問題、ヴェトナム問題をめぐって著しい緊張に陥った。当時、日本国内では社会党・共産党その他の左派勢力が主導する、ヴェトナム戦争反対を訴える大衆行動（労組運動、学生運動を含む）が激しさを増していた。彼らは、ヴェトナム戦争遂行に協力する佐藤内閣の政治姿勢を米国の軍事行動に加担する「対米従属」路線、およびその対中姿勢を「中国敵視」路線であると攻撃し、その抜本的是正を求めていた。

極東情勢の緊張は、これに対処しようとする米国の政治的・軍事的行動、および日本政府による対米協力という過程を通じ、日本国内の反米運動、反政府運動を一層激化させた。そして、朝鮮半島の危機と「文化大革命」の進捗は米国の対共産圏姿勢をますます強硬なものにし、その結果として日本の反米運動をエスカレートさせるという道筋を辿りながら、日米関係の緊張を醸成してゆくのである。

本章は、原子力航空母艦「エンタープライズ」佐世保寄港問題、および朝鮮半島の緊張を一挙に激化させた米情報艦「プエブロ」号拿捕事件を例として、日米関係における「一九六八年の危機」であった、極東情勢の緊張について論じる。米国外交記録は、同時期の日本政府が極東情勢の緊張（ヴェトナム戦争の泥沼化、朝鮮半島問題）に直面し、その対米協力姿勢を維持しつつも、米国の極東における諸行動を全面的に肯定していたわけではなかった事情を記している。そして、極東情勢の緊張という「一九六八年の危機」は、やがて日米関係の不安要因である中国問題にも大きな影響を与え、更に大きな外交的危機へと繋がってゆくのである。

空母「エンタープライズ」が、ヴェトナム水域出動のため長崎県佐世保港に入港したのは昭和四十三年一月十九日のことである。原子力推進機関を持つ「エンタープライズ」の入港は、核兵器搭載の可能性とも相俟って社共両党をはじめとする左派勢力の激しい反対運動を引き起こし、佐世保市における反対デモは負傷者も出るほどの激しさとなった。

佐々木良作（民社党）はプファイファー（Robert F. Pfeiffer）一等書記官と会談し、「エンタープライズ」寄港問題と日本の世論について次のように語った。[3]

「寄港は最悪の時期に行なわれたと私は思う。それは自民党、米国双方にとってマイナスの効果を持つであろう。米国は『エンタープライズ』には一般からの強い反応があることを知るべきであったし、寄港の理由について日本の大衆にもっと説明する努力を払うべきであった。『エンタープライズ』の核兵器搭載について肯定も否定もしない態度は、一般の人々から全く信用されないであろう。『エンタープライズ』が核兵器を搭載していることは報道がこれを推定しているし、また一般の人々はそう信じているのだ。米国（真珠湾）を出港してすぐ乗組員に休息と回復、艦に補給が必要であるとは信じ難い。また『エンタープライズ』と他の空母との唯一の相違が推進機関であることも、一般にはよく知られていない。

米国はもっと日本国民の感情に配慮すべきである。そして日本国民の反応がいかなるものであるかにつき、米国は自民党とりわけ外務省の説明に依存するべきではなかろう。全政党を通じ、自民党は一般の反応に最も疎いからである。政府自民党は『エンタープライズ』寄港を受け入れることで米国を喜ばせ、それが招いた全ての悪影響・結果に対して対米非難でこれに応えるだろうと考えている。民社党は、感情的反米デモは日本にとって不利益と考える。社会党、共産党は反米運動に利用するため、そのような感情論を利用しているからだ。」

民社党は、日本の野党中もっとも穏健・保守的であり、かつ親米路線に近いと思われる政党である。その民社党さえ『エンタープライズ』入港はもっと時期を選ぶべきであったし、かつ日本国民の感情に配慮して行なわれるべきだったと主張したことに、ヴェトナム戦争遂行をめぐる当時の反米感情の高まりが示されている。佐々木は、米国が日本国民の感情を過度に逆撫ですることは社会党、共産党という左翼政党に力を与える結果になりかねないと、米国に警告したのである。

なお、中共は「エンタープライズ」入港反対運動に始まる昭和四十三（一九六八）年の一連の「反米運動」を「怒涛のような日本人民の反米愛国闘争」と総括し、毛沢東思想で武装した「日本人民」が「反米独立闘争」に決起した日本革命の一環であると評していた。そして彼らは、米国ジョンソン政権および佐藤内閣を「米日反動派」と罵倒すると共に、「〝鉄砲から政権が生まれる〟（毛の言葉）という真理は、いま、日本の労働者、農民、革命大衆のあいだに日ごとに深く根をおろしている。日本人民は今一九六九年を、独立、民主、平和、中立の大道をめざして、驀進する一年とするであろう」[4]としている。このような中共政府の認識は、日米両国政府の到底許容し得ないものであり、確かに「文化大革命」がもたらした「独りよがりのゆがんだもの」[5]と評価すべきものかもしれない。「文化大革命」による中共政府の国際的孤立、外交政策の急進化、それに伴う感情的対日非難の激化は、日本政府および国民多数の困惑と中共政府に対する嫌悪感を呼び起こし、日中関係正常化の時期を一層遅らせる結果を招いたからである。

そのような時期に起こったのが、朝鮮半島情勢の著しい緊張である。それは北朝鮮武装ゲリラが韓国大統領官邸を目指し侵入した「青瓦台事件」、そしてその僅か二日後に起こった北朝鮮・元山沖の米情報艦「プエブロ号」

拿捕事件によるものであった。

これらの事件は、佐藤の対米協力姿勢に疑問を持つ与党内反佐藤勢力の動きを表面化させる契機となったのみならず、いわゆる「ジョンソン・ショック」後の反佐藤内閣の動き、対米不信感の醸成という形で、日米関係の危機を招来することになる。そして朝鮮半島情勢の緊迫に対する日米両国の対応を検討することは、日米関係の緊張、そして「ジョンソン・ショック」が日本に与えた衝撃の意味と、その後急速に強まるに至った「日本の頭越しの米中改善」という日本政府の不安の淵源を明らかにすることでもある。本節は、以上の問題意識から朝鮮半島情勢の緊迫をめぐる日米協議について検討を進めるが、分析の具体的事例として「プエブロ号事件」に関する日米当局者の対応を取り上げる。

さて、昭和四十年代になると、韓国に対する北朝鮮ゲリラの浸透、破壊工作が頻発し、朝鮮半島情勢は俄かに緊張の度合いを増した。以下に掲げるのは、主な北朝鮮ゲリラの浸透事件である(6)。

(1)一九六五年七月十三日。武装ゲリラ四人、ソウル郊外の松湫遊園地に出現し、そのうち二人は射殺され、二人は逮捕された。
(2)六五年十月二十四日。五、六人の武装ゲリラが江原道道楊口で、韓国軍将校一家五人を虐殺。
(3)六七年九月五日。京畿道抱川郡哨城駅付近で、北工作員のレール破壊により列車が転覆。
(4)六七年九月十三日。京畿道坡州郡雲井駅付近で、北工作員による貨物列車爆破事件が発生。
(5)六八年十一月三日。東海岸の蔚珍・三陟地区にゲリラ一二〇人が上陸、テロ、虐殺、破壊活動をおこない、二人を除いて全員掃討された、いわゆる「蔚珍・三陟事件」。
(6)六九年三月十六日。武装ゲリラ七人が東海岸の江原道注文津に浸透し、警察官一人を殺害、全員射殺された。

(7)六九年六月十三日。西海（黄海）の大黒山島に浸透を企画した武装工作船（七五トン）を拿捕。
(8)七〇年四月八日。劇薬を携帯して京畿道金村に浸透した工作員三人を射殺。
(9)七〇年六月二十二日。北工作員三人が政府要人暗殺を目的に、ソウルの国立墓地の正門近くにある顕忠門に爆薬を装置。
(その後、一九八〇年代に至るまで数々の北朝鮮ゲリラ、スパイによる韓国内部撹乱工作が行われている。)

韓国、そして米国に最も衝撃を与えた北朝鮮ゲリラの浸透事件は、昭和四十三年一月二十一日、武装ゲリラ三十一名が韓国大統領官邸（青瓦台）を襲撃目標としてソウル市内に侵入、検問中の警察官と銃撃戦を交え、警察官・民間人を数人殺傷した「青瓦台事件」である。朴正熙大統領の暗殺を狙ったこの武装ゲリラ南派事件は、朝鮮半島情勢を一挙に緊迫させることになった。そしてその僅か二日後、北朝鮮・元山沖の洋上で米海軍所属の情報艦「プエブロ号」が北朝鮮当局に拿捕され、乗組員が捕虜になるという事件が発生したのである。(7)

米朝両国は、「プエブロ号」の拿捕地点をそれぞれ公海上、領海内と主張して真っ向から対立し、先に佐世保に入港した空母「エンタープライズ」は行き先をヴェトナム水域から元山沖に変更(8)するなど、朝鮮半島の緊張は極限に達した。

『朝日新聞』は、「プエブロ号事件」に関する外務事務当局の評価について、次のように報じている。(9)

「外務省は『北朝鮮の南への浸透活動』が一昨年から急に強まってきた点をこれまでも重視してきた。『北からのゲリラ活動』は昨年、約五百件と前年の十倍にも達したといわれており、去る二十一日夜ソウルで起った大統領官邸襲撃事件までのこうした経緯は、北朝鮮が韓国内に『ベトナム戦争初期の南ベトナムの状況』を作るため、北から「刺激剤」を与えていたものといわれた。

しかし、韓国内には南ベトナム民族解放戦線（ベトコン）のような解放運動が育つ可能性は、最近の韓国の経済、社会状況からいってきわめて薄く、したがって『北からの浸透』工作は結局は成功しないだろうと外務省筋ではみていた。

こんどの事件は、さる二十一日の夜のソウルでの襲撃事件の直後に起ったが、同省筋の中にはこの二つを結びつけて、『北がソウル事件（筆者註・「青瓦台事件」）に至る一連の浸透工作の失敗をおおいかくし、一方で、米国は北に対し、もっと大がかりな挑発を行なっている事実を示そうとして、米艦捕獲にふみ切ったのではないか』という推測も出ている。」

しかし、当時の日本国内における「プエブロ号事件」に対する評価は、決して外務事務当局のように、事件の原因を北朝鮮側の責任に求めるものばかりではなかった。後述するが、三木外相は「プエブロ号事件」の原因は米国の行動自体が作り出したものではないか、という疑惑を会談の席でジョンソン駐日大使に述べている。もちろんジョンソン大使はこの見方に強く反駁し、三木の発言に同意しなかったが、三木発言には、米国が極東情勢に深く関与すること、その米国に日本が協力することへの批判すら窺うことができる。これは、佐藤率いる自民党主流派と反主流派（反佐藤派）に属する三木との外交姿勢の相違、その政治的主張の溝を浮き彫りにするものであった。そこには、本来は親米勢力であるはずの政府与党にさえ存在する、米国極東政策（ヴェトナム戦争遂行、中国問題を含む）に対する日本国内の根強い批判を見ることができる。

そのことを率直な表現で米国大使館員（プファイファー二等書記官）に語った人物は、麻生良方（民社党）である。麻生は「プエブロ号事件」について論じた際、今や日本人一般にとっては米国が「愚か者に見える」と述べ、その理由を次のように説明した。[10]

「それは、米国が明らかに北朝鮮の罠にはまったからである。プエブロ号がどこで拿捕されたか(恐らく、米国の主張通り公海上であろう)は問題ではない。北朝鮮が一連の挑発行為を行なったかどうかも然りであり、その理由は、北朝鮮がそれを行なったことは全ての人々が認める事実だからである。しかし、北朝鮮が挑発されて開戦すると信じるものはいない。昨年、北朝鮮は国内の反対を押さえるためより侵略的政策をとるだろうと言われた。ソウルへの暗殺者派遣(筆者註・「青瓦台事件」)は、この新戦略の一環だと日本国民は受け取っている。この周知の戦略に照らして考えれば、北朝鮮水域に接近することは愚かと結論することは理に叶っているとしか言えまい。米国は北朝鮮の明らかにして周到な罠に落ちたように思う。ベトコンのサイゴン米大使館占拠事件に次いで、本事件は日本人一般に米国を愚か者だと思わせる効果があった。いささか正直に過ぎた嫌いはあるが、このように考える日本人は少なくない。」

事件から三日を経過した一月二十六日、下田武三駐米大使は国務省にラスク国務長官、バーガー(Samuel D. Berger)東アジア・太平洋担当国務次官補代理らを訪問し、「プエブロ号事件」解決の方策について協議した。[11]下田大使は同事件について日本政府の「深甚なる関心」を表明し、日本政府の作成した危機緩和の具体案を含む文書を手交した。それは、事件解決のために日本、ソ連、および第三国からなる三カ国調査委員会を編成し、約一ヶ月をかけて事件の詳細を調査、さらに一ヶ月かけて報告書を作成し、各国政府に手交するというものだった。そして同委員会の結論に従い、日ソ両国政府は「プエブロ号」およびその乗組員の処遇を決定する。調査の結果「プエブロ号」が公海上で拿捕されたことが判明した場合、船体と乗組員は直ちに米国へ帰還する。逆に北朝鮮領海内と判明した場合、北朝鮮法による処理となる。正確なことが判明しない場合は乗組員を米国に帰国させ、船体は北朝鮮管理とする。

しかし、ラスクはこの案には重要な問題があると指摘した。まず、事実調査の結果が二ヶ月後でないと判明しないのは遅きに失すること、同委員会が国連安保理事会の機能を代行するのか不詳である（下田は、共産圏による拒否権行使の可能性を考えれば、三カ国委員会設置案はよりよい解決法ではないかと述べた）こと、そして国際法上の問題である。ラスクが特に問題視したのは、国際法では一国の軍艦が他国領海に侵入した際、被侵入国は退去を要求できるが、これを拿捕する権限はないにもかかわらず、日本案は国際法に背馳する原則を作るものであるという点であった。更にラスクは、軍艦は他国の法律に拘束されないはずである、と下田に反駁した。さらにバーガーは、「プエブロ号事件」は韓国問題の一部であり、米国は他の案件を放置したまま同事件に関わるわけにはいかないと主張したのであった。

すなわち、日本側当局者の「プエブロ号事件」に対する反応は、その拿捕が公海上であるという米国の主張を大筋で認めつつも、もっとも親米的な野党である民社党から政府機関に至るまで「事件の責任は米国側にも存在する」という認識を抱いていたことを示していた。

それは、ヴェトナム戦争遂行に代表される米国の極東問題への深い関与に対し、日本国民が強い不安を抱いていたことの具体的表れであったといえる。とりわけジョンソン大統領が一月二十五日、予備役（空軍および海軍航空隊）約一万四千名の動員を決定したことは、北朝鮮情勢の緊迫に備える措置、かつヴェトナム増派をも視野に入れた行動として国際社会の注目を浴びた。

「プエブロ号事件」によって明らかとなった当時の日本政府の対米認識を最も端的に表わすのが、昭和四十三年一月二十七日、事件から四日目に東京・外務省で行なわれた三木・ジョンソン会談であろう。三木の説明は、同事件に対する日本外交当局の公式見解であるといってよい。少々長い引用になるが、以下、三木の発言に留意しつつその内容を分析したい[12]。

（三木）　本日大使に外務省まで御足労願ったのは、北朝鮮元山における状況進展について日本政府の深い関心を表明するためである。「プエブロ号事件」は日本近傍で起こった事件であり、日本政府は関係諸国が節度ある穏健な態度を維持し、新たな紛争を起こさぬよう希望する。昨日、自分はトロヤノフスキー（Oleg A. Troianovskii）駐日ソ連大使を外務省に呼び、日本政府が危機の広がりを防止するためソ連と協力したい旨を伝え、モスクワへの伝達を依頼した。トロヤノフスキーは、事件の全責任は米国にあるが、自分はこれを本国に伝えると返答した。

米国は国連緊急安保理事会における計画と、事件概要を全て日本に知らせて欲しい。それがなければ、国民に事件について理解させることができないからである。格別のご配慮を願いたい。ワシントンで下田大使が日ソ協力による事態の鎮静化を図るため、共同委員会を設立する件につきラスク長官に説明した。

（ジョンソン大使）　その案について説明願いたい。（東郷文彦北米局長より写しを手交。）

（三木）　不十分な情報しかない「プエブロ号」の行動について、今一度情報提供をお願いする。「エンタープライズ」寄港の混乱直後でもあり、自分は「プエブロ号」の行動について情報が欠けていることが、日本国民の疑惑を呼ぶことを怖れる。そのために、日本政府は詳細な情報を得たいと考える。開示できない情報が存在することは分かっている。しかし、我々は情報を欠いていては国民への説明が難しいのである。できるだけ情報を提供して欲しい。米国政府が情報を秘密にせよと要求するなら、日本政府は同意する。

（ジョンソン大使）　事件を平和的に解決したいというコメントを、米国に向けて言う必要はないのではないか。貴方も御存知のように、我々は事件解決の糸口をつけるべく直ちにソ連に接触し、朝鮮軍事停戦委員会召集を要求し、日本を含む各国政府に連絡し、平和的解決のためあらゆる可能な影響力を行使するよう依頼し、国連緊急安保理事会召集を要請したのである。我々は事件の平和解決に向けあらゆる手を打ってきたし、他国の助言には感謝している。

我々は事件当初から、我々の持っている情報について日本政府に知らせようとしてきたし、できるだけ早くこれを伝えるようにもしてきた。日本政府に知らせなかった情報はなかったと思う。船（「プエブロ号」）の位置についても、私は日本政府にそれが絶対に北朝鮮領海外であることだけでなく、彼ら自身が領海外であることを知っていたことを証明する情報も知らせていたのである。

日本の提案した共同委員会について、いくつか指摘したい。仮に「プエブロ号」が北朝鮮領海内にいたとしても、国際法および慣習の下では、領海侵犯の際は退去を要求し、領海外までこれを護衛するのが普通であろう。これは世界中で常に起こっていることである。その船を攻撃し、乗員を逮捕・殺傷することなどしない。国際法上は、その船が指示に従わなかった時にのみ、拘束を受けることになっている筈である。

これは米国軍艦が公海上で拿捕された事件である。普通の考えならば、これは確実に戦争行為と見なされよう。しかも本件は北朝鮮側船長の単独行動ではない。むしろ北朝鮮軍の共同行動であり、多くの船舶と航空機を含む計画的行動だったのである。それだけではなく、これは特に韓国に向けられた北朝鮮の急増しつつある侵略的、かつ好戦的な行動の一部である。我々は日韓両国と情報交換し、その評価において日米両国は一致した。この侵略行為は先週、韓国大統領を暗殺しようとした武装ゲリラ派遣でクライマックスに達した。これは先例のない行動であり、韓国への公然たる侵略である。

我々は「プエブロ号」とその乗員の運命のみでなく、北朝鮮の侵略的姿勢にも考えを向けねばなるまい。この問題を処理するのに失敗すれば、我々は将来より大きな侵略と困難とを誘発するだけではないのか。この問題は韓国の安全保障問題も含むのである。それは米国がそうであるよう、日本にとっても重大関心事の筈だ。
我々は事件の平和的解決に最大の努力を払っているが、これは乗員の釈放を含んでいる。彼等はいかなる法に照らしても不法に抑留されているのであり、我々はまた船体の返還も要求する。これは米海軍の軍艦であって、漁船ではない。これは公に電子船であるとされており、世界中で活動している多くのソ連船と同じものである。これらソ連船はグアム島、米国東海岸等で電子暗号を聴取しつつ三マイル沖を遊弋している。これは不法でも何でもなく、尋常ならざることでもない。「プエブロ号」はスパイ船ではない。三木外相その他の方々にお願いするが、どうか「プエブロ号」をスパイ船と呼ぶことはお止め願いたい。スパイ船は人目を偲んで他国に侵入し、スパイ行為を行なうものだからである。北朝鮮の行動パターンを考えれば、沿岸から離れて行動したことは理解し得るし、慎重な行動であった。日米両国は北朝鮮の意図について、韓国で何が行なわれたかに照らし、あらゆる情報が欲しいであろう。「プエブロ号」が元山沖で行なっていたことは、全く合法的である。似たような船は日本海を含む世界中で妨害されず活動中だ。時折、ソ連船は我々同様、それらの船を尾行する。それは通常のことであり、真に通常でなく先例のないことは一国が公海上において他国軍艦に対し、敵意ある計画的行動をとったことにある。他に付言することはない。

このジョンソン大使の説明を聞いた三木は、北朝鮮の背後にあるのはソ連ではないか、中共の影響力は減退している(「文化大革命」の影響)からだと語ったが、ジョンソンは公海上の自由を守ることがソ連の国益であるゆえ、今回の事件は北朝鮮の単独犯行であろうという見方を示した。その後、三木は事件の性格について私見を述べたが、それは三木とジョンソンとの見解の相違を如実に示すものだった。

(三木)　地上基地より公海上で電子情報を収集したことを重視すべきだ、という感情が日本にはある。

(ジョンソン大使)　全ての国々が他国からのラジオ放送を聴取しているではないか。海上からの方がよく聞こえるというケースもある。もし外務省が屋上にアンテナを建て外国放送を聴取したとしても、これを以ってスパイ活動と言うことはできまい。事実上、相違はないのである。

(三木)　この状況に国際法を当てはめれば全く問題はない。しかし考えるべき他の実際的側面があり、法律論のみに拘泥することはできない。

(ジョンソン大使)　外国のラジオ放送を聴取することが、政治的、道徳的、あるいはその他の面で悪いことなのか？

(三木)　そうは言わない。しかし、今回のような事件は国際法のみで考えることはできないのではないだろうか。

(ジョンソン大使)　米国船が北朝鮮のラジオ放送を聴取したことは合法であり、米国にはその権利がある。仮にこれが悪行であり敵対行為と考えられるならば、我々は絶対に非武装で護衛も付けない丸腰の船を派遣などしなかった。これは世界中で行なわれていることだ。異常でもなければ敵対行為でもない。

(三木)　私は悪いといっているのではない。ただ、それが領海内だったら事件になると言っているのである。

(ジョンソン大使)　「プエブロ号」は北朝鮮領海内に入っていない。沿岸から十三マイルを守るよう指示され、これを忠実に守っていた。

三木・ジョンソン会談の記録は、三木外相が「プエブロ号事件」に関するジョンソン大使の経過説明に納得せず、「考えるべき他の実際的側面」の存在を強調し、事件を「国際法のみで考えることはできない」と考えていた事実を明らかにしている。なお、ジョンソン大使はその回顧録で、「プエブロ号事件」をめぐる野党の態度が「プエブロ号が公海上にあったことを示す証拠（北鮮のラジオ放送）を信じようとせず、信じないふりをした[13]」ものだったと述懐する。

ジョンソン大使はまた回顧録の中で、自分は佐藤と三木の間にあった不協和音に気付いており、次期総裁への野心を持つ三木が「明らかに佐藤首相よりも自分の方が確固たる国の擁護者であるとの印象を与えようという計算[14]」に従い、自らに接したとも証言した。その後、佐藤と三木の対立は沖縄返還問題をめぐって決定的なものとなる。[15]

三木が述べた「考えるべき他の実際的側面」を考慮して事件解決に当たるべきだという発言は、米国が「国際法を厳格に適用した」強硬な主張を押し通すことによって、却って北朝鮮を硬化させることがないよう配慮して欲しい、という意味であったという解釈もできる。しかし、三木発言には恐らく佐藤の「対米従属」外交を幾分でも是正しようとする意図が含まれていたのであり、その真意は佐藤の外交姿勢に対する反発であったと考えることも可能であろう。三木発言は、ラジオ放送受信の「合法性」を根拠にして対北朝鮮強硬路線をとる米国の行動に対する批判でもあり、また米国の行動に日本が同調することは極東の緊張をますますエスカレートさせかねないと、ヴェトナム戦争支持を「公然化」した佐藤の「対米追随」的な外交路線を批判する自民党反主流派（「親中国派」含む）の主張を代弁したものであったようにも思われる。

ジョンソン大使が、三木外相は「佐藤首相の後継者になろうと決意していたため、必ずしも佐藤首相の日米関係に関する姿勢を忠実に反映することは期待できなかった」と後に述べた事情の一端が、ここに窺えよう。米国の立場から見れば、三木は佐藤の「親米路線」を阻止しようとする反主流派の一人であった。このように考えれば、ジョンソン大使が後年、その回顧録で三木への不信感、ないし嫌悪感を隠そうとしなかった事情も理解できるのである。

ともあれ、佐藤の指導する政府与党（自民党）は、米国極東政策を決して一致して支持していたわけではなかった。そしてジョンソン大使は、そのことが日米関係にもたらす弊害をよく理解していた。それゆえ、彼は政治担当国務次官となった後年、国務省の意向に関わりなく推進された「秘密外交」の産物である「ニクソン・ショック」が佐藤を政治的窮地に追いつめたことを指して、「不必要に日本との結び付きにダメージを与え[16]」たと激しく非難したのである。

「プエブロ号事件」は、佐藤首相率いる自民党主流派が主導する外交路線、すなわち米国のヴェトナム戦争遂行を支持する対米協力政策に対し党内反主流派が抱く不満と反感を、三木発言という形で公にしたといえよう。

その反主流派の佐藤批判は、ひとたび佐藤が政治的窮地に陥る事態が起きた場合、反佐藤運動の形をとって一気に噴出するであろうことは、容易に想像し得る。そして、佐藤を政治的窮地に追いやり、その政治的立場に大打撃を与える決定がジョンソン大統領によって行なわれたのは、「プエブロ号事件」からわずか二ヶ月後のことであった。

二　「ジョンソン・ショック」と日本

昭和四十三年三月三十一日夜（ワシントン時間）、ジョンソン大統領が全米向けテレビ・ラジオ演説において、北爆の条件付き（非武装地帯の北側を除く）一方的停止、次期大統領選挙への不出馬を表明したことは、米国の劇的な政策転換を示すものとして日本政府、そして全世界に衝撃を与えた[17]。いわゆる「ジョンソン・ショック」である。

「ジョンソン・ショック」は、米国が日本の頭越しに劇的な政策転換に踏み切ったという意味で、それから三年後に起こる「ニクソン・ショック」の原型と称してもよい事件であった。そして「ジョンソン演説は米国極東政策の大転換を意味するのではないか」という疑念は、米国が「同盟国」南ヴェトナムの頭越しに「交戦国」北ヴェトナムに和平交渉を提案した事実と相俟って、米国が「同盟国」日本の頭越しにこれまで「敵視」してきた中共と関係改善を行なう挙に出るのではないか、という日本政府の不安を強める結果を招いたのである。

ジョンソン演説を報じた四月一日の『朝日新聞』は、松本俊一元駐英大使、小谷秀二郎京都産業大学教授、小坂徳三郎信越化学社長らの座談会「ジョンソン演説・和平につながるか」を掲載している⑱。

松本俊一元駐英大使は「南ベトナム民族解放戦線の旧正月攻勢からまる二ヶ月たった現在、ジョンソン大統領はあらゆる角度から分析、研究を続けてきたに違いない。希望的観測は抜きにして、考えに考えた末での〝決断〟である、という点に注目したい。（中略）このジョンソン演説がベトナム平和へのきっかけとなり、米国の東南アジア政策、世界政策の転換を意味するものと評価せざるを得ない」と述べ、ジョンソン演説が事実上米国のヴェトナム戦争収拾の第一歩を意味するという見方を示した。

そして小谷秀二郎教授は、「昨年十二月二十九日トリン北ベトナム外相は『米国が北爆など北ベトナムに対する戦闘行為を無条件で停止すれば、北ベトナムは話合いの席につく』という提案を行った。ジョンソン提案はこれに答えたものだ。ジョンソン大統領は北ベトナム提案を一〇〇％のんでいない。しかしこれは当然のことではなかろうか。サンアントニオ方式（筆者註・北ヴェトナムが北爆停止を利用して補給・浸透活動をしないこと）から一歩前進したジョンソン提案を北ベトナムが受入れるかどうか。『北』が受けなかった場合、世界の世論は逆転する。ジョンソン大統領が大統領をやめてまで平和への熱意を見せた。この反響は大きいし、世界各国に与える圧力も大きい。それでも『北』がこれを受けないとしたら、世界世論の攻撃を受けるのは『北』ではないだろうか」とジョンソン演説の意義を評価し、これを北ヴェトナム政府が受諾するかどうかがヴェトナム和平実現の鍵である、と論じている。

演説当日、佐藤は「ジョンソン・ショック」に接した感慨につき、その日の『日記』に記した[19]。

「米ジョンソン大統領、重大な決意のもとでテレビ演説で無条件無期限部分的北爆停止を発表、同時に次期大統領選挙に立候補せずと発表。（中略）ベトナム戦に関係ある事故《こと》評論のすごい事は判るが、余りに米国問題だけに終始する事は一寸意外。敗北だ、いや手をあげたのだ、軍事的解決をすてて政治的解決に乗り出したのだ等等騒がしい事。然し何と云はうが和平への途が開けた事は幸と思ふ。」

「ジョンソン大統領が次期大統領選に立候補しないのだから佐藤もやめろなど、迷論盛に出てくる。」

この『佐藤栄作日記』の簡潔な記述の中に、「ジョンソン・ショック」が日本の政治・外交に及ぼした影響の概略が凝縮されているといってよい。

まず、米軍が「非武装地帯の北に限定する」という条件付ながら北爆を一方的に停止し、北ヴェトナム政府に和平交渉を呼びかけた事実を、米国の「敗北」容認と受けとった日本国民が存在したという事実である。確かに、新聞等の報道を通じ、一月下旬に開始された北ヴェトナム軍のいわゆる「テト（旧正月）攻勢」に曝された米軍の苦境、泥沼化する一方の戦況、そして戦況膠着にも拘らずエスカレートする戦争介入に批判的な米国世論に接していた日本国民が、北爆を一方的に停止しホーチミンに和平を呼びかけたジョンソン演説を、米国の「敗北」容認と受け取ったとしても不自然ではなかったであろう。ジョンソン演説を伝えた同日の『朝日新聞』は、「ベトナム戦争縮小、北爆停止」のニュースを安堵して受け止める「市民の声」、「反戦運動の成果だ」と、ジョンソンの「真意疑いつつも歓迎」する「平和団体」の声を紹介している[20]。

そして、「ジョンソン・ショック」がもたらしたもう一つの影響は、佐藤内閣に対する強い風当たりであった。ジョンソン大統領の大統領選不出馬声明は、佐藤の自民党総裁三選を危うくするのではないかという観測を国内に広めると同時に、佐藤の政治責任追及の動きを加速させた。社会党はジョンソン声明が報じられた当日、勝間田清一委員長の声明を発表し、ヴェトナム戦争を支持した責任をとり佐藤は辞職すべきであるとした。そして自民党反主流派を中心とする勢力は、佐藤の「対米追随外交」が招いた「失態」とその政治的責任を追及する決意を固めたのである。『朝日新聞』は、その動きを次のように報じている。[21]

「佐藤首相の総裁三選問題についてはこれまで、自民党内の派閥の力関係からいって三選有力との見方が強かった。ただそのさい、①七月七日ごろに予定されている参院選挙で自民党が現状維持ないしは現議席を上回ることができるかどうか、②昨秋の日米共同コミュニケ以来、首相が共同歩調をとってきたジョンソン大統領が再選されるかどうかが、総裁三選の決め手になるとみられていた。

それだけにジョンソン大統領の出馬とりやめは、首相の三選への決め手の一つが失われた形になり、首相やその周辺に苦悩の色が濃い。

首相周辺には、いまの自民党内の力関係からいって、佐藤主流派の優位はなお動かず、参院選挙を無難に乗切れば、総裁三選は大丈夫だとの見方もなお強い。しかし沖縄返還交渉やベトナム戦争支持など、これまでジョンソン再選を前提として進めてきた外交政策は、見通しを誤ったものという批判にどうこたえるか、苦しい立場に立たされた。自民党内の反主流、非主流派を中心とする新政策懇話会のなかには、すでに外交政策についての首相の見通しの誤りを追求し、『首相はみずから進退を考えるべきだ』（川崎秀二氏）、『ジョンソン退陣によって首相の総裁三選もなくなった』（宇都宮徳馬氏）、との声も出ており、首相三選を目ざそうとすれば反主流、非主流派からの抵抗がかなり強まることになりそうだ。」

川崎秀二、宇都宮徳馬らは自民党の「親中国派」議員であり、「ヴェトナム戦争支持、中共敵視」とされる佐藤外交に批判的な「アジア・アフリカ問題研究会」（通称ＡＡ研。親台湾派の構成するグループは、アジア問題研究会（通称A研））に属するグループである。「ジョンソン・ショック」は、中国問題を材料として佐藤を攻撃する絶好の機会を、彼ら「親中国派」議員らに提供したのであった。

小坂徳三郎は前出の『朝日新聞』座談会において、「ジョンソン・ショック」が日本の国内政治に与える影響につき意見を求められた際、以下のように返答している[22]。

「佐藤政権がどうこうということではない。中国をどうするかという問題が出てくる。今回の訪米で、米国内には民主、共和の党派を問わず、中国の封じ込め論はなく、中国を国際社会に復帰させるために手を打たねばならない、という積極論が出ている。ワルシャワ、ジュネーブと米中接触はさかんだ。これが日本の意表をつくような形で表面化するかもしれない。米国が期待する日本の役割は、中ソ、米ソ、日中という複雑な関係の中で、そのナゾを日本が解明してくれということだ」。

さらに同じ座談会において、米国が孤立主義に戻る可能性、および国連等の国際機関を活用する外交の可能性について問われたとき、松本俊一は「それは非常に望ましい」と賛意を示しつつ、「要するに米国が世界の警察官を任じていたことが今日の事態を招いたといえる。ＩＭＦ、国連のいずれも、アメリカ中心になっていて、その破綻が出ている。そういう意味で今日のジョンソン演説は歴史的意義をもっている[23]」と述べ、ヴェトナム戦争に深く介入してきた米国極東政策そのものに対し根本的疑問を表明した。小谷秀二郎はさらに、「中国の国連加盟というより前に、今度の措置が北ベトナム周辺や南北朝鮮問題などにどう影響してくるかを考えねばならないだろう。また、米国と協力関係にある国は、米国が本当によきパートナーであるかどうか再検討しなければならないと思う[24]」と発言している。

すなわち、松本、小坂、小谷の三人は、ジョンソン演説が日本外交にもたらした課題を、①日本の意表をつくような形での米中接近の可能性、②ヴェトナム戦争介入（米国極東政策）への根本的疑念、③日本の「同盟国」としての米国の資質、であると総括している。彼らの議論は、日米関係の微妙な側面、そして日中関係の現状が内包する矛盾と不安定さを、鋭く指摘したものであった。

こうして、佐藤内閣の「対米追随」的外交姿勢は自民党「反主流派」、「親中国派」、野党、報道、有識者による強い批判に曝され続けることになる。しかし、佐藤はその退陣に至るまで米国極東政策を基本的に支持し、ヴェトナム、中国、台湾、そして朝鮮問題といった極東情勢の諸懸案について対米協調路線を堅持したのである。その政治的決断の根拠は、果してどこに求められるべきであろうか。

『朝日新聞』の指摘する前年秋の日米共同コミュニケ（声明）第七項には、沖縄返還について「（前略）総理大臣（筆者註・佐藤）は、さらに、両国政府がここ両三年以内に双方の満足しうる返還の時期につき合意すべきであることを強調した。大統領（筆者註・ジョンソン）は、これら諸島の本土復帰に対する日本国民の要望は、十分理解しているところであると述べた。（中略）討議の結果、総理大臣と大統領は、日米両国政府が、沖縄の施政権を日本に返還するとの方針の下に、かつ、以上の討議を考慮しつつ、沖縄の地位について共同かつ継続的な検討を行なうことに同意した。[25]」という文言がある。

すなわち、米国が沖縄返還について「両三年以内に双方の満足しうる時期につき合意すべき」ことを認めるという文言を声明に挿入するため、日本政府が米国に支払わねばならなかった政治的代価こそ、中国問題を含む極東の諸懸案に関する対米協調路線であった。佐藤内閣が米国のヴェトナム戦争遂行を支持したのは、「冷戦」、日米安保体制という国際政治上の現実から来る要請であると同時に、沖縄返還という外交目標を実現するための政治的代償だったのである。そのことを、沖縄返還交渉に陰で携わった若泉敬（京都産業大学教授）は、次のように証言する。㉖

「ジョンソン大統領以下枢要の地位にある五人が、両三年以内にという期限を、日本の出方待ちの条件付きながら、十分了解したということ、そして、沖縄返還に、ベトナム情勢、中国問題を絡ませないということは、私には何よりも有難い吉報だった。残念ながらその点はコミュニケには十分には出ていないが、この事実のもつ重い意味合いは日本側をさらに勇気づけるものであった。」

「それにしても、アメリカのベトナム政策への佐藤総理の支持表明が、かくも大きな効果を及ぼすとは事前にはとても考えられなかった。これもすなわち、当時のジョンソン大統領をはじめとする米政府首脳の苦悩の深さの裏返しであったのだろう。」

「日本側にとって一九六七年の首脳外交談判でほとんど唯一の切り札となったこの『ベトナム政策支持』は、首脳会談後、日本のマスコミ、野党、知識人などの一部から批判され、攻撃された。しかし、いま振り返ってみてもそう思うのだが、ワシントンにとって最悪の時期に、もっとも困難な問題を取り上げたといわれた、あの時点での沖縄返還交渉において、日本側にはこのギブ・アンド・テイクの取り引き以外にいかなる妙手があっただろうか。

むしろ、このタイミングを逆手にとって、ジョンソン大統領に対し佐藤総理がこの程度の理解と支持を与えることは、(日本は軍事的協力を約束したわけではなく、基本的にはモラル・サポートを与えたに過ぎない)、日本が得られた利益に対比し、決してそれに釣り合わないほど高い代価とは考えられないのである。

ベトナム戦争そのものへの歴史的かつ本質的な考察と懐疑は別として、当時の私は、それは日本の〝成果〟に対する已むを得ざる最小限度の〝代償〟であると理解していた。」

すなわち、「ジョンソン・ショック」は、沖縄返還という政治目標を達成するため、「対米追随」と批判されてまで対米協調に徹した佐藤の外交努力を一挙に無にしかねない行為、と日本政府に受け止められたのだった。若泉は後年、「ジョンソン・ショック」によって自らも「少なからざるショックを受けた」と述懐しているが、これによって「日米関係の根幹が揺らいだり、私として一番気になる一九六七年日米首脳会談での『両三年内』に沖縄返還の目途をつけるという〝陰の合意〟が崩れることはあるまいと判断した。(中略)私は、いわば常識として、アメリカ外交における超党派的継続性を信じていた[27]」と語っている。

しかし、若泉が「ジョンソン・ショック」に接してとった行動は、後年の述懐とは少々ニュアンスが異なるようである。駐日米大使館がラスク国務長官に宛てた報告(一九六八年四月付)に、ジョンソン大使発バンディ東アジア・太平洋担当国務次官補宛て書簡が同封されており、その書簡はバンディに対し次のことを勧告していた[28]。

(1)若泉が本日再び来訪した。三月六日付ロストウ(Walt W. Rostow)大統領特別補佐官宛て書簡の諸提案は、今まで以上に重要となった、と彼は強調した。

(2)若泉が主張し、その他報告も示すように、三月三十一日の大統領演説は当地(日本)において、米国の敗北容認、ヴェトナム政策転換、米国のアジアからの撤退を予告するものと広く誤解されている。また、これは佐藤から米国の支持を奪い去るものであるという理解もある。あまり遠くない将来、我々は日本に知らせることなく、中国政策をも同様に逆転させるのではないかという「亡霊」（specter）が呼び起こされた。日本は安全保障関係を含む米国との絆を直ちに緩めるべきであり、より独立性の高い外交政策を採用すべきである、という主張がである。

(3)これら誤った印象を是正するため、できる限り速やかな措置をとるべきである。

冒頭にある、若泉がロストウ特別補佐官に宛てた書簡そのものは記録に残されていなかったが、その内容はおそらく（2）が触れている、「ジョンソン・ショック」が日本に与えた米国の敗北容認、アジア撤退という「誤った印象」の払拭努力に関するものだったであろう。すなわち、後年「アメリカ外交における超党派的継続性」を信じていたと述べた若泉は、現実には「ジョンソン・ショック」のもたらした衝撃を緩和すべく、積極的に行動していたのであった。

そして、若泉の発言からジョンソン大使が特に注目し、バンディの注意を促した事実こそ、中国問題であった。ジョンソン大使の指摘するとおり、三月三十一日演説は、米国が日本に通知せずにその中国政策を転換する、すなわち中共政府との関係改善に入るかもしれないという懸念、いわゆる「朝海の悪夢」を呼び起こす結果を招いたからである。

一九六七年秋の日米首脳会談において、佐藤は中共問題に関し、日本の方針を

(1)日本の対中共政策は不承認である。国連その他の舞台における台湾支持の継続、そして戦略的（物資）貿易の統制という点で、我々の政策は米国と同じである。同時に北京政府の軟化を願い貿易その他の接触は継続

する。

(2)中共の核ミサイル能力の急速な向上、「文化大革命」の好戦性、不合理、行き過ぎた振る舞いは日本国民に衝撃を与え、日本のみならず、その権益が広がりつつある東南アジアへの中共の脅威に対し、冷静な再評価を促している。

(3)日本政府は今や、中共を極東の安定に対する最大の脅威、そして当該地域における主要な競争者と見るようになった。㉙

と述べており、ジョンソン大統領との私的会談では中共の東南アジア方面に対する脅威浸透の事実を指摘、ヴェトナム戦争の停戦は、米国の一方的北爆中止によって実現できるほど単純なものではないと発言している。「ジョンソン・ショック」は、いわば佐藤を含めた戦後日本の政府与党が継続してきた「二つの中国」政策の根本である、「国府」＝「全中国の代表政府」という「擬制」を、米国が一方的に廃棄するのではないかという惧れを一挙に顕在化させたのであり、その影響は直ちに自民党「親中国派」の佐藤攻撃を誘発した。その代表的人物が川崎秀二、宇都宮徳馬らであったことは、先述のとおりである。

なお、ロストウは若泉の申入れを真剣に受け止め、同年五月スタンフォード大学で開催された「沖縄の地位に関する国際セミナー」に出席し、その後ワシントンにやって来た若泉と面会した際、若泉がジョンソン大統領との会見を希望している旨を聞き、ジョンソン大統領に次の書簡を認めている。㉚

〔**ロストウ特別補佐官よりジョンソン大統領宛て**　一九六八年五月七日〕

「――大統領閣下

私の畏友・若泉敬氏が本日来訪し、個人的かつ（特に言わねばならないことですが）雄弁な訴えを行ないました。日本の報道機関のため、閣下が自分とのインタビューに応じて頂けないかと。彼が、なぜ閣下の声が現在の日本に必要と考えているかについては、同封したジョンソン大使の書簡に記されているとおりです。私は若泉氏に、大統領という地位がどれほど多忙で、大統領が現在貴方のインタビューに応じることがどれほど難しいことであるかを説明したのですが、彼はあらかじめ準備しておいた項目に沿ってインタビューを進めることを提案してきました。閣下がもし同意してくださるならば、質問書とその回答を閣下に提出致します。そして、若泉氏との写真撮影に応じて頂きたいと思います。閣下が決断される前に、若泉氏の質問事項を要約させていただきます。

(1)佐藤首相の訪米と日米首脳会談は首尾よく成功を収め、多くの人々が、我々が日本との同盟の安定期に入ったと考えた。

(2)その時、その雰囲気を悪化させるようないくつかの小事件が発生した。原子力空母「エンタープライズ」の佐世保寄港、米軍病院をめぐる抗議運動、B52重爆撃機が沖縄から南ヴェトナムへ出撃したこと、その他沖縄における反米扇動、等である。

(3)しかし、これらの小事件は、テト攻勢をヴェトナム駐留米軍の大敗北とする日本国民の誤解、そして三月三十一日演説のもたらしたさらに深刻な誤解に比べれば、小さなものだったかもしれない。

(4)佐藤首相は、盟友ジョンソン大統領が次期大統領選挙に立候補しないことを表明した以上、貴殿も退陣すべきであるという厳しい攻撃に曝されている。

(5)このことは、日本において「悪しき報告」（筆者駐・三月三十一日のジョンソン演説）がどれほど次に挙げるような態度を掻き立てるに至ったか、をジョンソン大統領が理解しないとすれば、極めて遺憾であるというのが若泉氏の意見である。

①米国は事実上小国ヴェトナムに破れ、ヴェトナム戦争を確実に失った。戦争は米国の敗北である。②遅かれ早かれ、米国はヴェトナムから撤退を余儀なくされ、共産主義がヴェトナム全土を制圧するであろう。③米国がアジアに背を向ける日が、遠からずやって来る。それは米国の国内情勢を主因とするものであり、米国は昔の孤立主義に戻るであろう。④米国は信頼に値する同盟国ではない。彼等はヴェトナムにおいて突然その政策を変更したし、ヴェトナム人同盟者（南ヴェトナム）の頭越しにハノイと和平交渉を行なっている。⑤ヴェトナムの次に米国は突然その対北京（中国）政策を変化させ、日本の頭越しにこれと交渉するに至るであろう。⑥もしヴェトナム戦争に敗北し、北朝鮮が「プエブロ号」拿捕によって米国を侮辱できるのだとすれば、米国の力の真の意味、そしてそれとの防衛協力とは一体何なのだろうか。⑦対日条約（日米安保条約）の下での、米国による日本防衛保証の信頼性はどうなのか。（信頼するに足るものか。）⑧日本は、米国と距離を置き、北京との修交、そしてモスクワとの緊密な関係によってその安全を守るべきである。

(6)穏健な、そしてナショナリストの日本人による右のような考え方は、日米協力に反対するという明確な目的意識を持った不変の左翼運動と結合するとき、来るべき一九七〇年、日米安保条約継続時に深刻な結果をもたらすことになるであろう。

(7)若泉氏は、自分にとっても、思慮深いその他あらゆる人々にとっても、米国の対日関係は日本の将来にとって最も重要な局面であることは明白である、と述べた。日本がもし中立主義を選択し、米国と離反する道へ入ったとすれば、米国が朝鮮・ヴェトナムにおいて払った犠牲の意味はどうなるのか。

(8)大統領が日本国民に直接呼びかけることによって、ヴェトナム戦争の戦況と米国の政策に関する日本人の誤解を一掃し、現在の反米風潮を改善することができるであろう。これはジョンソン駐日大使も強く支持していることである。

（9）大統領から日本国民に語って欲しい、と若泉氏が考えているのは、次に挙げた諸点である。
①米国はヴェトナム戦争に敗北したわけではない。南ヴェトナム国民の独立と自決権を外国に売るようなことは決して行なわない。②名誉ある和平による以外、米国は南ヴェトナムからその軍事力を決して撤退させることはない。③米国はアジアに留まり、それへの関与を尊重するであろう。三月三十一日の演説は、米国のアジア政策を変更するという如何なる意味も含むものではない。④米国は将来も日本を防衛し続ける。」

若泉の回想によると、彼がジョンソン大統領と実際に会見できたのは五月十七日、しかも僅か五分間の会見が許されたのみだったという。[31]

しかし、若泉の行動をめぐる米国外交文書は、若泉が「ジョンソン・ショック」の影響を緩和すべく努力した事実に加え、「ジョンソン・ショック」が日本に投じた波紋の中に、中国問題が含まれていた事実を示しているのである。ロストウの書簡はさらに、ヴェトナムにおける政策転換の次は中国だ、という認識が日本国内に存在したことも明らかにしている。「ジョンソン・ショック」は、米国が日本の頭越しに政策を大きく転換したという意味において、僅か三年後に日本を見舞った「ニクソン・ショック」の原型というべきものである。それは、不自然な「擬制」に基づく日中関係が何時まで継続するのかという、歴代政府が解決を先送りして来ざるを得なかった外交上の難問を、改めて日本政府に突き付けることになったのであった。

北爆の部分的停止を宣言したジョンソン演説は、その後行われるパリ和平会談の端緒となった。しかし、ジョンソン演説は決してヴェトナム戦争の縮小・終結を意味するものではなかった。ヴェトナム戦争を名実ともに終結に導くためには、さらに五年の歳月が必要となったのである。その意味で、ジョンソン演説を即、平和の到来、ヴェトナム戦争の縮小・終結を意味すると解釈した日本世論の反応は極めて性急であり、ジョンソン演説に対するその評価は過大であったということができよう。

日本国内の「ジョンソン・ショック」に対する評価は、何故かくも性急かつ過大なものであったのか。その背景を理解するためには、ジョンソン演説直前の国内状況に触れておく必要がある。本節はその具体例として、ジョンソン演説直前に駐日米大使館がまとめた沖縄基地駐留B52爆撃機の問題を取り上げ、演説が日本社会にもたらした反応の意味を再考してみたい。

それは、沖縄・嘉手納基地を拠点とするB52爆撃機の運用が毎日行われるとすれば、ひとたび運用が公のものとなった場合、日本本土および沖縄において深刻な反動があるだろうという内容であった。同文書は、親米的政府側の人士も含めた大多数の沖縄住民がB52配備とそのヴェトナム出撃に抗議している事実を重視し、結局、米国政府はB52運用について、日本政府と事前協議を要するような条件の下で沖縄即時返還を要求されることもあり得るだろう、ジョンソン大使およびアンガー(Ferdinand T. Unger)琉球高等弁務官は、B52の運用は危急の場合に限るべきであると強く勧告してきたからである、としている。

すなわちジョンソン演説が行われたのは、日本国内、とりわけ沖縄でヴェトナム北爆に出撃するB52について、その運用に強い反発が生じていた時期に当たる。そしてこの事実こそ、ジョンソン演説が日本の世論に強くアピールした主要因といえるであろう。それは、米国のヴェトナム戦争遂行にとって日本本土および沖縄の米軍基地が果してきた役割の重要性を、日本国民が理解していたことを示している。

駐日米大使館は、右の事情についてさらに敷衍する報告を国務省に送付した。[32]

一・B52の運用について。今のところ報告すべき新たな進展はない。日本人は未だに倉石(忠雄)事件[33]と記録的大雪に夢中となっている。

二・注視すべき鍵となる地域は、沖縄である。なぜなら、当地の反応は日本国民を興奮させるに足るものだからである。沖縄からのB52運用が長引けば長引くほど、過激派が沖縄の一般住民を教唆し、やがて憲兵隊（MP）の動員が必要となるほどの大集会やデモに発展する危険が大きくなるであろう。沖縄の警察力は、僅か一四〇〇名でしかないからである。

三・沖縄の事件は、佐藤を深刻なジレンマに曝すことは明かである。もしも、彼が米国に対して沖縄住民の抗議を反映させることに失敗したとすれば、彼は「米国の手先」として左派による主要な政治的攻撃目標となってしまう。佐藤は、自分が米国を攻撃するときは、米国政府に諸困難解決を依頼する時であると認識している。それは、将来の沖縄返還に対する佐藤の立場を弱化させることになるであろう。もっと重要なことは、日本にとって決定的に重大な件につき、佐藤が対米影響力を持たないことが暴露されることである。そうなれば佐藤は勝利し得ず、彼はそれを知っているはずである。

四・結論としていえることは、我々はゆっくりと進展しつつある危機の最中にある、といえよう。それは、沖縄の中でどれほどの熱狂状態が生じるかにかかっている。結局、このことが受け入れ可能な日本との返還協定作成見通しにも影響することであろう。我々は、次の三つの要素に留意しなくてはならない。第一に、早期沖縄返還に向けての圧力が日本国内で高まること。第二に、沖縄の親米的保守勢力の選挙見通しは打撃を受けるであろうし、我々は米国に非協力的な政府が権力を得る事態に直面するかもしれないことである。それは返還計画に逆効果を及ぼすことであろう。第三に、返還後の米軍の作戦行動への統制要求が、佐藤政権にとって拒否することがますます難しくなることである。

五・唯一可能な行動は、B52の作戦を毎日行動するパターンから、週三～四回のパターンに変更することである。そのような変更によって、我々はB52が超緊急事態に使用されているのだと論じることができるようになる。

ジョンソン大使、アンガー高等弁務官も、危急の際のＢ52運用を強く主張している。

駐日米大使館の報告が示す通り、ジョンソン演説は北爆（Ｂ52の運用）をめぐって沖縄の反米感情が重大化しつつあった、正にその時期に行われたものであった。

すなわち、演説をヴェトナム戦争の縮小・終結を意味するものと受け止めた日本世論の「過大な」反応は、ヴェトナム戦争を遂行する米国への強い批判の反動だったと解釈すべきものであろう。そして、それは必然的に米国の政策を支持する佐藤内閣に対する退陣要求に繋がった。右の文書が指摘するとおり、佐藤は沖縄住民の抗議に代表される日本国内の対米要求を米国に受諾させること（米国の政策に日本の要求事項を反映させること）ができなければ「対米追随」という国内の批判を浴びる立場に陥り、逆に日本国内の対米要求を貫徹したときには、米国に対する自らの交渉上の立場を弱化させるという、強いジレンマに陥っていた。

「ジョンソン・ショック」は、沖縄返還を達成するために米国のヴェトナム戦争遂行を支持し、「擬制」に立脚する中国政策を支持し続けねばならない日本外交の置かれた矛盾に満ちた地位、その立場の弱さを典型的に示した一件だったと言えよう。

さて、ジョンソン演説が日本に及ぼした影響を重視した米国政府は、ラスク国務長官およびジョンソン大使より牛場信彦事務次官および下田駐米大使に申入れを行った。それは、ヴェトナム戦争遂行にかける米国の固い決意を日本政府に今一度示し、日本国民がジョンソン演説に対して抱いた戦争早期終結への「過大な」期待に釘を刺すものであった。以下に、その内容を摘記する[34]。

一・ハノイが未だ重大な事業をなし得る個人会談に同意しないことは遺憾である。我々の努力にも拘らず、ハノイはこれを拒絶した。

二・米国は「国際世論」の圧力と関わりなく、ハノイが我々の「三月三十一日の行動」（筆者註・ジョンソン演説）に応えないならば、これ以上の北爆停止に同意しないであろうということが理解されるべきである。厳然たる事実は、北ヴェトナム領土の七十八％、総人口の九十％が爆撃を受けていない一方で、南ヴェトナムはハノイの軍事行動から全く自由ではあり得ないということだ。ハノイは、我々の一方的な不拡大行動に何ら応えないまま、サイゴンへの浸透と攻撃を行っている。北ヴェトナム残存地域への爆撃を止めるよう米国に強要することは無意味である。もし何処かの国がハノイに援助を与えたいならば、不拡大方針で米国提案に応えるよう説得することの方がよかろう。ハノイは現在の交渉膠着を長期化させると共に、全ての爆撃を中止せよという対米圧力に依存しているのであろう。しかし、事実上対米圧力は単なる時間の浪費に過ぎないのである。


米国政府は、牛場事務次官、下田駐米大使以下の外務省首脳に直接、ジョンソン演説は米国の極東政策を大きく変えるものではないという事実を伝えると共に、同演説の意味を過大評価することの危険性について警告を発したのである。しかし、米国が「日本の頭越しに政策を変更した」事実のもたらした影響は、その後の日本外交、とりわけ昭和四十五年の国連総会におけるアルバニア案（中共の国連加盟を提唱）の多数獲得、そして昭和四十六年の「ニクソン・ショック」に接した後のそれに明確に見て取ることができよう。

「ジョンソン・ショック」から約三ヶ月を経過した同年六月、駐日米大使館がラスク国務長官に宛て記した報告は、「ジョンソン・ショック」が同時期の日米関係にもたらした「負の遺産」を余すところなく指摘するものであった。朝鮮半島情勢の緊迫から「ジョンソン・ショック」に至る極東情勢の変遷が、中国問題をめぐる日米関係に「一九六八年の危機」というべき緊張をもたらした事実を、同報告書によって示しておくこととする。[35]

「日米関係、その状況と見通し」

(1)安全保障の分野において、日米両国は外国の「脅威」に対する防衛の必要性において意見が分かれ、かつ我々の軍事的プレゼンスが日本の政治家にとって資産というより、むしろ急速に困惑の種となりつつあるとはいえ、日本は少なくとも我々の軍事的封じ込め政策は不変と見ており、一般的かつ短期的には成功であると見ている。しかし、テト攻勢と急速な米軍の戦線縮小、対ハノイ交渉への転換と（筆者註・ジョンソン演説）見なされた一連の出来事は、米国の強さと「無敵性」に疑問を投げかけたのである。

(2)日本国民は、米国社会の安定性に疑いを抱き始めた。

(3)日米関係を歪めるものではないが、さらに二つの要因が右の傾向を助長し、促進している。一つは経済成長、政治的安定、生活水準向上に関する日本国民の自信回復であり、いま一つは自民党の政治力が徐々に浸食されつつあることである。野党は中立、安保条約破棄、対中国交正常化を主張している。自民党の指導者たちが勢力維持のため、この高まりつつあるナショナリズムの感情を捉え、米国との緊密な絆から幾分後退した、アジアの共産主義国（筆者註・中共）との関係をさらに調停する方向へ前進することによって、反対勢力を押さえようと判断する兆しを我々は既に見ているのだ。保守党による「左旋回」は鳩山、河野、藤山らが例であり、目新しいことではない。しかし、彼らは現在、そうすることに新たな重要性を見出しているようだ。（筆者註・自民党「親中国派」による対中正常化活動の活発化を予測。）

（1）　菅英輝「ベトナム戦争における日本政府の和平努力と日米関係　一九六五年〜六八年」、日本国際政治学会編

『国際政治』第一三〇号「現代史としてのベトナム戦争」（二〇〇二年五月）、九九～一〇一頁。

（2）中国課「佐藤内閣に対する中共の評価」、昭和四十一年十月三日、「中国情報第三五〇四四号（総番号第一〇七〇号）。外交記録『中国情報』第二十六巻、外務省外交史料館。

（3）Memorandum of Conversation, January 29, 1968. LotFile71D65, Box4, RG59, N.A.

（4）柴田穂『毛沢東の悲劇』第二巻（サンケイ出版、昭和五十四年）、一四三頁。なお北京駐在特派員であった著者は、その「文化大革命」に関する報道が「反中国的」という理由で、中共政府当局から国外追放された。『佐藤栄作日記』第三巻（朝日新聞社、一九九八年）、一三二頁（昭和四十二年九月十日条）には「中共、在北京記者を招いて、毎日、産経、東京の三記者諸君は佐藤内閣に協力しすぎるから退去を命ずる、尚後任を許すか否やは今後の問題と云ふ。随分乱暴な言論圧迫の処置と思ふ。困った連中」とある。

（5）同右、一四二頁。

（6）柴田穂『金日成の野望（上）南侵の構図』（サンケイ出版、昭和五十九年）、七四頁を元に筆者作成。

（7）『朝日新聞』、昭和四十三年一月二十四日。

（8）『朝日新聞』（夕刊）、昭和四十三年一月二十四日。

（9）『朝日新聞』、昭和四十三年一月二十五日。

（10）Memorandum of Conversation, February 1, 1968. LotFile71D65, Box4, RG59, N.A.

（11）Japanese Proposal to Reduce Tension on Pueblo Incident, January 26, 1968. LotFile 71D479, Box3, RG59, N.A.

（12）Memorandum of Conversation, January 27, 1968. LotFile71D479, Box3, RG59, N.A. 日本側の会談出席者は、三木武夫外相、牛場信彦事務次官、東郷文彦北米局長その他、米国側はジョンソン大使、パーネル政治担当参事官、ウィッケル（James J. Wickel）通訳らである。

（13）U・アレクシス・ジョンソン、増田弘訳『ジョンソン大使の日本回想　二・二六事件から沖縄返還・ニクソンショックまで』（草思社、一九八九年）、一九七～二〇〇頁。

（14）同右、一四六～一四七頁。

（15）三木が自民党総裁選挙出馬のため、外相を辞任したのは昭和四十三年十月のことである。三木は十一月十八日、新大阪ホテルにおける所信表明演説で「本土並み期して沖縄返還交渉する」と発言したが、下田駐米大使は本土並み返還は無理という考えであり、佐藤首相は返還の態様については「白紙」であるとしていた。翌十九日、佐藤は三木を批判し、次のように語っている。①私は沖縄返還に政治生命をかけている。しかし一部に私の考え方に対し誤解があるようだ。沖縄返還時の基地の態様について終局的には本土並みが望ましいと思っている。しかし、交渉の当初から本土並みを打ち出すのは得策ではない。②沖縄の基地は日本の安全保障と密接な関係がある。わが国は自衛権を持っているが、それだけでは不十分で、その不足分を日米安保で補い、国の安全を確保している。本土の基地が軽微なものにとどまっているのは、沖縄に巨大な基地があるからで、沖縄の基地の重要性を認めざるを得ない。③沖縄の住民は祖国復帰を心から望んでいるが、基地についても十分認識し、本土とともに繁栄の道を歩みたいと願っている。住民はこの点をよく理解してくれると思う。住民が本土並みの基地を望んでいるというのは認識不足だ。また私と考えを異にする人を、外相にしていたのは私の不明だった。『議会政治とともに　三木武夫演説・発言集（上）』（三木武夫出版記念会、昭和五十九年）、三八〇頁。

(16) 前掲『ジョンソン大使の日本回想』、二八四〜二八八頁。

(17) 『朝日新聞』（夕刊）、昭和四十三年四月一日。

(18) 同右。

(19) 『佐藤栄作日記』第四巻（朝日新聞社、一九九七年）、二六二頁。昭和四十三年四月一日条、および二日条。

(20) 『朝日新聞』（夕刊）、昭和四十三年四月一日。

(21) 同右。

(22) 同右。

(23) 同右。

(24) 同右。

(25) 内閣総理大臣官房編『佐藤内閣総理大臣演説集』（内閣総理大臣官房、一九七〇年）、一六五〜一六六頁。

(26) 若泉敬『他策ナカリシヲ信ゼムト欲ス』（文藝春秋、一九九四年）、一一八〜一一九頁。

(27) 同右、一二八頁。

（28）Ambassador Johnson to Mr. Bundy, R0307002, April, 1968. DCD1997, no.1949.

（29）Visit of Prime Minister Eisaku Sato of Japan November 14-15, 1967, November 9, 1967. Japanese Foreign Policy: Vietnam, China and the Soviet Union. DCD 1999, no.3250.

（30）Rostow to President Johnson, May 7, 1968. DCD1999, no.1527.

（31）若泉前掲書、一四三〜一五〇頁。

（32）B-52 Operations. Amembassy Tokyo to Mr. Bundy and Mr. Richard L.Sneider. February 17, 1968. LotFile71D492, Box3, RG59, N.A.

（33）昭和四十三年二月六日、倉石忠雄農林大臣が閣議後の記者会見で、「（プエブロ号事件にともなう日本海の漁船の安全操業問題について）水産庁長官が米ソに安全操業をお願いしなければいけないようなことでは…。やっぱり軍艦や大砲がなければダメだ」と発言、野党がこれを違憲として倉石の罷免を要求、国会審議が停止。二月二十三日農相辞任。『朝日新聞』（夕刊）、昭和四十三年二月七日。

（34）Viet-Nam Negotiations, June 6, 1968. LotFile71D492, Box3, RG59, N.A.

（35）Amembassy Tokyo to the Secretary of States. June, 1968. US-JAPAN RELATIONS, STATUS AND PROSPECTS. R0507002, DCD1997, no.1951.

287

Ⅷ　国際情勢の転換と日本外交

一　「文化大革命」後の中共とその進路予想

昭和四十四（一九六九）年四月に開催された中国共産党第九回全国代表大会（九全大会）は、毛沢東主席を中共の最高指導者、そして林彪副主席をその後継者とするいわゆる「毛・林体制」の確立によって、事実上「文化大革命」の「しめくくり」を意味する大会とされた[①]。すなわち「文化大革命」という中共内部の権力闘争は、劉少奇ら「実権派」の失脚・追放を経て、再び毛沢東とその側近グループによる党権力奪還という形で、一応終結したと見なされたのである。

その間の日中関係は、LT貿易を改めた日中覚書貿易（Memorandum Trade MT貿易　昭和四十三年開始）へと受け継がれ、「政経分離」原則の下に経済交流、文化交流が進められた。しかし、先述のように佐藤内閣が沖縄返還を最重要の政治目標に定め、米国のヴェトナム戦争遂行支持を含む対米協調政策をとる以上、対中共関係を早急に改善・打開することは、事実上望み得なかった。

昭和四十四年十一月、佐藤はワシントンを訪問し、昭和四十七年度中の沖縄返還で米国政府と合意するに至った。米国国家安全保障会議文書[②]は、選挙に勝利し自民党が多数議席を獲得した佐藤の政治的基盤は現在のところ強力であり、彼は恐らく一年以内位に総裁の座を福田赳夫蔵相に譲るつもりであろうと予測していた。そして、佐藤内閣にとって最大の脅威は沖縄問題の処置を誤ることであり、日米関係の破壊を企むごく一部の極左分子を除く日本国民が佐藤の掲げる「本土並み」の沖縄返還を支持している以上、沖縄問題解決の成功こそ日本の対米協調政策（安保自動延長問題を含め）に今後の継続保障を与えるものであり、逆に佐藤の政策が失敗することは、親米度のより低い保守党指導者の台頭を招くであろうと論じていた。

しかし、同文書は日本政府が推進している「二つの中国」政策（中共との準政府間接触、実質貿易推進、国府との外交関係維持）を「アジアの現実に即した外交路線」と評価する一方、その政策が「ソ連の友好的かつ柔軟な姿勢には反応しなかったが、中国を非常に情緒的な目で見がちな日本国民」の間に広く共有されているわけではない事情を指摘し、日本政府が中国政策について緊密な対米協議を希望していること、および中国問題に関する情勢変化に対し極めて敏感になっていることも指摘していた。かつての「ジョンソン・ショック」、すなわち米国の一方的な政策転換によって日本政府が受けた衝撃の記憶は、未だ生々しかったからである。

昭和四十七年中の沖縄返還という米国政府の決定は、「擬制」に基づく対中関係を二十年近くも余儀なくされていることへの不満、および「ジョンソン・ショック」に代表される米国の一方的な政策転換に対する不信という、中国問題をめぐって揺れ動く日本の微妙な対米感情に配慮し決断された側面を持っていたように思われる。米国政府は、佐藤が国内からの強い非難を浴びるリスクを冒しつつ米国のヴェトナム戦争遂行を支持し、一貫した対米協調路線をとってきたことに応える形で沖縄返還に同意した。それは、選挙に勝利し政治的基盤を固めたとはいえ、ヴェトナム問題、中国問題における「対米追随」路線をめぐって常に批判に曝されてきた佐藤内閣に対する強力な支援となるはずであり、佐藤の後継者（福田赳夫という予想が有力であったが）に、従来通りの親米路線を選択させるための周到な布石でもあったはずである。

しかし、佐藤・ニクソン会談後に発表された「日米共同声明」が、日米両国は韓国および台湾の安全が日本にとって重要である事実を認める、という趣旨の文言を織り込んだ事実[3]は、中共政府を強く刺激した。佐藤は十一月二十一日、ワシントン・ナショナル・プレスクラブにおける演説でこの点を敷衍し、日本政府は「万一韓国に対し武力攻撃が発生し、これに対処するため米軍が日本国内の施設・区域を戦闘作戦行動の発進基地として使用しなければならないような事態が生じた場合には、（中略）このような認識に立って、事前協議に対し前向きにかつすみやかに態度を決定する方針[4]」であると演説した。そして佐藤は、台湾問題についても幾分表現を慎重にしながら、その平和維持が日本の安全にとって重要な要素であることを認め、「私はこの点で米国の中華民国に対する条約上の義務遂行の決意を十分に評価しているが、万一外部からの武力攻撃に対して、現実に義務が発動されなくてはならない事態が不幸にして生ずるとすれば、そのような事態は、わが国を含む極東の平和と安全を脅かすものになると考えられる。したがって、米国による台湾防衛義務の履行というようなことになれば、われわれとしては、わが国益上、さきに述べたような認識をふまえて対処して行くべきものと考えるが、幸いにしてそのような事態は予見されない[5]」と述べている。

台湾地域の有事に関する佐藤の発言は、韓国に関する部分に比して非常に慎重な表現を用いており、台湾への武力侵攻については「幸いにしてそのような事態は予見されない」とも付言している。日本が台湾防衛に関与すると明言することは、中共政府を刺激するのみならず、日本国内の親中国派、親台湾派の対立を扇る危険を冒すことになるであろう。佐藤はそのような配慮から演説の表現を慎重にしたのだと思われるが、中共政府は佐藤演説に対し激しい攻撃を浴びせた。

十一月二十八日付『人民日報』は、「米日反動派のあくらつな陰謀」と題する社説で、佐藤訪米を非難した[6]。同社説は、日本が米国の世界戦略の中でアジアにおける憲兵の役割を担い、日米軍事同盟の強化によって新たな侵略戦争を引き起こそうとしていると論じ、沖縄施政権の返還は米国の軍事支配の現状を変えない限り、核基地の無期限保有と日本本土の沖縄化をもたらす、としていた。そして、同社説がとりわけ反発したのは、佐藤がワシントンで、台湾が日本の安全にとって重要な要素であると発言した一件である。中共はこの発言をかつて「日本軍国主義者」が、「中国の東北三省（筆者註・満洲）を日本の生命線とみなし、〝中日提携〟を唱えたのとまったく同じ論調」のものであると断じ、日本が「大陸反攻」の支持と引き換えに台湾併合を狙うものだと激しく非難したのである。

中共政府の対日非難は、その後一層激しさを増した。昭和四十五年四月五日より七日に至る二日間、周恩来が北朝鮮・平壌を訪問したが、中共政府は周恩来帰国後の四月九日、北京放送を通じ「中国・北朝鮮共同コミュニケ」を発表した。「中国・北朝鮮共同コミュニケ」は、北朝鮮が中共の「文化大革命」を、そして中共が北朝鮮の「千里馬運動」をそれぞれ賛美した後、以下に掲げるような、日本の「対米追随」政策を激しく非難する言葉を書き連ねていた。[7]

(1)日本軍国主義はすでに復活しアジアの危険な侵略勢力となっている。
(2)日本軍国主義の危険性を見とどけずに佐藤政府と親しくすることは、ほかでもなく、日本軍国主義の海外への膨張を激励するもの、米帝国主義のアジアにおける地位を強化するものである。世界のすべての革命人民は、一致して行動をとって日本軍国主義の侵略の野心を制止し、粉砕しなければならない。
(3)（中朝両国）双方は日本人民が米日安保条約を廃棄し、米帝国主義の軍事基地を撤去させ、日本帝国主義の復活および再武装に反対し、国家の完全な独立および民主的発展を保障するために行っている闘争を支援し、声援した。

　そして、中共政府の対日敵対態度を決定的に示したのは、同月十五日、北京・人民大会堂で日本友好貿易七団体と会見した周恩来が、中共政府は「台湾に対し、日本の業界が佐藤の侵略政策に加担するような進出をすることに反対」であり、たとえそれが友好商社であっても「一時的な利益のためにごまかして、台湾へ進出するようなことがあれば問題だ。そうした商社が事実を隠して中国と契約しても、わかれば場合によっては取り消される」と述べた事実であろう。周恩来はさらに「日米共同声明の目ざす日本軍国主義を支持するような業界は決して中国人民の容赦するところではない」と、台湾との取り引きを行う日本企業を締め出す意向を伝え、業界に衝撃を与えた⑧。

　その周恩来発言を具体化したのが、日中民間貿易に関する「周四原則」である。「周四原則」は、①台湾・韓国を援助する商社・メーカー、②台湾・韓国に多額の投資をしている商社・メーカー、③米帝国主義のヴェトナム・ラオス・カンボジア侵略に武器弾薬を提供している企業、④日本にある米日合弁企業および米国の子会社、のいずれかの条件に当てはまる業界・企業とは貿易契約を行わないというものであった。

　「周四原則」が日本の実業界に与えた影響について、岡崎嘉平太・日中覚書貿易事務所代表はコックラン（Herbert A. Cochran）一等書記官に、「周四原則」が発表されて以来、いわゆる「友好商社」から構成される日本国際貿易促進協会が日華間の経済協力に反対する大きなキャンペーンを行おうとしていること、住友その他の化学系企業が台湾との関係から離れようとしていること、そして日本の自動車産業が「未開拓の市場」としての中共に関心を持ち台湾との関係を切ろうとしていることを指摘し、「周四原則」が日本の実業界に大きな影響を及ぼしつつある現実について具体的に語っている。岡崎はさらに、中共政府は対華政府借款を「日本が台湾に影響力を保持するための努力」と見るであろうが、現実の借款協定は「原則」を定めたものに過ぎず、その内容は政治的経済的環境を勘案して日本政府が決定するものであると述べた。そして、日中覚書貿易事務所の目標は日中国交正常化によってアジアの平和を維持することであり、それが実現することによって米国は「真の敵」ソ連に立ち向かうことができるのではないか、と説いた。岡崎は、もしも米国が「原則」として台湾は中国の一部と認める秘密の約束（蒋介石の没後まで公表しないという条件）を中共と交わすなら、米中関係改善が実現するであろうと結んだ。コックランは岡崎の言葉に対し、米国は台湾を中国の一部と認めている、しかし我々は中華人民共和国より中華民国を「中国政府」として相応しいと考えているのだと返答し、会談を打ち切っている。(9)

以上の考察を踏まえるとき、昭和四十七年中の沖縄返還を実現し、かつ一九七〇年代の日米安保体制の枠組みを決定したといわれる「佐藤・ニクソン共同声明」が、「日本の安全保障にとっての韓国・台湾の重要性」を明記したがゆえに、中共との政治的関係を著しく悪化させ、日中経済交流に大きな影響を及ぼす「周四原則」の発出を招いたという事実は否定できないであろう。それはまた、日本が韓国・台湾の安全保障に関与する文言に同意したのは沖縄返還の代償としては余りに米国に譲歩しすぎではないか、という日本国内の批判を招くことになる。(10)しかし、中共政府の厳しい敵対姿勢に接した日本の態度は、後述するように極めて冷静なものであった。中共政府の「日本軍国主義」非難に接し、その悪影響を真剣に懸念したのがむしろ米国側であったという事実は興味深い。

昭和四十五年の末、中共の対日非難エスカレート、および日本国内の佐藤攻撃が米国の対日世論に影響を与え、その結果日米関係に悪影響を及ぼすことを懸念した駐日米大使館は、中共政府の「日本軍国主義復活」非難は根拠に乏しく、非現実的な政治宣伝に過ぎないとする詳細な報告をワシントンに送り、米国政府が中共政府の主張に惑わされ、佐藤の政権基盤を毀損するような行動に出ないよう警告している。

マイヤー（Armin H. Meyer）駐日大使が起草した報告書「日本の防衛力」(11)は、日本の保有する現実の戦力について、それが日本を通常の攻撃から守ることを中心とした軍備であり、日本政府の方針と日本の世論は海外に向けた軍事的発展を否定していること、核兵器についても「作らず、保有せず、持ち込ませず」という態度を貫いていることを指摘し、現在の日本人は、ある国々の唱える「軍国主義の復活は日本に利益をもたらす」という考え方を拒絶していると論じた。

マイヤー大使は次のように論じる。現在北京、平壌、東京、ワシントンなどで聞かれる「日本軍国主義の復活」論は全く根拠に乏しい。日本のGNPは巨額であるゆえ、防衛費の対GNP比率が低いにもかかわらず、必然的に防衛費の実質出費は巨大となる。しかし、その軍事費は他国に比べ決して巨額とはいえない。また日本は徴兵制度を導入していない。日本にはもはや、一九三〇年代の「軍国主義」を育てた社会的条件は存在しない。日本がその防衛に責任を負うべきであるという発言は、諸外国の報道が作り出すほど「強硬」でも、「盲目的主戦主義」でもない。確かにスイス、イスラエル、そしてスウェーデンが同じことを述べたとしても「軍国主義的」とは言われまい。

マイヤー大使は、日本の政策に急進的変化は起こり得ないと論じ、世界は日本をGNP世界第三位の大国と呼ぶであろうが、日本国民は隣国ソ連、中共そして米国こそが軍事大国であるという事実をよく知っており、彼らに勝負を挑むような無謀極まることはしないであろう、従って「日本軍国主義復活」という議論は全く非現実的であると結論した。

すなわち、報告書「日本の防衛力」は、マイヤー大使が「日本軍国主義復活」という中共政府の政治宣伝が日米関係に及ぼす悪効果、すなわち米国の対日警戒心を扇動する中共の政治宣伝によって生じる「日米離間」の危険性を警戒し、これに惑わされぬよう米国政府に注意を促した文書だったといえよう。

しかし、そのようなマイヤー大使の懸念にもかかわらず、中共の「軍国主義復活」非難に対する日本政府・外務省の反応は冷静なものであった。その根拠となったのは、去る九全大会で「毛・林体制」を確立し国内情勢の安定を取り戻したと見られる中共政府が、高齢の毛沢東亡きあとは必然的に「対西側接近」に向かわざるを得ない、とする外務省筋の予測であったように思われる。

アジア局中国課が昭和四十五年四月、「周四原則」発出直後にまとめた「毛沢東没後の中国（将来の予測）」の内容は、中共の厳しい敵対姿勢に接しながら一貫して冷静な態度を保持し続けた、日本政府の情勢判断の根拠を示すものである。以下に、その内容を掲げる。

〔アジア局中国課「毛沢東没後の中国（将来の予測）」 昭和四十五年四月十八日〕⑫

（一）毛沢東の後継者

毛沢東は一八九三年十二月の生れであるから、現在、七十六才であり、老人の部類に当然入る。したがって、毛沢東にもしものことがあれば、誰が後継者になるかは極めて重大な問題となる。昨年の九全大会において採択された『中国共産党規約』は、党規約の第一章綱領において、『林彪同志は毛沢東同志の親密な戦友であり、後継者である』と明確に規定している。つまり、全党は一致して、毛の後継者が林彪であることを承認したのであり、したがって毛沢東が死亡した場合、あるいは第一線から引退する場合、林彪が毛に代わって党と政府の全権を掌握することになる。このように、独裁者が依然として現在なお権力の座にあるときに、後継者をあらかじめ指名あるいは決定しておくことは、きわめて異例のことである。なぜならば、後継者を決定しておくと、人間の常として人々は先を見越し、つぎの時代においても自分の地位の安泰をはかるため、また将来の栄達を求めて、現在の独裁者のみならず、指名された後継者にも忠節をつくすか、あるいは恩を売っておこうとするからである。つまり、現在の独裁者にとっては、その分だけ自分の権力が削減され弱体化することになる。また、最悪の場合には、権力の中心が二つできる結果ともなりかねない。

それにもかかわらず、毛が林彪をあえて後継者に指名したのは、自らの力量と声望に対する絶対的な自信を持ったためであろうし、また林彪の毛に対する徹底した忠誠心から考えて、林彪ならば毛の権力基盤をゆるがす存在にはなりえないという安心感があったためであろう。（中略）毛の後継者が、どうして林彪でなければならなかったか、毛はなぜ林彪を選んだかという疑問が生ずる。なぜならば、政治家としての手腕力量からみて、林彪は周恩来にはるかに劣るし、軍人としても、林彪より先輩の将軍は少なくないし、また党に対する貢献度からいっても、林彪には特筆大書すべき功績があったとは考えられないからである。それにもかかわらず、毛が林彪を選択した主要な理由は、林彪の毛に対する帰依と忠誠心もさることながら、林彪が人民解放軍の中核的勢力を堅確に把握し、文化大革命の推進に全面的に協力したためであろう。林彪ひきいるところの人民解放軍の支援と協力がなければ、党と政府の実権を掌握していた反毛勢力を打倒することはできなかったであろうし、また社会秩序の混乱と、民衆の動揺を最小限度におさえることもできなかったであろう。

（二）林彪にまつわる不安

林彪は優れた戦術家にして、勇敢な軍人である。八路軍第一一五師団を指揮し、昭和十二年山西省平型関で板垣（征四郎）兵団を撃破、国共内戦時は第四野戦軍司令官として内戦を勝利に導き、朝鮮戦争では援朝義勇軍総司令として活躍している。

「しかし、政治家としての才幹は全く未知数である。」

そのカリスマ、人間的魅力において、林は毛に比すべくもない。その林が中国を統率するためには、政治と行政の実際面において周恩来を中心とする官僚・テクノクラートの援助と協力を求めざるを得ないし、理論・イデオロギー面では党の理論家たる陳伯達、康生らの力を借りるしかない。しかも人民解放軍の高級将領の三分の一は去就が必ずしも明らかではない。地方の有力者が中央の統制に服するかどうかも問題である。弾圧は内戦の危険を冒すことになり、懐柔は中央の統制力弱化を招く。しかも、林彪には肺病という持病がある。

(三) 経済発展は可能か

毛沢東亡きあとの「毛沢東思想」は、抽象的イデオロギーとして存在し続けるとしても、実質的には時間の経過と共に空文化される。その結果は、中共政府の民衆統制力弱化となろう。民衆の生活水準向上が、中共への忠誠心と支持を確保するための必須条件である。「革命前の悲惨な状況」を現在のそれと比較し宣伝しても、民衆とりわけ若年層には効果がない。

彼らは同時に、核を中心とする国防力を建設するという矛盾した二つの課題に取り組まねばならない。それはソ連の脅威に対抗し、米帝国主義に対抗し、民族解放闘争支援を唱道するという事業である。

「高度に発達した重化学工業をもつ社会主義国家の建設」が建国以来の理想であったが、中国の現実は毛沢東の告白したとおり、「一に貧乏、二に白紙」である。後進的農業経済を近代化、工業化するための試行錯誤の連続であった。一九五八年以降の「大躍進」は、五九年以来三年連続の大凶作と重工業の蹉跌をもたらした。その痛手からの回復は、一九六四年までかかった。経済原則と現実を無視した精神主義、理想主義、楽観主義によって国家資源と人民のエネルギーを浪費したのみである。一九六六年以降の文化大革命も、中共経済の発展を著しく阻害した。六七年度の総生産は前年比十五%減、六八年度は二十%減となった。共産党・政府の経済管理・運営機構の破壊と、労働者・農民のサボタージュによる。

精神主義による経済発展、すなわち「経済主義批判」「修正主義批判」「毛沢東思想を物質の力に転化する」の見通しは否定的である。中共経済の拡大発展には、資本と技術の導入が不可欠である。ソ連・米国にこれを求めることができない中共は、西欧・日本にそれを期待することになろう。

（四）中共は何処へ行くか

毛以後の中共政権は、人民に物質的報償、もしくは精神的自由を段階的に与えねば強い支持を勝ち取ることはできない。外国との協調精神も必要となろう。「平和共存」が単なるスローガンではなく、中共外交の基本原理となる日が遠からずやってくる。

内外の危機意識鼓吹によって人民に服従と献身を求めても、人民は面従腹背の態度をとるだけである。毛以後の指導者の命令や指示が、どこまで人民にアピールする力があるか疑問である。

中国課の研究結果は、毛沢東没後の中共政権はその統制力弱化によって、人民の生活水準を向上させることが政権安定の鍵となり、やがて経済発展の必要性から西欧、日本に接近せざるを得なくなると予測している。日本政府が中共政府の厳しい対日非難に接しつつも冷静な態度を保持し、性急な対中共関係改善に向かわなかったのは、対米協調の最優先という外交的配慮と制約が存在したことに加え、中共政権が近い将来、自らその外交姿勢の変化を余儀なくされると情勢を見通していたことも一因であった。

中共政府が、経済発展のために近い将来西側諸国への接近を余儀なくされるようになるという外務省中国課の予測は、昭和四十五年十月のカナダによる中共承認、十一月の第二十六回国連総会における「アルバニア案」（中共加盟、国府追放）案の過半数獲得、およびイタリアによる中共承認によって、俄かに現実味を増した。とりわけ、国連における「重要事項指定方式」と「アルバニア案」の逆転は、翌年の「ニクソン・ショック」、そして翌々年のニクソン訪中、日中国交正常化に至る一連の外交的変動の端緒となったという意味において、歴史的意義を有する事件であったといえる。

外務省中国課の指摘するように、中共政府は、「文化大革命」がもたらした経済的苦境、国内状況の混乱と荒廃を建て直すと共に、険悪化する中ソ対立による国際的孤立の深化から脱却するため、対西側接近を必要としていた。しかし、日本政府は「孤立からの脱却という必要に迫られた」中共政府が、自ら対西側接近を試みる可能性に注目していたのであり、しかも国連における「アルバニア案」の過半数獲得、カナダ・イタリアの承認という国際政治の流れから判断して遠からず中共の対外姿勢は変化するであろうから、対中共政策について自ら性急な行動を起こす必要性は乏しいと判断していた形跡が濃厚である。岡田晃・元香港総領事が証言する、対中接近に消極的な愛知揆一外相の発言[13]は、その判断を物語る典型的な例であろう。

キッシンジャーの極秘訪中、およびニクソン大統領の訪中発表は、日本政府のかような判断の裏をかく形になったのであり、佐藤流「待ちの政治」で中国問題に対処することを考えていた日本政府にとっては、最大の衝撃だったのである。

二　国連代表権問題の転機（昭和四十五、六年）とその意味するもの

昭和四十五年十一月二十日（現地時間）、第二十五回国連総会において「アルバニア案」（中共加盟、国府追放）の投票結果が賛成五十一票（反対四十九票）を獲得し、中国代表権問題の審議開始以来二十一年目にして単純過半数となった事実は、「重要事項指定方式」によって中共加盟を阻止してきた日米両国に衝撃を与えた。総会の表決結果そのものは「重要事項指定方式」が賛成六十六票、反対五十二票で可決成立し、中共政府の国連加盟は見送られることになった。しかし、国連中国代表権問題の見通しがますます中共政府有利に傾きつつある事実は否定できず、次期総会における「重要事項指定方式」の成否は全く予見し難い情勢となったのである[14]。

愛知外相は二十一日午前の記者会見で、日本政府は国連総会の表決結果を敬虔に受け止め対中国政策の再検討

に真剣に取り組むが、国連創設当初からの加盟国であり安保理常任理事国である中国の代表権問題は単純過半数で決定されるべき性質のものではなく、アルバニア案が単純過半数を獲得したからといって「バスに乗り遅れるな」という感覚でこの問題を解決しようとする姿勢をとるつもりはなく、本問題は日本の国益と極東の緊張緩和に役立てるという観点で自主的に考えるべきものだ、と述べた。そして、日本の中国政策が「一つの中国、一つの台湾」に変更される可能性はという問いに対しては、「中国は長期的観点から見て『一つの中国』であるべきだ」としている。同日、小坂善太郎自民党外交調査会長も記者団に対し、自民党の談話として、中国代表権問題は「重要問題」であり単純多数獲得によって解決されるべき問題ではない、という見解を示したのであった[15]。

しかし、国連総会の「衝撃」と日本政府のかくの如き態度は、自民党反主流派、野党各派の勢いを活気付けた。社会党は中国封じ込め政策の破綻を指摘し、公明党は日本政府が「国際世論」に耳を傾けるべきことを主張し、民社党は一日も早い早期日中国交正常化を主張した。これらの動向の到達点は、同年十二月九日、自民党から共産党に至るまで、文字通り「超党派」の国会議員三七九名で構成される「日中復交促進議員連盟」（藤山愛一郎会長。以下、「日中議連」と略）が発足したことであろう。同連盟は、台湾政府を唯一の中国の合法政府とする態度に固執するのは時代錯誤であると断じ、次のように宣言した。

「日中間に平和な国交関係を樹立することは、急務である。（中略）われわれは、各党有志による超党派の合意によって、日中関係の停滞を打開し、アジアの平和とアジアの諸民族の交歓を回復して、国民の間に新しい希望の火を点ずるため、たゆまざる努力を行うことを誓う[16]。」

右に論じた如く、国連総会における「アルバニア案」の単純過半数獲得は、いわば反佐藤勢力に佐藤攻撃の格好の口実を与える形となった。愛知外相が、国連総会の表決結果は日本の対中政策に無関係であり、日本は「バスに乗り遅れるな」という考えに基づき中国問題にアプローチすることは行わないと述べたにもかかわらず、その後の日本の対中政策は昭和四十六年七月の「ニクソン・ショック」を経て、中共承認に向かって急傾斜してゆくことになるのである。

しかし、外交問題に精通した日本の識者および外務事務当局は、反佐藤勢力が政府に推進を要求するような、性急な対中共接近策に懐疑的であった。昭和四十五年十二月十日、佐伯喜一・野村総合研究所副社長は、ブラウン(David Brown)一等書記官と会談した際、中国代表権問題について次のように語っている。[17]

一〜二年のうちに北京政府が国連に加盟することが予想される。しかし中共加盟の際、日米両国はこれを直ちに承認するべきではない。日米両国は、中共が、①台湾の「武力解放」を放棄する、②台湾住民にある程度の自治権を与える意思を表明するのを待つべきである。日米両国が中共を承認するとすれば、それは中共が以上二点を明言した後のことである。承認の際、日米両国は北京政府の武力解決方針放棄を確認した上で、それぞれ「中国は一つの国であり、台湾問題は中国人の党派間で解決されるべきである」と言うべきであろう。中共がそれを保証できないなら、日米両国は中共を承認するべきではない。北京政府がこの保証を進んで与える可能性は五分五分であろうが、台湾住民に何らかの自治権を与える可能性は低いと思われる。

北京政府はこれらの宣言を自ら行うべきである。日本は、サンフランシスコ講和条約で台湾について一切の権利・権限・請求権を放棄している。台湾の地位(筆者註・帰属)は法的に未定であると考えられるが、日本はその将来について如何なる見解を表明する権利も有しないし、如何なる形でも中国の内政問題に関与する権利を有しない。

米華相互防衛条約は、もし中共が台湾の「武力解放」を放棄すれば、継続の必要がなくなろう。大平元外相は「中共が国連に加盟した時、日本がこれを承認するときが来る」とかつて述べたが、中共加盟は日本外交の一大転換点となろう。しかし、日本の中共承認は台湾に対する北京の姿勢を見極めるまでは延期されるであろう。問題はこの決断がいつまで延期されるかである。日本が必要な限り中共承認を待ちたいと考えても、国際情勢は急速に変化するであろうし、日本の国内圧力も高まるだろう。日本政府は新たな行動を求める甚だしい圧力に曝され、求められるだけ待つことができないかもしれない。日本が北京政府を承認するよう「強いられる」とき、何が起こるかが問題である。

以上の発言から明らかなように、佐伯は、中共の台湾侵攻を未然に防止し、台湾海峡の現状を凍結する（いわば「二つの中国」の現状固定）保証を得るまで日本の中共承認は行われるべきでないと考えていたが、国内「親中国派」の圧力が結局その実行を不能にする可能性を指摘している。佐伯の発言は、一年二ヶ月後のニクソン訪中時に発表される「上海コミュニケ」の争点（台湾海峡の現状維持）、および日本外交の性急な対中接近の可能性（「ニクソン・ショック」後に現実化する）に言及した、極めて先見性に富むものであった。ブラウン二等書記官は佐伯の情勢観察と見通しに感銘を受け、これを傾聴に値する卓見であると本国に報告している。

そして、佐伯・ブラウン会談の翌日（十二月十一日）、台北では駐華日本大使館の吉田重信二等書記官が、アンダーソン（Desaix Anderson）駐華米大使館二等書記官と中国代表権問題について協議した[18]。

吉田はアンダーソンに、最近日本大使館で起こったエピソードを交えつつ説明している。吉田によると、本省中国課より渡辺幸治事務官が台北へ出張した際、渡辺が館員を集め非公式に「外務省は国連総会における中国代表権投票の直前直後、既に中国問題について三つの基本的アプローチを考えていた」と述べたという。それは、

①現政策の継続、すなわち中共加盟阻止のため「重要事項指定方式」を活用する、②政策転換、すなわち北京との修交と国連加盟承認、③中道路線、すなわち「二つの中国」認知、である。

吉田はアンダーソンに、この三案のいずれを選択するかは佐藤首相が今後二年間の任期中、北京との修交政策を主導する首相でありたいか、それとも残りの任期を沖縄返還と日米経済摩擦の解決に費やしたいかにかかっているが、佐藤は恐らく後者を選択するであろうと語っている。

しかし、吉田はこの事実を、中国問題の解決を妨害するものではないと信じていた。彼はその理由を、日本の公式中国政策は「一つの中国」、すなわち国府を中国の唯一かつ合法的政府と認めることであったが、実際に行ってきた政策は十年以上にわたって「二つの中国」であり続けた、その証拠は中共との貿易関係および記者交換である、としている。

吉田は、アンダーソンに対し最後に次のように述べた。国府は間もなく確実に国連を追放され、その他の国々からも外交的に孤立しよう。しかし、国府は深刻な経済不況や日米両国との断絶さえなければ、依然として活力ある国家である。少なくとも現在の経済成長率を持続することは、国府にとって絶対に重要だ。蒋経国はそのことをよく知っている筈である。国連の議席を喪失し、外交的地位を浸食されても、台湾の地位に劇的な変化は起こらない。

佐伯と吉田の説明は、日本の外交通と言われる識者、そして外務事務当局（中国担当者）が、国連における「アルバニア案」の単純過半数獲得を政財界の一部「親中国派」、およびマスコミ界ほどには積極的に評価しなかった事実を示している。佐伯は、「親中国派」の圧力が日本を台湾の安全保障を曖昧にしたまま性急な中共承認に走らせる可能性、およびそれが日本の国益に及ぼす影響について懸念していたし、吉田に至っては、「二つの中国」政策に立脚する以上、たとえ国連の議席を失ったとしても台湾の地位に大きな変化はないとさえ考えていたのである。

すなわち、佐伯や吉田は、今後の情勢推移を見ながら中国問題に慎重に対処するという佐藤内閣の対中姿勢を継続しても日本の国益を大きく損ねることはないと考えていたのであり、その見解は従来の政府方針と大筋において一致するものであった。

それとは対称的に、「日中議連」メンバーの一人であり自民党「親中国派」の代表的人物でもある宇都宮徳馬は、昭和四十六年一月十六日、ワシントンでグリーン（Marshall Green）東アジア・太平洋担当国務次官補と会談し、「親中国派」の立場から米国政府に日中関係正常化の必要性を説いている[19]。宇都宮は、昨年十二月の「日中議連」結成は日本国民の対中関係正常化にかける願いを代表するものであると述べ、自分自身は米中双方との友好関係を希望するが、問題は日本政府が米国と政策的に同調し日本国民多数の意思に反した行動をとることにある、米国はこの問題をどのように処理するのか、とグリーンに質問した。

グリーンの返答は、米国の基本方針は中共政府との良好な関係、および国府に対する関与を維持するという二つの原則を堅持することであり、一見矛盾するように見えるこれら二原則を維持することで、政策に柔軟性を持たせることにあるというものだった。グリーンは、米国政府は日米両国にとって中共との関係が重要であることは認める（汚染問題、軍備管理問題など中共参加が価値を有する問題）が、同時に台湾住民のことを考える必要があると語り、政治的見解を異にするうえ生活水準も異なる彼らを共産主義の支配下に追いやることは、不道徳であろうと述べた。

宇都宮はこれに対し、かつて陳毅が語った「台湾問題がなければ、対米・対日関係の改善は容易なことだ。台湾問題は中国統一の障害である。米国が台湾を中国政府として認知する限り、事態打開は困難であろう」という言葉を取り上げ、「最大の障害」たる台湾問題さえ解決すれば他の問題はおのずから解決に向かう、中共政府が台湾の主権を有する（台湾は中共領土）という主張は原則論であり、彼らは過渡期にはより柔軟な路線に転ずると自分は信じている、と反駁した。

以上のやり取りから判明するように、グリーンは米国政府の台湾関与維持すなわち現状凍結による「二つの中国」を基礎とした極東情勢の安定を重視する立場をとっているが、宇都宮の主張は事実上中共政府のそれを代弁するものであり、究極的には中共の台湾領有に同意する姿勢をとっている。グリーン・宇都宮会談は、台湾問題をめぐる米国政府と日本の「親中国派」の主張との乖離を、典型的に示している。

以上論じてきたように、国連第二十五回総会における「アルバニア案」の単純過半数獲得は、日本の中国政策についての論議を一気に活性化させることになった。すなわち「アルバニア案」の表決結果から考え、次期総会における国府の優位維持は一層難しくなるであろうという見方が広まりつつあったからである。当時の日本政府の立場は、楠田實・佐藤首相主席秘書官が記す「中共が国連に加盟するということより、台湾をいかに留めるかということの方が大事。台湾への投資を無視できない[20]」という佐藤の発言に最もよく示されるであろう。中共の加盟阻止ではなく、「国府の議席を維持することが最重要」という考えが表面に押し出されるに至ったところに、日米両国がもはや中共加盟は避け難い国際社会の趨勢である、と認識するようになった事実が窺えるのである。そして、その後日米両国の関心は、来るべき国連第二十六回総会における中国問題の取扱いとその処理方法に転じてゆく。

昭和四十六年四月、牛場信彦駐米大使はジョンソン（U. Alexis Johnson）政治担当国務次官との会談で、日本政府は現在中国代表権問題を徹底的に討議しているが、仮に中共政府に安保理事会の議席を与え二重代表制を適用すれば、中華民国にとってこれに従うことは難しいと信じると語り、米国側の考えを質した。ジョンソン国務次官は、日本政府の見方に同意すると述べ、仮に日米両国が取り上げないとしても他国がこの問題を取り上げることは確実である、我々がこの問題を回避しようとすれば「中共排除を狙った別の戦術」と批判されるだけであろうと、もはや中国問題の抜本的解決策を見出し得なくなった米国政府の苦悩を率直に語ったのであった[21]。

こうして、日本政府は来るべき国連次期（第二十六回）総会において、中国問題に対し如何に対処すべきかという難問の検討を余儀なくされるに至った。その検討作業の軌跡は、『楠田實日記』の中に簡潔にまとめられている。

日本政府による中国代表権問題の実質的検討作業は、昭和四十六年五月八日の『毎日新聞』が小坂善太郎・自民党外交調査会長の論文「安易な風潮を改めよ　中台間は非介入の論理を[22]」の要旨を報じたことに始まった。佐藤はその三日後（五月十一日）、楠田に「①国府の議席確保に努力する。②そのため二重代表制（DR）でもよいが、安保理の議席を中共に与えるという案はとらない。③この線で日米で意思統一して、直ちに多数派工作を開始すること。④Republic of China と明記してあるからには、憲章問題も単純ではないはずだから、さらにその解釈を煮詰めるべきだ[23]。」と指示を与え、法眼晋作外務審議官に伝達させている。

なお、佐藤はその際、既に次期総会における米国政府との協調を決断していたようである。彼が楠田に与えた「国府の立場を考えてやることが大事だ。（中略）安保理に中共を入れるということになれば、国府は当然脱退するだろう。米国はそれで米華条約の破棄まで行ってもそれほどのことはないかもしれんが、それは日本にとっては大変な事態だ。米国追随と言われようと、何と言われようと構わないから、米国と一体となって、多数派工作を早急にやるべきだ。（以下略[24]）」という指示が、全てを物語っている。

この佐藤の言葉は、佐藤が中国代表権問題における「対米追随」を決定した理由に、安全保障上の考慮が存在した事実を明らかにするものである。国府の国連脱退によって米国が米華相互防衛条約を破棄するような事態になったならば、また米国にとって米華条約の破棄が「それほどのことはない」としても、それは「日本にとっては大変な事態」であるという情勢認識こそ、佐藤が対米協調を決断した理由であったことを『楠田實日記』の記述は明らかにしている。佐藤にとって、対米協調、すなわち国連中国代表権問題における国府支持の決定は、政敵の非難するような単なる「対米追随」外交ではなかったし、米国に対する国際信義の貫徹という単なる「道義」の問題でもなかった。それは、日本および極東地域の安全保障を慎重に考慮した政治的決断に他ならなかったのである。

日本政府が次期総会における中国問題への対処を検討し始めて間もなく、国務省日本課は、「文化大革命」の混乱をようやく抜け出した中共政府の対日観につき、次のように整理している[25]。

(1)北京政府は、アジアその他で経済主要国としての力に見合った政治的役割を果す潜在力を持った日本の台頭を、遅きに失したとはいえ鋭く認識しつつある。従って、彼らは「日本軍国主義」(米国が扇動した、とされている)批判を激化させている。

(2)北京の指導層は、強力かつ部分的に再武装した日本の台頭は、これを妨害する見込みがほとんどないと認識しているだろう。彼らは中共の国益に及ぼす打撃を最小にしつつ、日本の政策に影響を及ぼすという方向へ進むのではないか。彼らが考えているのは緊密に米国と協力する日本(現在米国の担っている地域安全保障責任の一部を日本が負う可能性あり)、または独自の姿勢をとる日本である。

(3)中共指導部は、日本が米国から独立した役割を担うことが望ましいと一貫して考えている。客観的には、中共は現在の日米関係継続を「日本軍国主義または独自の核能力を持つ日本の登場」に対する抑止力であることを理解すべきだ、とも論じ得る。しかし不幸なことに、彼は未だそのように考えていないようだ。

(4)中共は、日本の台湾の地位に関する姿勢に大きな関心を寄せている。北京政府は長い間、自らが全中国の合法政府であること、台湾はその一部であることについて、社会党・共産党の支持を得てきた。昨今はさらに、本件について公明党の支持取り付けに成功し、党首脳を北京に招くことでこれに報いた。民社党もまた、台湾との関係を維持しつつ北京と関係改善すると公式に述べている。

(5)北京は、台湾防衛責任を日本が負うことは、その主権と安全への直接の侵害と考えている。彼らの早急な政策目標は、台湾問題への日本介入を防ぐことである。

当時、中共政府は激化する中ソ対立への対処に忙殺されると共に、日本の急速な国力発展に脅威を覚えていた。国務省日本課の整理した中共政府の対日観からは、彼らが「文化大革命」の後遺症に苦しみつつも、日本国内の野党勢力を利用して佐藤内閣に揺さぶりをかけ、日米同盟関係に楔を打ち込もうとしている事情が推定できる。しかもさらに重要な事実は、エリクソン（Richard A. Ericson, Jr.）国務省日本課長が（3）で指摘した、現在の日米関係すなわち日米安保体制が「日本軍国主義および独自の核能力を持つ日本の登場」への抑止力となるという一節だった。なぜなら、これこそが正に一ヶ月後現実となる米中接近の一つの動機となったものだったからである。

しかし国務省（エリクソンを代表とする日本担当者）は、中共政府が日米関係が彼らにもたらすであろう利点を認めず、米国、日本、そして日米関係への敵視を続けるゆえ、次期総会における国連代表権問題は必然的に従来の延長線上で議論されることになり、きわどい格差（結果はまったく予断を許さなかったが）で日米両国が勝利し得るのではないかと期待していたようである。そして恐らく、日本政府の認識も国務省のそれと同一であったと推定される。さらに、昭和四十七年中の沖縄返還という決定済みの重大な政治日程を抱えていた佐藤にとっては、次期総会（昭和四十六年）における中国問題の紛糾および逆転の現実化は、なるべく回避したい事態であったに違いない。

その佐藤内閣にとって正に「青天の霹靂」となったのが、昭和四十六年七月十五日午後（現地時間）、ニクソン大統領が来年五月までに北京を訪問するという全米向け放送を行ったことであった。いわゆる「ニクソン・ショック」である。翌日の『朝日新聞』は、「踏出した米中和解　政策転換を迫られる政府[26]」と題し、野党が佐藤内閣の政治責任をいっせいに追及にかかるであろうこと、佐藤退陣が「一層促進」されるであろうこと、そして早期対中正常化を主張する野党各党の談話を掲載しているが、中国代表権問題に関する佐藤の方針は一貫しており、大きく変化することはなかった。

一週間後の七月二十二日、参議院予算委員会で佐藤が行った答弁「①中国の国連加盟を邪魔しないが、国府の追放には賛成できない。②中共と国府が国連で共存できるような案はないか模索している。③ワン・チャイナ、ツー・ガバメントは現実の姿だ[27]。」は、佐藤が対米協調と国府の議席維持を第一に考え、中共加盟による二重代表制はあくまで国府との共存関係において認知すると考えていたことを示している。

八月二十五日、法眼外務審議官は佐藤に中国代表権問題に関するメモを手交し、その最終決断を求めている。法眼メモの内容は「米国は真剣に活動を開始しはじめた。日本も腹を決めなければならない段階に来ている。日本が二つの決議案、即ち逆IQ（重要問題決議案）とコンプレックスDR（複合二重代表制決議案）のコースポンサーにならない限り負ける。総理のご裁定をお願いしたい[28]」というもので、米国が「逆重要問題指定方式」（国府追放を重要事項と規定する方式）および「複合二重代表制」を次期総会に提案することを決定し、日本に同調を求めてきたことを明らかにしていた。

なお、『楠田實日記』には、この米国の呼びかけに対する批判が自民党内、外務省内にすら存在したことを示す記述がある。本野盛幸・駐仏大使館参事官は楠田に、国連問題で米国と「まじめに付き合う」ことは愚であると述べ、「国務省は国府擁護を真剣に考えているかも知れないが、ホワイトハウスは今年一年くらいで、後は日本に肩代わり」させようとしているに違いない、力関係で国務省は押し切られるだろうと予測を述べ、「逆重要事項指定方式」「複合二重代表制」をとらず、今まで通り「重要事項指定方式」で押し、「敗れたら自然に任せるべき[29]」であろうと語った。その翌日（九月九日）の自民党顧問会議では、佐藤の説明する「逆重要事項指定方式」「複合二重代表制」に対し、三木武夫がこれを「二つの中国」に至る考え方ではないかと批判した。三木はさらに、国連憲章が一国一代表を定めていることに照らし台湾は如何なる資格で国連に留まるのか、北京を代表とするのが世界の大勢ではないかと述べ、佐藤がとろうとしている中国代表権問題に対する姿勢に疑念を呈している[30]。さらに顧問会議後まもなく、中曾根康弘・自民党総務会長は「台湾は中国の一部」と発言し、①中国を代表する正統政府は中華人民共和国、②国連安保理事会常任理事国は北京政府が占めるべき、③台湾は中国の一部、という北京政府重視の三原則を打ち出した[31]。

第六回日加閣僚会議出席のためトロントに滞在中だった福田赳夫外相は、楠田に対し「中曾根発言は総務会長としておかしい」とこれを批判する言葉を洩らしている。法眼外務審議官は、佐藤が福田外相の外遊中に「逆重要事項指定方式」の共同提案国となるよう訓令することを期待していたようであるが、楠田は法眼に「今の党内事情から見て、強行することは難しい。（中略）全ては外相報告を聞いた上でということになる[32]」と返答し、中国代表権問題をめぐって自民党内が大きく割れていることを理由に、最終決定は外相報告を聞いた後の佐藤の裁断に委ねるとした。

佐藤が、「世論に逆行の暴挙[33]」という野党の猛烈な批判を浴びながら、米国と共に「逆重要事項指定方式」「複合二重代表制」の共同提案国となることを決断したのは、九月二十二日のことである。岸信介は、佐藤が共同提案国となることを決断する直前、スナイダー（Richard L. Sneider）臨時代理大使（駐日公使）らに対し、佐藤の決断につき次のように語っている。[34]

福田外相の外遊出発前、自分は党内で幾度も話し合い、自民党の一般的合意として日本政府は中華人民共和国の国連加盟を求める案を支持すると共に、現在中華民国が占める安保理事会の議席をも支持するという結論に達した。同時に、我が党は中華民国の国連追放を重要問題とする「逆重要事項指定方式」支持を必要かつ重要なことと考える。福田外相はこの一般的政策路線への支持取り付けに成功したけれども、米国の提案した「二つの中国」代表方式（複合二重代表制）を支持する件については、党内の意見を統一できなかった。自分は、もし日本が本案を通過させたいなら共同提案国となることが必要であると強く主張してきた。自分の見るところ、共同提案国となることに反対する議論は愚かである。これは純然たる手続の問題に過ぎず、問題の理非とは全く関係ないものだからである。しかし、佐藤内閣には日本が共同提案国となってそれに失敗した（総会で否決された）とき、日本は批判される立場に置かれるだろうと述べた閣僚がいた。しかし、自分は日本が共同提案国たることを佐藤に強く促すつもりである。

日本が東南アジア諸国に持つ強い影響力は、日本の共同提案国化にとって大変有益なものとなろう。例えば、オーストラリアは日本が共同提案国になったとき「のみ」、自らもそうするだろうと我々に知らせてきている。似たような考えはタイ、フィリピン、ニュージーランドでも見られた。

しかし、自民党内には未だ政治的問題が残っていることを強調したい。その多くは、本質的に中国問題と関係のない、佐藤退陣後の影響力強化を目指す、佐藤の政敵たちによる戦術的策略なのである。私は、佐藤の後継者が福田外相であることを疑わない。

ニクソン大統領の訪中が決定して、私は個人的に大変喜ばしく思う。日本の政治家は、覚書貿易交渉その他の交渉で中共へ行くたびに味わう屈辱的で惨めな行動に慣れているため、ニクソン大統領も同じだろうと予想している。ニクソン氏の姿勢と性格から考え、これは確実に誤りだ。私はニクソン大統領訪中の実現、および彼が中共に如何なる譲歩も妥協もしないことを日本の「意気地なし共」（Nervous Nellies）（「親中国派」）にはっきり示すことを熱望している。

つまり、岸は翌年に予定されているニクソン訪中時、米国政府が原則的に中共の要求に屈せず、これを跳ねつけることによって、日本国内の「親中国派」に政治的打撃を与えることを期待したのであろう。岸の発言は、佐藤が米国支持を決断した理由には先に指摘した台湾確保という安全保障上の配慮に加え、①大統領の訪中を決定したとはいえ、米国が台湾問題といういわば中国問題の「本質部分」において中共政府に安易かつ大幅な譲歩を行うはずがないという政治的判断（米国が複合二重代表制を提案し、あくまで国府の地位を守ろうとしたことがその理由）が存在したこと、②東南アジア諸国とその他の友好国による日米支持行動への期待という要素もあったことを明らかにしている。日本が米国と共に「逆重要事項指定方式」「複合二重代表制」の共同提案国となる佐藤の決断について、従来関係者が述べてきた様々な理由、すなわち「後継者に迷惑のかからない」ためだったとする説、国府への恩義を自分（佐藤）一代で返済し後継者に行動の自由を確保したという説[35]などがあるが、佐藤の真意は、万一日本が米国と共に国連で「敗北」の憂き目を見たとしても、その後の日本外交に実害を残さないようにするという、現実的配慮にあったと解釈するのが最も妥当ではないか。

十月二十五日、国連第二十六回総会は「アルバニア案」を賛成七十六票、反対三十五票の大差で可決し、中共政府の国連加盟が決定した。同日、国府は国連脱退を声明し、その代表団は議場を去った。そして国連における「中共加盟、国府追放」の実現は、自民党反主流派および野党による佐藤内閣への激しい攻撃を誘発した。社会党、公明党をはじめとする野党各党は、「アルバニア案」可決を「日本外交の敗北」と論じ、「首相の引責は当然」であり、「今国会で（日中）復交決議を」行うべきであるとして佐藤の退陣を強く要求した。そして自民党反主流派の三木、藤山らも「首相責任は重大」であるとして、佐藤の責任を追及する姿勢を見せた[36]。すなわち、彼らの追及する佐藤の責任とは、佐藤とその内閣が中国問題という「バスに乗り遅れ」たばかりか、日中関係打開の糸口も失い、結果的に日本外交を国際的孤立に導いたというものである。

しかし、中共の国連加盟は決して中国問題の本質に変化を及ぼすものではなかったという事実を、ここで指摘しておく必要があろう。岸信介がスナイダーに述べたように、日米共同提案たる「逆重要事項指定方式」「複合二重代表制」は「純然たる手続問題に過ぎず、問題の理非とは如何なる意味でも関係ない」ものであったからである。換言すれば、岸は国連議席の帰趨、すなわち国府、中共いずれが国連において中国を代表するかという問題は、「二つの中国」の存在という国際政治の現実に何ら影響しないことを指摘したのである。確かに、米国はその後ニクソン大統領の訪中および米中共同声明（「上海コミュニケ」）の発表を経て、昭和五十四（一九七九）年、米中国交正常化を実現するに至った。しかし、米国はそのことによって台湾への政治的・経済的、そして軍事的な関与を中止したわけでは決してない。米国政府が議会の圧倒的支持の下に「台湾関係法」を制定したことはその証明である。また、これは「二つの中国」との交流を維持するという戦後日中関係の本質を大幅に変えるものでもなかった。

最後に、岸がスナイダーに語った、佐藤の政敵によるポスト佐藤の後継者争いについて、依田実（元ＮＨＫ職員）がインマーマン（Robert M. Immerman）一等書記官に語った「中曾根の中国観」を一例として、中共政府の国連代表権獲得が日本政治に及ぼした影響について考察する。

中共の国連加盟から五日経った十一月三十日、依田は、中曾根が自民党の全党員そして日本世論の大部分が共に受入れられるような、中国問題に関する新しい枠組みを見出そうとしている、とインマーマンに語った。インマーマンは、中曽根氏は「日本のキッシンジャー」にでもなるつもりか、と皮肉を込めて尋ねたが、依田はこれに対し以下のように述べている[37]。

現在、中曾根氏が中共を訪問する可能性はない。しかし、自分は中曾根氏の代理人として日本駐在の中共報道関係者と定期的に接触を重ねている。中曾根氏は演説の中で、日本は「現実」を認めるべきであると述べている。そのために中華人民共和国と法的戦争状態終結のための政府間交渉に入り、外交関係を正常化すべきである、と。中曾根氏の考えは、中華人民共和国が中国における唯一にして合法的な政府であり、台湾は中国領土の一部であることを日本が認めるというものだ。さらに彼は、日本は台湾独立または国連信託統治化を考えてはならないとも語った。

しかし、中曾根氏の考えは「日中議連」所属議員のそれとは、重要な一点において異なっている。彼は日華平和条約を中共との交渉妥結前に「現実的目的」のため処理すべきだと考えているが、交渉の前提条件としてこれを破棄する必要はないとしている。

依田の談話を聴取したインマーマンは、国務省に次のようなコメントを書き送った。中曾根は去る九月、日本政府が国連「逆重要事項指定方式」通過のため米国と協力することに反対し、中共政府に安保理議席を与えるよう主張していた。しかし、彼のこのたびの演説は、中共との関係正常化要求、および日華平和条約処理に関する明快な言及こそ避けているものの、中共政府を中国の唯一かつ合法的政府と認定することを初めて公式に述べたものである。依田は否定しているが、中曾根が中共を訪問する最初の自民党派閥領袖たらんとしていることは間違いあるまい。

「ニクソン・ショック」と中共の国連加盟は国際政治上の大変動というべき事件であり、「中共加盟はやむを得ないが、少なくとも国府の議席を維持する」という方針の下に協力してきた日米両国にとって、国府の脱退・議席喪失という極めて遺憾な事態を招く結果につながった。中共政府とその支持国が国連外交の舞台で「勝利」し、「逆重要事項指定方式」「複合二重代表制」を支持した日米その他の国々は「敗北」したという評価が、真実を指摘したものであることは間違いない。

しかし、先述のように、中共の国連加盟が直ちに日中関係、日米関係に大幅かつ本質的な変化をもたらしたと考えることは誤りであろう。なぜなら、それは「二つの中国」との交流を維持する日中関係、米中関係の本質に全く影響を及ぼさなかったからである。国連代表権、そして後の日中国交正常化によって日本の外交的承認さえ喪失するに至った国府（一九七九年には米中国交回復によって、米国の外交承認も取り消し）は、その後も日米両国との緊密な経済的・文化的交流を維持し続けるのであり、米国の「台湾防衛」という軍事的関与もまた、米華相互防衛条約の失効後もカーター（James E. Carter）政権の制定した「台湾関係法」によって形を変えて継続することになるのである。

その意味で、昭和四十五～六年に起こった国連中国代表権問題の転換は、日中関係、米中関係の本質に対してではなく、むしろ佐藤外交に批判的な自民党反主流派・野党にとっての「追い風」として、日本の国内政治に対し大きな影響を及ぼすものであったように思われる。右に述べた中曾根自民党総務会長のポスト佐藤を狙う政治的動きは、その事情を物語る典型的事例であった。

三　「ニクソン・ショック」と日本

昭和四十七年七月十五日夜（現地時間）、ニクソン大統領がカリフォルニア州バーバンクの放送局から、翌年五月までに北京を訪問すると発表したことは、世界を震撼させた。日本政府の頭越しに行われたこの米中接近はかつて言われた「朝海の悪夢」の現実化に他ならず、政府与党にとっては「晴天の霹靂」であった。野党および自民党反主流派は、これを佐藤外交における最大の失策として攻撃、佐藤の即時退陣を要求し、政府追及をますます激化させるに至った。

『佐藤栄作日記』は、ニクソン訪中について「ベトナム戦を早くやめ度い、それが主眼か。それにしても北京が条件をつけないで訪支を許したことは意外で、いろいろ噂話も出る事と思ふ。（中略）すなほに慶賀すべき事だが、これから台湾の処遇が問題で、一層むつかしくなる[38]」と記している。一見客観的に見える記述であるが、佐藤の内心の動揺が激しかったことは、総理主席秘書官であった楠田實が「総理の反応は複雑[39]」であったと証言している事実からも明らかである。なお、楠田はニクソン訪中発表の衝撃が佐藤の「早期引退につながる[40]」と見る閣僚がいたことも、その『日記』に記している。

なお、米中接近の背景については先行諸研究が既に明らかにしている通りである。そこには戦略核兵器における米ソ均衡の状況出現、中ソ対立がイデオロギー論争から武力衝突にまでエスカレートしたこと、ヴェトナム戦争の泥沼化による米国民の対政府批判、米国経済力の相対的低下という諸事情があった。ニクソンとキッシンジャーは、戦略兵器制限交渉（ＳＡＬＴⅠ）による対ソ軍縮交渉を米国優位に導くため、①中ソ対立を利用し対中接近を図ることによってこれをソ連への圧力に転換、②究極的に対ソ軍縮・対中接近によってヴェトナム戦争の収拾を図るという手段をとった。これが、米中接近の国際政治的背景を説明するに当たって先行研究がしばしば指摘するところである[41]。

朱建栄は米中接近の背景について右の見方を補足し、次のように論じている。一九六五年の「九・三〇事件」によるインドネシア共産党の壊滅、それがもたらした「北京＝ジャカルタ枢軸」に代表される中共政府の国際的孤立が中共の「対外拡張」意思とその能力に対する米国の過大評価を改めさせ、米国が「言葉は温和だが軍拡を続けるソ連を最大の脅威と見なすようになった」。そして、ニクソン大統領はこの「六五年転換の延長線上に対中接近を図り、対ソ緊張に陥った中国の思惑と一致して、七一年、世界を驚かせたキッシンジャーの極秘訪中を実現した[42]」。

さて、米中接近を日米関係という観点から見るとき、極東における「最重要」の同盟国・日本に対する配慮が基本的に軽視されていた事実は否定し難いであろう。かつて駐日大使を務めたライシャワー（ハーヴァード大学教授）はこの状況をいたく遺憾とし、ニクソン宛て書簡において、キッシンジャー極秘訪中に始まる米中接近の手法が「日本国内に対米疑念、不信、敵意を生じさせた」事実を指摘し、「実質的内容よりも、日米関係における形式と雰囲気」を重視する日本国民の感情に配慮し、対日内政干渉という批判を避けるために佐藤の後継者が政権の座についた後（一九七二年頃か）に、大統領が訪日することが望ましいと勧告している[43]。

さらに、ジョンソン政治担当国務次官（前駐日大使）が証言する通り[44]、国務省はキッシンジャーの「秘密外交」に極めて批判的であった。国務省は池田内閣以来、中国問題および沖縄問題が、日本にとって他の外交課題を「日陰の存在」にしてしまうほど重大であるという事実をよく理解していた。中国問題において対米協調路線をとることに反対する勢力は、日本の全野党、メディアの大部分、知識人、小規模であるが活動的な自民党一部勢力に及び、その傾向は国連第二十五回総会における「アルバニア案」の単純過半数獲得によって「中国ブーム」と言うべき局面に達していることも、国務省は十分に認識していたのである。

日本の対中共接近に対する抑止力となっているのは、国務省の見解によれば次の通りである[45]。
(一)自民党主流派の抱く台湾への親近感（かつて「最も成功した植民地」であった地への懐旧の情）であり、蒋介石への「恩義論」。
(二)台湾が中共の支配下に陥ることは、日本の安全保障を脅かすという惧れ。間もなく実現する沖縄返還の結果、日本の防衛線が台湾から僅か一〇〇マイルまで伸張することがその補強証拠である。
(三)佐藤がコミュニケにおいて台湾の安全保障に日本が関心を持つと述べて以来、北京政府の対日敵意が日本の行動を抑制している。そして、こうした全ての考慮の背後には、長年持ち出さなかったとはいえ、北京政府はいつの日か対日戦時賠償を主張してくるであろうという考えが潜在している。

国務省の結論は、中共政府の対日敵意を減殺せぬままに、そして国府の地位に十分配慮しないような形で行われる突然の米中復交は、日本の国内政治に惨憺たる影響を及ぼすと共に、対日関係を深刻に破壊する結果を招くというものだった。従って、米国はアジアの緊張緩和を求めるに当たり、それがアジアにおける最重要の同盟国(日本)に与える影響を正しく考慮しなければならないとしていたのである。


キッシンジャーの極秘訪中、ニクソンの訪中発表は、この国務省文書の助言を全く無視する形で行われた。当然、ライシャワーやジョンソンはニクソン、キッシンジャーの外交手法を強く批判した。なお、ニクソン、キッシンジャーが用いた「秘密外交」的手法については、佐藤もその『日記』において率直に不満を表明している[46]。

かくして、ニクソン訪中発表は「ニクソン・ショック」と呼ばれることとなった。東南アジア諸国がおおむねニクソン訪中発表を歓迎するという線で受入れたのに対し、日本の狼狽は（国府のそれを除けば）最も激しいものであった、という米国外交文書の記述[47]が、日本政府の受けた衝撃の大きさを物語っている。

この時期、牛場駐米大使が小坂善太郎・自民党外交調査会長の大統領宛て書簡をロジャーズ（William P. Rogers）国務長官に伝達し、日米関係調整と自民党の「苦境」を説明するための小坂訪米を申し入れたこと[48]、および駐日米大使館が北澤直吉・自民党日米関係特別委員会長の訪米計画につき国務省日本課に通知してきたこと[49]は、「ニクソン・ショック」に接した日本政府の動揺ぶりを示して余りあるものであろう。

「ニクソン・ショック」はまた、ライシャワー元駐日大使が懸念した通り、日本政府の対米不信を掻き立てる結果を招いた。そのことを率直な形で米国政府に示したものが、昭和四十七（一九七二）年一月十日、佐藤・ニクソン（サンクレメンテ）会談の直後に牛場大使がサンフランシスコで行った演説である。牛場は「米国の対中和解が日中関係を改善するようなやり方で行われることが、一番大事と考えている」と発言し、「日本を〝置去り〟にした米国の一方的対中和解を牽制[50]」した。この演説の真意について、牛場は後に「日米間のコミュニケーション強化について、米政府に警告するつもりだった」と釈明したが、日米首脳会談直後の大使発言はホワイトハウスをいたく「困惑[51]」させ、米国政府に日本政府の真意を疑わせるという悪影響を招いた。

さらに、牛場のサンフランシスコ演説から間もなく明らかとなった、原栄吉サンフランシスコ総領事の「質問書」に関する一件は、それが「ニクソン・ショック」に直面した日本の焦慮と対米不信の産物だったとはいえ、日米関係に大きな波紋を投じかねない性質を有していたという意味で看過することができない。それは、米中接近と台湾問題に関わる日米の認識の差を示すものであった。

ジョンソン政治担当国務次官は、原の「質問書」について、総領事によるこのような行動は不適切であり、かつ「ぞっとするほどの分別の欠如」であると批判した。そして、もし駐日米国領事が類似の「質問書」を地方

（都道府県）知事に向け発すれば政治スキャンダルになるだろう、という強い表現を用い、牛場に警告している。ジョンソンの言葉から推察すると、原の「質問書」は恐らくカリフォルニア州知事ないし同州政治家に宛てられたものであろう。次に掲げるのが、「質問書」の内容である。[52]

（1）米国は対中関係樹立のため、日本を迂回するつもりであろうか。昨今「タイム」誌とＢＢＣが行ったニクソン大統領へのインタヴューは、日本国民にニクソン大統領が米中和解に強い使命感を持っているという印象を与えた。米国の友好国の利益を損なわないという声明にもかかわらず、日本国民は米国が結局は「他の全て（筆者註・台湾問題も含む）を超えて」米中和解を成功させると考えている。

（2）台湾・中国問題の解決について、米国の政策は如何なるものになるだろうか。キッシンジャー氏は、米国は両国（国府・中共）が直接二国間でこれを解決することを望むと述べた。日本国民は、米国が両国間問題の平和的解決を促進するため舞台裏で役割を果たすつもりなのか、あるいは不干渉主義をとるのかを知りたいと考える。

（3）ニクソン大統領は、東アジアにおける日本と中国の役割をどう見るのか。この問題は朝鮮戦争前、トルーマン（Harry S. Truman）大統領の下における歴史的先例を思い起こさせる。当時アチソン（Dean Acheson）国務長官は、米国は朝鮮を「米国の生命線」に含まないという印象を世界に与えた。今日、日本は米国がインドシナ半島をその「生命線」に含めるかどうかに関心を抱いている。日米は共に太平洋国家だが、東アジアから何千マイルも離れた米国に比し、日本は隣人というべき近さにある。これらの国々に対する米国の評価は、日本にとって重大関心事である。

（4）米国は、アジアにおいてロシアにどのような役割を期待するのか。日本国民はこの問題に関心を持っている。

(5)米国政府当局は、毛沢東亡き後の中国がどうなると考えるか。後継者問題はどうなるか。周恩来は有能だが、インテリ出身者であり立場は弱い。

(6)ニクソン大統領は、対米関係において日本に「分割統治策」を用いるのは無理だということを、中国に確信させようとしているのか。日本は、中共が日米間の亀裂を利用しつつあると信じている。

ジョンソンは、ニクソン大統領が個人的に佐藤首相に米国の政策を説明しようとしているとき、このような疑いが日本の外交官の口から発せられたことは驚くべきことであると述べ、「質問書」の公表について牛場に厳重抗議した。ジョンソンは牛場に対し次のように述べた。原総領事の「質問書」を見ると、日本は米国が極東の安全保障について関与することを疑い、かつ米国がこれを放棄することを懸念しているようでありながら、その一方で北京との関係回復のため台湾を切り捨てる考えを「もてあそんでいる」(toying)ように思われる。米国は台湾との安全保障関係の再確認について非常に率直な態度をとってきたし、ニクソン大統領もまた米華関係の再確認について、公私ともに率直な態度を貫いてきた。台湾との関係に疑念を抱いているのは、むしろ日本側であろう。日本は自らに都合の良いように論拠を変えることはできない。日本は極東の安全保障情勢に本当に関心を持っているのか。それとも、もっと「中立的」姿勢を求めているのか。

牛場はジョンソンの言葉に理があることを認め、「日本の政治家はこの点について非論理的かつ矛盾しがちである」が、佐藤の後継者たる福田赳夫は台湾についてもっと明快かつ率直な態度をとるであろうと返答した。ジョンソンは、原総領事の「質問書」によって明確となった、日本の一部に存在する「米国が北京との修交を機会に台湾を放棄する」という一方的な思い込み(ないしは、根拠に乏しい疑念)を深刻に受け止め、ニクソン大統領が米華相互防衛条約の堅持を含めた台湾との関係を疎かにすることはあり得ないと、牛場に釘を刺したのである。

なお、ニクソン大統領の訪中に当たって国務省が準備した研究文書には、台湾問題が米国政府の対中政策に占める意味を示すものがある。その内容を以下に摘記しておく。

〔「大統領の北京訪問」[53] 国務省〕

A．我々（米国）は何を望むのか。

（一般目的）米中の緊張緩和により、直接対決の危険を減らす。既に開始された米中正常化過程を促進する。そして、日米関係が中共にとっても有益であることを理解させる努力を行いつつ、米国の対日政策を論じること。朝鮮半島の緊張緩和につき、可能な方法を探求すること。米国がアジアに有する軍事力を撤収、またはアジア関与を放棄するという印象を与えることなく、その軍事力削減を可能にする雰囲気の醸成。中共をアジアにおける「力の方程式」（power equation）の中に引き入れること。

（特別な目的）中共を主要国際問題に関する国際会議へ参加させること。中共が台湾に武力行使を行わないことの保証を得ること。ソ連の疑念を掻き立てぬこと。米国のアジアにおける権益は中共の国益に反することはないことを彼らに了解させる。

B．中共は何を望むのか。

（一般目的）米国極東政策を朝鮮戦争以前のそれに戻すこと。台湾、台湾海峡、ヴェトナムそして恐らくタイからの米軍早期撤退。米中関係改善を対ソ抑止力とすること。（中ソ対決時に米国が如何なる行動をとるかは不確実ゆえ。）米中関係改善を日本「軍国主義」への抑止力とする。中共は日米安保の解消と日本における「中立」政権の出現を望んでいるが、彼らは一方で、日米関係には米国が日本「軍国主義」を抑止しているという利点があることを認めつつある。

（特別な目的） 米国が台湾を中国の一部と認めること。台湾、台湾海峡、ヴェトナムその他からの米軍撤収について暗黙の合意を遂げること。朝鮮半島における米軍の行動自由を制限すること。米軍撤収後、日本が米国に代わって朝鮮・台湾に進出しないことの再確認。米華、米日、米ソの緊張を促進すること。

C・交渉不能の件

台湾の将来についての明確な協定（米国政府は台湾を中共に渡すことはできない）。朝鮮半島への関与を制限することはできない。緊密な対日関係を放棄することはできない。中共が海外の「革命運動」を使嗾《しそう》、促進すること。

ニクソン大統領訪中準備文書は、米国政府が台湾の将来に対する明確な米中協定について、「台湾を中共に渡すことはできない」との立場からこれを「交渉不能」の案件に分類していた事実を示している。ただ、米国政府は懸念された中共の台湾侵攻について、米国は両国の軍事バランスの実態から考え、その実現可能性は限りなく低いと考えていたようである。米国が中共の台湾への主権を承認し、米華相互防衛条約を明白または暗黙のうちに廃棄するという最悪のケースを想定したとしても、国府は政治的に安定している限り、または中共の効果的な封鎖作戦に遭わない限り、軍事的に極めて強力というのが米国の見通しだった[54]。

米国が対中共接近という外交上の大転換に当たって堅持した原則は、台湾（国民政府）の現状維持、および米国による軍事的関与の継続だった。この原則に関する限り、米国の対中共譲歩はあり得なかったといってよかろう。

中共政府は、米・国府両軍の軍事的優越から判断して台湾武力併合の見込みが薄い以上、国府の金門・馬祖領有を含む台湾海峡の政治的・軍事的現状を認知する他ない。そして、米国は中共が台湾に対し性急かつ軽率な軍事行動を起こす可能性があるとすれば、台湾を大陸から「永久分離」しようとする米国、日本等の動きが北京政府に特別な切迫感を感じさせた時のみであろうと見ていたようである。米国の最終目標はあくまで台湾海峡の現状凍結、すなわち「二つの中国」が存在する現状の維持にあった。従って、米華相互防衛条約に基く軍事協力が維持される以上、中共による台湾侵攻の可能性は極めて低いものとなる。そして、この「台湾の現状維持」が米中接近の背後にあった両国の「暗黙の了解」であったことは、翌年二月のニクソン大統領訪中時、米中「上海コミュニケ」によって明らかとなったのである。

すなわち、ジョンソン国務次官が牛場大使に申し入れた抗議の意味は、米中接近を安直に「台湾切捨て」に結びつけるような日本の一部動向への牽制であり、同時に、日本に対し「ニクソン・ショック」の動揺から一日も早く脱却し、国際情勢の変化に冷静に対処するよう促す警告だったと見るのが妥当であろう。

しかし、「ニクソン・ショック」に接し、日本が対中関係正常化のために台湾を切り捨てるかのような考えを「もてあそび」つつ情勢を論じたのは、原サンフランシスコ総領事の「質問書」のみではなかった。当時、新聞報道の多くは「一つの中国」の原則に基く中共政府との復交を急ぐよう政府に強く要求し、佐藤内閣の外交姿勢を厳しく批判していた。昭和四十六年九月、佐藤が米国と共に「逆重要事項指定方式」「複合二重代表制」の共同提案国となることを決定した際の『朝日新聞』社説は、その一例である。

「（前略）台湾を中国代表とする戦後の虚構を清算すべき、その歴史的な場面で、佐藤首相は中国招請とは両立しえない国府擁護の先頭に立つ方針を宣言したのである。（中略）中国の国連招請、日中国交正常化を願う圧倒的な声に耳をふさぎ、誤った戦後路線を継承しようとした首相の責任は、今後とも問われつづけなければなるまい。

（中略）中国の国連招請、わが国の中国承認は、もはや時間の問題である。その歴史の必然に目をつむり、現状維持にむなしい努力をつづけることは、日日、国益を損なうばかりでなく、将来の対中国外交の展開をさまたげる。すでに政権担当者として持ち時間の限られた首相がなすべきことは、日中復交に向って次代への道を大胆にひらくことであった。それを拒否した政治責任は、不問にふされることはなかろう。（以下略）[55]」

この『朝日新聞』社説には、「日中国交正常化後の日華関係はどうあるべきか」という問題を真剣に論じる姿勢、そして対国府関係の将来はどうあるべきかという、日本外交にとって対中正常化に劣らぬ重要性を有する問題に対する考察は、全く見られない。そして、この台湾問題に対する「日米の関心の差」は、その後の日米交渉において米国政府が幾度か日本側に注意を促す点となるのである。

「ニクソン・ショック」は、「米国の反対」という、これまで対中正常化について日本外交を拘束してきた最大の障害を取り除く形となり、与党反主流派および野党は対中正常化への動きを一気に加速させることになった。「ニクソン・ショック」後の日本の国内政治、とりわけポスト佐藤をめぐる後継者争いが表面化してきた後のそれは、後日キッシンジャー補佐官が指摘するように、まるで「米国と競い合う」かのような形で、対中国交正常化へと急傾斜することになる。そのような日本の政情に対する米国の認識をさらに解明するため、日中正常化の端緒を開く大きな役割を果したといわれる公明党の対中「野党外交」を一例として、その意義を分析する。

四　公明党と中国問題——「野党外交」の一例とその実態——

中共政府の「ピンポン外交」展開、「ニクソン・ショック」で明らかとなった米中接近、そして中共の国連加盟という国際政治の大転換が起こった昭和四十六（一九七一）年は、既に触れたように日中国交正常化を要求する与党反主流派、および野党各党の対政府圧力が一段と高まった年であった。

周知のように、日本には与党「親中国派」、野党各党、および民間団体と中共政府との間に、米国には存在しないほど広範な非公式かつ非政府レベルの接触が存在した。「ニクソン・ショック」後、佐藤内閣が政治的窮地に立たされると共に、日中国交正常化を求める彼らの活動はますます活発となってゆく。

とりわけ昭和四十六年六月の公明党代表団訪中は、中共政府が彼らに対し「日中復交三原則」の基本的枠組みを明示し、その後の日中正常化交渉の端緒を開いたという点で、極めて重要な意義を有する。中共政府にとっても、「イデオロギー的に反共の政党である」公明党代表団の訪中受け入れは、「日本との関係をイデオロギー的、また、国内での政治的立場の違いに拘泥せず」に解決するという利点をもたらすものであり、「日中国交回復を求めるより広範な層を結集することにより、佐藤政府に圧力をかける」[56]効果を持つ外交手段でもあった。

米国政府は、昭和四十六年頃から活発となった公明党の対中正常化に向けた動きを「野党外交」の具体例として注視し、同党幹部と定期的に接触しながら情報収集を行っている。本節はその記録を元に、公明党による「野党外交」の実態について考察してみたい。

竹入義勝委員長を団長とする公明党訪中団が羽田を発ったのは、昭和四十六年六月十五日のことである。代表団は北京滞在中、周恩来、王国権・中日友好協会責任者と会談した後、七月二日、国交回復への「五原則」を明示した「共同声明」を発表した[57]。その「五原則」は、①中華人民共和国政府は中国人民を代表する唯一の合法政府である、②台湾は中国の一省であり、台湾問題は中国の内政問題である、③「日台条約」（日華平和条約）は不法であり廃棄されねばならない、④米国は台湾と台湾海峡地域から全ての軍事力を撤収する、⑤国連における中華人民共和国の合法的権利は回復されねばならない、というものだった。そして、後の米中接近および中共の国連加盟実現によって「五原則」から④および⑤が省かれたものが「日中復交三原則」となるのであり、その意味で、公明党訪中団はいわば後の日中国交正常化を準備する「地ならし」的役割を果したといってよい。事実、公明党訪中団との「五原則」発表後、中共政府は自民党反主流派に向け盛んに国交回復へのシグナルを送るようになった。同年九月、周恩来は川崎秀二ら自民党訪中団に「中華人民共和国が唯一かつ合法的な中国政府であるという原則に立って次期新首相が北京に来るなら、専用機の北京乗り入れを認める」（事実上、佐藤内閣を相手にせずという意味）と述べているし、同年十月王国権は藤山愛一郎・日中国交回復促進議員連盟訪中団長に、国交正常化に当たって中共政府が日本に戦時賠償の請求を行わないことを示唆している[58]。

九月九日、駐日米大使館は訪中から帰国した竹入らに接触し、彼らから中国問題について意見を聴取した。竹入は、日米関係の重要性とその日本にもたらした恩恵を認めつつも、日本が復興成長を成し遂げた今、過去二十六年間にわたって米国が遂行してきたものと同じ政策に永遠に感謝することはできないという表現を用い、日中関係打開の必要性を説いた。以下に、その会談内容を要約して掲げる[59]。

（スナイダー）　中共は佐藤内閣への「拒否権行使」によって日本の政治に干渉しつつあるではないか。もし真剣に対日関係改善を望むのなら、彼らは現政府と交渉すべきであろう。彼らは、自らの望み通りに行動する人物が日本に現れるまで、佐藤の後継者に「拒否権」を行使すると考える。

（竹入）　中国が関心を持っているのは原則である。歴史的に言えば、中国の主張する原則は変わっていない。①台湾は中国の一部、②北京政府は中国の唯一かつ合法的な政府、③台湾問題は既に解決済みである、これらは常識に過ぎない。古い政権（国府）を合法として援助を続けることは馬鹿げた、かつ非現実的なことである。かく考えれば、台湾における米国の存在は内政干渉であり、先方から見れば侵略である。中国が日米に対して取る非合理な態度は過渡的なものであり、自らと日米間の大きな相違への不安から来るものである。また、日米が彼らに敵対して同盟しているように見えるからである。日米同盟こそ中国の疑惑を招く重要な要因だ。

（スナイダー）　日米同盟が中国の疑念の原因というが、その存在が二十年にわたって両国の国益を守ってきたではないか。現在の視点で五、六十年代の米国の安全保障政策を攻撃するのは易しいことである。しかし、物事はそれが形成された当時の文脈で判断せねばなるまい。さらに言えば、米国は新たな現実に合わせるべく、常に政策を調整してきたことを付言する。

（竹入）　周恩来と四時間半にわたって話したが、自分は米帝国主義という中共の概念を受入れることはできない。公明党はマルクス・レーニン主義政党ではない。我々のイデオロギーは西側世界のそれである。同時に、我々は「日本軍国主義の復活」という中共の考えは認めなかったし、佐藤首相への個人的侮辱にも与しなかった。

国連代表権について、公明党は国府がその実体を残すことに反対である。その人口・領域から見て中華人民共和国こそ中国の代表に相応しい。これは日本にとって重大な問題である。日本は台湾を中国から奪ったゆえ、これを返還せねばならない。日本にとっての法的道義的問題は、台湾はどの中国に属するかということだ。ひとたび中華人民共和国の主張が認められれば、日中関係は円滑となろう。米国もまた然りである。

大統領訪中がまもないことを考えると、国連における米国の「逆重要事項指定方式」は、国連の真の意図を代表しないジェスチャーであろうと考えていた。

（スナイダー）　米国は本案通過に真剣に取り組んでいる。国連政策にかかわらず、米国は中共との対話を主導することは重要と考えている。

（竹入）　米国が北京の立場を受入れねば、ニクソン大統領訪中の成功は疑わしいのではないか。米国がもし国連で真剣に「逆重要事項指定方式」を通過させようと努力しているのなら、ニクソン大統領訪中の意味がないし、それは単に国内向けの効果しかなくなると思う。

(スナイダー) 米国はこの問題について長期的アプローチに興味を有する。現在の米国の対中政策には矛盾も裏の動機もない。

竹入の談話は、日米両国が中共の台湾への主権を承認することが対中関係を円滑化する道であり、米国が中共の立場を受入れなければニクソン大統領の訪中さえ、成功の見込みがないと論じている。イデオロギー的に反共主義であることを明確にしたとはいえ、国連代表権のみならず台湾の主権問題に至るまで国府の「切り捨て」を主張する公明党の主張は、米国の極東政策とは全く相容れないものだった。スナイダーが同会談の席上、竹入に向かって「ニクソン訪中は米国の対中政策転換ではなく、その継続である」と述べた事実は、「ニクソン・ショック」を佐藤内閣揺さぶりの手段に、また対中関係打開の足掛かりに利用しようとする公明党の政治的意図に対し、米国政府がこれを明快に否定したことを意味するであろう。

駐日米大使館が、公明党の対中関係改善への動きを「国内政治向けの動機によるもの」と見ていた事実を示すのが、シャーマン（William C. Sherman）政治担当参事官がエリクソン日本課長に宛てた報告[60]である。同報告書は、昭和四十七年一月に予定される代表団の訪米、およびロジャーズ国務長官と竹入の会談を強く要望する公明党の姿勢の背後に「米国政府に公明党の見解を説明した竹入の努力に対し、日本でかなりの好意を得ることが期待される」という動機が存在したことを指摘している。事実、公明党はロジャーズ国務長官との会見実現を米国政府が確言できないなら、訪米団派遣をキャンセルするとさえ述べていた。

シャーマンは、公明党代表団訪米がほとんど国内政治的な配慮から出ていることに「幻滅した」と述べつつも、訪米団受入れは米国にとってプラスであろうと見ている。その理由は、国際政治の現実と米国の対日姿勢に関する公明党の痛ましいほどの（woeful）無知を、国務省および米国言論界の指導者たちから率直な意見を聞くことによって是正し得るかもしれないから、というのであった。

昭和四十六年九月、竹入が暴漢に刺され重傷を負う事件が起こったため、公明党訪米団の派遣は翌年三月にずれ込んだ。訪米が間近に迫った一月下旬、公明党幹部はマイヤー駐日大使らと会見したが、竹入らは対中関係改善の必要性を主として今後の日本経済の成長とその必要とする資源・市場の観点から説明しようと試みている。矢野絢也・党幹事長は、経済力の強くなった日本が将来生み出されるであろう諸問題に対処する自由を獲得するような、等距離外交が必要だと述べた。

すなわち、公明党は対中共接近をさらなる経済成長に伴う資源輸入の必要性、新市場の必要性という観点から捉え、そのために冷戦の強要する制限を打破しなくてはならないと米国側に説いている。公明党は、その目的を達成するためには日米安保条約の段階的解消が必要であると主張しており、竹入はマイヤー大使が「自民党に代わる責任ある政党が出現する可能性」と述べた時には、「政治的責任の程度を日米安保条約への姿勢のみで測ろうとするのなら、そのような定義には反対する」[61]と切り返している。竹入は、公明党は対米関係を傷付けてまで中共接近を行わないだろうと述べたが、安全保障問題に代わるべき公明党の「多数国間条約による安全保障交渉」という考え方は、米国にとっては論外の構想であった。

昭和四十七年三月、竹入委員長率いる公明党訪米団は同月十四日、ワシントンでロジャーズ国務長官との会談を実現したが、ロジャーズ長官は竹入の「①ニクソン大統領訪中は米国による事実上の中共承認を意味するものか、②我々は台湾（問題）の平和的解決は合意されたと見るが、台湾撤兵の条件はどうか」という質問に、「①終局的にはそうなるが北京訪問で目的は達成した。従来の友好国との関係を無視することは絶対ない、②合意されていない。（米中共同声明〔上海コミュニケ〕は）米国の政策を主張したに過ぎない。」と返答し、去る二月のニクソン訪中が決して米国の対中譲歩を意味するものではなかった事実を強調したのだった。竹入は翌十五日、キッシンジャー補佐官との会談後ナショナル・プレスビルで「米中首脳会談後も米中間にそう大きな変化はない」とその印象を語っている[62]。

三月二十五日、帰国時に羽田で行われた記者会見において竹入はさらに率直に「出発前、我々はニクソン大統領訪中の結果、アジアの緊張緩和が始まったという印象を抱いていた。しかし、我々は米国指導者たちとの会談を通じ、大統領訪中の結果について我々が抱いた印象と、現地の認識との間に食い違いがあることに気付いた。我々はこれを外交の劇的変化に伴う『ニクソン・ショック』を緩和する試みによるものと推定したが、多くの米国要人と意見交換を行ってみて、米国人の米中関係調停に対する考え・見方は、日本で考えられているほど真剣なものではないことを痛感した」、「ラッシュ（Kenneth Rush）国防次官は、ニクソン大統領の『対立から対話へ』という考え方はよく理解できるが、米国は中国の考え方が変化したという幻想は全く持たないと語った[63]」と、訪米の結果理解した米国の現実について語った。

訪米の結果、米中接近のもたらした政治的効果を「過大評価」していたことに気付いた公明党であるが、彼らはその後も日米安保の段階的廃棄、中立・等距離外交という主張を撤回することはなかった。その後、竹入が昭和四十七年七月に訪中し「日中復交の骨組み」を完成させるに至った事情は、竹入自身の回顧録によって明らかとなっている。竹入はそこで「日中復交を（中略）どっちにしたってアメリカより先にやりたいし、いまのチャンスをはずしてはまた延びるんではないかという心配があ[64]」ったと語っているが、この竹入の述懐に、あたかもニクソン大統領訪中を実現した「米国と競う」かのように対中正常化へ傾斜してゆく、当時の日本の政治情勢がよく示されている。

公明党が、日中国交正常化の「骨組み」を作り、その実現において重要な役割を果たしたことは事実である[65]。

それはまた、日本社会党・日本共産党とは異なる「反共」的野党を支持者とすることによって、より広範な日本国民の支持を日中国交正常化に向けたいとする中共政府の期待と思惑に沿う形となり、日中関係正常化における一定の役割を与えられた。

しかし、公明党の「野党外交」の役割は、彼らが日米安保体制の段階的廃棄、日本の中立・等距離外交への移行、そして「一つの中国」原則に基く台湾（国府）の切り捨てという「米国の容認し得ない」主張を掲げている以上、対米協調＝日米安保体制堅持の原則に立つ自民党の外交を「補完」するものに留まらざるを得なかったことも事実である。

公明党の「野党外交」は、確かに日中国交正常化に至るまでは、限定的ながらその役割を果たし得た。しかし、ひとたび日中国交正常化が実現すれば、日中関係の正常な交渉窓口となるのは政府自民党であり、野党の役割は「脇役」としてのそれに変質せざるを得ないことは自明の理である[66]。

日本政府（自民党）が日中国交正常化後も、中共政府との外交関係と並行する形で台湾との経済的・文化的交流関係を継続し、事実上「二つの中国」の存在を認知し続けたという事実、そして日米安保体制が存続したという事実（これらは、筆者が本節を執筆している現在なお、存続中である）にこそ、公明党の「野党外交」が内包する限界が如実に示されているといえよう。

（1）『朝日新聞』、昭和四十四年四月十五日。

（2）Japan Visit of Prime Minister SATO, Nov.19~21/69. Background Japan's Political and Economic Situation. NIXON Presidential Materials (hereafter cited as NIXON), Files of the National Security Council (hereafter cited as NSC Files), VIP VISITS, Box925, N.A.

(3)『朝日新聞』、昭和四十四年十一月二十二日。「日米共同声明全文」参照。
(4)『朝日新聞』(夕刊)、昭和四十四年十一月二十二日。
(5)同右。
(6)『朝日新聞』、昭和四十四年十一月二十九日。
(7)『朝日新聞』(夕刊)、昭和四十五年四月九日。「中国・北朝鮮共同コミュニケ要旨」を元に筆者作成。
(8)『朝日新聞』(夕刊)、昭和四十五年四月十六日。
(9)Memorandum of Conversation, September 19, 1970. Lot File 75D76, Box11, RG59, N.A.
(10)『朝日新聞』(夕刊)、昭和四十四年十一月二十二日。武者小路公秀・上智大学教授の論評。
(11)"Japanese Defense" From AmEmbassy Tokyo to Department of State. December 11, 1970. Lot File 78D77, Box8, RG59, N.A.
(12)中国課「毛沢東没後の中共(将来の予測)」、昭和四十五年四月十八日。外交記録『中華人民共和国内政並びに国情関係雑件』第六巻。外務省外交史料館。
(13)岡田晃『水鳥外交秘話　ある外交官の証言』(中央公論社、一九八三年)、九七頁。
(14)『朝日新聞』(夕刊)、昭和四十五年十一月二十一日。
(15)同右。
(16)『朝日新聞』、昭和四十五年十二月十日。
(17)Memorandum of Conversation, "Chinese Representation" December 10, 1970. Lot File74D82, Box6, RG59, N.A.
(18)Memorandum of Conversation, December 11, 1970. Lot File 72D145, Box6, RG59, N.A.
(19)China Policy. LotFile71D65, Box6, RG59, N.A.
(20)楠田實『楠田實日記』、五三五頁(昭和四十五年十二月六日条)。
(21)CHIREP, April 26, 1971. LotFile74D82, Box6, RG59, N.A. 会談出席者は牛場大使、村田良平一等書記官、ジョンソン政治担当国務次官、ブラウン(Winthrop G. Brown)東アジア・太平洋担当国務次官補、ブレア(William T. Breer)日本課員。

(22)『毎日新聞』、昭和四十六年五月八日。
(23)前掲『楠田實日記』、五八四頁（昭和四十五年五月十一日条）。
(24)同右、五八五頁。なお、佐藤が中国代表権問題における対米協調を選択したより重要な決断要因は、米国上院の沖縄返還協定承認への悪影響を回避するという政治的理由であり、佐藤は米国の要請を断ったことによる対米調整より、国会乗り切りの方に「まだしも自信があった」からだという見解も存在する。詳細は、草野厚「二つのニクソンショックと対米外交　危機の中の日米関係」（『年報近代日本研究〔七〕　日本外交の危機認識』、山川出版社、一九八五年）、二九四〜二九五頁。
(25) Background Paper for Discussion with Mr. Froment-Meurice, Sino-Japanese Relations, LotFile78D77, Box8, RG59, N.A.
(26)『朝日新聞』（夕刊）、昭和四十六年七月十六日。
(27)前掲『楠田實日記』、六一八頁（昭和四十六年七月二二日条）。
(28)同右、六三八頁（昭和四十六年八月二十五日条）。別添メモ「四六年八月二五日　代表権問題　法眼」。
(29)同右、六四一頁（昭和四十六年九月八日条）。
(30)同右、六四四〜六四五頁（昭和四十六年九月九日条）。別添メモ「顧問会会議録　九月九日　楠田」。
(31)『朝日新聞』、昭和四十六年九月十四日。
(32)前掲『楠田實日記』、六四七〜六四八頁（昭和四十六年九月十四日条）。
(33)『朝日新聞』（夕刊）、昭和四十六年九月二十二日。
(34) Memorandum of Conversation, September 16, 1971. LotFile74D82, Box6, RG59, N.A.
(35)渡辺昭夫「第六十三代　第三次佐藤内閣」、二〇三〜二〇四頁。林茂・辻清明編『日本内閣史録　六』（第一法規出版、昭和五十六年）。
(36)『朝日新聞』（夕刊）、昭和四十六年十月二十六日。
(37) Memorandum of Conversation "Nakasone's Views on China", November 30, 1971. Lot File 74D208, Box7, RG59, N.A.

(38)『佐藤栄作日記』第四巻(朝日新聞社、一九九七年)、三七七頁(昭和四十六年七月十六日条)。
(39) 前掲『楠田實日記』、六一四頁(昭和四十六年七月十六日条)。
(40) 同右、六一五頁(昭和四十六年七月十七日条)。この閣僚は、木村俊夫経済企画庁長官である。
(41) その例として、伊藤剛「日米中関係における『台湾問題』——米中和解とその影響——」、日本国際政治学会編『季刊国際政治』第一一八号「米中関係史」(一九九八年五月)。渡辺昭夫編『戦後日本の対外政策』(有斐閣、昭和六十年)、一二〇〜一三九頁。緒方貞子(添谷芳秀訳)『戦後日中・米中関係』(東京大学出版会、一九九二年)、一七四〜一七六頁など。米中接近の国際政治的背景を詳細かつ具体的に解説した研究としては、毛里和子「一九七一〜七二年の米中交渉について」を挙げることができよう。毛里和子、毛里興三郎訳『ニクソン訪中機密会談録』(名古屋大学出版会、二〇〇一年)、二四五〜二九三頁を参照。なお、周恩来との第一回会談(一九七二年二月二十二日)においてニクソンは、米国のアジアにおける存在が中国の利益に叶う論証として、日本の軍事的自立の脅威を挙げた(毛里前掲書、四八〜四九頁)。さらにニクソンは、周恩来との第二回会談(同年二月二十三日)において、米国が日本の防衛を引き受けておれば、経済的膨張の次に軍事的膨張という道を日本にたどらせない、とも語った(毛里前掲書、一〇三頁)。
(42) 朱建栄『毛沢東のベトナム戦争　中国外交の大転換と文化大革命の起源』(東京大学出版会、二〇〇一年)、五〇六〜五一八頁。
(43) From Edwin O. Reischauer to President Nixon, October 28, 1971. NIXON, NSC Files, Henry A. Kissinger Office Files (hereafter cited as Kissinger Office Files), Country Files (Far East), Box102, N.A.
(44) 前掲『ジョンソン米大使の日本回想』、一八四〜一八八頁。なお、昭和四十五(一九七〇)年十二月、国務省は太平洋地域に属する各国それぞれを対象とした中国政策調整を検討する文書を作成している。とりわけ日本については、日本の指導部に「米国が日本の背後で対中関係打開のイニシアチブを取ろうとしている」という悪夢が依然として存在することを挙げ、中国問題における密接な日米協議の必要性を力説している。同文書は更に論じる。さもなくば、中国問題は日本に、米国の国益に叶わない、日米関係を弱体化する自主政策をとらせるようになる。そうなることを回避するためには米国が日本のアジア問題における立場の強化を率直に認め、とりわけ中国という最重要問題について真に意義ある協議を行うべきである。我々が日本との協議を一切行わずに対中態度と政策をほんの少しでも変えるならば、日本は台湾保持への関心を弱化させ対米協調を無視するようになろう。

これは国務省が中国問題における対日協議の重要性を説いたものであり、結果としてキッシンジャー「秘密外交」への鋭い批判であると言えるだろう。

Coordination of Policy Considerations with Other Countries. December 9, 1970. The need for coordination of U.S.China Policy. LotFile73D57, Box14, RG59, N.A.

(45) Japan-China Relations, LotFile78D77, Box8, RG59, N.A.

(46) 前掲『佐藤栄作日記』第四巻、三八七～三八八頁（昭和四十六年七月三十一日条）。国連中国代表権問題に関する多数工作について、佐藤は「ニクソン大統領の好みかしらないが、密使或いは特使が多すぎる。又信用できるのは本すじの外交ルートとマイヤー大使に意向を伝へる」と記し、ニクソン・キッシンジャー外交の「秘密外交」的性格を批判している。

(47) East Asian Reactions to the President's Planned Visit to Peking, October 13, 1971. LotFile 94D176, Box4, RG59, N.A.

(48) Ambassador Ushiba to Secretary Rogers. (Kosaka Visit) August 11, 1971. LotFile 74D82, Box7, RG59, N.A.

(49) From Winthrop W. Brown to Undersecretary Johnson. Naokichi Kitazawa Wednesday, September 29, 1971. LotFile74D82, Box7, RG59, N.A.

(50) 『朝日新聞』（夕刊）、昭和四十七年一月十一日。

(51) 『朝日新聞』（夕刊）、昭和四十七年一月十三日。

(52) Memorandum for Mr. Henry A. Kissinger, the White House. "Questionnaire" by Japanese Consul General in San Francisco, January 14, 1972. LotFile 74D208, Box7, RG59, N.A.

(53) THE PRESIDENT'S VISIT TO PEKING, LotFile 94D176, Box4, RG59, N.A.

(54) Under What Circumstances Might Peking Launch at Attack on Taiwan. Lot File 94D176, Box4, RG59, N.A. なお、米国政府は金門・馬祖の国府領有は、一面において中共に対する侮辱であるが、もう一方においてそれが「大陸か

ら分離された」国府の地位を曖昧にする事象として、国府ともどもその政治目的に資することだと見ているかもしれない、と指摘している。この点を指摘した研究として、袁克勤「米華相互防衛条約の締結と『二つの中国』問題」、日本国際政治学会編『季刊国際政治』第一一八号「米中関係史」（一九九八年五月）がある。

(55)『朝日新聞』社説、昭和四十六年九月二十三日。

(56) 入江啓四郎・安藤正士編『現代中国の国際関係』（財団法人日本国際問題研究所、昭和五十年）、五四一頁。

(57)『公明新聞』、昭和四十六年七月三日。

(58) 前掲『現代中国の国際関係』、五四二～五四三頁。

(59) Memorandum of Conversation, Japan, U.S, and China. September 9, 1971. LotFile 71D65, Box6, RG59, N.A. 参加者は竹入の他に大久保直彦（衆院議員）、黒柳明（同　党国際局長）。会談場所はホテルオークラである。

(60) William C. Sherman to Richrd A. Ericson, Jr. December 2, 1971. LotFile 71D65, Box6, RG59, N.A.

(61) Memorandum of Conversation. January 26, 1972. A General Review of Current Problems with Komeito. LotFile 74D208, Box7, RG59, N.A.

(62)『公明新聞』、昭和四十七年三月十七日。

(63)『公明新聞』、昭和四十七年三月二十六日。KOMEITO PRESS RELEASE, Chairman Takeiri Returns from U.S., April 12, 1972.

(64) 竹入義勝「こうしてできた日中復交の骨組み」、一四七頁。『ドキュメント日中復交』（時事通信社政治部、昭和四十七年）。

(65) 同右、一三六～一四五頁。前掲『戦後日本の対外政策』、二三四～二三六頁。

(66) 昭和四十七年九月、訪中した田中角栄首相が「日本に軍国主義、侵略主義が復活しているなどと考えないよう願う」と述べたのに対し、周恩来は次のように語っている。「私は日本の社会党より、ひらけている。社会党は『非武装』をやかましく言うから、日本が自衛力を持つのは当然ではないかといってやった」。

　日本の野党第一党である社会党は、かつて中共政府の「日本軍国主義復活」非難に同調し佐藤内閣を攻撃していた。それにも拘らず、ひとたび自民党政府が交渉相手となるや否や中共政府はその姿勢を全く変化させ、社会党の姿勢を「批判」するに至ったのである。この事実こそ、政府与党の外交交渉が開始されると共に「野党外交」がその役割を事実上終えたことを示すものであろう。

アジア局中国課「田中総理・周恩来総理会談記録（一九七二年九月二十五日～二十八日）日中国交正常化記録」より、「第三回首脳会談（九月二十七日）」。『情報公開法による開示文書（写）の一般公開目録』、〇一－四二一－一。外務省外交史料館。

Ⅸ　鈴木駐ビルマ大使意見書

一　鈴木大使意見書について

バーガー（Samuel D.Berger）駐ヴェトナム（サイゴン）米国副大使がワシントンのグリーン東アジア・太平洋担当国務次官補に宛てた昭和四十七（一九七二）年一月二十八日付書簡に、鈴木孝駐ビルマ（現ミャンマー）大使が前年十一月の在外公館長会議に提出した、国際情勢に関する意見書が同封されている。

同意見書は、昭和四十五年の第二十五回国連総会における「アルバニア案」の単純過半数獲得から、翌年七月のニクソン大統領訪中発表（いわゆる「ニクソン・ショック」）を経て、中共の国連加盟に至る国際情勢の推移を、米中接近の動機、日本の政策、台湾問題、日米関係などの要素を中心に分析した浩瀚なものである。

同意見書が執筆された昭和四十六年十一月は中共の国連加盟が実現した直後であり、これが米国に送付された昭和四十七年一月は、「ニクソン・ショック」で動揺した日米関係を修復すべく、サンクレメンテで佐藤・ニクソン会談が行なわれた直後であった。鈴木大使意見書は、いわば日本外交が「ニクソン・ショック」のもたらした動揺から一日も早く立ち直るため、米中接近という国際政治における大変動の背景を解明することによって、日本が今後とるべき外交姿勢の参考に供しようとしたものであり、また日本政府・外交当局を大きな混乱に陥れた

「ニクソン・ショック」の背景について、日本の外交官が日本の立場から詳細かつ多面的に分析したものである。

なお、昭和四十五年十二月末、鈴木は昭和天皇の御前で外交問題を進講する機会があった。折から、国連総会が中共加盟を支持する「アルバニア案」に過半数の支持を与えた直後のことである。後に、鈴木はブラウン二等書記官に対し次のように語っている。昭和天皇は特に中国問題について鈴木に御下問になり、蔣介石総統の態度が余りにも頑な（Adamant）であること、蔣介石は日米という最強の二大支持国の利益を考慮すべきであること、従って余りに行き過ぎた自己主張をすべきでないと考える、という意味のことを仰せになった。さらに昭和天皇は、日本が蔣介石を今少し柔軟にさせることが賢明ではないか、という意味のことを述べられたし、佐藤の対中国姿勢にも決して完全な賛意を表されているわけではない。[1]

鈴木はブラウンに、天皇がこんなにも率直かつ直截に御自分の考えを述べられることは異例であると前置きし、日中関係における重大な政治的決定（自分もこれに参加することを切望する）が控えていると思われるこの時期、自分が東京を離れビルマに赴任しなければならないことは遺憾である、と語った。なお、ブラウンは鈴木の語った昭和天皇の発言については、これを「日本において中国問題が極めて強い関心の対象となっていることの『もう一つの現れ』であるに過ぎない」とコメントしたのみであり、それほど大きな関心を持たなかったようである。

鈴木にとって、「ニクソン・ショック」および中共の国連代表権獲得という国際政治上の大変動は、彼がかねて予想し、かつそこに参加することを切望していた、日本政府の行なうべき「日中関係における重大な政治的決定」の契機に他ならなかった。しかし、鈴木はその外交上の大転換を直ちに日中接近を試みる機会とは考えなかった。むしろ、彼は日本国内に澎湃として起こりつつある「中国ブーム」という風潮を、日本にとって余り望ましくないものと認識していた。そして、彼の意見書は米中接近の背景を多面的に解明しており、その内容は米中接近と日中関係を扱った後年の諸研究に比しても遜色のない正確なものである。

本章は鈴木大使意見書の内容全文を次節に掲げ、その後、国務省記録を用い、その内容について補論を述べることとする。

二　鈴木大使意見書[2]の内容

1．米中緊張緩和の傾向

（a）中国代表権問題と米国

この厄介な問題は、「アルバニア案」の（国連総会）通過に至るまで、長く国連討議の場から姿を消していたことである。私は、「アルバニア案」の通過と中共の国連加盟が偶然の結果であるとは、到底信じることができない。それは、正に米国の行動によってもたらされたものであるからだ。

中共政府の「ピンポン外交」を踏まえた昨年七月のキッシンジャー訪中、その結果としての米中双方によるニクソン大統領訪中発表、そして国連総会が中国問題を討議中にキッシンジャーが北京を再訪（筆者註・一九七一年十月十六日～二十六日）するという、矢継ぎ早に起こった米国による一連の劇的行動がなかったとしても、少なくとも今年、中国代表権問題は単純な「二重代表制」、もしくは「複合二重代表制」（中共加盟承認にもかかわらず、台湾の議席を維持する）の通過という形で決着したであろうというのが私の考えである。そして、これは私が早い時期から推測していたことでもある。

私が早い時期から右のような推測を行なっていた理由は、昨年度の国連総会における「アルバニア案」の投票結果にある。当時、通過せず流産した「アルバニア案」は、賛成票が反対票をわずか二票上回ったのであるが、より重要な事実は二十五票にも及んだ棄権票の存在であろう。私は、これら棄権票の意味を「中共加盟に同意するが、台湾の排除には反対する」態度の表明と見なし得るように思うのである。単純「二重代表制」もしくは「複合二重代表制」は、総会を通過する十分な機会を持っていた。

昨年棄権した国々に対し、米国の劇的行動が如何に大きな心理的影響を与えたかという点の評価については、衆目の一致するところであろう。しかし、自由世界のリーダーである米国がその対中政策における立場を「閉鎖」から「開放」に切り換えたこと（不可避的に、そう解釈されるであろう）は、多くの棄権国に「アルバニア案」に賛成投票させ、また昨年反対票を投じた数カ国に、今年は賛成票を投じさせたことは疑う余地がないのである。米国の対中接近という劇的行動以来、欧州・アフリカ諸国の中に北京政権の外交的承認へ進んだ国々が存在したことは事実である。それは、彼らが来るべき次期総会において「アルバニア案」に賛成投票することを示す、ほぼ確実な兆候であった。

抜け目ない米国の指導者たちが、この結果を全く見通すことができなかったとは、到底信じられないことである。

そこで一つの疑問が生じる。国連米国代表部は、最後まで台湾の議席を守るため、なぜかくも「熱狂的努力」を行なったのであろうか。また、中共政府（この米国の動きを注視していたことは疑いない）は、なぜニクソン大統領の招待をキャンセルするという手段を用い、敢えてこれに反対するという行動に出なかったのであろうか。

私の見るところ、米中間にはこの点について一種の「暗黙の了解」が存在したのではないかと思う。キッシンジャーによる最初の北京訪問時、彼らはその「暗黙の了解」に達したのであろう。その主旨は、米中間の懸案である台湾問題の解決は来るべきニクソン大統領と毛沢東主席の首脳会談で試みるべきこと、少なくともその時まで米中双方はその政治的立場を変えないこと、というものであろう。すなわち、米国は国連において台湾の議席を維持する努力を続け、中共政府はこの努力を含めた全ての点において「米帝国主義」批判を継続するということである。事実、キッシンジャー訪中にもかかわらず中共指導部、新聞論調、北京放送は「米帝国主義」批判を激化させていた。

この「暗黙の了解」と思われる一件は、じつに洗練された行動である。しかし、それは中国人の性格に特有なものといい得る。キッシンジャーも、失敗を犯さないその仕事ぶりにおいて信頼される鋭い人物として知られており、洗練されていることでは優るとも劣らない。結局そのような洗練された「暗黙の了解」は、現在疑いなく双方に存在する緊張緩和への共通の願いによって可能となったのであろう。それは北京において、キッシンジャーと周恩来の間で相互に確認されてきているに違いあるまい。

本件に関連して、我々はキッシンジャー北京再訪のタイミングを看過することはできない。それは国連総会が中国代表権問題を議論する直前なのである。この訪中の目的は、来るべきニクソン大統領訪中の準備と公表されているが、これは確かなことに違いあるまい。しかし、私はキッシンジャーの北京再訪に隠された目的が存在することを疑わざるを得ない。それは、国連総会における論議で米国が台湾の議席を守ることについて、「暗黙の了解」を中共指導部に確認することである。

更にいえば、むしろ自然の勢いとして、キッシンジャーの北京再訪は多くの国連加盟国間に、台湾の議席を守ろうとする米国の意図は果たして本当に真剣なものなのであろうか、という疑惑を生じさせている。さらに、キッシンジャー北京再訪のタイミングは熟考され決定されたと推量することは不可能であり、米国はその行動によって、自分自身が行おうとしている台湾擁護のための「熱狂的努力」が無効となることを心中密かに予期しているのではないか、と。もしキッシンジャーの北京再訪がニクソン大統領訪中の準備に過ぎないとしても、彼は国連総会以前に訪中することができたし、中国問題論議の終了後直ぐでもそれができたのである。これは深読みし過ぎ、あるいは皮肉に過ぎる見方であろうか。

結局、米国の公式説明が如何なるものであろうと、我々は米国の劇的政策転換と、国連中国代表権問題の目を見張る幕切れとの間に存在するであろう、直接の因果関係を否定することができないのである。

もし以上の推論が正しければ、米国の意図は次のようなものに違いあるまい。中共との緊張緩和は大いに推進されるべきである。それは米国の外交的立場の一貫性、および将来におけるより広い外交的機動力を確保するために、米国は台湾国民政府のため誠心誠意その義務を果たしたという明白な記録を残すことを望みつつ、行われるものである。米国が「ニクソン・ドクトリン」の中で、自らの負った現存の国際的義務を遵守すると述べたこと、および昨年ニクソン大統領が訪中発表の際、「古い友好国を傷付けない」と宣言したことを想起したい。米国はその言葉を撤回できない国際的立場にある。責任ある自由世界の指導者、そして「超大国」として、米国が「整然と行動し、罰を受けずに国府をバイパスする」大きな苦痛を味わうとしても、それは理解できることであろう。

(b) 米中緊張緩和傾向の含意

米中の緊張緩和傾向は、日本の立場に対して致命的に重要な次の数点の意味をもたらすものである。

(1) 第一の意味は、米中関係の進展が、遅かれ早かれ過去の歴史という話題が表面化することを運命付けたということである。過去の歴史は、米国が欧州諸国および日本とは異なり、自ら中国本土に侵攻、これを攻撃したことが全くないことを示している。逆に米国は前世紀、中国と初めて接して以来、中国ナショナリズムに対し同情的であった。第二次大戦後、米国は朝鮮半島において中共義勇軍と戦った。しかし、これは米国が戦っている「侵略者」たる北朝鮮軍を援助するため、中共軍が介入したことが原因である。その後、ダレスの中共封じ込め政策でさえ、中共にとっては害よりも有益であることが証明されるに至った。それは中共の台湾侵攻を阻止する一方、同時に米国が蒋介石の「大陸反攻」を抑止することになったからである。それは知らぬうちに、北京政権の国家統一努力に貢献していたのであった。この必要なる国家統一努力ゆえに、中共政府は台湾侵攻を実行できなかったのである。中共指導部はこのことを理解しているに違いない。ヴェトナム戦争におけるジョンソン、ニクソン両大統領の中国に対する結果的に敵意なき態度は、よく知られている通りである。

この伝統的な中国を敵視しない米国の態度こそ、米中の緊張緩和を促進する基本的背景であろう。この意味で、中共の対米姿勢が柔軟化したことは歴史的に重要である。

（2）第二の意味は、米国側の呼びかけに応えた中国側の動機である。

中国指導部が、今や「文化大革命」以前の「人民解放闘争支持」の旗の下に行われた国際的活動の失敗、および「文化大革命」そのものの不品行によって傷付いた彼らの対外イメージ改善に敏感となっていることは否定し得ない。それのみならず、「第三世界」における威信と影響力を増大させて国際的地位を上昇させることが、中共指導部の全体目標であるに違いない。彼らにとって「第三世界」の中に「中国は今、米帝国主義の叩頭の礼に応えようとしている」という印象を作ることができれば満足であろう。この印象は、国連における中共政府の威信を高めることは疑いないからである。しかし、中共政府が米国との緊張緩和に達したいと願う早急かつ特別の目標は、台湾問題の解決であり、自らの対ソ・対日地位の強化である。

（台湾問題）　中共政府が米国に、①北京政権を中国における唯一かつ合法的政府と明白に認めさせること、②台湾を中華人民共和国の不可分の一部と明白に認めさせ、米華相互防衛条約の廃棄および台湾とその周辺からの米軍撤退を実現すること、を意図していることは明らかであろう。

この中共政府の要求に対し、米国は大変難しい立場に置かれる。しかし、米国の困難は中共政権を中国の唯一かつ合法的な政権と公式に承認することではない（それは、もし米国が昨今の国連決議に従うなら容易なことである）。本当に困難なのは、台湾を中共の一部と認めることであり、そのような認定は、米国が上記米華相互防衛条約を中国への内政干渉として、その違法性を認めることに等しいからである。

（中ソ関係）　あらゆる兆候から見て、中ソ両国の分裂は非常に根深いものと思われ、近い将来の修復は不可能であろう。相互の大使交換、国境問題をめぐる中ソ交渉（北京）に示される国家レベルの修復行動にもかかわらず、この分裂は時間と共に深くなる傾向を見せている。

中共指導部にとって、ソ連は「帝政ロシアの侵略者が核武装した」恐るべき軍事力で長大な国境線を越え、中国の安全保障を脅かすものとして大きく映っているに違いあるまい。中共指導部が、ソ連のこの巨大な脅威を、米国というロシアとは異なり一度も中国を攻撃したことのない、もう一つの超大国との緊張緩和によって相殺しようと考えたとしても、それはむしろ自然なことではないだろうか。中共指導部にとって、「米帝国主義」は「ソ連社会帝国主義」に比べ、遥かに危険度が低いのである。ソ連に対抗して米国との緊張感和を求めることは、また中国の伝統的戦略「遠交近攻」に沿うことでもある。しかし、私は毛沢東、周恩来がこの時期に米国の緊張緩和呼びかけに応える決断に踏み切ったことは、何か火急の必要から起きたことのように思う。毛と周は、弱体化した共産党と強大化する人民解放軍との深刻な闘争がソ連に利用されることを恐れ、ソ連に対する立場を強化するため米国との緊張緩和に応じたものと思われる（ビルマのネ・ウィン〔Ne Win〕将軍の意見でもある）。

（中国の対日関係）　中共政府の「日本軍国主義復活」非難は、周恩来が平壌を訪問した七十年四月以来のものであるが、現在その調子が極めて激化している。私の意見は次の通り。

現在の中共指導部は、一世代前の本土侵攻日本軍への抵抗という戦争の厳しい記憶が未だ生々しく、完全な破壊から速やかに復興を遂げたばかりでなく、四半世紀という比較的短い期間に経済大国の地位に達した日本が、再び中国を脅かす軍事的勢力になるという一種の悪夢に非常に取りつかれやすくなっている。彼らは、中国が

「文化大革命」の処理に忙殺され、国家経済の均衡ある成長を犠牲にして、使用することもできない核兵器開発に没頭している間、日本が経済成長速度を早めて米国に次ぐ自由世界第二位の経済大国となった事実への恐れも抱いている。周恩来を含む、中共指導部の驚嘆と恐れの入り混じったこの対日感情は、彼らが外国人ジャーナリスト及び日本人の北京訪問者に行なったインタヴューによって明らかである。

中共指導部にとって、中国の安全保障を確実にするため、彼らが日本に対し最も影響力を持つ国と見ているに違いない米国に日本の完全な再軍備を監視させる目的で、ニクソン大統領の緊張緩和申入れを有利に利用することは、責任問題というべきものであろう。私はこのことこそ、中共の対米緊張緩和希求の最大動機の一つだと考えている。

この点について、次に挙げる昨今の事例は注目に値する。北京を訪れた日本の左翼政治家、および実業人に対する中共指導部の日米安保条約非難、および北京の新聞各紙の「日米安保条約は米帝国主義、日本軍国主義による反中国同盟」という非難が、昨年八月以来目立って減少しており、その代わりに一九五二年の日華平和条約への非難が頻繁となっていることである。彼らは現在、同条約を日本が廃棄することこそ日中関係正常化の前提である、と主張している。

以上の事実は、今や米国との緊張緩和を受容する準備のできた中共指導部が、日米安保条約を特に非難しないという考えになったという解釈を可能にするかもしれない。その新たな考えは、同条約が日本の核武装に対する実効的抑止力として機能しており、さらに、それはむしろ米中緊張緩和の文脈上、維持されるべきであるというものであろう。一九七二年、米国が沖縄を対日返還することは、日本の防衛線が台湾及び大陸に向け著しく伸張することを意味するからである。中共指導部が少なくとも同条約の中国にとっての「付加価値」を再考しつつあることは、十分にあり得よう。

現段階で、日本の完全な再軍備を阻止するため、来るべきニクソン・毛会談で中共政府がどのような具体的提案を米国に対し行うか、を予想することは何人にもできまい。しかし、我々はこの線に沿った何らかの中共による動きがあることは、可能性以上のことだと予測すべきである。私は中共が首脳会談において、中朝関係改善という事実に照らし朝鮮半島問題に言及し、金日成に代わって北朝鮮に対する脅威としての「日本軍国主義復活」への関心を表明することも大いにあり得ると思う。

おそらく中共は、「朝鮮の平和的再統一」のために米軍の韓国撤退、および日韓協力への米国のモラルサポート再考を促すだろう。中共政府の「日本軍国主義復活」非難が一九七〇年四月平壌で始まったという事実は、周恩来が金日成の、日本をできる限り弱い立場に置くという政策に同調するようになったことを意味している。中共が米中会談において北朝鮮のために行動する可能性は、否定し得ないであろう。

(3) 第三の意味は米国の意思である。対中共緊張緩和に米国が期待するものは、中共政府を孤立した地位から国際社会に復帰させ、とりわけ国連憲章のタガで締め付けることによって、中共を国際社会の平和と安定にとって無害な存在とすることである。しかし、この点について最近私の関心を惹くものは、中共の国連加盟直後、周恩来を含めた中共指導部が行った勝ち誇った演説である。彼らは声高に、かつ同一の調子で述べた。「世界情勢は確実に人民解放と革命に向かいつつある」と。これは、私に類似した一つの演説を思い出させた。それは一九六四年、東アフリカを訪問した周恩来がタンザニアで行ったものであり、その内容は「アフリカの状況は革命の機が熟した」というものだ。周知のように、この演説は多くのアフリカ諸国の反感を買った。そこには独立した直後で、しかも国内革命によってそれを失うことを怖れていたケニアも含まれる。

この、昨今の中共指導部の過激な声明は、ある国々の親中共ムードを冷却させる効果を生んだ。もし中共指導部が彼らの言明通りのことを目論んでいるのならば（例えば、それが真剣なものであるならば、「人民解放、革命闘争」を支援するという方法で他国内政に干渉するという彼らの将来における意図が宣伝以上であるならば）、その時これは国連新加盟国の公式声明としては、真に重大なことであろう。

とりわけ、「ニクソン・ドクトリン」の下、アジアにおける軍事的プレゼンスを減少させつつある米国がその政策を再考するであろうことは当然である。米国は実際、中共の国連加盟に同意した。しかし、米国は中共が国連憲章の原則を傷付けるような国際的活動を国連内で行ったとしても、中共との緊張感和を理由にこれを見逃すつもりであろうか。

米国は、中共を国際機関に加入させ、かつ反米勢力を作らせることが、これを孤立させておくよりも国際平和と自らの安全保障にとって危険が少ない、と信じるのであろうか。中共政府の本質から考えると、その対米緊張緩和姿勢は目標ではなく手段である。この点、ソ連は既に中共の動きを油断なく注視している。中共が熱心に主導した「第二次バンドン会議」（アルジェ）が失敗に終り、中共の支援したインドネシア共産革命が失敗したのは僅か六年前のことである。しかし、この六年の間、中共は「文化大革命」を通じて毛沢東思想に「純化」され、国内の不安定にもかかわらず全体主義と専制政治の性格を強化した。米国がこれらの動向に注意を払うことこそ、理に叶う。中共との緊張緩和を求めるニクソン大統領の高遠な政治哲学はよく理解し得るが、大統領がチェンバレン（Neville Chamberlain）の宥和政策の轍を踏まぬことを望みたい。

私の関心事は、毛沢東思想と「平和五原則」で洗脳され、巧妙に武装された本土の中国人が世界の反米、反現状維持勢力を結集し、既存の文明と人間の価値に挑戦する可能性である。自由世界のリーダーとしての米国の分別と責任感が求められている。私は、この関心事が単なる想像に終ることを望むものである。

2．日本の政策

私はここで、台湾という差し迫った問題、対中共正常化、日米関係、そして日ソ関係について、米中緊張緩和という傾向に照らしつつ論じる。

（a）台湾問題

私の本問題についての見解は、アジア、さらに一般的には太平洋の安全保障に密接に関連する日本の将来の安全保障上、台湾の価値は極めて重大であるゆえ、我々はそれが日本の敵対勢力の手に落ちないようにすべきであり、そのためには手遅れにならぬうちに蒋介石政権の「台湾化」のため手を打つべきであるというものだった（日米協力によって、台湾の国際的中立化を試みる）。

私の提言した手順のあるものは、国連中国代表権問題の行方（中共加盟の実現）および米中関係の新たな進展によって実効性を失ってしまったが、私の考え方は基本的には未だ変わらない。

第一の手順は、「二重代表制」の（総会）通過を保証することであった。その結果は中共加盟の阻止のみならず、台湾の国連脱退（退場による）となったであろう。ただ、今となっては問題外であるが。第二のそれは、蒋介石に対し大陸沿岸諸島（金門・馬祖）からの撤退を説得することである。これは、蒋介石政権の「台湾化」のため、大陸に対する彼の主張を放棄することの象徴としての行動であったが、これも遅きに失したようである。そして第三は、蒋介石に対し、台湾の将来について国民の意思を確認するため、国民投票実施を助言することである。「台湾共和国」宣言のための確固たる基礎を確立するためであるが、これも今や遅きに失したものであろう。

先に述べたように、台湾問題は来るべきニクソン・毛首脳会談における最も困難な交渉議題であろう。米中それぞれの立場はこの点、まったく正反対である。もし両国間の緊張緩和が慎重に促進され、交渉の全面的挫折と現状維持への回帰が回避されれば、何らかの妥協が成立するに違いない。その際、米国、中共、日本、そして他のアジア太平洋非共産諸国それぞれの国益に資するような、如何なる妥協が考えられるであろうか。

蔣介石政権の主導による「台湾化」案は、その無為無策のみならず、北京政府の繰り返し行った「台湾は中国の不可分の一部」という公式声明によって、如何なる点から見ても実効性を喪失してしまった。

私はそこで、台湾の自治領化を提言したい。台湾の自治領化は、国際的保障の下における台湾中立化への第一歩である。私は、北京首脳会談において、米国が以下の条文によって中共と妥協することが賢明だと考える。

「米国は、北京政府を唯一かつ合法的な中国政府と公式に認め、北京の台湾に対する領土的主張を受容れ、米華相互防衛条約を終了させ、台湾とその周辺地域から軍事力を撤収させ、蔣介石に対し大陸沿岸諸島（金門・馬祖）占領を中止するよう説得するものとする。ただし、それは北京政府がその主張現実化のため武力を用いず、台湾に中華人民共和国自治領の地位を認め、国際的保障の下に台湾自治領を中立化することを条件とする。もし中国が本提案の考慮を拒否するなら、米国は中国の台湾に対する主張を単に『テークノート』するものとする。また米華相互防衛条約の終了は適切と思われる時期まで延期することを明らかにする。」

もし中共指導部が台湾に「自治領」の地位を与えることの利点と賢明さを知るようになれば、台湾の国際保障による中立化という構想は大きな困難に逢着することなく現実のものとなろう。もし台湾が米国、中共、日本、豪州、ニュージーランドその他アジア太平洋諸国の保障の下に中立化するならば、将来日本が台湾を「侵略」するという中共の懸念は明らかに取り除かれるし、中共が台湾を征服するという日本・国府の怖れもまた消去される。また東アジアの平和と安定から見た未来の日中関係に対する米国の関心を不要のものとし、東南アジア・太平洋における隣接国の不安定も消散する。

実際、「自治領」台湾の中立化は関係諸国全ての国益を歩み寄らせる「共通分母」の役割を果たすであろう。私は本案を真剣な考慮に値するものと確信するし、来年のニクソン大統領訪中前に日米両政府高位者間の協議事項にすることも理に叶うと考える。もし日米両国がそのような会談を行う際は、共同で蒋介石を説得すべきであろう。米国がニクソン訪中前にそれを行うことが困難だと考えるのなら、日本は単独でそれを行うべきである。

国民政府は、台湾の国連議席を守るため米国と共に行った日本の精力的努力（無益に終ったとはいえ）に感謝し、また日本の経済協力継続を望んでいるに違いない。それゆえ、国府指導部には日本が言おうとすることを聞く受容心があるかもしれない。この説得を行う心理的時期は現在であり、ニクソン訪中後ではあるまい。

（b）日本・中共関係正常化

大平元外相は八年前、国連総会の演説において「日本は北京政権が国連加盟した時、承認を含めた関係正常化を考慮する」と述べ、加盟国大多数の「祝福」を受けた。日本政府にとって、中共が国連加盟した現在、北京との公式関係に向け外交を転換するに当たり、この演説に従うべきであろう。しかし、問題は北京政府の態度である。彼らは佐藤首相の下で日本政府との交渉に入ることを拒否しているからである。

来るべきニクソン・毛会談で中共が達成したいとする目的の一つに、日本の政治・軍事・経済面におけるこれ以上の伸張を封じ込めるため、対米協力を確かなものにするという動機があると私は考えている。もしそうであれば、ニクソン訪中前に中共が日本の外交転換に真剣に応えることは考えられない。

中共にとって、ニクソン・毛会談で米国の対中緊張緩和要望の程度を確認するまで、日本の呼びかけへの返事を保留しても遅すぎることはないからである。中共政府には、対日関係正常化を急ぐ必要性はないのである。ニクソン・毛会談以前に日本との公式会談を行うことは、中共政府にとって必要性もなく、利益もない。

さらに、中共指導部は日本を「じらせる」ことは、中共政府にとってより有利と考えているに違いない。「日本は速やかな対中正常化を熱望している」と中共政府は信じているからである。また、日本を「じらせる」ことは佐藤内閣下の親中分子への圧力を増し、将来の対日交渉における北京の立場を強化するからである。それゆえ、佐藤内閣を相手にしないという彼らの姿勢に恐らく変化はないだろう。

日本政府にとって、当分の間北京に対する外交転換を急がず、北京からの如何なる返答も期待しないことが賢明である。この「待ちと静観」という姿勢の持続こそ、戦後の日本が勤勉に築いてきた地位を弱体化させないために必要なことであるように思われる。

（c）日米関係

（1）はじめに、我々は日本が対米協力した去る国連総会決議の敗北という結果を、後悔すべきでない。この結果は早くから言われていたように、米国の劇的対中外交によって、いずれにせよ不可避だったのである。最も重要なことは、日本が対米協力のため全力を尽くしたということである。

米国主導決議案に協力する佐藤首相の決断は、戦後日本外交の基本方針の一つを貫いたという意味で、高く評価すべきであるというのが私の確信である。多くの国々が、この時日本がどんな決断をするか注視していたのであり、首相の決断は日本の対外信用を増しても、傷付けることはなかった。常に中共寄りの姿勢をとってきたビルマの一高官でさえ、私に次のように打ち明けたほどである。「日本の一貫した態度は、西欧のある国々の日和見的なそれと鮮やかな対照をなしていた。我々の対日尊敬心は高まった。それはあらゆる手段で台湾議席を守るという原則を貫くため、日本がはっきりと敗北に向き合ったからである。」

多くの日本国民はよく理解していないが、アジアの最先進国といわれる日本は今や世界の経済大国の地位に達し、その行動は以前にもまして世界の批判の目にさらされていることを忘れてはなるまい。国際的責任を繰り返し強調してきた日本が、原則と信頼に則った一貫した政策行動を取らないとすれば、他国の尊敬と信頼を勝ち得ることはできない。日本の外交政策転換には、適切かつ他者を納得させる理由が示されるべきである。

佐藤首相の決断は日本の国益を守るという独自の判断に基づくものであり、単なる対米友好心の発露ではなかった。しかし、米国は日本による最大限の協力行動に感謝しているであろう。そこで、米国は米中首脳会談の前、台湾問題について協議するため対日接近してくるかもしれない。少なくとも、米国は米中両国のみで日本の国益につき軽々しく議論を行わぬよう、心理的拘束を受けねばならない。

日本はこの点について、米国の呼びかけを待たず自ら働きかけた方がよかろう。私は、この機会を逃せば、日本はこの厄介な問題のためにこの先何年間も苦しめられ、その結果対中関係正常化を満足な形で実現できず、対米関係さえ米国の猜疑心のために緊張する結果を招くかもしれないと怖れる。

(2) ニクソン訪中発表、すなわち「ニクソン・ショック」と呼ばれた米国の行動を「友好国への裏切り」と批判する前に、日本は自らを顧て、かくなる米国の一方的行動に対し日本側にも部分的責任はなかったのか、を考えてみる必要があるだろう。もしこの一方的行動が米国指導部の対日不信(日本政府の守秘義務遂行における困難という周知の事実も含め)に発するものならば、我々はそのような不信を取り除くべく努めるべきである。

日本の失敗に帰される不信は、放置されるべきではない。同時に、我々は「親密な同盟国」でさえ、重大な国益が危急に瀕したと感じたとき、同盟国に相談なく一方的行動を取ることを忘れないようにすべきである。そのよい例が、独ソ不可侵条約締結の報に接し「衝撃」を受け、「複雑怪奇」という有名な声明を残し総辞職した戦前の平沼騏一郎内閣であった。平沼内閣がナチスドイツ外交の本質を誤って把握した失敗の原因は、情報収集の不適切ではなく、ドイツ外交を都合よく解釈したその希望的考え方の自己催眠効果にあった。

言うまでもないが、日本はその国益上、多くの面で密接な対米協力が必要なのである。しかし、我々は日本が単なる同盟国ではない、真の「対等なパートナー」にならねば米国の協力を望むことはできないこと、そして

「対等のパートナー」とは希望的観測でも我田引水的思考（私は、占領時代の心理的惰性と思うが）でもない、共通の国益を追求するための相互信頼と相互依存という現実的かつ確実な形態なのだということを、心に銘記すべきである。もしそうするならば、一方が突然の一方的行動によって他方に「衝撃」を与える例などあり得まい。それが起きたとするならば、「対等なパートナーシップ」の崩壊、もしくは不在を意味するのである。

この論理から見ると、私はいわゆる「対等なパートナーシップ」が日米関係には存在しないと言わざるを得ない。我々は再考するべきである。もし日本が真に日米中三国関係を日米協力という枠組みの中における日本の国益と一致させ、その方向に発展させたいのであれば、「対等なパートナー」という心構えに則り、台湾問題について（米中首脳会談の前に）米国と政策協議を遂げねばならないのである。

（d）日ソ関係

いつであったか、エリザベーティン（Alexei I. Elizavetin）駐ビルマ・ソ連大使（元北京駐在ソ連公使・参事官、中ソ国境問題会談ソ連副代表）が私に向かって真剣に述べたことであるが、ソ連には日中両国が同じ黄色人種であり、同じ文字を使う等の理由で、今後貿易がますます増加し、表面上の意見不一致にもかかわらず両国民は相互に友好であるに違いなく、ソ連の背後で反ソ陰謀を企んでいるという考えがあるのだという。彼は、この見方をどう思うかと私に質問した。

私は、このような考えは全く根拠のないことであり、ばかげた見方だと否定した。

しかし、このソ連大使の発言は軽視されるべきではなかろう。これは、日中関係の進展に対してソ連指導部が心中抱いている不安の率直な表れだからである。私は、特にこれがソ連の中国専門家の一人であるエリザベーティンの言葉であることを重視したい。日本にとって、彼が述べたような誤った印象をソ連側に抱かせないよう慎重に振舞うことが重要である。日本は如何なる意味でも中ソ論争に巻きこまれないよう細心の注意を払うべきであり、中ソ両国が日本の好意と協力を求めるような環境を整備すべきである。日本は真の意味における「パートナーシップ」を米国との間に作り上げ、対外的地位を強化すべきである。中ソ紛争の調停がほとんど不可能な現状に鑑み、ソ連はますます日本の好意と協力を得ることに敏感となるだろう。もしそうなれば、日本がソ連占領下の北方四島を取り戻せる将来の可能性を否定できない。

ソ連が最近欧州の東西関係においてとっている柔軟かつ実利的立場の背後には、平和攻勢の他に、欧州から米国の影響力を浸食し、実際には排除することにあるのは明白である。ソ連は米中緊張緩和が「協商」にまで発展することを阻止したいであろう。そのような状況では、「米国の同盟者としての」日本の対ソ、対中共関係における立場は強くなる。

我々は次の事実を忘れてはならない。日本の中共に対する立場の強さはその経済的・技術的優越のみに起因するのではなく、米国との緊密な関係、および正しい対ソ関係、そしていうまでもなくアジア太平洋諸国との友好関係から生じる、日本の政治的立場もまたその源なのである。

三　鈴木大使意見書・補論

鈴木大使意見書の内容は、おおよそ次のように要約できよう。

まず、最大の懸案である台湾問題について、米中両国はその解決を来るべきニクソン・毛沢東首脳会談まで延期するという「暗黙の了解」に達した。

米国にとって、中共政権を中国における「唯一かつ正当な政府」と認めることは可能であるとしても、台湾を中共の不可分の一部と認めることは、米華相互防衛条約の不法性の認知を意味するゆえ不可能である。

一方、中共政府による対米接近の動機は、①台湾問題の解決、②ソ連・日本に対する外交上の地位強化、③米国の政治力・軍事力によるソ連の脅威減殺、④日米安保条約の「付加価値」である米国による日本監視の利用、である。

そして、台湾問題の解決については、①台湾独立案、②金門・馬祖放棄を含む蔣介石政権の「台湾化」、③台湾の住民投票、という選択肢が不可能となった以上、台湾の自治領化による事実上の「二つの中国」を推進することで、現状維持をはかる。

日本の対中態度については、中共政府の「佐藤内閣を相手にせず」という姿勢、および米中首脳会談にかける中共政府の狙いが「日本封じ込め」にあると考えられる以上、ニクソン大統領訪中前に中共政府が対日接近する可能性はあり得ない。従って、「対中国交正常化を熱望する」日本を「じらせる」ことこそ中共政府の戦術であり、日本はこれに軽々しく乗るべきではない。「待ちと静観」の姿勢こそ、日本の立場を損ねないために必要である。

そして、佐藤首相が国連総会で「逆重要事項指定方式」「複合二重代表制」に賛成し米国を支持したことは、日本にとって外交的資産でこそあれ、決して損失ではない。「米国が友好国日本を裏切った」という「ニクソン・ショック」の評価は、日米関係が真の「対等なパートナーシップ」を確立していないことを示すものである。日本は米国の「裏切り」を批判する前に自らの問題点を是正すべきであり、米国と台湾問題をじっくり協議し、来るべき中共との外交交渉に備えるべきである。

鈴木大使は意見書において米中接近の背景を詳細に分析したが、とりわけ「ニクソン・ショック」と中共政府の国連加盟の事実に接した日本の世論が、政府に対して性急な対中共接近を求める「中国ブーム」に陥った状況を憂慮していた。鈴木にとって、来るべき米中首脳会談の動機の一つが「日本問題」にあるという突き詰めた認識が日本の国内世論に欠如していることこそ、最大の問題であったに違いあるまい。とりわけ、それは中共政府がこれまで「反中国同盟」として非難し続けてきた日米安保条約に、米国による日本「封じ込め」という「付加価値」を見出したことが米中接近の動機の一つだったという認識において顕著であった。

国務省文書「中国と国際的軍備管理の機会」は、鈴木大使意見書と同じ昭和四十六年十一月に執筆されたものであり、右に掲げた鈴木の分析の正確さを証明するものだった。中共政府が最も怖れた日本の本格的再軍備とは、具体的には日本の核武装であろう。しかし、日本の核武装は米国もまた等しく恐れる事態だったのである。本節は右国務省文書の要旨を検討し、鈴木大使の米中接近に対する分析を補足することにしたい。

〔「中国と国際的軍備管理の機会」③（要旨）　一九七一年十一月三日〕

（1）中共核戦力の存在は、数年来にわたるアジアの現実であるが、中共が核戦力において優勢な国々の攻撃に対する抑止力を創出するため、核兵器を配備し続けることが急速に関心を惹きつつある。しかし、中共が将来の政策におけるこれら兵器の役割をどう見ているか、については余りにも知られていない。中共指導部は、近年米ソ関係を律してきた抑止力の複雑なルールとその理論を知っているのかどうか、判然としない。またそのルール自体、我々が二極政治関係から脱するに従い、どのように変化するかについてもである。

（2）中共の核戦力開発は、米国又はソ連の攻撃時、これに反撃するのに十分な戦力を創出するためである。近い将来、米ソ二大超大国に対する中共の戦略的地位は弱いものであり続けるであろう。中共は如何なる形でも米ソに対し同率の核戦力に達することは望めないが、攻撃を阻止するためできるだけ速やかに第二撃を行うに充分な戦力を希望している。しかし、それは中共が今すぐ世界的な核兵器の役割（国際レベルの抑止力）を求めていることを必ずしも意味しない。結局、中共の核抑止力は英仏の核戦力なみの、最小のそれ以上のものは必要とされていない。その代わりに中共は地域的核戦力を選択、ＩＣＢＭ（大陸間弾道ミサイル）より中距離ミサイルの開発に力点を置いている。彼らはそれによって現在のソ連の脅威に対抗し得るようになり、米国の東南アジアからの漸進的撤退とも合わせ対処しようというのであろう。

(3)中共がその核戦力にどのような役割を与えようと、彼らの核兵器開発を禁じるような軍備管理計画の提案は非現実的であろう。過去、中共は「自らの犠牲で大国の核独占を守る試みである」として、国際的軍備管理に反対してきた。しかし、彼らは軍縮に全く消極的であったわけではない。彼らは常に核兵器禁止を唱えてきたし、その第一段階として核兵器の使用禁止を唱えてきたのである。中共が全ての核保有国による「核の先制使用禁止」を主張したことは、彼らが政治的利益のために国際軍備管理を躊躇なく利用してきたことを示すものである。「核の先制使用禁止」が米ソに受容れられないとしても、それは中共に便利な宣伝の武器を与え、超大国の独占を打破するための核開発を彼らに許した。同時に「核の先制使用禁止」提案は、原子力の分野におけるあらゆる紛争激化を防止することで中共の国益と全く一致した。中共は原則として軍備管理交渉には反対しないことを明らかにしており、その政治目的に叶うならば「核の先制使用禁止」のような二国間協定の提案すら行うであろう。

(4)「文化大革命」後の中共が国際外交の舞台に再登場したことは、中共との軍備管理協定を推進する絶好の機会かもしれない。彼らが国家にとっての優先順位を考えるならば、米ソと対等の核戦力を求めることは、見込みのない「高嶺の花」であることが明らかとなるであろうからである。それゆえ、彼らは米ソの核戦力を現実的水準に定めるであろうSALT（戦略兵器制限交渉）の行方に深甚な関心を有している。この協定に従い、中共は自らの核兵器開発計画を続行するより、軍備管理協定を締結した方が、核兵器の同率をより容易に達成できることを理解するかもしれない。同時に、潜在的な核の競争者たる日本またはインドの登場が、中共をその脅威に対抗するための軍備管理協定に導くかもしれない。そのような協定は、少なくとも地域的に彼らの優位を保証するであろう。軍備管理協定は、中共にとって急速にその魅力を増しつつある。それはソ連の戦力を相殺する手段としてであり、新たな外交関係とりわけ米国とのそれを強調する政治的道具としてである。

（5）（結論）中共の行動については、全ての結論が暫定的なものとならざるを得ない。それにも拘らず、過去の行動から中共を将来の軍備管理交渉に引き出す可能性について、確実な判断は可能であろう。中共の基本的目標は、米ソに対し真の抑止力を作ることである。軍備管理を通じ、この中共の計画を制限しようというあらゆる試みは成功しないであろう。中共は国益に反しない限り、恐らく軍備管理交渉をためらわない。イデオロギーの相違は決して乗り越え得ない障害ではない。結局、アジアにおける新たな核国家が登場する可能性が、劇的転換をもたらし、中共をして何らかの地域的協力を求めさせるものであろう。

以上見た如く、「中国と国際軍備管理協定の機会」は中共政権が軍備管理交渉に応じる可能性について考察したものであるが、そこには「核の競争者たる日本またはインドの登場」、および「アジアにおける新たな核国家」の登場、という要素が考慮されていることが理解できるであろう。いわばこの文書を作成した国務省関係者は、中共を核軍縮交渉のテーブルに引き出すことが可能な場合として、日本の核保有を含む「アジアにおける核の拡散」の可能性を考慮していたようである。

しかし、国務省日本課は同文書の作成から六日後、エリクソン課長名でその内容につき訂正勧告を申し入れた。[4]この訂正勧告は、「日本の核武装に対する米国当局者の懸念」という米中接近の背景の一つを明らかにしたという点で、鈴木大使意見書の内容を裏書するものであった。

エリクソン日本課長は、まず（4）に記されている、中共がＳＡＬＴの行方に「深甚な関心を有する」とある部分を「示すかもしれない」と訂正することを勧告し、その理由を、SALTが中共の核開発の鍵であるかのような誤解を与えるからだとしている。

しかし、エリクソンが指摘したさらに重大な箇所は、次の二点であった。彼はまず（4）に記されている「潜在的な核の競争者たる日本またはインドの登場」を指して、果たして日本やインドの核保有が中共を軍備管理交渉のテーブルに導くのであろうか、とその認識に疑問を呈し、事実はその逆の可能性を高めるのみであろうと断じた。エリクソンによれば、核保有国となった日本は、かえって中共を「日本向け」の核兵器開発に踏み切らせることになるのみであった。彼は次のようにコメントする。「我々は日本人に対し、中共を軍備管理交渉に参加させる方法は日本の核武装である、とは言いたくない。」第二に、彼は（5）「アジアにおける新たな核国家の登場」という部分を、同様の理由から全文削除することを勧告している。なお、エリクソンは文書中に「日本との協議の席において、核保有五大国〔米・英・ソ・仏・英〕の重要性を強調すべきではない。さもなくば、日本人は自らの核爆発実験（核兵器保有）によって自らの（核保有国への）加入を勝ち得ねばならないと考えるかもしれないからである。それは我々が最も避けたい事態だ」とも記した。

エリクソンの申し入れたこれら訂正勧告は、いわば鈴木大使意見書が指摘した、日米安保条約による日本の本格的再軍備（核保有）の抑止という「付加価値」の意味、そして日本の核武装を恐れるという点で米中双方の思惑が一致したという事情を物語っている。米中接近の動機の一つが「日本問題」であったことは、疑う余地がなかった。

鈴木大使意見書は、米中接近の国際政治的背景を解明すると共に、「ニクソン・ショック」の動揺さめやらぬ日本国内に急速に台頭した性急な対中共接近論、すなわち「中国ブーム」に対し警鐘を鳴らした。そして、国連において「逆重要事項指定方式」「複合二重代表制」を支持し、台湾議席の維持に努力した佐藤首相に感謝する米国が、米中首脳会談前に台湾問題について日本と協議することを予想した。そして鈴木は、日本はむしろ自ら米国に接近し、この問題を協議することを提言している。

すなわち鈴木大使意見書は、「ニクソン・ショック」で揺らいだ日米関係を修復するにあたって、優先課題とすべきものは日米両国による台湾問題の検討作業であり、今後の対中共関係のあり方はその次に来るべき問題であることを主張していたのである。中国問題の本質が依然として台湾問題、換言すれば「二つの中国」の処遇にあったという事実は、「ニクソン・ショック」、および中共の国連加盟実現を経ても何ら変化しなかった。米中接近を契機として「中国ブーム」に陥った日本世論の大勢は、そうした国際政治の現実に立脚した冷静な認識を、ややもすれば欠きがちであった。

ニクソン大統領訪中、日中国交正常化の実現した昭和四十七（一九七二）年は、その意味で、日米両国が台湾問題を中心に「現実の中国問題」について、その関係再調整を試みる年だったといえよう。

（1） Memorandum of Conversation “China”. January 8, 1971. Lot File74D82, Box6, RG59, N.A.

（2） U.S Embassy Saigon, Vietnam (Samuel D. Berger) to Marshall Green, January 28, 1972. “The trend for a Détente between the U.S. and Communist China and Japan’s Policy (Analysis and Advice), November 16, 1971. Rangoon, Burma. Takashi Suzuki. Lot File 74D208, Box8, RG59, N.A.

（3） DISARMAMENT CHINA. CHINA AND OPPORTUNITIES FOR INTERNATIONAL ARMS CONTROL. November 3, 1971. LotFile 74D82, Box6, RG59, N.A.

（4） US-Japan Policy Planning Talk. From Richard A.Ericson, Jr. to Mr. Fisher (ACDA/IR), November 9, 1971. LotFile 74D82, Box6, RG59, N.A.

X　日米関係の再調整と中国問題
──サンクレメンテ会談とニクソン大統領訪中──

一　サンクレメンテ会談と日米関係

昭和四十七（一九七二）年一月、カリフォルニア州サンクレメンテの「西部ホワイトハウス」で行われた日米首脳会談は、「ニクソン・ショック」によって動揺し、打撃を受けた日米関係の修復を目的とするものであった。自民党反主流派、とりわけ「親中国派」および野党は、佐藤の「反中国的」外交姿勢が米国による「日本の頭越しの」対中接近によって破綻したと論じ、中共の国連代表権獲得と国府追放という事態が現実化した昭和四十六年十月以降、佐藤内閣の即時退陣を要求すると共に、佐藤に対する攻撃と圧力をますます強めていた。それはまた、自民党「親中国派」議員と野党議員による日中関係正常化要求とその運動を昂揚させ、日本国内に民間および報道機関を中心とした極めて強力な「中国ブーム」の雰囲気を醸成することになった。一方、自民党内にも、佐藤内閣は沖縄返還の実現を「花道」として退陣し、残された外交課題である中国問題は後継者の手によって処理されるべき、というコンセンサスが生じることになる。

中共政府は、あたかも日本の国内情勢を見通したかのように、「佐藤内閣を相手にせず」という従来の姿勢を変えなかった。佐藤内閣による日中関係正常化の可能性は、この時点で事実上絶たれたといえよう。そして、この事実こそ、日中関係を自らの手で遂に打開することができなかった佐藤の外交姿勢を指して「状況対応型外交」、ないし「対米追随外交」[①]と断じる厳しい評価の根拠となっている。

しかし、岡田晃・香港総領事が後年その著書において証言しているように、佐藤は「決して世にいわれていたような保守反動、反中国一本ヤリの政治家ではなかった」[②]のである。いわゆる「ニクソン・ショック」から約一ヶ月半を経過した昭和四十六年九月上旬、岡田は千田恒・サンケイ新聞記者の紹介で佐藤および保利茂・自民党幹事長と面会し、「中国政策」（私案）を提出している。その内容は、①日本政府としては台湾追放阻止の逆重要事項指定案は出すべきではない、②中共加盟を目指した「アルバニア案」に対しては棄権すべきである、③国連が北京・台湾統一のため積極的仲介をするべく日本が提案を行う、というものであった。

岡田私案を一読した佐藤は、現時点で言えることとして、①台湾が中国領土の一部であることを認めるにやぶさかではない、②国連への中国加入に反対せず、③中国は日本への内政干渉をやめよ、④台湾の国連における議席は経過的なものではあるが、本年直ちに蒋介石（台湾）政権を追放することには賛成できない、それは「日本人の道義」上の理由からである、と語っている。そして、佐藤・岡田会談に同席した保利茂は、以上を「総理からの特命事項」として対中関係打開のため行動して欲しい、と岡田に語っている。[③]『佐藤栄作日記』は、この辺の事情について次のように記す。

「岡田香港総領事を招致して中国問題の様子を聞く。そして総領事自身極秘の裡に日中関係改善の努力をする事、尚今直ちにとは云はぬがそのうち出かける用意のある事を伝へる様にと話をする。[④]」

佐藤が岡田晃らを経由して中共関係情報を収集しつつ、将来の日中関係正常化に向けて具体的行動を起こしていたことは、右に掲げた関係者の証言と『佐藤栄作日記』の記述から判断して間違いない。従って、問題は佐藤のこのような努力を中共政府が受入れるか否かにかかっていたのである。

当時、日本政府が「ニクソン・ショック」によって蒙った政治的打撃、精神的衝撃は極めて大きく、それが自民党首脳の強い「対米不信」を招いた事実は否定し難い。佐藤・岡田会談直前の九月一日、保利茂は「親中国派」議員の一人である田川誠一と会談した際、田川に対し「言葉は悪いが、(米国に) なんとか仕返ししたいと思っている」[5]と、非常に露骨な形でその対米不信を吐露しているほどである。保利が中共政府に関係改善を呼びかける目的で、いわゆる「保利書簡」を発出した理由はここにあったのであろう。ちなみに、「保利書簡」を託された東京都知事・美濃部亮吉が訪中の途についたのは、国連総会が「アルバニア案」を可決し、中共の国連加盟・国府の追放が決定した日のことである。周知のように、「保利書簡」は「中国は一つであり、中華人民共和国は中国を代表する政府であり、台湾は中国国民の領土」であるという表現を用いていたが、周恩来は同書簡が中華人民共和国を中国における「唯一」の正統政権と明記せず、かつ台湾を中国国民の領土と表現していることは「二つの中国」論に繋がるという理由で、その受け取りを拒否した。

佐藤が岡田晃を通じ中共との外交的接点を探った事実、そして不首尾に終ったとはいえ保利がいわゆる「保利書簡」の発出に踏み切ったという事実は、「ニクソン・ショック」のもたらした対米不信が、この時期佐藤内閣の行動にかなりの影響を与えていたという事情を示すものである。第Ⅷ章で触れたサンクレメンテ会談直後の二つの事件、すなわち牛場駐米大使が米国による日本の「頭越し外交」を批判したサンフランシスコ演説、および原栄吉サンフランシスコ総領事による「質問書」送付の一件は、日本政府・外交当局が当時抱いていた対米不信を、いわば最も端的に表面化させたものだった。

従って、来るべきサンクレメンテ会談は、米国政府にとって「ニクソン・ショック」によって日本が蒙った外交的打撃を癒し、かつ日米関係を根本的に修復する好機の到来を意味していた。千田恒の証言によると、ニクソン大統領側近筋は昭和四十六年十二月二十四日付メッセージにおいて、「①アメリカはニクソン訪中によって急速な中国承認の道をとらない、②アメリカは台湾について一〇〇パーセント・コミットメントを維持する、③日本は以上に関連して台湾の犠牲において中国と取引きすべきでない、④日米首脳会談では佐藤から日本の過去の対中接触の経験、アジア人の対中国観などを聞かせてほしい。この会談はアメリカが聞き役である、⑤われわれはホワイトハウスと首相官邸のコミュニケーション・チャネルを欲している、⑥沖縄問題は、中国問題より先に出されるべきで、返還時期については七月以前が可能だ。核撤去の作業日程からみて一ヶ月繰り上げが最大の可能性ある時期である。核についてはアメリカ側としては日本側の意見に何なりと聞く耳を持っている」[6]ことを佐藤に通報してきたという。この千田証言こそ、サンクレメンテ日米首脳会談に臨む米国政府の基本姿勢を表わすものであり、同時に同会談が「日米関係再調整」の役割を担ったという事実を示すものである。

本節は、サンクレメンテ会談に備えて国務省・国家安全保障会議が準備した諸文書に依拠しながら、同会談に臨む米国政府の基本方針につき全般的に考察することとしたい。

国家安全保障会議ポジションペーパー「佐藤にとっての中国問題」は、サンクレメンテ会談に臨む米国政府が、当時佐藤が置かれた国内政治上の立場について分析したものである。それによると、米国政府は自らの対中政策転換が佐藤とその内閣に与えたマイナスの影響を大筋において認めていたが、一方で佐藤の「ニクソン・ショック」への冷静な対処ぶりを高く評価していたようである。同文書は、佐藤の直面している国内圧力と中共政府の圧力とについて、次のように論じている。[7]

地理的な近接、文化、経済、歴史的結び付き等の要素を考えるとき、中国政策は日本の主要外交問題であり続けてきた。佐藤とその前任者は、急進的な対中関係改善を求める国内圧力を、中共貿易の柔軟性確保、日本の中国政策（とりわけ政治的局面）を我々（米国）のそれに結びつけること、そして台湾政府の感情に注意深く配慮することによって押さえてきた。北京政府自身の過激な国内外政策に対する日本国内の反発もまた、佐藤の政治的立場を強化してきた。

北京政府がこの二年間、かなり穏健な外交政策に転換しつつある事実、そしてニクソン大統領の訪中計画発表（七月十五日）は、佐藤を反対党、自民党内のライヴァル派閥、敵対的な報道関係者・実業人からの激しい攻撃に曝すことになった。「佐藤は中国政策を有しないのみならず、米国のそれに盲従してきた。その米国はこの危急のとき、佐藤を無視した」というものである。この批判は日本でかなり受入れられた。また、日本人は米国が訪中を決断するにあたって日本と協議することを渋ったこと、および訪中の成果を率先して日本に通報したこととのギャップに困惑している。彼らは、米中会談について実際に通報されたこと以上のことが行われたのではないか、と疑っている。そして米国大統領が史上初の訪中をアジアの主要同盟国たる日本を訪問する前に行ったことに、いたく困惑しているのである。

しかし、佐藤はこの大変動に直面してもたじろぐことはなかった。とりわけコンセンサスの重視される日本社会において、彼は大胆にも中国代表権問題で米国と協力する道を選んだ。日本の反応は沈静化した。その佐藤は、サンクレメンテ会談において台湾問題、朝鮮問題、日米安保条約に関する米国の意図について、十分な保証を得ることに最も関心を示すであろう。またニクソン訪中が佐藤を国内的窮地に陥れないこと、およびニクソン訪中より先に佐藤が中共に対し、先回りした動きをしなくてもよいという確信についても同様である。

中共は、佐藤の中国政策における外交的ジレンマをその目的達成のため利用してきた。佐藤は中共を合法政権と認めたが、「唯一の」という形容詞は省いた。これは日本政府が中共との関係改善に向けて動くという印象を国内に与えるよう考案されたものであろう。しかし佐藤はこれを交渉の前提条件とすることには同意せず、あくまで交渉の中で取り上げる問題だとしたのである。次に、台湾は中国人民に帰属するとした（周恩来は拒否）。そして、彼は中国代表権問題敗北後の国会で日華平和条約の論理的根拠が崩れたことを認めたものの、これを率先して廃棄することは行わなかった。彼の本件に関する立場は強硬であり、あくまで北京との正常化交渉において（交渉の前提条件ではない）日華平和条約につき論議したいとしている。

北京は日本国内の反対党、貿易代表その他勢力を結集することによって、佐藤の政治的孤立化を策している。

ジョンソン政治担当国務次官は、ニクソン大統領宛てメモランダムにおいて、サンクレメンテ会談の意義について以下のように総括している。すなわち、日本はサンクレメンテ会談を、変化しつつある国際情勢と不安定化した日米同盟に順応するために潜在的な重要性を有するものと見ている。佐藤は日米同盟を中心とする一連の動揺を過去半年にわたって切り抜けてきた。昨今の世論調査は、彼へのかつてない低支持率を記録した。しかし、沖縄返還を上院が保証したこと、および本会談の見通しは佐藤の地位を強化し、日米関係の緊張を和らげるであろう。そして、佐藤はサンクレメンテ会談が後継者競争に備える自らの立場を強化することを望んでいる。その目的は、現在中国問題をめぐって不和となっている自民党の団結維持であり、彼と政治的見解を同じくする後継者に党の指導権を渡すことであろう。佐藤にとって、会談の焦点となるのは我々の中国問題に関する意図についての貴殿（ニクソン）の議論である。日本は、米国が日本を困惑させ、アジアの状況を変えるような、そして日本に損害を与えるような取り引きを北京と行うことを怖れ、疑っている。佐藤は我々の対中接近が日米安全保障関係、韓国支持、日本自身の中共に対する見通しに与える影響を評価するため、またこれら要素が日本の国内政治にどのように影響するか評価するための基盤を、できるだけ明らかにすることを求めるだろう。サンクレメンテ会談は、佐藤が日本の対中政策への米国の理解と尊重、将来の密接な協議を再確認すれば成功と言えよう[8]。

これまで取り上げてきたポジションペーパー「佐藤にとっての中国問題」、およびジョンソン・メモランダムからは、米国政府がサンクレメンテ会談を日米関係再調整の機会のみならず、佐藤の政治的立場およびその後継者問題を含む今後の自民党政権の行方に大きく影響する重要会談、と位置付けていた事情が判明するのである。会談に備え、国家安全保障会議が準備した各種ポジションペーパー（ニクソン大統領宛て勧告）は、その事情をはっきり物語っている。以下に、その内容を表題別に簡潔に整理し掲げておく。

〔首脳会談　問題と討議点[9]〕

①北京訪問　中共は、日本政府が公式接触のため示したいくつかの重要なジェスチャーをはねつけてきた。彼らは受容し得る佐藤の後継者のみを相手にするという立場を守っている。佐藤は、閣下（ニクソン）訪中の結果進捗する米中関係が、日本の同調を求め既に高まっている国内政治圧力をさらに上昇させ、北京政府に反佐藤の梃子を与えることを怖れている。そこで、我々は閣下に次のことを勧告する。①佐藤に対し、閣下がその訪中目的について可能な限り説明を行い、これに責任を追うことを明確にすること。②日本の国益と他のアジア同盟諸国の国益に害を及ぼさないことを再確認する。③訪中後、直ちに佐藤に説明を行うため、例えばロジャーズ国務長官を訪日させる（台北・ソウルにも行く必要あり）。

②台湾の将来　日本は、我々の北京接近が、日本を「国府に国際的支持を与える唯一の国家」としてしまうことを怖れている。我々の台湾に対する意思が曖昧なままであれば、総理大臣交代の過程にある日本は、我々自身の利益を安売りするような形で、台湾について北京政府への媚態を示すかもしれない。台湾の経済的活力はその未

来にとって致命的な重要性を持っているし、貿易拡大と外国投資も重要である。しかし、もし日本の態度が冷淡となればそれは台湾に有害な効果を及ぼすであろう。日本は台湾にとって第二位の貿易相手国だからである。我々は閣下に次のことを勧告する。

①日本の、国連代表権問題に関するかつてない協力姿勢に感謝の意を表する。②我々が台北との絆を維持し、防衛上のコミットメントを維持することを佐藤に保証する。③台湾経済の見通しについて我々の自信を表明する。経済成長なしに台湾の政治的将来はない。④我々が国府の国際的役割を支持し続けることを、佐藤に知らせよ。⑤台湾との貿易およびこれへの投資が望ましいことを米国が自国実業家と他国に語り続けていることを、佐藤に知らせよ。また、日本政府も同様の政策をとることを希望する旨を表明せよ。

〔大統領訪中が日本に与えた政治的影響[10]〕

大統領訪中の電撃発表が佐藤の政治的地位に与えた影響は、佐藤が中国代表権問題で対米協力する決意をした際、党内のライヴァルが彼を追い落とそうと画策したことであろう。佐藤は動ぜず、反対者は結局退いた。しかし日本における「中国ブーム」は根強く、報道・反対党そして最も重要な自民党内のライヴァルらに、佐藤攻撃のための新しく、かつ効果的な問題を提供し続けている。大衆の一般的反応は、もし米国が訪中にあたって日本を「通過」したなら、それは非常に悪いことだというものである。日本人は、彼らが中共貿易を拡大し、かつ毎年何千人もの日本人が大陸を訪問することは、米国大統領の対中公式接触と同列には論じられないというのである。

対中関係について、今後過度に対米協議するのは危険であるという認識が、日本の支配的保守層にとって明らかになってきたようである。

〔中共の対日圧力〕[11]

中共政府の主要目的は、広範な日本人の感情（情緒的かつニクソン訪中発表で著しく刺激された）に訴えることによって日本政府に圧力をかけることである。「日中関係は正常化されるべきであり、その最初のステップは日本次第である」という感情を巧みに操ることで、中共は日本の政党の熱狂的求愛行動を通し、日本政府に圧力をかけてきた。政府間接触を拒絶しつつである。佐藤は北京にとって「嫌われ者」である。中共が関係改善の具体的行動に同意したとしても、佐藤その人は新提案ができまい。北京は佐藤との交渉を拒否しているからである。

今や、「周四原則」が日本実業界のかなりの部分に受入れられつつある。それは日本に対し経済的困苦を要求するものではないからである。日本は、周恩来が実態より形態に関心を持っている事実を理解している。台湾と貿易を行う一方、北京とダミー会社を用い間接貿易を行っていた過去は、「周四原則」で逆転したのである（ダミー会社を用いた台湾貿易へ転換）。日本の貿易に損害はなかった。日本の台湾への投資が著しく上昇しない限り、中共との間に大きなトラブルは起こり得まい。周恩来のこのアプローチによって、日本実業界は一般的に対中正常化を支持している。これは日本政府が無視し難い現実である。

〔日本政府の政策と関心〕[12]

日本政府は対中正常化の公式接触に当たって、北京が出した三条件のうち二つを事実上認めた（中共が中国の唯一かつ合法的政府であること、および台湾が中国の一部であること）。第三の条件は日華平和条約の廃棄であるが、佐藤は国連代表権投票の後、同条約の論理的根拠は崩れたと認めたものの、その廃棄については言及を避けた。

日本政府は、米国が台湾の将来を決める決定を北京と行うかどうかに関心を持っている。彼らは、米国が台湾の国際的地位を守るためどれほどのことを行うか、そして日本がそれを支持することは危険に値するかどうか、を熱心に知りたがっているのである。近い将来、日本は中華民国の国際的地位を守る我々の意思と能力を注視することになるであろう。日本の総理大臣は、国際機関における中国代表権を含む問題において、再び敗北する危険は冒したくあるまい。

日本は、台湾問題の解決に当たって中共、国府いずれかが軍事力を用いる見通しはないと見ている。また台湾独立は、北京が深刻に捉えているかに見えるものである。この北京の怖れは、日本に交渉上の梃子を与えるかもしれない。しかし日本の政治指導部は、このような冒険に巻き込まれるつもりはないようである。

国家安全保障会議ポジションペーパーは、サンクレメンテ会談に望む米国政府の立場と視点を以上のように総括している。米国政府は、自らがこれまで中共との経済交流・人的交流を独自かつ積極的に推進してきたにも拘らず、ニクソン大統領の訪中を「頭越し外交」と一方的に批判する日本の姿勢に強い不満を抱くと共に、ニクソン訪中によって日本政府が「米国が台湾との絆を縮小する」かのような印象を抱くことを怖れていた。キッシンジャー特別補佐官は、大統領宛てのメモランダムでサンクレメンテ会談について、佐藤と日本国民はまず、①基本的日米同盟関係は、大統領訪中に関らず不変かつ有効である確信を与えられるべきであり、②米中正常化によって日本が犠牲になることはあり得ず、米国の台湾へのコミットメントは不変であることを保証されるべきである、としている。そして、これらの点について日本側を満足させることさえできれば、日本の対米信頼は回復し、佐藤の政治的地位の大幅改善をもたらし得ると論じたのだった。キッシンジャーはその際、日本外交が独自性の要素を濃くすることは避け難いが、それはあくまで共通利害を持つ対等な日米同盟関係への再調整を意味するものでなければならず、米国政府は佐藤から福田蔵相への権力委譲、自民党主流派の優勢維持までを視野に入れつつ行動するべきであり、自民党主流派の弱体化による米国の国益への悪影響は絶対に回避しなくてはならないとしている[13]。

サンクレメンテにおいて第一回日米首脳会談が行われたのは、昭和四十七（一九七二）年一月六日のことであった[14]。ニクソンは佐藤に対し、米国の対中接近の動機を「ソ連を米中ともに意識しているから」であると説明し、二十年先に巨大な核保有国になるであろう中共を国際的に孤立させることは賢明でないと考えるからだと述べた。ニクソンは米中接近の意味について、それは「通常の意味における国交の正常化ではない」と強調し、中華民国政府を承認し、これと安全保障条約を締結している以上、米国政府は中共との話し合いがどうあろうともこれを変更する意思はないと佐藤に述べたのであった。そして、中国（中共）の国連加入という事実をどう考えるのかという佐藤の反問に対しては、「米国は国際機関の一員として多数決に従う。但し、中華民国との安全保障条約は堅持する。国連はこの種問題に関し大国の政策を左右することは許されない」と明言した。ニクソンの認識では、中共政府との会談は「限られた、しかも現実的かつ実用的な基礎」に立脚したものであり、日本政府の懸念するような、米台間の絆を損ねる行動を米国がとることは決してあり得なかった。なお、ニクソンはこのことを「中共との接触の結果出てくるものは、コミュニケーションのチャンネルであり、障害を除去する幾分の進展である」、「重要なのは相互の関係で、正式の意味での承認ということはこの場合重要でない。我々としては、北京においてこの問題について合意に達することを期待しているものではない[15]」と表現している。

翌一月七日の第二回首脳会談において、ニクソンは「アジアからの撤退、ヴェトナムからの撤退」を要求する中共の強硬姿勢を米国が頑強に拒否し続けた結果、今日のような無条件の米中会談が実現したのだと佐藤に述べ、「極秘にお話するが」と前置きしつつ、中共が日本を「潜在的な最強の仮想敵国として意識していること」を紹介し、「日本が中国に対しはいつくばった（crawl）弱みを見せるなら、日本は自らそのバーゲニング・ポジションを喪失する」[16]と佐藤に忠告しつつ、暗に性急な対中関係正常化を求め佐藤内閣に圧力をかけつつある日本国内の政治勢力を批判した。

牛場駐米大使は、後にサンクレメンテ会談について「米側が主として中国との交渉に臨む原則的な態度について述べ、こちらは情緒的なことをいったという感じが強い」ものだったとその回顧録に記している。牛場は、佐藤が昭和四十四年の「佐藤・ニクソン共同声明」中に盛られた、いわゆる「台湾条項」にとらわれないフリーハンドを求めていたのではないかと推測し、ニクソンは佐藤のその意図を察してか「競争して北京に行くようなことはやめよう」と佐藤を盛んに牽制していた、と述懐している。[17]米国の立場から見るとき、中共政府の外交的狙いは、日本国内の対中正常化支持勢力を支援して佐藤内閣に圧力をかけつつ、一方で「佐藤を相手にせず」という政策を貫くことによって日本人を「焦慮」させ、将来の日中直接交渉における有利な条件を獲得しようとするものだった。牛場の述懐に従えば、サンクレメンテ会談におけるニクソン発言は「中共政府の術策に陥るな」という、佐藤への警告だったという見方もできる。

サンクレメンテ会談は、言うまでもなく「ニクソン・ショック」によって傷付いた日米関係の再調整、および日本政府の対米不信の解消を目的とするものであった。しかし、ニクソンは台湾政府への政治的・軍事的コミットメントを今後も継続するという米国政府の意思をはっきりさせると共に、米国の対中接近が対ソ戦略という国際政治上の必要性から発した選択である事実を佐藤に指摘することで、日本国内の「ニクソン・ショック」（米中接近）に対する「過剰」な反応に釘を刺したのだった。

本章が次に分析の対象とするのは、①国務省情報調査部の依頼で米国人研究者が行った日中関係正常化に関する研究作業の内容分析、②ニクソン大統領訪中と米中共同声明、いわゆる「上海コミュニケ」に対する日本政府の具体的反応の考察、の二点である。

二　国務省情報調査部「日本と対中国交正常化」

一九七二（昭和四十七）年三月二十七日付文書「日本と対中国交正常化[18]」は、ニクソン大統領訪中の直後、国務省情報調査部がグリーン（Fred Greene）ウィリアム・カレッジ（マサチューセッツ州ウィリアムズタウン）政治学部長に依頼し作成したものである。同文書は四月四日付で国家安全保障会議に送付されたが、その基本的認識は、米中接触・対話の開始は大国間関係の変動を引き起こし、その結果日本に好ましからざる環境下の対中正常化を強いることになったというものである。国務省はその内容を総括し、中共側が自らの主張を強硬に押し出してきたにもかかわらず佐藤内閣が北京の要求する高い外交的コストを断固拒否してきたこと、日本が早期対中正常化と慎重さの間で微妙なバランスを保っていることから考え、米国の行動は日本の行く末に大きく影響するであろうとしている。

その内容は、国務省の指摘する、日本の置かれた外交上の微妙なバランスを余すところなく描き出している。本節はその内容全文を紹介し、次節においてニクソン訪中と「上海コミュニケ」に対する日本外交の対応を分析するにあたっての一助としたい。

〔「日本と対中国交正常化」　国務省情報調査部　一九七二年三月二十七日〕

（中国の動機と戦術）

中国の短期的目標は、日米同盟の弛緩と、台湾に対する北京の（主権）主張を日本がはっきりと認めることにある。彼らは接触における諸問題、交渉条件に関わる別個の戦術を巧妙に使い、市場競争と台湾そのものの運命を交渉上の梃子として用いてきている。日本に対し、一九五二年条約（日華平和条約）の破棄を要求することによって、北京は日本を辱め、中国の力の優越性を示そうとしているのかもしれない。しかし、彼らはまた純粋に、日本が台湾独立維持のためあらゆる手段を積極的に行使するのではないかと疑っているし、それゆえ日本政府は著しい強制的手段の下でのみ屈服する、と信じている。これまで成功してきた日本の遅延戦術のため、将来（日本が）中国に妥協を求めるようになると（北京は）恐らく考えているだろうが、北京政府は、時間（的要素）は自らにとって有利だと見ているようである。

（日本の政策への影響）

日本政府は、北京との接触を求め、外交関係を樹立する決意を示す方向へ急速に動きつつある。彼らは交渉の過程で日華平和条約の廃棄すら前向きに考えることを示しているが、交渉に先立って同条約を廃棄し、中共を中国における唯一合法的政府と認めることは拒否してきた。

日本政府は早期の対中協定を求める著しい圧力に曝されている。その理由は、米国の動き（ニクソン訪中）がもたらした衝撃である。それは、日本はもっと独自の外交路線を歩むべきという国内の要求に繋がるものであった。そのコンセンサスは「米国が米中関係を改善するゆえに、日本は米国に先立ち北京との関係を正常化するべき」というものである。日本はまた中国の力が増大すると共に、核の傘の耐久性、そして米国の台湾防衛関与を疑い始めている。これらの要素は、更に力強い「中国ブーム」を高めることになった。遂には、中国市場の潜在性と米国の競争者への恐れが、日本実業界からの対中正常化への大きな支持を誘発するに至ったのである。

一方、日本は彼らにとって更に重要な日米関係を傷付けることは望んでいない。日本は交渉過程において米国の助言を必要としている。中国の長きにわたる敵意とアジアにおける主導権をめぐる避け難い競争関係を知っているゆえ、日本政府は北京の出す条件を厳しすぎるもの、そして自らの尊厳と秩序正しい外交的手続への侮辱と見ている。日本の指導者は台湾に関わる日本の独特の立場、そして日台関係の平和的調整にさえ含まれる情緒的困難さを強調してきた。経済面について言えば、日本の大きな投資と台湾との増加しつつある、また高度に有望な貿易関係は軽々しく放棄し得ない主要資産である。なぜなら、欧米の競争者が恐らくはその断絶を埋めるものだからである。

（日本のシナリオ）

日本が早期対中正常化と慎重さの間で極めて微妙な外交的バランスを保っているとき、米国の行動は日本に対し強い影響力を持つであろう。日本はより好ましいシナリオ、すなわち米国が日本政府と政策を同調させ、北京との延長された交渉を行い、その結果日本が低コストで協定を締結できること、を実現できそうにない。米国はその対中関係改善という要求のため余りにも前進し過ぎてしまい、北京の要求に対抗する日本の立場を強めるという理由で今さら退くことはできないのである。北京にとっては、日本との協定を拒否し続けることができ、台湾について譲歩することなく米国と限定的了解に達することができ、日本政府にその条件を呑ませる圧力をかけることができる。

日本は好ましからざる条件（米国のいくぶんかの支持、台湾の政治的安定、米中関係進展）の下で交渉を余儀なくされると感じているであろうから、日本政府は現在以上に中共を唯一合法的政府と認めることに前向きとなるだろう。日本は国府との関係を自然消滅させることにはっきり同意し、かつ米中協定に先立って中共との協定締結を求めるであろう。しかし、日本は台湾を放棄せず、米国の保護下で台湾が生き延びることを望むであろう。そのため日本は経済援助を更に拡大し、事実上の政治関係も維持することになる。こうした好ましい側面にかかわらず、日中間協定の締結は、米国を「公式な形で台湾に政治的関与を有する唯一の主要勢力」とすることになろう。

万一次のことが同時に起こったなら、日本は著しい圧力の下で北京政府に対処せねばならなくなるかもしれない。米中交渉の急速な進展、東アジアにおける米国の安全保障上の立場の減退、台湾の政治的腐敗、中国問題とは別個の日米関係における不安定要因などである。そのような条件下の協定は、日華平和条約の廃棄、および日本政府の非公式な台湾支持行動の放棄を含むものかもしれない。中共は台湾からの日本の投資引揚げを導くため、一時的な市場開放を提供し、見かえりに日本から輸出借款を得るかもしれない。日本はまた、台湾防衛のための在日基地使用を米国に許可した一九六九年の保障（佐藤・ニクソン共同声明）をもご破算にするかもしれない。その結果は、米国の東アジア防衛機構を著しく弱体化し、台湾を米国のみに依存して独立する国家としてしまうであろう。

〈日本と対中正常化〉

米、ソ、中三国関係の重要な変化は、日本の経済大国化と相俟って近年の東アジア勢力バランスを著しく変化させた。加えて、一九七一年七月の「ニクソン・ショック」以前でさえ、日米関係は非常に緊迫した時期を体験することになった。この米・ソ・中・日四カ国関係の変動という背景の下、北京との対話に向けた米国の動きは、日本に潜在的に存在していた対中正常化を政府に要求する「中国ブーム」を一段と活気づけたのである。中国は、来るべきニクソン大統領訪中が彼らを有利な立場に置くことを認めており、（日本に対する）厳しくかつ高価な代償によって勢力変化の利点を完全に利用しようと求めている。一方で、日本は著しい圧力の下にありながら、あらゆる不必要な代償の受け入れを拒否し、かつ回避してきている。本研究は中国の目的と動機、日本の示しつつある慎重さと彼らを譲歩させる力、そして米国の行動に著しく依存するであろう、あり得る日本のシナリオにつき分析する。

〈中国の目的と動機〉

中国は次に掲げる諸要素から利益を求めると共に、これによって日本に打撃を与えようとしている。日米関係の弱体化、北京の台湾に対する法的主張に日本政府の明白な支持を取り付けること、佐藤の退陣、または少なくとも自民党主流派を北京の要求に対しもっと従順ならしめること、地域の主要勢力としての日本の役割を減殺すること、である。北京にとってこれらの目的は相互補完的なものであり、中国は近い将来取り引きに応じることはあるまい。彼らはまた時間的要素は彼らに有利だという印象を維持し続けたいのであり、長期の交渉で彼らの主導権を示したいのである。ある程度まで、北京は日和見主義的に行動するであろう。彼らが日華平和条約を廃棄すべきという主張を掲げたのは、一九七一年一月のみである。これはちょうど、ニクソン訪中交渉が行われているときだった。中国はその要求をどの方向にも順応させることが完全にできるとはいえ、現在は国交正常化三原則の神聖さというムードを醸成しつつある。

しかし、過去の事実は、中国が必要ならば承認の条件として部分的協定を受入れつつ交渉に入るのみならず、柔軟姿勢にも転じ得ることを示しているのである。

(日米関係)

中国は長い間日米同盟を非難してきたし、一九七一年九月にはその廃棄を要求していた。実際、長きにわたって彼らは日米という二大資本主義勢力が争うことを期待していた。しかし、近い将来において日米安保条約が継続することを彼らは予想していたのである。彼らはまた、条約が北京にとってある利点をもたらすこともまた認めている。それは日本の再軍備阻止、日ソ同盟の防止、そしてソ連勢力への均衡としての米国の圧力継続である。しかし、この安全保障の枠組みの耐久性こそが、中国にとっては日米の結び付きに最大の打撃を与えることを可能にするのである。なぜなら、この方法は勢力均衡に有害な変動を起こしそうにないからである。現存の文脈内では、資本主義同盟国の離間は日本を中国の圧力に対してより従順にするであろうし、他のアジア諸国に対する地域勢力としての日本の信頼性を弱め、中国に対する日本の挑戦の可能性を減少させるからである。

北京は相互接触と訪問の問題、正常化の条件という問題、そして台湾の運命を日本の立場を弱めるための戦術的梃子として使ってきた。それは一九七一年初期、日本指導者らを北京に招待することにまで及んだ。彼らがそれを拒否することを知りつつであり、それは米国人訪問（ニクソン訪中）を秘密裏に交渉中のことである。中国はこの「記録」を、のちに佐藤・福田の訪中申し出を拒否する際に使うことができた。中国はまた、ワシントンにおける大使級会談は大統領訪問の地ならしであったと主張し、何度もあった日本の同様の会談申し出を拒否していた。現在の日本政府の「米国に追いつきたい」という雰囲気、そして周恩来と共に写真に収まる「日本のキッシンジャー」を待望する雰囲気に照らすと、中国人は日本側の焦りを外交交渉に利用することができる。日米両国に対する不平等な扱いは、日本政府を苦しめた。しかし、北京は日本政府がその怒りを中国よりもむしろ米国へ向けることを予想していたのである。とりわけ、もしも実業界の大部分が中国市場への米国の大規模参入と、その結果起こる日本の優位性への脅威を怖れるようになったら、である。

最後に、台湾は日米間の主たる刺激要因となり得るであろう。その理由は、台湾が日米両国の不平等な立場を象徴しているからである。日本は台湾問題において屈辱的な譲歩を強いられるが、同問題は米中接触時、対米要求として中共側から持ち出されることさえなかったのである。万一日本政府が中共の要求に従うことを拒否すれば、米国は中国との政治関係において日本を追い越し、日本の経済的「禁猟区」に侵入することになる。その結果、日本人一般は「日本が必要な譲歩を行うことを妨害した」と、ワシントンを非難するかもしれない。万一日本が中共の圧力に屈服したら、米国はそれを裏切りと感じ、日米同盟は弱体化する。

中国は、日本が中共の条件を呑んだ後は、超大国に対抗するための相互利益となる協力を餌に使うかもしれない（二国間核兵器使用禁止条約の提案など）。

（台湾問題）

台湾の実際の運命は、他の問題とは別に北京にとっての主たる関心事である。彼らは法的に正確な彼らの地位承認を要求しており、その結果として日本の国府、および土着の台湾独立運動への支持を消し去ろうとしている。彼らの言う国交回復三原則に従えば、彼らは疑いなく日本政府の屈辱的な譲歩を引き出すこと、および日本に対する外交的優位を勝ち取ることに、利点を見出している。このような外交的勝利は、日本の地域勢力としての印象を削ぐことになる。それは日本政府の条約義務への不服従を証明し、韓国における日本政府の威信と信頼性を傷付けることになろう。

しかし、これらの利点は北京にとって重要ではあるが、日本に対して台湾に対する北京の（主権）主張を公然かつ明白に認めさせるという必要性に比べれば、その重要性において低いものだろう。中国は、日本政府を台湾から非公式、かつ静かに解放するのを許したくない。その理由は、彼らは日本がこの点において彼らに屈服するとは信じていないからである。彼らは、日本政府が中国の主張を曖昧にし、強力な経済的絆を維持し、台北との隠された政治的繋がり（公式な否認行為を避ける日本政府の行為に対する、国府の感謝の意で支えられている）によって、台湾を自由主義陣営に留めておくことを望んでいると疑っている。

再言するが、中国は様々な戦術を使ってきた。経済面では「台湾に投資した国家とは取り引きをしない」という原則を用いる「鞭」、そして日中貿易の相互補完的性質とその拡大の可能性を強調する「飴」である。北京はまた、親中的代表団を続けて招待することで日本の国内政治を操作する激しいキャンペーンを展開し、時には穏やかな言葉のコミュニケを発することで、日本の議会における親北京的決議を促進しようと試みてきた。しかし、対日批判については、議会会期を越えて沈黙し続けている。これは台湾問題を考える方法をはっきりさせることへの純粋な関心を示しているのであろう。北京は当初、佐藤内閣打倒を望んでいたのであるが、今や福田が権力を踏襲することが予想される。しかし、自民党主流派の指導者にその条件を呑ませることは、依然として彼らが決意していることである。

日本政府は、中国の立場の本質的部分を進んで受入れるかもしれない。しかし、それは飽くまで穏やかな方法で、日本の面子を傷付けない方法によってである。各々の政党は他方を頑固、自らを中庸と断じながらも、日本は北京への屈服は断固として拒絶するかもしれない。そして中国は、時間が完全に自分たちの味方ではないという事実に気が付いてもいる。その理由の第一は、米国が北京との交渉においてあまりに日本の先を走ることを回避するかもしれないこと、そして米国は以前よりも日本政府に情報を提供するかもしれないということである。そして第二の理由は、ソ連政府が安全保障上の怖れから、日米の緊密化に異論を唱えることであり、日本政府に中国の圧力を軽減するソ連との協定の機会を提供してくることである。結局、満足すべき結果のない時間の経過は、日本に再び自信を与えると共に、その台湾との絆を強化するであろう。そのような状況下では、北京は著しい遅延の後で、日本との妥協を決意するかもしれない。現在のところ、彼らはこのような「口に合わぬ」代替案を考える必要はないと信じているであろう。

（日本の政策に影響する諸要素）

日本人は、一九七一年初頭の立場から著しい変化を遂げた。当時、日本は国府のみを中国の合法的政権（しかし、その統治している地域のみ）と認め、政府高官の北京訪問申入れを許さず、台北に政治借款を与え、台湾の将来について「現状維持」を唱えていたのである。この夏以来、佐藤と福田は北京との国交正常化の決意を表明してきたし、中国側機関に繰り返し接触を試み、日本の大衆にその動きを示そうと努力してきた。一つの重要な進展は、日本が提案し中国が受け入れたものであるが、日本貿易事務所と中国貿易事務所の拡大であり、彼らに準外交機関の責任を負わせたことである。日本政府は、協定案（いわゆる「保利書簡」の一件か）すら野党に伝達させた。これは中国側の条件に合わぬという理由で拒絶されたものの、考慮すべき事実は、北京政府が恐らく近い将来「追放される」であろう佐藤政権さえ相手にしたことである。

日本の提案は、北京を中国における唯一の政府と認める（あるいは中国を「代表」する）と認めており、また台湾は中国の不可分の一部であると認めていた（筆者註・「保利書簡」は、中共を中国における「唯一の」政府とは明記していないので、本文書の著者グリーン教授の誤りか？）。直ちに公式の接触を行うべきことを提案しつつ、福田は微妙な問題である日華平和条約を含むあらゆる問題を交渉の過程で取り上げることを提案した。過去数ヶ月、日本は交渉の間に日華平和条約を廃棄すると内報し、または少なくとも消滅を認めるとしてきた。彼らはまた「二つの中国」にかかわるあらゆる組織への関与を避けることを認めた。それは台湾独立運動であり、台湾の国連信託統治案である。しかし、日本政府は二つの点については断固服従を拒否してきた。それは、北京を中国における唯一かつ合法的な政府と認めることであり、交渉に先立って日華平和条約を廃棄することである。

（早期国交正常化への圧力）

米中接触の衝撃は、日本は「より好ましい条件の下で大陸との関係修復を行う機会」を失ったのではないかという怖れと相俟って、日本の外交政策は対米依存度を減らして、自らの利益をもっと反映した道を選択すべきであるという議論を台頭させた。この感情を支えているのは、日本には国力があるという一般的認識（経済面に明らかであり、外交的領域でも潜在的に存在するもの）であり、世界的勢力として責任ある役割を果たし得るという認識である。同盟国を分断して日本の不利となした中国の成功に憤慨し、佐藤は日米は違った戦術を追求し、将来においては友好的競争者となるのだと観察した。外務省は、自ら定見なく単に対米追従しているだけという印象を周囲に与えぬよう、細心の注意を払っている。福田その他が言うように、日本は米国に先んじて対中正常化を行なわねばならないという、深い認識もある。これは主として国内政治上の効果を狙ったものかもしれないが。

しかし、「独立願望」と「ワシントンの先を行く必要性」とは、日本政府により大きい譲歩を北京に対しさせる可能性がある。あるいはもっと早く、そして賢明と考えられる以上の譲歩を、である。日本政府は、米国政府が日中関係の大幅改善を支持する、それは米国が日本を東アジアの強力な同盟国として必要としているからであり、ちょうど米国の政策が欧州同盟諸国の自主的外交に寛大なのと同じことであろう、と計算しているのかもしれない。

日本はまた、予期せぬ米中取引が引き起こすことになるであろう、そして北京との早期協定が取り除くであろう更なる衝撃にも関心を寄せている。一般的に言うと、日本は米中関係は急速に進展しないだろうと信じている。しかし、彼らはこの種の進展に突然巻き込まれることは回避したいと切望しているのである。一九七二年一月のサンクレメンテ会談における再保証にもかかわらず。更に言えば、たとえ大統領の訪問が国家間関係に何ら具体的改善をもたらさなかったとしても、状況改善を支持したコミュニケは日本の不安を掻き立てるには十分なのである。

日本の関心はまた、米国の安全保障姿勢への信頼性にまで及んでいる。米国の対中接近は中共核戦力の増大したときに行われたと述べつつ、専門家の幾人かは、中共が核の脅威になったゆえの、同盟国を犠牲にした協定であることを怖れているかもしれない。劇的ではないかもしれないが、更に急を要する問題は台湾海峡地域における第七艦隊の有用性である。日本人は、中国の目的の一つは全米軍兵力の台湾撤収であり、米国は対中協定のためにそのような代償を支払うかもしれないと信じている。日本政府はそこで、在台米軍撤退を更なる関心事として注視しているのである。

国内に目を転じれば、昨年秋の日本国内の「中国ブーム」の力強い盛り上がりは、北京との早期正常化を求める考えを生んだ。この圧力は幾分弱まったものの、その雰囲気は長年にわたる日本人の対中正常化願望に根ざしている。戦争への罪悪感、強力な隣国と平和共存する根本的必要性から発した関係正常化要求は、国家の上層部にも存在する。さらに自民党の派閥構造が、この「人気ある」問題を強調し続けることを保証した。とりわけその理由となるのは、佐藤の後継者らが中国問題の解決への貢献こそ、彼らの将来を保証すると信じていることであろう。付言すれば、多くの自民党若手議員による新政策の追求、そして佐藤内閣は大衆の要望に応えてこなかったという広範な感情とが、自民党党指導者に「進歩的イメージ」を作ることが好ましいとさせているのである。経済問題への配慮も、日本政府をますます大陸との協定の方向へ傾斜させている。

（漸進主義への圧力）

早期対中正常化の議論の多くは、偶然の産物であろう。とりわけ米国の行動についてはである。その一方で、米国は日本が台湾を放棄することを望んでおらず、日本は彼らの外交的要石たる対米関係の弱体化は避けたいと願っているのである。米国は未だ核の傘を提供し、日本の最も重要な経済的パートナー（技術、資本、貿易）として奉仕し、日本の「外国人居住区」の大部分を占めている。更に、米国との緊密な絆が中国との交渉を成功させる上で不可欠である。手続事項について言えば、日本政府はワシントンに情報提供、中国政策における出来得る限りの協調政策、新たな衝撃の回避、そして中国の圧力に対する日本の明らかな脆弱性を減じることを求めている。日本政府は、米国との緊密な協力こそ両国が過度の対中屈服を回避するのに不可欠、と見ている。

日本はまた、困難な交渉事項についても米国に大きく依存している。福田は沖縄返還について米国の多大の好意を求めてきたし、現実にそれを得てきた。彼と佐藤は、対中交渉において日本の国益も平等に扱うよう、ワシントンを頼りつつある。そして、彼らは北京との交渉では慎重なペースをとることで米国に依存している。それは彼らの国内政治面での安定を助けるためである。佐藤はまた、台湾との条約義務からの解放についても日米協力の価値を認めている。なぜなら、一方的な行動は日本をその国際的義務に対して不誠実な国家と他者に思わせるであろうし、自民党内に甚だしい不和を生じさせることになるからである。

対中交渉は、多くの概念的・実際的な政治的困難を伴なう。自民党の全指導者は中共を「非友好的なアジアの競争者」と見ており、この関係は国交正常化後も続くと見ている。彼らは、中共が東南アジアにおける反日宣伝を停止するかどうかについて確信を持てず、また日本が同地域に経済的に浸透することへの中共の敵意さえ予想している。彼らは北京が他の国家を転覆させる、あるいは日本政治を操ろうとする努力を減じるだろうとは考えていない。自民党右派はそのような勢力を相手にすることに消極的であり、党内コンセンサスを得るための見解・考慮の要求もまた、遅延を生じさせるだろう。

中国に相応しい熟練した、断固たる交渉者というイメージもまた、日本を躊躇させている。事態が落ち着くまで、そして様々な動きの結果をもっと確認するまで待つという強い願望が存在する。

一つには、日本は正常化に至る過程の各段階で、更なる対日要求に直面しないという確証を持たないからである(戦争状態の終了、平和条約の締結、「友好」関係の樹立)。彼らがとりわけ懸念しているのは、非公式な保証にもかかわらず、北京が対日戦争賠償請求を行うことである。これこそが、国府が賠償請求権を放棄した日華平和条約の放棄に日本が乗り気でない理由なのである。これ以上に、北京が交渉の条件として日華平和条約を放棄せよと主張していることは、日本人の礼儀正しい振る舞いという通念に挑戦し、面子を失うことへの怖れで日本政府を脅かしている。

さらに、多くの日本人は台湾が何らかの形で独立国として存続することを望んでいるし、法律的な差異が何であれ、この見通しを傷付けたくないのである。福田は蔣介石への「恩義論」、日本人の台湾への思い入れを語った。また自民党首脳部には、日華平和条約の廃棄は、米国が日本への安全保障関与を低下させる結果を招くのではないかという怖れがある。

最後に、ソ連の役割が日本の対中共外交をより遅らせる、いくつかの要因を提供している。日中接近へのソ連の怖れは、日本政府に北方四島返還要求への新たな梃子を提供しており、ソ連のシベリア開発経済協力への新たな対日申入れとなって表れている。これはある程度まで、日本が対中正常化のよりよい条件、及び有利な経済取極めを求めることを可能とするであろう。しかし、ソ連の領土を巡る難しい交渉上の立場、日本の資本投資の好ましくない状況、そしてモスクワ独自の計算（日ソ宥和は日本国内の強力な『中国ブーム』の代用としては不適切）は、これらアプローチの限界を明らかにしている。更に、日本はシベリア開発計画（シベリアの軍事的インフラストラクチャー開発を援助し、中国の怒りを買う）に深く関与することで、中国市場へのアクセスを損ないたくないのである。

（日本のシナリオ）

米国の近い将来における行動は、日本を速やかな日中関係正常化、もしくは慎重な現状維持政策へと行動させる諸要素と共に、日本の実際の決断に対し主たる影響を与えるものであろう。日本政府が近未来において好ましいとするシナリオは、次のようにまとめ得る。米中交渉に何ら実質的進展がないか、双方に挫折がないこと。北京との公式交渉について米国と肩を並べること。熟慮したペースで中共と厳しい交渉を行うこと。米国より僅かに先んじて北京との交渉を成功裏に完了し、その条件がワシントンに受け入れられること。

しかし、もし日本が有利な交渉上の地位から行動し得たとしても、米国の受け入れ得る協定に達するには困難が残るであろう。米国にとって、日本の国益と一致するような方法で交渉を処理する代価には、北京が全く受け入れられない日本の条件が含まれるかもしれないからである。その一方、最初に対中関係を正常化しようという日本の努力は、いかなる協力が日米間にあったとしても、米国の疑惑を呼ぶことだろう。

結局、中国は緊密な日米協力に含まれる危険を知っており、既に指摘したように、時間が完全に自身の味方ではないことも知っている。しかし、彼らは日本を米国並みの公式接触から妨害することが容易に、かつ大きな譲歩なしにできる。そして、彼らは台湾のような重要問題について大きな譲歩を申し出ることなく、たとえば経済関係のような限定的対米協定を結ぶことによって、日米関係を緊張に陥れることができるのである。日本は、米国がどのような会談を北京との間に進めるかに大きく依存しているからである。そして最も穏健な米中協定ですら、もし米国が日本政府と協議せずこれを締結すれば、日本に「我々は米国に見捨てられた」と感じさせることになり、その結果不利な状況における対中正常化を余儀なくさせるからである。しかし、米国は「米国が対北京交渉の道をつける努力に力を入れた結果、中共に屈服することを余儀なくされる」という日本の恐れを理由として、実質的協定に達することを躊躇することはできないだろう。

（かなり不利な状況の下における交渉）

日本人は、彼らの好みのため極めて性急に、しかも最善とはいえかなり不利な政治的環境で北京と交渉する準備を行うという、困難な仕事の準備をしなければならない。日本政府が現在期待し得る最大のことは、米中会談についての情報提供を維持すること、国府が沈黙と慎重さを維持すること（それが最善の利益である）、党指導権の福田への円滑な委譲を可能にするため、他の主要政治問題をめぐって佐藤が十分な指導力を発揮することである。仮にこれらの前提条件が保証されたとしても、日本は米中交渉に限られた進展が存在したことを知るや否や、または日米関係にこれ以上の後退を認めるや否や、北京と和解する時期であると結論するであろう。日本はその時、急ぎ行動することを望むであろう。それは米国に対して大きく遅れをとらぬようにするためであり、弱い交渉上の立場から対応しなければならないことを回避するためである。日本政府は北京とワシントンとの間で、時期を見計いつつ行動する。それは、この機会を北京とのより有利な協定を勝ち得ることに利用するためである。

日本は、日米双方との交渉遅延を恐れる中国が、日米の結び付きを弱め対米交渉の立場を強化するため、日本政府と穏健な協定を締結するかもしれないと計算しているのであろう。

そのような予測は、日本をして更に前向きの立場をとらせる可能性がある。それは一九七二年前半において、台湾を完全に放棄しないことである。日本政府は、もし日本が中国との妥協的協定に達し米中協定に先んじれば、米国と国府は共に利益を得ると容易に論じることができるだろう。日本はまた、米国人の感情を和らげるような穏健な条件を計算しながら、米国に最小の注意を向けるのみで行動するかもしれない。

日本は北京が中国の唯一かつ合法的政権であることを、台湾が中国の不可分の一部であることを、そして国府との外交関係が終了することを認めるかもしれない。一方で日本政府は北京に対し、日華平和条約を廃棄するという その主張を取り下げさせる努力を行い、見返りとして「本条約は日中正常化と共に自然消滅する」という拘束的了解を遂げるかもしれない。それによって、北京は自身の理解である「日華平和条約はもはや存在しない」ーを裏付けることができる。旧協定が無効化したことの証明として、日本は中共との新平和条約交渉に同意するであろう。但し、戦時賠償問題が取り上げられなければであるが。また、「二つの中国」論に関わる如何なる議論も排除するため、日本政府は台湾独立運動、国連信託統治構想をも排除する保証を与える可能性がある。

この日本の立場の本質、そして国府との関係を穏健に終了させようという模索に反映されるものは、台湾を「米国庇護下の政治的実態」として存続させようという日本政府の関心であろう。疑いなく、日本のこれら譲歩は間接的に米国の台湾関与を弱め得るものである。しかし、米国の立場が確固たるものであれば、日本はそれを二つの方法で援助するかもしれない。一つは、日本は北京との交渉で一九六九年の佐藤・ニクソン共同声明、米華相互防衛条約、台湾地域に存在する米軍について、これらを否定するような言質を中共に与えないということである。更に積極的になるなら、日本は台湾との事実上の経済関係を維持できるし、恐らく直接政府借款は終了するであろうが、現存の私的投資パターンを維持できる。また公的機関からの間接的支援を受けてすら、それらを維持できる。日本は、北京がそのような経済活動が続くことを望むとさえ見ているかもしれない。その理由は、中共は暫くの間台湾にその権威を確立することを予想していないからである。北京はそこで台湾の実効支配を棚上げしつつ、これを自治領とし、その繁栄・進歩を好ましいとするかもしれない。その条件は、日本が十分な投資を維持し、同時に日本が台湾の政治的将来について影響力の行使を求めるという疑惑を生じさせないため、監視を行うことである。

日本はまた、武力に訴えず台湾問題を解決することについて北京の同意を得ようとするかもしれない。日本政府は、見返りに北京と台北が出した協定を受け入れるであろう。日本政府はまた、米国および中国に対し、台湾海峡地域における全ての武力行使を禁ずる協定にも同意するかもしれない。しかし、中国が武力行使の自由に関わる制限を受け入れる可能性は全くないだろう。日本人がこの点を強調する可能性もない。むしろ、日本は米軍台湾駐留の継続に期待し、北京自身が武力行使は実効なく不必要であると考えることに期待している。日本はまた、ソ連による中共包囲への怖れが、北京に台湾地域からの米軍撤退という主張を躊躇させるだろうと計算しているかもしれない。

日本政府は、このような協定を日台両国の国益上、適当なものであるとしている。台湾の最小の要求は、独立政治主体としての存在、経済成長と自らが依存する貿易・投資の継続、中共の武力行使からの保護である。後者二つの目的は米国に依存することを理解しつつ、日本政府は次のように論じるであろう。日中協定が米国の台湾関与を傷付けたり、米国の決意を弱める必要はない。なぜなら同協定は日華平和条約の公式廃棄を回避し、日本による台湾経済援助の継続を可能にしているからである、と。しかし、ワシントンはそのような協定に最も不快な反応を示すことは疑いない。その理由は、そのような協定は米国を台湾への政治的義務を負う唯一の主要国家とするものであり、同時に安全保障上の義務を負う上での孤立国家とするものだからである。

（大きな脅迫の下における交渉）

　自民党のコンセンサスは、予想される米国の消極的反応にもかかわらず、この穏健な譲歩の線に固まりつつあることは明らかである。しかし、もし日本の交渉上の地位が更に悪化すれば、協定の可能性はなくなるであろう。その時日本政府は、更に重大な譲歩を北京に行うよう迫る大きな圧力に曝され、深刻な国内政治と対米関係の緊張に巻き込まれるであろう。万一そのような展開となった場合、自民党内の勢力バランスに変動が起こり、北京との修交に好意的であり、また米国と疎遠になることに関心の低い派閥連合に、権力の中心が移るかもしれない。

　そのような転機の最初の原因となるのは、重要な譲歩を伴う米国の急速、かつ集中的な対北京正常化への動きであろう。その協定が米国のアジアにおける同盟国の要求を無視しているように見えるほどのものであれば、日本の官僚組織と実業界は政府の政策大転換を進んで支持するであろう。

　いま一つの不安定要因は、同盟国に安全保障を提供する米国の意思が減じたという兆候である。台湾防衛、韓国及び日本からの更なる米軍削減、東南アジアにおける地位減退に向かう米国の地位変化によって、政策転換が促進されている。日本はそこで論理的に両立し得ない二つの議論を述べるかもしれない。米国はもはやその条約義務を尊重するため、進んで危険を冒さない。従って日本はデタントへ向かって展開する国際情勢の中で、北京との修交を求めるべきである、と。

　さらにもう一つの不安定要因は、台湾の地位はもし本省人が中共との協定を求めるようになったら、著しく弱体化するかもしれないことである。または、台湾人大衆が裏切られる怖れから独立運動を扇動するかも知れず、それは国府による内省人への弾圧手段をとらせるであろう。逆に、国府による譲歩は台湾独立問題を何人が予想するよりもずっと早く、一九七二年初頭に表面化させるかもしれない。

最後に、中共は米国との協定がなくても、日本との接近についていかなる妥協も拒絶するかもしれない。一九七一年に厳しい条件を定め、中共は時間は自らの味方であり、(協定のために)さらに厳しい条件さえ通用すると信じているのかもしれない。

これらの条件の下では、恐らく中国問題に直接関係のない日米関係上におけるその他の不安定要因(国際経済の減退のような)とも相俟って、日本は早期協定のために北京の条件を丸呑みするかもしれない。たとえ、それが反米的なトーンをたたえていたとしてもである。中国市場参入への希望もまた、このような決断の追い風になるであろう。

この種の協定は、次のような譲歩を含むであろう。北京を中国における唯一かつ合法的政権と認知すること。全ての「二つの中国」的考えの明白な否定。台湾は中国の不可分の一部であることを認知すること。台湾への公式援助の停止。国府との公式外交関係の終了。それはまた、日本が日華平和条約を廃棄するという北京の要求も含むであろう。さらに、日本は台湾を援助する非公式協定(本質的には経済協定)をも廃棄せねばならなくなるかもしれない。中国は、日本に台湾への投資を減少させ、また新たな起業を回避させる大きな圧力を効果的にかけることができるのであり、その結果として台北を速やかに北京との和解へ導こうとしているのであろう。中国はまた、成功の見込みは少ないが、日本の台湾貿易を減少させようとも試みるかもしれない。

万一、日本政府が北京の基本的政治要求を呑んだとすれば、とりわけそれが日米関係の緊張という状況下であれば、実業界は一九七一年当時よりもっと衝撃を受けることとなり、台湾との利害関係を急速に減じようとするであろう。

外交及び安全保障面では、日本が台湾への武力不行使に同意するよう中共を説得することは絶対あり得ないであろう。しかし、日本は米華相互防衛条約および在台米軍を批判する中国の圧力には抵抗するであろう。日米関係が、近い将来日中共同の対米批判を可能にするようなところまで後退することは、ほとんどあり得まい。日本が中国の力を恐れ、また日米安保条約に真の抑止効果を見ている限り、米国の太平洋における安全保障上の地位に反対する、そのようなジェスチャーを行なうことはあり得まい。しかし、日本は台湾防衛のため米国が在日基地を使用することを許可する、一九六九年の義務（佐藤・ニクソン共同声明）を忘却することには同意するかもしれない。そして、もし北京が第三国におけるその反日キャンペーンを沈静化させるならば、日本は時には「二大超大国（米ソ）に反対する共同行動」という中国提案に沿って行動するかもしれない。その純粋な結果は、既に緊張している東アジアにおける米国の安全保障機構を著しく弱体化させ、日米関係を毀損し、台湾を米国のみに依存する国家とすることになろう。

頗る長い引用となったが、以上が国務省情報調査部「日本と対中国交正常化」の内容である。それは、米中接近および日中接近が日米関係に及ぼす影響、より広範には極東の安全保障問題に対しいかなる影響を与えるかという問題を分析したものである。とりわけ同文書が、やがて日米関係の緊張を招く可能性を持つ問題として、台湾問題に着目したことは重視されるべきであろう。すなわち、中共政府は米中接近にあたって台湾問題を関係改善の前提条件に持ち出さなかったが、来るべき日本との交渉において同問題を関係正常化実現の外交的切り札に用いる可能性が高い。それゆえ、日米間には明らかな「外交的不平等」が存在し、その「不平等」が将来日米を離間させる可能性があるというのが、同文書の指摘である。そして後述するように、この指摘は、ニクソン訪中と「上海コミュニケ」の公表が招いた日米間の不協和音をほぼ正確に予見していたのである。

三　ニクソン大統領訪中と「上海コミュニケ」

昭和四十七（一九七二）年二月二十一日、ニクソン大統領は専用機で北京に到着し、周恩来首相以下政府要人の出迎えを受けた後、北京西郊の迎賓館に入った[19]。北京滞在中、ニクソンは毛沢東、周恩来ら中共政府首脳と会談し率直な意見交換を行った。そしてニクソンが北京における日程を全て終了した二十七日午後、米中両国は上海の「錦江飯店」において、「米中共同声明」（いわゆる「上海コミュニケ」）を発表する。

「上海コミュニケ」は、米中両国間の見解の一致点と相違点を併記した形をとっており、その内容は、おおよそ次の通りとなっていた。

〔『米中共同声明の骨子[20]』〕

〈一致点〉

〔国際〕平和五原則を確認。国際紛争は、武力の行使、脅迫に訴えることなく、この原則に基づいて解決すべきである。

〔米中〕①平和五原則を相互の関係に適用、②両国関係の正常化への進展はすべての国々の利益、③双方ともアジア太平洋地域での支配権を求めず第三国による支配権確立にも反対する、④双方とも第三者に代わって交渉したり、協定・了解に入らない。

（中略）

〈併記点〉

〔台湾〕（後述）
〔インドシナ〕
（米国）米、南ベトナム両国の八項目提案が交渉による解決の基礎。米国は全ての米軍部隊を究極的にこの地域から撤退させることを目指している。
（中国）ベトナム、ラオス、カンボジア人民の目的達成の努力を堅く支持。七項目とこれに関する今年二月の説明、インドシナ人民首脳会議宣言を堅く支持。
〔日本〕
（米国）日本との友好関係を最重視し、現在の緊密な関係を引続き発展させる。
（中国）日本軍国主義の復活と外部への拡張に断固反対。独立、民主、平和、中立の日本を建設する日本人民の願望を強く支持する。
（〔朝鮮〕および〔インド亜大陸〕は略。）

右の内容概略が示すように、米中「上海コミュニケ」の内容は、米中両国双方が合意し得る原則論の分野（「平和五原則」の容認）以外の点においては、いわば両国の主張をそのまま併記したものに過ぎなかった。

しかし、二月二十八日の『朝日新聞』は「上海コミュニケ」の内容を、米国が「中国に歩み寄った」ものと評している。同紙は、米国が「平和五原則」を認め、「終局的に台湾撤兵」することに同意した「上海コミュニケ」が「〝佐藤外交〟へ再び打撃」を与えるであろうと論じ、日本が日中正常化に向け「いまや決断の時」を迎えたと[21]、日中関係改善に向けた政府の積極的行動を強く促している。『朝日新聞』の記事は、いわば当時の日本国内における「中国ブーム」を強く反映するものであった。

日本政府・外務事務当局は、とりわけ「上海コミュニケ」の台湾に関する記述に接し、大きな衝撃を受けたようである。以下は、「上海コミュニケ」の台湾に関する部分である。

双方は米中両国間の長年にわたる深刻な紛争を検討した。中国側は自国の立場を再確認した。台湾問題は米中両国関係の正常化を妨害している決定的な問題である。中華人民共和国政府は中国の唯一の合法的政府である。台湾はすでにずっと以前に母国に返還されている中国の一省である。台湾の解放は中国の内政問題であり、他のいかなる国もこれに干渉する権利はなく、すべての米軍と米軍事施設は台湾から撤去されなければならない。中国政府は、ひとつの中国・ひとつの台湾、ひとつの中国・二つの政府、二つの中国、独立国の台湾などをつくり出し、台湾の地位は未決定などの主張などには、いずれも断固、反対する。

米国側は、台湾海峡をはさむ両方のすべての中国人が、中国はひとつであり、台湾は中国の一部であると主張していることを確認する。米国政府はその立場に異議を唱えるものではない。(The United States acknowledges that all Chinese on either side of the Taiwan Strait maintain there is but one China and that Taiwan is a part of China. The United States Government does not challenge that position.) 米国政府は、中国人自身による台湾問題の平和的解決に対する米国政府の関心を再確認する。この見通しにたって、米国政府は現在台湾にあるすべての米軍および米軍事施設を撤収することがその究極的な目標であることを確認する。その間、米国政府は台湾地域の緊張が減少するに従い、台湾の米軍と米軍事施設を漸進的に削減する。[22]

ニクソン大統領の帰国から間もない三月二日、牛場駐米大使はロジャーズ国務長官を訪ね、ニクソン訪中に関する報告書がグリーン東アジア・太平洋担当国務次官補から政府首脳に伝達された件につき、日本政府の感謝の意を伝達した。その際、ロジャーズは「上海コミュニケ」が台湾問題について記した部分に関し、米国政府の立場を次のように牛場に説明している。まず、米国政府としてはコミュニケ内に台湾についての米国の条約上の義務（米華相互防衛条約）を含めることは困難であった。中共政府が対米関係改善を求めてきた理由は、ソ連との間に存在する諸困難（対立関係）であり、台湾の一件を含む他の諸問題の重要性はより低いものである。しかし、北京にとって台湾問題は最も難しく、かつ彼らが頑なな姿勢をとる問題である。このような難問（米華相互防衛条約維持、武力不行使、一つの中国・二つの政府）をめぐる相違点は、米中コミュニケでは言葉遣いによって回避された。例えば、米軍撤退についての文章（「台湾地域の緊張が減少」という部分）は、米国にとっては、我々がヴェトナム戦争の沈静化した時、ヴェトナム作戦関係の部隊を台湾から撤収させるということを意味しているのである。中国はヴェトナム戦争へのあらゆる言及、またはヴェトナム関係のあらゆる協定がコミュニケに含まれることを回避したがった。ヴェトナム戦争に関連のない在台米軍については、コミュニケ前文がカバーしている。

また、中共は米華相互防衛条約の無効・廃棄を米国が明言するよう主張した。我々はこれに対し、米国は同条約を守る、しかしコミュニケでは言及しないと応えた。

さらに、ロジャーズは台湾問題について次のように補足した。（A）中共政府は、台湾からの米軍撤退についての文言をコミュニケに含めたがった。そして我々はこれに同意した。その理由は、平和維持のために必要な場所のみに軍事力を置くことが米国の国策における「究極の目的」だからである。（B）我々が中国の立場に「挑戦しない　does not challenge」（「異議を唱えるものではない」）という文言は、米国が彼らの主張を受け入れたことを意味しない。（C）我々が「平和五原則」への言及を受け入れたのは、それが非のうちどころのないものであることに加え、その四点は既に国連憲章に入っているからである。（D）中共は「平和五原則」と革命運動支援とを調和させる努力を全く行っていない。（E）中共指導部は老いている。（F）日本にとっての詳細な議論はなかった。なお、中共は「日本軍国主義復活」というお決まりの議論を口にしたが、我々はこれに反駁しておいた。我々は、中共政府がこの地域（台湾を含む極東地域）から米軍が撤退することが賢明でないことを理解していると信じるものである。[23]

すなわち、ロジャーズは台湾からの米軍撤退を記した「上海コミュニケ」が日本側に与える（あるいは、現に与えつつある）であろう衝撃・困惑を緩和するため、牛場に米国政府の真意を詳細に説明したのである。しかし、「上海コミュニケ」が台湾からの米軍撤退を謳ったことは、日本政府にとってその安全保障上看過し難いものを含んでいた。その四日後（三月六日）、牛場はキッシンジャー特別補佐官に対し、「上海コミュニケ」の内容を取り上げ、台湾とその防衛コミットメントに対する米国の真意につき再度質している。[24]

牛場は、「上海コミュニケ」に米軍の台湾撤退が含まれていることについて、日本政府は非常に驚いているとキッシンジャーに伝えた。しかし、キッシンジャーは米軍の台湾撤退について、それはかねて分かりきったことを述べたに過ぎないと、牛場の指摘した日本政府の懸念を打ち消した。そして、米国は台湾からの撤退を台湾問題の平和的解決、そしてアジアの緊張緩和とに注意深く結び付けて考慮しているのであり、「上海コミュニケ」を熟読すれば、米国が中共に何ら言質を与えていないことは理解できるはずだ、と切り返している。キッシンジャーはさらに、米軍が台湾に駐屯している限り、中共が行う台湾に対する全ての軍事行動は米国との紛争に直結するのであり、それは必然的に国際問題化すると述べ、中共がそのようなリスクを冒してまで台湾に武力行使を行うであろうかという疑問を言外に含ませつつ、牛場に次のように反問した。

米国は日米安保条約が自らに課した義務について中国領土で再確認することを行ったが、これこそが中共の予知していたように最も重要なことではないのか。その条約（日米安保条約）が敵視している国（中共）の国内では、普通このようなことは行われないからである。

キッシンジャーは更に、米国は台湾海峡の両側で中国人が維持する立場に挑戦しない（異議を唱えない）と述べた「上海コミュニケ」の一部分について、米国は中国人が現在「実情」としていることを認めたに過ぎないのであって、かかる文言は米国が中共政府の主張を容認したことを意味するものではないと、先のロジャーズ長官の説明を繰り返した。そして、日本政府は中国政策における「ショック」の時期が終ったことを確信するときであろう、と牛場に対し、日本政府の国際情勢に対するより冷静な対処を求めたのである。

なお、キッシンジャーは、牛場がその時述べた「米国は、国府との防衛関係を現在のまま維持しながらどうやって北京との関係正常化を進めるのか」という疑問に対しては、米国の対中国交正常化はあくまで段階別、かつ合理的にゆっくり行われるであろうと返答している。

キッシンジャーの懸念は、ニクソン訪中によって強まった日本国内の「中国ブーム」が、日本を、国際情勢を熟慮せぬ性急な日中正常化に駆り立てることであった。以下に掲げるキッシンジャーと牛場のやり取り[25]は、米国政府が日本の「中国ブーム」と性急な対中外交姿勢に対し抱いていた懸念を示すものである。

（キッシンジャー）　自分は、日本が北京との国交正常化に向けた動きにおいて、異常なほどの熱心さで米国に先んじようとしている印象を持っている。例えば、日本は米国の国府（台湾）防衛コミットメントを絶えず疑っているように思われる。

しかし、米国がなぜ台湾問題で日本を孤立させる危険を冒してまで、日本を出し抜こうなどとするであろうか。米国の、大統領訪問を設定するための一時的対中共接近は一つの事実であるが、最も強調すべきことは、このことが対北京正常化問題について日本を孤立に追いやることにはならないのでは、ということだ。

（牛場） 日本政府は、中国政策で米国に追随するな、という巨大な国内圧力に曝されている。日本人はこの種の件については情緒的である。アジアでは、客観的現実よりも情緒的思考の方がしばしば重要となるのである。

（キッシンジャー） 米国政府は、中国政策について日本によく通報し続けているし、私は他の大使より貴方とより多く会談しているではないか。

（牛場） 日本の中国政策について、何か助言はおありか。

（キッシンジャー） 冷静であることだ。そして、現在のように熱狂的でないことだ。中共が日本と良好な関係を持ちたがっているという印象はあった。

（牛場） 熱狂的なのは、政府よりマスコミである。佐藤政権の下での日中公式接触は不可能であろうが、後継者の就任で進展が予想される。しかし、中共は台湾問題について米国に対する以上に、日本に対し強硬であろう。日本は本件について北京と交渉する前に、米国と協議するであろう。米国は日本の北京との直接・公式接触に異論がおありか。

（キッシンジャー） 異論はない。しかし、日米両国は協力すべきである。

キッシンジャーの一連の発言は、この時期、米国政府が「ニクソン・ショック」の衝撃から未だ立ち直ることのできない日本の政治・外交のありように、強い苛立ちを覚えていたことを明らかにしている。とりわけ、日本が「異常なほどの熱心さ」で米国に先んじた対中接近に邁進する様子は、キッシンジャーにとって理解し難かったであろう。彼の「米国がなぜ台湾問題で日本を孤立させる危険を冒してまで、日本を（対中正常化において）出し抜こうなどとするであろうか」という発言が、その困惑ぶりをよく示している。米国政府にとって米中接近は、先行諸研究の指摘する如く、あくまでその国際政治上の目的（ヴェトナム戦争終結、対ソ緊張緩和等）から生じた、米国の国益を熟慮した政策の一環に過ぎなかった。しかし、「ニクソン・ショック」を契機に高まった日本国内の「中国ムード」は、対中正常化を支持する政治勢力（与党反主流派および野党）に、「米国に先んじる対中正常化」を行わせようとする圧力に転化しつつあったのである。さらに、日本側に米国の台湾防衛意思に対する疑惑が生じつつあることは、「二つの中国」の現状維持を危うくする危険が生じることを意味しており、米国にとって決して看過し得ぬことだった。サンクレメンテ会談において、ニクソンが「競争して北京に行くようなことはやめよう」と佐藤を牽制したという牛場の述懐は、台湾海峡の現状（「二つの中国」）維持を危うくするような「日本の独走」に対する米国の警戒心を示しているのである。

牛場に述べた最後の言葉が示すように、キッシンジャーの考えは、米国は日中接近について反対を唱え得る立場ではないが、日米両国はこの問題において緊密に協力すべきである、というものだった。佐藤の後継者が中国問題の積極的打開に乗り出すことは確実と見られていた事情を勘案するとき、このキッシンジャー発言は、米国が佐藤の後継者が行うであろう対中外交について「日本の独走」を警戒し、その行方を真剣に注視していたことを証明しているように思う。

さて、こうした状況の中、同年四月に国家安全保障会議が作成した文書「日本はアジアの多極化時代に対応する」[26]は、佐藤退陣直前の日米関係と中国問題について、その将来を予測するものであった。間もなく実現する沖縄返還（五月十五日）の結果、米国の対日交渉上の立場に大きな変化が起こることを予測し、かつ佐藤の後継者についても分析を加えながら、同文書は中国問題をめぐる日米関係の将来像について総括的に論じるものである。その内容を要約し、本節の結びとする。

〔「日本はアジアの多極化時代に対応する」国家安全保障会議、一九七二年〕

（昨今の日本の政策変化）

日本の公式筋は、弛緩した、より流動的な東アジアの権力構造という見通しにかなりの不安を表明している。これは、部分的には疑いないことであり、米国指導部が心中五つの地域（米ソ中欧日）のバランスについてどう考えているか、についての不安を反映しているだろう。そこには疑いなく、米国は自らの国益追求のために日中両国間のバランスを操ろうとしているのかもしれない、という日本の疑惑がある。日本の公式筋はさらに、彼らの安全保障およびアジアと世界における役割という点で、米国その他の国々との関係上さらなる調整が求められていることを認めている。

しかし、もし日本人が極東の外交的提携関係の変化に戸惑ったとしても、そのことは彼らがその動きを封じられてしまったことを意味するものではない。逆に、数十年間にわたって穏健な「目立たない」外交を維持してきた国家にしては、日本は外交政策の前面において全く活動的であり続けてきたのである。

中国は、日本にとって明らかに主要な外交政策上の関心事であり、同時に日本政府にとっては政治的欲求不満の主たる源であり続けた。日本のジレンマは十分に知られている事実である。

また、佐藤首相は中共が交渉相手とすることを拒否している「失敗者」としての弱点を持っている。佐藤のライヴァルらは、彼らの将来の政治的展望を強化する最善のものとして、中国政策上の立場をめぐり悩んできたのである。佐藤首相は彼の乏しいカードを巧みに使い、中共との交渉が本格的に始まるその日のために日本の外交的立場・手段を強化しつつ、その中国政策への国内の僅かな支持を持ちこたえる行動を行ってきた。すなわち、日本政府は中共を「唯一の合法政府」と認めることなく、「合法的中国政府」と認めてきたし、台湾が「中国国民」に属することを中共の公式見解（台湾は中国に帰属する）を適用せずに認めてきた。また、政府間交渉の文脈において日華平和条約を廃棄する意向を内報したが、同条約の廃棄を交渉条件とすることは拒否してきた。

さらに、中共への輸出入銀行長期借款への前向き姿勢（「吉田書簡」の廃棄）、国府に新たな政府間円借款を与えないこと、台湾独立運動への不支持表明、日中貿易事務所の準政府機関への格上げといった諸行動は、日本政府が対中正常化のためにあらゆる手段を行使し準備しつつあるという印象を国内の大衆に向け、訴えかけるものである。

これらの行動はまた、万一必要性が明らかとなったとき、台湾との外交関係を終了させる将来の日本の決定に対し、道を開くものでもある。それは台湾との断交のコストを軽減するからである。一方で、日本政府は佐藤政権との関係改善を中共が拒否したことによって、得られた時間を利用しつつある。

日本の昨今の政策は、多極化した世界への対応において、他国に遅れをとりたくないという願望と一致している。さらに、外交的な対米依存度を減じる決意を彼らは示している。

日本の優先的外交目標が沖縄返還である限り、また我々がその鍵を握っている限り、日本政府は「我々が危急であると決定する問題（例えば中国代表権問題、基地問題など）」について米国への特別待遇を与えねばなるまい。それは、沖縄施政権の速やかな対日返還のためである。しかし、この基本的「梃子」の源は、五月十五日（沖縄日本復帰の日）以降、もはや無効となる。

福田赳夫の評判「米国の誠実な友人」は、我々にとって純粋な評価ではないことに、我々はやがて気付くかもしれない。首相に就任すれば、彼が自らへの支持が脆弱である事に気付くことはもっともであるし、そうなれば彼はナショナリズム的感情を動員することによって自らの立場を強化せざるを得ない、としばしば感じるようになろう。少なくとも、それは反米主義に至らない範囲ではあるが。福田の尖閣列島に関する昨今の発言[27]は、彼が中国および米国に対し同時に日本のナショナリズム感情を喚起するため、公式発言の利用を全く躊躇しないことを示しているのである。福田は、この発言によって日本国内の対中妥協的感情にブレーキをかけ、かつ将来の（日中）交渉における対中強硬姿勢への国民の支持を強化するため、領土問題についてナショナリズム感情の奮起を求めたのかもしれない。

しかし、もし田中角栄が後継者となった場合、我々は日本指導部の純然たる世代交代を支配できる、比較的未知の人物に直面することになろう。彼は恐らく自民党の競争者中もっとも垢抜けない人物であろうが、全ての点で手ごわい交渉者であろう。彼は米国大使館のもっとも知らない人物であり、近くに助言者がいない。それは吉田以来の外交的伝統を外れる。彼の指導力はより政治的であり、前任者に比して官僚臭が薄い。そこで、我々は「最良の友人」たる外務省の影響力が実質的に減少し、大衆の態度（安保条約については常に大変二律背反的であった）が政策決定上より重要度を増すと考える。

「昭和世代」の若手政治家は、日本の国際社会における役割にどう対処しようとしているのか。それが、日本政治におけるもっとも不確実な要素の一つであろう。

（1）田麗萍前掲論文「佐藤内閣と中国問題」（一）、（二）参照。
（2）岡田前掲書、「まえがき」。
（3）同右、一四五〜一五一頁。なお、岡田は外務省見解とは反対の内容をもつその「私案」が、その後どのように扱われたかについては知らない、としている。
（4）『佐藤栄作日記』第四巻、四二〇頁（昭和四十六年九月十一日条）。
（5）田川前掲書『日中交流と自民党領袖たち』、一二九〜一三〇頁。
（6）千田前掲書『佐藤内閣回想』、一四〇〜一四一頁。
（7）Sato's China Problem, NIXON NSC FILES, VIP VISITS SATO (San Clemente), Box925. N.A.
（8）U. Alexis Johnson, Memorandum for the President. Meeting with Sato. December 29, 1971. NIXON NSC FILES,

VIP VISITS SATO (San Clemente), Box925, N.A.

（9）Summit Consultations, Japan, Issues and talking points. NIXON NSC FILES, VIP VISITS SATO (San Clemente), Box925.

（10）Political Impact on Japan of the President's Trip to China. NIXON NSC FILES, VIP VISITS SATO (San Clemente), Box925.

（11）PRC Pressures on Japan, NIXON NSC FILES, VIP VISITS SATO (San Clemente), Box925.

（12）Taiwan: GOJ Policy and Concerns. NIXON NSC FILES, VIP VISITS SATO (San Clemente), Box925.

（13）Memorandum for the President from Henry A. Kissinger. January 4, 1972. NIXON NSC FILES, VIP VISITS SATO (San Clemente), Box925.

（14）サンクレメンテ会談（一月六日および七日）の要旨（外務省作成）は、前掲『楠田實日記』、八一〇～八二七頁に収録されている。第一回会談は昭和四十七（一九七二）年一月六日十三時三十分より十六時四十五分まで。第二回会談は翌七日九時三十分より十二時まで。なお第二回会談には牛場、キッシンジャー、福田、ロジャーズらが出席。

（15）以上、第一回会談におけるニクソン発言は、前掲『楠田實日記』、八一四～八一五頁を参照。

（16）第二回会談におけるニクソン発言は、前掲『楠田實日記』、八二二～八二三頁。なお、佐藤は米国の「強硬」な対中共姿勢を強調するニクソンの発言に応え、日本では「政府以外の野党民間は、相次いで恥も外聞もなく草木がなびく如く北京に迎合して」おり、「野党が余りに頭を下げることについては国内に批判が出ている」と、日本国内の性急な対中正常化の動きに触れ、これを批判している。

（17）牛場信彦『外交の瞬間　私の履歴書』（日本経済新聞社、昭和五十九年）、一四三～一四四頁。

（18）Japan and the Normalization of relations with China by Professor Fred Greene, Williams College. (A Consulting Paper prepared for The Bureau of Intelligence and Research) March 27, 1972. (received by NSC in April 4, 1972.) NIXON NSC FILES, HAK Office Files, Country Files-Far East, Box102.

（19）『朝日新聞』（夕刊）、昭和四十七年二月二十一日。

（20）『朝日新聞』、昭和四十七年二月二十八日。

（21）同右。

（22）同右。なお、英訳部分の英文出典は次の通り。Memorandum of Conversation March 6, 1972. NIXON NSC FILES, HAK Office files, Country Files-Far East, Box102.

（23）President's Trip to Peking. Call on SecState by Japanese Ambassador. From SecState to Amembassy Tokyo, March 1972. NIXON NSC FILES, HAK Office Files, Country Files-Far East, Box102.

（24）Memorandum of Conversation, March 6, 1972. NIXON NSC FILES, HAK Office Files, Country Files-Far East, Box102. 会談出席者はキッシンジャー、牛場、村田良平参事官ら。

（25）ibid.

（26）JAPAN ADJUSTS TO AN ERA OF MULTIPOLARITY IN ASIA, April 21, 1972. NIXON NSC FILES, HAK Office Files, Country Files-Far East, Box102.

（27）『朝日新聞』（夕刊）、昭和四十七年一月十三日。十三日の北京放送は、新華社通信が十二日、福田外相が一月四日の記者会見で尖閣列島は「日本に属するもの」と発言したことを非難した。彼らは福田発言を、「再び中国領土の侵略を妄想している佐藤反動政府の野心を暴露した」ものだとしている。

XI　田中内閣の成立と日中正常化

一　田中内閣の成立と米国

昭和四十七（一九七二）年五月十五日、沖縄が日本に復帰した。佐藤内閣における最重要外交課題であった沖縄返還の実現後、日本の政局の焦点は、佐藤の後継者を決定する自民党総裁選挙に移っていった。いわゆる「三角大福」の争いと言われた自民党総裁選挙は、佐藤の最有力後継者と目されていた福田赳夫の政権獲得を阻止するため決定された、田中、三木、大平の「三派連合」、いわゆる「上位協力」によって、事実上の「角福（田中・福田）決戦」となった。七月七日、同選挙は田中角栄の勝利によって幕を下ろし、田中内閣の成立を見たのである。

日米両国政府が共に認識していたように、中国問題は佐藤の後継内閣が全力で取り組むであろう、最大の外交課題であった。「上位協力」を約した田中、三木、大平の「三派連合」が中国問題について「中華人民共和国が中国を代表する唯一の正統政府であるという認識のもとに、この政府との間に平和条約の締結を目途として交渉する」[1]という了解に達していたことからも、それは明らかであろう。後年その回顧録において、田中が組閣後わずか「二ヶ月くらいで北京に出向くとは夢にも考えなかった」[2]と述懐した福田赳夫でさえ、総裁選たけなわの六月、

『朝日新聞』の質問に対し次のように答えている。

「私は中華人民共和国は中国を代表する政府だとの認識を持ち、また過去の不幸な戦争でかけた迷惑について、ざんげする立場から、日中両国の首脳会談、私が政権をとれば私の北京訪問を実現させる。（中略）台湾問題はもちろん、日中国交正常化を進めるうえで、越えねばならぬ関門だが、中華人民共和国を正統政府として認めているのだから、話合いで解決できる。[3]」

右の発言が示すように、「三派連合」の対中積極論とは一線を画していた「慎重派」であった福田も、対中共外交の重要性においては彼らと共通の認識を持っていたのである。当時、日本国際貿易促進協会（国貿促）が総裁選挙に臨む四人に対し発送した六月三十日付質問状は、いわば次期内閣首班に対する中国問題への「踏絵」というべきものだった。質問状は、①日華平和条約の処理についてどう考えるか、②日華条約と表裏一体の関係にある「吉田書簡」の破棄を明言する用意があるか、③中国からの食肉輸入解禁や関税差別撤廃などをどう考えるか、の三項目から成る。七月四日、総裁候補四名の解答が公表されたが、大平、三木は直筆の回答を与え、田中は秘書を通じ「総裁になってから」返答すると回答、福田は無回答であった。[4]福田の無回答は、彼の対中正常化への慎重姿勢に基づくものであろうが、その福田も、中共との関係回復が不可避であることを認識していたことは、先の『朝日新聞』の質問に対する回答が示す通りである。

さて、昭和四十七年二月のニクソン訪中後、日本の与野党議員が相次いで北京を訪問し、日本国内の「日中正常化ムード」を盛り上げた。四月十三日には民社党訪中団（春日一幸団長）が中日友好協会代表団と共同声明を発表[5]、翌四月二十一日に三木武夫が周恩来と会見[6]、五月十六日には公明党第二次訪中団が周恩来と会見した。[7]なお、田中内閣成立直前の七月三日、中日備忘録貿易弁事処首席代表に肖向前が着任している。

このような情勢の下に発足した田中内閣は、「異例の政治的決断」によって対中正常化へと踏み切った。緒方貞子が指摘するように、田中内閣の外相に就任した大平正芳は、「二つの中国」を支持する外務省上層部が日中正常化交渉のイニシアチブをとることは不可能と見極め、橋本恕中国課長を中心とした「外務省の中堅からなる小グループ」を対中正常化の準備に当たらせる「異例の手」を用いた。田中はまた、自民党内親台湾派議員の妨害を怖れ、日中正常化交渉のペースをさらに早めることとなる。[8]

周恩来が訪中した社会党の佐々木更三に対し、田中総理の訪中を歓迎する旨伝えたのは七月十六日のことであった。その二日後、野党四党（社会、公明、民社、共産）の「質問趣意書」に回答する「答弁書」の形で、田中内閣は対中正常化の基本方針を決定する。以下に掲げるのが、「答弁書」の記す日中国交正常化の基本方針である。

「日中間には二千年にわたる長い交流の歴史があるが、戦前・戦中の一時期、わが国が中国人民に多大の迷惑をかけたことについては、謙虚にこれを反省すべきだと考える。

日中両国は二度と干戈を交えてはならない。国交正常化をはかるために、日中政府間の責任ある話合いを開始することが当面の急務と考える。

中華人民共和国が提示した、いわゆる国交正常化に関する三原則については、基本的認識としては政府としてこれを十分理解できるので、広く国民各層の意見も十分考慮しつつ日中双方の合意しうる具体案を検討していきたい。政府としては中華人民共和国が中国を代表する唯一の正統政府であることを認めるという前提で政府間交渉に臨む考えである。

政府としては、日中国交正常化はわが国国民多数の希望するところであり、かつこれがアジアの緊張緩和に資するという観点から政府の責任で具体策を着実に進めてゆく考えだ。
政府としては、日中国交正常化を実現するためには政府間交渉が不可欠と考えている」[9]。

右の方針発表後、大平外相らが参加して孫平化、肖向前らを歓迎するレセプションが開催されるなど、日本国内の「日中国交正常化ムード」は高まる一方であった。また周恩来は七月二十五日から訪中（八月三日帰国）した竹入公明党委員長に対し、「福田でさえ」自分が総理になったら北京に行くと云っている、七十年代の福田は六十年代の佐藤ではない、従って田中首相の云うことに福田は反対する訳にはいかないと述べ、中共政府は間もなく日本側が対中正常化に向けて行動を起こすことを予見している、というメッセージを竹入に送っている[10]。

会談に出席した王暁雲が、昨今の自民党日中国交正常化協議会（小坂善太郎会長）が共同声明で国交回復し、その後平和条約を締結するという「二つの段取り」に賛成することで一致した事実を指摘した際、周は共同声明に賛成の意を評し、田中首相および大平外相に安心してもらいたいと前置きしつつ、交渉に臨む中共政府の基本方針として次の三点を提示した。

(1)日米安保条約には触れない。日中国交回復ができたら、中国への安保の効力は無くなる。
(2)一九六九年の佐藤・ニクソン共同声明にも触れない。共同宣言が発表されて平和友好条約でゆける。後は法律家に任せればよい。政治的信義が大事である。
(3)日蒋《ママ》条約について、田中首相は就任以来たびたび、中国政府が主張している復交三原則を理解していると云っているが、これは尊重するという意味か。また中華人民共和国は正統と云っているが、これは合法という意味か。（竹入は、共にその通りである、と肯定[11]。）

次に、周は中共政府の対日賠償請求権放棄を言明し、二月の米中「上海コミュニケ」については、米国が「一つの中国」を認めたものだと論じている。[12]そして、将来作成されるであろう「日中共同声明」もしくは「共同宣言」の中に書き入れない「黙約事項」として、次の諸事項を竹入に示している。

1．台湾は中華人民共和国の領土であって、台湾を解放することは、中国の内政問題である。

2．共同声明が発表された後、日本政府が、台湾から、その大使館、領事館を撤去し、また、効果的な措置を講じて、蒋介石集団の大使館、領事館を日本から撤去させる。

3．戦後（筆者註：投資した）、台湾における日本の団体と個人の投資及び企業は、台湾が解放される際に、適当な配慮が払われるものである。[13]

右に掲げた竹入に対する周恩来の発言（「周恩来草案」）は、日中正常化交渉における中共政府の立場を余すところなく伝えるものであり、後の「日中共同声明」の内容とほぼ一致するものだった。竹入自身、周恩来の提示した案を見せられたときには「これで復交できた」という感想を抱いた、と田中首相の訪中後に述懐しており、最終的に出た「日中共同声明」と彼が聞き取りメモした「周恩来草案」とがその内容において「ほとんど変わりません[14]」、と証言している。

すなわち、日中両国は田中内閣発足から一ヶ月も経たない七月下旬の時点において、「共同声明」草案について事実上の合意に達していたのである。この急速な日中接近の動きが、米国政府に日米関係、そして日中関係の将来について深刻な懸念を抱かせたことは間違いあるまい。その後、米国政府は、日本政府が日中復交を「急ぎ過ぎるあまり、台湾に関して安易な譲歩をしてしまうのではないか」という懸念[15]を抱くことになる。本節では、その米国政府の懸念について、具体的に分析してみたい。

竹入が、北京で「周恩来草案」に日中復交現実化の手応えを感じていた正にそのとき、米国務省は田中内閣の進めようとしている日中正常化に対処すべく、その基本方針を定めつつあった。

ロジャーズ国務長官が駐日米大使館に送付した文書「日本の対中共正常化計画」[16]は、米中会談における最大の懸案だった台湾問題について、これを法的側面から取扱うことは米中妥協の範囲を越えるゆえ、米国政府がこれを議論することを公私共に回避してきたという事実を指摘、日本政府は米国がそうしたように、中共政府に法文主義（legalism　法の精神より条文を尊重する考え方）をとらせず、かつ政治的現実に関する議論に干渉させることを許すべきでないとしている。すなわち、ロジャーズは日中正常化を急ぐ日本政府が極東の安全保障問題に直結する台湾問題について、台湾海峡の現状維持（すなわち、「二つの中国」）の範囲を逸脱した言質を中共政府に与える可能性を懸念していた。米国は、かつて「上海コミュニケ」によって、本来は到底両立し難い二つの条件、すなわち「台湾問題は中国の国内問題」という中共政府の主張と、国府への条約義務を遵守するという米国の立場とを両立させるという手段をとった。しかも、中共政府は米中交渉時に、将来の対日交渉においてこの法的問題（台湾問題）についてどの程度まで自らの立場を主張するかについて、米国に何ら明確なことを述べていなかった。米国政府が日本政府の対中共交渉姿勢に対し抱いた懸念は、このことによって更に強まった。

七月二十六日、牛場駐米大使はジョンソン政治担当国務次官を訪問し、田中内閣の発足によって中共政府の対日姿勢は急変したこと、日本政府は日中国交正常化を慎重に進めると共に、近い将来田中首相の訪中によって早期国交正常化に至るであろうことを説明した。牛場の説明内容は次の通りである。[17]

(1)日本政府首脳は、日米関係、日米安全保障条約の重要性につき認識している。中共政府とは本件に関して議論を行わないし、日米安全保障関係の有効性に影響を与えるような議論は許さない方針である。

(2)七月二十二日、孫平化らとの会談に出席した法眼（晋作　事務次官）以下外務省関係者は、自分（牛場）に次のことを伝えてきた。孫平化は、田中首相に宛てた周恩来のメッセージを伝達するため東京へ特派された。周恩来メッセージの内容は、田中首相の北京訪問を無条件で歓迎するというものである。周は、（A）田中首相を北京に招待し、その滞在中彼を困惑させるようなことは行わない、（B）日本に対し「謝罪」は求めないし、過去よりも未来を見る、（C）中共政府は日中正常化の条件として「復交三原則」を日本が受諾することを主張せず、これを「自然」なものであると見なす、ことを伝えてきた。

(3)この中共政府の姿勢に鑑み、日本政府は一般からの強い日中国交正常化要求の圧力に応え、交渉を進めるのは今であるという結論に達した。大平外相は、中共政府の態度は正常化交渉の行われる間、「復交三原則」の解決は延期し得ることを意味していると感じている。もしそうならば、国交正常化は迅速になし得るであろう。国交正常化の暁に台湾との外交関係が終了するのは当然だが、大平は中共政府を二つの問題で打診したいと考えている。一つは台湾の地位であり、もう一つは日華平和条約である。もしも中共政府が「台湾は中国の不可分の領土」であり、「日華平和条約は最初から無効」であることを日本が認めるよう主張したら、交渉は長引くであろう。

(4)田中内閣の立場は、台湾を中国の不可分の一部と認める問題につき、前政権と本質的に変わるものではない。前任者（佐藤）はその方向を指向してきたが、明白なことは述べていない。

(5)大平は周恩来メッセージに感謝すると孫平化に述べたが、返答を延期することが望ましいと考えた。大平は「田中と自分は、この議論を進めることによって大きな政治的リスクを負うのだ」と中共政府の注意を喚起しつつ、まず自民党の了解（自らの考える中共政府への返答について）を取り付けたく、次いで同盟国（米国）の間に確認を行いたいと述べた。孫平化には、八月十二日の帰国までに明確な回答を行うであろう。中共政府の回答によって、大平は田中に北京訪問を勧告するか否かを決定する。

(6)大平は、以上の件を自分との協議でも確言している。大平はさらに、中共政府は社会党の佐々木（更三）に「日本が中国政府の招待に接し、これに返答するのに時間をかけることは当然である。日本政府は自民党の了解を取り付け、かつ諸外国と協議しなくてはならないからだ」と語って以来、日本政府の慎重さを予測しているであろう、田中・周間のいくつかの暗黙の了解によって、詳細に踏み込むことなく国交正常化は可能である、と語った。

(7)大平によると、日本政府が中共の「復交三原則」に対し与えられる最大の立場は次の通りである。（A）日本は中共を「中国の唯一かつ合法的な政府」と認められる、（B）台湾が中国の不可分の一部かどうかについては、日本はこれを「理解し尊重する」と言えるのみである。しかし、日本政府は中共の主張を決して公然、かつ明白な形で受け容れることはできない、（C）日華平和条約は、日中正常化時に終了する。しかし、日本政府は同条約が当初から無効であるという中共政府の主張を受け入れることはできない。

(8)もし中共政府が日本政府の立場を受け入れるならば、田中訪中は迅速に実現することになり、日本政府は対中国交正常化と、恐らく国府承認の撤回を宣言するかもしれない。詳細な交渉、新平和条約などの交渉には更なる時間を要するであろうが、主目的は達成されたことになる。もし中共政府が、日本の「復交三原則」に対する立場を受け入れなかったら、大平は田中に訪中を勧告しないであろうし、交渉は延期となり、国交正常化も無期延期となるであろう。

(9)大平は次のことを強調した。日本は日米安保条約の維持に何にも増して関心を持っており、中共政府が安保条約と台湾の重要性について干渉することを許さないであろう。日本政府は、米国が台湾防衛のため在日米軍基地を使用する可能性を閉ざすようなことを行わないし、その意図もない。日本は対中正常化後も台湾と非政府間関係を継続する。外交関係の消滅と日華平和条約の失効は避けられないが、日本政府は台湾との長期的経済・文化関係の継続を保証するであろう。

牛場は、日本政府の対中正常化意図について最後に今一度、それがあくまでも慎重を期して行われる性質のものであることを強調し、中共政府の態度緩和が難しいと判断したとき、田中は北京を訪問しないか、仮に訪問したとしても協定締結に至らず帰国することになるかもしれないと付言した。牛場の説明によれば、大平外相も橋本（登美三郎）自民党幹事長も、総選挙前に対中正常化が必要だとは考えていないし、世論調査もこの問題への慎重な取り組みが必要だとしており、性急な対中正常化は選挙対策だと見ている、というのであった。

なお、牛場の説明を聴取したジョンソンは米国の対中交渉姿勢について、それがあくまで政治的基礎に則ったもので法的基礎に基くものではないと述べ、先に引用したロジャーズ国務長官のそれと全く同じ認識を示すことで、日本政府が台湾問題について中共側に過度な譲歩を行わないよう牛場を牽制している。

こうした状況の下、八月下旬の日米ハワイ首脳会談に備え国家安全保障会議が作成したバックグランドペーパーは、日中正常化の背景とその展望について次のように記した⑱。

日中正常化の障害は、中共政府が断固交渉を拒絶していた佐藤内閣の退陣によって、今や取り除かれた。日本政府は「日中復交三原則」のうち、最初の二つ、①中共政府は中国の唯一かつ合法的な政府である、②台湾は中国の不可分の一部である、については既に公式にこれを認めており、もし中共政府が「日本は台湾に対する中共の主権を認める」ことを主張しないなら、これらの問題を交渉に持ち出すべきではなかろう。大平外相は、日本が中共政府を承認した時点で一九五二年（日華平和）条約は「存在しなくなる」と述べてきたが、これは中共政府も受け入れ可能ではなかろうか。将来のアジア安定は日中間の利害関係のバランスを求めている。米国にとって火急の要素は、緊密な対日協議である。日・中・ソは、日米がなし得るほどには相互に協調し得ないからである。

中共政府が対日正常化に期待する短期的目標は、台湾における日本の影響力・利害関係の減殺、台湾独立運動への日本の支援阻止であろう。そして長期的目標は、①東アジアにおける日本の政治的・軍事的影響力の最小化（とりわけ朝鮮半島、東南アジア）、②米国との関係疎遠化、日米の「対中共二国連合」化の阻止、③中共を日本の先進的技術にアクセスさせる、④日本の対ソ懐疑心および敵対関係の維持、に求められる。

一方、中共政府は田中新内閣に速やかな関係正常化を促進する上での利点を見出したのかもしれない。田中は、日中関係早期正常化によって日本国民に対し、新政府の政策につきアピールしたいはずだからである。米中接近が反日に繋がるという日本の怖れを和らげるため、中共政府は来るべき田中・周会談において、かつて蒋介石が行ったように戦争賠償を免除することで日本国民の好意を得ようとするかもしれない。中共政府の賠償要求に対する怖れは、現在中共に強力な交渉上の梃子を与えているのである。

中共政府は、現時点で日米安保条約の廃棄を要求していない。米軍撤退後の軍事的真空を日本が埋めるのではないかという怖れは、先の米中首脳会談によってかなり緩和されたからである。

さて、以上の分析で明らかになったように、米国政府筋が日中国交正常化交渉にあたって最も怖れたことは、日中交渉における台湾問題の取り扱いであった。中共政府が「台湾の主権」を明確に主張しない限り、日本政府はこれを一切交渉の場に持ち出すべきではないというバックグランドペーパーの勧告は、その具体的表れだったと見られよう。かくの如く考えれば、中共政府が交渉に「法文主義　legalism」を導入することは許さない、と述べたロジャーズ国務長官の言葉の意味が改めて理解できる。
そのことを最も明確に述べたものが、国家安全保障会議メンバーのホルドリッジ（John H. Holdrige, Senior member of NSC）がキッシンジャーに宛て送付した、大統領向け勧告「田中・大平との会談について」[19]であった。その内容は、日本政府が日中正常化交渉に際し「復交三原則」を如何に処理するかという問題が、日米関係の根幹および極東の安全保障問題に関わる重大事であることを指摘するものだった。それは日中正常化交渉が日米関係に及ぼす「マイナスの可能性」に言及しつつ、台湾問題という難問について、日本が米国の国益に反する方向へ「独走」することへの強い警戒感を滲ませたものだった。

〔「田中・大平との会談について」ホルドリッジ〕

貴殿（キッシンジャー）は田中に対し、対中正常化計画を話題に取り上げ、かつ可能ならば田中が日本が日米安全保障条約の台湾防衛効果を制限するかのような動きを通じ、同条約を弱化させるような路線から離脱することを希望するであろう。

（中国政策）　田中首相は現在、対中共国交正常化に向かって極めて急進的に進みつつある。彼は、自分と大平は周恩来の招待に応え、九月二十日から二十五日頃に北京を訪問するであろうと発表した。情報部の報告によると、田中は単に周恩来と個人的見解を交換するのみであり、国交正常化の基礎を築くべく友好的議論を行うのみであるとのことである。議論すべき詳細な点については、日中両国の代表団にこれを任せるという。

しかし、田中は交渉進展の証を（国民に）示す必要があると考えるかも知れず、現在彼が考えているよりずっと深く、かつ早く前進を試みるかもしれない。この点について、田中は最近、ひとたび中共政府との外交関係が樹立されれば、台湾との外交関係は維持不可能になるであろうと語っている。すなわち、日本は対中共国交正常化の代償として台湾を切り捨てる用意があるということである。我々はこのことを予想していたし、実際上これを妨害することはできない。しかし、田中が台湾との関係を切り捨てる条件についての疑問が生じてくるのである。

このことは、周恩来の言う「日中復交三原則」を日中国交正常化のために提起することになる。周は、もはや日本が「三原則」を受け入れることを日中関係正常化の条件として主張してはいない。しかし、彼が交渉過程およびその結果において、「三原則」の精神を維持するであろうことは明白である。田中を含め、日本人は既に最初の二つの原則（中共が中国の唯一かつ合法的政府であること、台湾が中国の不可分の一部であること）を受け入れている。また、田中は個人的にではあるが、日華平和条約は日中関係正常化の一環として日本が中共との平和条約に調印した時点で無効となる旨、語っている。

しかし、「日中復交三原則」を日本政府が無条件で受諾することによる諸問題は、（a）国府の国際的地位が著しく損なわれること、（b）米華相互防衛条約の法的根拠の正当化が困難となること、（c）日本の見地から見て、在日米軍基地が中共の台湾「解放」作戦に対し台湾を守るためにもはや使用できなくなること、であろう。そして最後の問題は、日米安全保障条約の範囲に実質的影響を与えることであろう。

ここに、さらに複雑な一件が存在する。去る一九六九年十一月二十一日の「佐藤・ニクソン共同声明」における「台湾条項」は、日本の安全保障と平和にとって台湾および韓国の安全が極めて重要であることを宣言している。「三原則」を尊重する田中の姿勢は、この条項が最初に書かれた時とは状況が著しく変化したので、少なくとも台湾については、もはやそれを適用し得ないであろうというものである。[20] しかし我々が見るように、日本人が日米安保条約の範囲のみならず、日米二国関係を含む協定を一方的に再定義することは許されないのである。事実、「佐藤・ニクソン共同声明」は我々の沖縄対日返還、および日本政府がそこから利益を得た事実の基礎だったからである。

すなわち、ホルドリッジは田中が日中国交正常化を実現するため周恩来の「三原則」へ歩み寄り、その結果「佐藤・ニクソン共同声明」の精神が一方的に骨抜きとされる危険を指摘すると共にこれを厳しく批判している。米国政府の基本姿勢は、日中国交正常化の実現に関わりなく、台湾海峡の政治的・軍事的現状、すなわち「二つの中国」の現状が維持されることであった。ホルドリッジの田中批判は、米国政府が日中関係正常化と台湾問題の関係につき、極めてナーヴァスとなっていた事情を良く示すものであり、日本政府の「独走」に対する厳しい警告であったと見ることができる。

そして同文書は、田中・大平の今後の地位予想、およびキッシンジャーが大統領への勧告に当たり取るべき立場について論を進めてゆく。

（田中および大平の予想される地位）　彼らは、日本の対中国交正常化への勢いは止められず、また、日本の立場は米国より先に中共と外交関係を樹立することにあると言うかもしれない。そして彼らは、日本政府は対中国交正常化の一方で台湾との間に少なくとも経済・文化関係を維持しようとしている、とも恐らく言うであろう。そして、「復交三原則」は対中共正常化論議において役割を演じたかもしれないが、自分たちはその解釈に当たってできるだけ柔軟であろうとしてきたし、性急かつ不利益な協定に向かって邁進することはなかった、と言うかもしれない。また、彼らは日中関係正常化後の台湾防衛と日米安保条約に関わる諸困難について貴殿（キッシンジャー）に再び問い、その見解を懇願するかもしれない。

（貴殿〔キッシンジャー〕が大統領に勧告するに当たって取るべき立場）　我々が日本人から得たいと望むものは、

台湾についての立場をさらに修正することである。それは少なくとも、台湾との文化的・経済的な絆の継続（田中はこれを望んでいると実際に述べたが）である。それは、台湾と中国本土との「関係の曖昧さ」と共に求められるものだ。我々は、かつて我々が台湾の地位について「上海コミュニケ」で行ったことを日本政府が行うべきだと述べてきた。それは法律的専門用語を排し、台湾問題を政治的用語で処理するということである。

我々は、日本に次のことも希望したい。彼らは、台湾防衛に関する日米安全保障条約の地位について沈黙を守るべきであり、また「佐藤・ニクソン共同声明」の「台湾条項」についても同じ態度をとるべきである。日本がこの問題について発言すればするほど、中共政府は日中正常化交渉にこれらの要素を引き込みやすくなるのである。逆に、これらを押さえることによって日本政府は、少なくともある程度まで、中共政府に他の方向へ目を向けさせることが可能となる。我々は日本にこのことを述べ続けてきた。

しかし、我々は次のこともまた明確にしてきている。それは、もし日本が日米安保条約の適用範囲を公式声明において一方的に再定義しようとし続ける（日米安保の台湾防衛への適用を疑うような解釈を行う）なら、我々は公式の立場において、「日米安保条約の内容に変化なし」という見解を表明しなくてはならないということを、である。

前述の一件に加え、このことは貴殿と田中との六月の合意[21]に関連する。米国と日本は「北京へ向かう競争」をすべきではなく、可能な限り協調して行動するべきである。それは、日米関係を著しい緊張に陥らせることを回避するためである。我々は台湾問題を日本のために解決することはできない。しかし、我々はその安全保障関係を無効果にしてしまうことができるのである。

我々は、田中と大平がこれまで日中関係正常化交渉の過程について、米国政府に通報してきたことに謝意を表する。我々は日中国交正常化交渉の内容とそのタイミングにつき関心を持っているが、日本に対してどのようにそれを行うのか、と問うことは敢えて行わない。日本は大国である。我々は、それが他方の基本的立場に影響を与えない限り、各々その正しいと考えるペースで前進すべきである。

最近の中共政府の対日交渉への前向き姿勢から判断すると、日本政府の交渉上の立場は明らかに有利である。日米安全保障条約の台湾防衛に関する問題について、貴殿は「米国政府は全ての台湾問題を中共政府との交渉で取扱う際、法律事項よりも政治事項として扱う」ことをあくまでも強調されたい。そして、我々は日本政府も同様に行動することを希望している。我々は、もちろん在日米軍基地の使用を制限するような、いかなる安保条約の解釈も受け入れることはできない。我々双方は、本件に触れねば触れぬほど好都合なのである。

田中首相・大平外相が共に台湾問題を心に留め、本件において我々を孤立した立場に追いやらないことを願う。米国政府は、日本政府が台湾問題をめぐってあまりに米国と立場上の疎遠を生じさせないようにすることが重要である、と信じる。日本にとって、対中共国交正常化後も台湾との経済的・文化的関係を維持することは可能であると、我々は願うものである。


右に見た如く、同文書からは米国政府の主たる関心が日中国交正常化問題、および台湾問題における日米協調路線であったことが明確に看取できる。そして、米国政府が対日内政干渉を注意深く回避しながらも、台湾の安全維持という致命的に重要な一点については「曖昧な妥協を許さない」とする確固たる姿勢を読み取ることができる。

八月九日午後、自民党の日中国交正常化協議会は、総会において「①日中国交を正常化する、②田中首相はこのため訪中する[22]」ことを決議した。なお、同決議は同月十一日、大平外相によって孫平化・肖向前に伝達されている。

しかし、日中国交正常化に向けて着々と準備が進行していくこの時期、ジョンソン政治担当国務次官はワシントン時間八月八日開かれた下院外交委小委員会において「二十年以上の間、西側諸国の結束の基盤であった共産主義の侵略の恐怖に対抗するための」「〝セメント〟はゆるみはじめた。その結果、同盟諸国は争って共産各国との関係改善をはかっている。だが、視野の狭い国家的利益の追求は、同盟諸国の結束を崩壊させるだけであり、われわれは慎重かつ細心でなければならない」、「米中関係は戦争発生の脅威につながらない限り、大統領選挙の行方を左右する要素とはならない。しかし日本にとっては政府の交代にもつながりかねない重大な問題である。同盟国である日米両国が中国との二国間関係をお互いにどう調整するかという問題は極めて大切な日米関係の課題である」と発言し、案に田中内閣の進める日中国交正常化を指して「共産圏へ急速な接近」を行うものであると警告し、「自由諸国の団結」を「乱すな」とこれを牽制したのである。[23]

ジョンソンの発言は、いわば当時米国政府が日中接近に対し抱いていた不安と焦慮を表明するものだった。米国政府が日本政府にその基本的外交姿勢を伝達すべく、キッシンジャー特別補佐官を派遣、田中・大平に接触させたのは、その具体的表れであったと見るべきであろう。

二　キッシンジャー訪日と日米ハワイ首脳会談

日本政府は、米国政府が不安を抱きつつ日本の急速な対中接近路線を注視しているという事情を、十分理解していたようである。ロジャーズ国務長官は、八月のキッシンジャー訪日に備えて留意すべき問題点につき、次のように総括している。

まず、田中首相、大平外相は共に対米協力関係の維持が日本、および彼ら自身にとって最善の政治的利益であることを既に認めている。彼らにとって火急の問題は、日米関係が日本にとって利益をもたらすということを、北京・モスクワに向け新たな外交を行えという国内圧力に応える一方で、国民に示すことである。日本は、対中国交正常化は米国の国益に何ら脅威とならない基礎の上に追求されることを、苦心しながら我々に保証してきた。

我々は日本の指導者に、米中関係の進展は対中正常化を行う上で、または国内政治上の競争において、日本に何ら困難をもたらすものではないことを明らかにするべきである。また、田中は来るべき対中接近前に最重要の同盟国・米国との関係を作っておきたいと切望している。田中は日米相互の利害を強調する一方、対米「自主」政策をデモンストレートするのは自分自身であることを心に銘記している。田中にとって、米国政府が日本の対中外交を拘束しているという印象を生じさせることは、災厄だからである。

我々が中共指導部との会談で得た体験は、中共政府との交渉の本質について知っておくため、田中と最大限共有されねばならない。我々は日本政府が中共に対し「台湾問題は平和的に解決されるべきであり、日本は現在の日米安保条約に基礎を置く対米関係を強化する意図である」ことを強調するよう希望する。[24]

さらに、大平はインガソル（Robert S. Ingersoll）大使との会見で、日米安保条約および日米協議の重要性について日本政府が再確認する旨、申入れを行っている。[25]

すなわち、日米両国政府は日本の政権交代によって一気に加速した日中接近の潮流を踏まえ、日中政府間交渉にあたって遵守すべき原則が「日米安保体制堅持・台湾の安全保障堅持（すなわち台湾海峡の現状である「二つの中国」の維持）」であることを明らかにした。キッシンジャー訪日の目的は、右の認識を田中新内閣の主要メンバーに徹底し、日本外交の「独走」を牽制することにあったといえるであろう。反面、ロジャーズは日本国内に高まる「中国ムード」の中で、田中が日米関係の重要性を日本国民に示す必要に迫られていることを指摘し、日中交渉の進展を米国が妨害するような印象を作ることは、田中を政治的窮地に陥れる危険があると述べている。

いわば、米国政府は日本外交への「牽制」と「干渉の回避」という矛盾した立場を抱えつつ、日中交渉の行方を見守る立場に置かれたのである。

キッシンジャーが昭和四十七年に入って二度目、そして田中内閣発足後初めての訪日の途につくべく、訪問先の南ヴェトナム・サイゴンを発ったのは八月十八日のことである（同日午後、羽田着）。『朝日新聞』はその来日目的を、八月下旬に開かれる日米ハワイ首脳会談の「地ならし」であり、「予想以上に急ピッチで進んでいる日中関係打開の動きに対し、なかば憂慮を持って重要視している」[26]ゆえの対日牽制であったと評した。

キッシンジャーは八月十九日午前、軽井沢・万平ホテルで田中と会談した際、日米両国には北京訪問における「競争」の意図がないことを確認している。なお、その際田中は日中正常化に向けた日本国内の政治的コンセンサスを強調したが、正常化努力は反対党の提示条件（無条件の国交正常化）に基づくものにはならないと説明している[27]。さらに同日午後の外務省における会談で、大平はキッシンジャーに次のように述べた。日本が中国問題について踏み込みすぎているのではないか、あるいは急ぎ過ぎているのではないか、と訝り始めている米国の姿勢は驚くに値しないが、日本政府は我々自身の手で問題を解決するべきときがやってきたのだと考えている。日本政府は決して幻想を追っているわけではない。日中国交正常化によって日本が大きなものを得ることはないし、また外交政策を劇的に転換することもない[28]。

キッシンジャーは大統領に宛てたメモランダムで、訪日によって明らかとなった日本政府の基本的姿勢について次のようにコメントする。

本年度に入って二度目となった自分の訪日動機は、田中内閣が対中共正常化に向かって急速、かつ頑なな姿勢で動きつつあるという事実である。田中、大平は、田中訪中の時期とその内容について極めて口が重く、一般論に限ってコメントするのみであった。日本に日中早期正常化という（政治的）コンセンサスがあることは否定し難く、彼らは米国より先に中共と外交関係を樹立するかもしれない。田中が十月一日の国慶節（中共政府の建国記念日）に訪中することは不可能ではないだろう。

しかしその結果、日台関係はほとんど、あるいは全く考慮されなかった。台湾との文化的・経済的絆を維持する努力はいくらか行われたのであるが、日本人は対中共正常化に夢中となっており、他の政治問題（ヴェトナム問題でさえ）についてはほんの些細な関心を示すだけだった。我々は、日本の中共接近を受け入れるべきと信じる。その速度を緩めようとする米国の試みは、米国が今までそうしたことを行ってきた事実を日本国民の前に明らかにするのみである。しかし、日米の緊密な関係は（ある程度減退するにしても）維持されねばならない。[29]

キッシンジャーは、日本国内に対中正常化という政治的コンセンサスが生じた要因は、部分的にはかつての米国外交、すなわち「ニクソン・ショック」に発しているという事実を認め、田中が無条件でこれを行なわないことを条件に、[30]日本の外交姿勢を容認することをニクソンに勧告したのだった。

以下に掲げる、キッシンジャーが日米ハワイ首脳会談に向け準備したニクソン宛てメモランダムは、ハワイ会談の目的、および日中正常化問題に対し米国政府の取るべき立場を纏めたものである。

［**「大統領宛てメモランダム」**　八月三十一日〜九月一日・田中総理との会談に備えて[31]］

（ホノルル会談の目的）

（1）日米同盟の再確認。それは田中の認める「一般的命題」としてのみではなく、その維持につき双方による具体的貢献を要求する関係としての同盟関係である。我々が核防衛を提供する一方で、日本は我々の基地使用を可能にしなくてはならない。この再確認は、来るべき田中の北京訪問、およびソ連との平和条約交渉の直前にとりわけ必要である。

(2)日本の対中正常化は、台湾・韓国防衛のための在日基地使用を抑制、ないし禁止するものではないことを確認する。
(3)貿易赤字減少に日本の協力を要請する。
(4)日本の新指導者らとの会談で、日米関係を成熟した緊密な長期的関係へ導くような雰囲気を創出する。

(日本の対中共正常化)　これは、日本人が後戻りできないほどに乗り出した過程である。彼らに対し、これを「慎重に行え」と（台湾がそうして欲しいと我々に依頼したように）言うことは無駄である。

田中は現在、九月下旬に北京を訪問するつもりである。一方、我々は米国の在日基地使用を制限したり、とりわけ台湾・韓国への我々の防衛上の関与遂行能力を抑制するような、あり得べき中共の要求に日本が同意しないことに強い関心を有するものである。また、我々は日本が台湾と経済的・文化的絆を維持し続けることを希望する。

田中政権は米国に対し、日米安保条約上の義務を損なわないこと、および一九六九年の「佐藤・ニクソン共同声明」にある「台湾防衛は日本の安全保障にとっての最重要要素」という部分を否定しない、という明白な保証を与えた。さらに、我々は北京政府が来るべき対日交渉の席上、日米安保条約を取り上げないかもしれない兆候を感じている。また、北京政府が国府との外交関係断絶（日本政府は公式にそうすると発言しているが）を日本に要求する一方、国府との経済面その他の絆を切るよう圧力をかけないと信じる、いくばくかの理由が存在する。

中共は対日関係正常化を切望しているようだ。これは、田中に交渉上かなりの柔軟さを与えるものである。

キッシンジャーは、中共政府が日本に「台湾問題の解決は中国の国内問題」であることを認めさせるのではないかと懸念していたが、田中がこの問題を来るべき声明中では回避しようとしていること、法律的行詰りに陥ることを避ける点で米国側と合意していること、中共政府が「復交三原則」を正常化条件から取り下げたことから見て、日中正常化交渉の結果、日米関係全体に大きな破綻が生じる危険は少ないと判断したようである。そして、来るべきハワイ会談でニクソンは田中、大平から日米安保条約の重要性につき再保証を取り付けるべきであり、将来の日台関係に対する日本の意思も打診するべきであるとしている。その理由は、日本の中共接近の動機の一つが、米国が台湾について中共政府と何らかの秘密取り引き（中共の台湾侵攻時、米国は日米安保条約を発動しない）を行ったという日本政府の疑念にあるというのであった。なお、キッシンジャーはニクソンに、そのような秘密協定は絶対ないこと、および米国の台湾防衛姿勢は「上海コミュニケ」に示された通り不変であり続けることを田中に強調されよ、と勧告している。[32]

米国政府は、中共政府は「復交三原則」を交渉の前提条件から外したものの、外交関係樹立の一部分として日本にその実行を望むことに変わりはないと見ていた。彼らは、「復交三原則」に対する田中内閣の姿勢を次のように分析する。[33]まず第一の原則「中共政府は中国の唯一かつ合法的政府」について、田中内閣は佐藤がこれを受容したことを踏襲し、しかも台湾との外交関係断絶を公式に暗示している。第二の原則「台湾は中国の不可分の一部」について、田中は曖昧な態度である。七月二十六日、牛場大使はジョンソン政治担当国務次官に、日本は中共の立場を「理解し尊重する」と述べる以上のことはしないが、中共の立場を公然かつ明白に受け入れることも決してしない、と言明した。田中はこの点において、「台湾防衛義務の遂行能力を傷つけることはすべきでない」という我々の主張、日本の台湾における経済・文化的利益の継続、そして自民党保守派（台湾支持グループ）の存在によって拘束されている。そして第三の原則「日華平和条約の廃棄」については、田中内閣は公式には曖昧な姿勢であり続けたものの、田中個人は「一九五二年日華条約は、対中正常化の時点で失効する」と語っている。ただ、日本は中共の主張する「日華平和条約は当初から無効である」を認めていない。田中は、恐らく日本の条約廃棄という外見のみでなく、自民党内保守派（台湾支持グループ）の動向に関心を払っているのであろう。

中共政府が「復交三原則」を対日交渉の前提条件から外した理由は、これを強く主張することによって田中を窮地に陥れることは不得策である、という政治的判断が働いた結果であろう。キッシンジャーが先に指摘した、対日正常化を切望しているのは中共政府であり、田中は交渉上有利な立場にあるという見方は、その意味において正しかったと思われる。いわば、中共政府は交渉過程で日本政府にその実行を迫る形式をとることで、「復交三原則」の「名を捨てて実をとった」ことになる。

米国政府の見るところ、中共政府が「復交三原則」を表向き「後退」させた後に残る日中交渉上の懸念は、①戦争賠償問題、②日米安保条約、③日華関係の三点に絞られた。しかし、周恩来は田中に対し「中国は第二次大戦の戦争賠償を放棄する」旨を暗示してきたし、日米安保条約についてもこれを持ち出さないことを通告してきていた。そして日台関係について、周恩来は田中にこれを認める用意があるが、あくまで「非公式」なものに留めるよう求めてくるものと思われた[34]。

なお、CIAは中共政府の対日交渉方針について、田中が「中国問題の複雑さ」について未経験のうちに、また彼の考え方が硬化する前に交渉を纏めてしまうことだったと分析し、周恩来は対日交渉を拒み続けることで日本国民の感情を離反させる危険を回避したのだ、としている。

すなわち、米国政府の見るところ、日中国交正常化交渉にとって重大な障害となるかもしれない要因は、昭和四十七年八月の時点においてほぼクリアされていたのだった。そして、最も困難が予想されていた国府の激しい反発についても、米国は極めて醒めた見方をしていた。蒋介石が蒋経国を通じてニクソン大統領に、日中正常化交渉を行わぬようホノルル会談で田中に干渉を行ってほしいという要請を行ったにもかかわらず、台北官辺筋は日華関係断絶について全く諦めているようであり、彼らの関心は日本との経済的・文化的紐帯の維持に向いているというのが、米国政府の認識だった。彼らは、蒋介石のニクソン宛て申入れを「外交的敗北を防止するため最善を尽くした」ことを示すための「国内向けデモンストレーション」だった、[35]とさえ論じている。

台湾の一新聞は、日米ハワイ首脳会談についてインタヴューした国務省関係者数人のコメントを交えつつ、次のように論じた。

米国の対中共政策は明らかである。台北との関係を傷つける意図はない。とりわけ米華相互防衛条約の義務を変更することはよしとしない。その線を守るゆえに、米国は未だに北京との外交関係樹立、もしくは大使交換には至っていないのである。

米中貿易は取るに足らないものである。国務省の一官吏は「我々は北京に、国府との外交関係を維持し、かつ台湾防衛義務を尊重すると明言した。北京はソ連の脅威と日本軍国主義再現への怖れから対米改善を求めている。彼らが真剣かどうかは、時間が証明する」と述べている。

米国が、日本の中共承認意図について完全に知悉していることは言うまでもない。米国は、日本の行動が中共の国際的地位に与える影響に深い関心を持っている。原則的に、米国は日中関係正常化を認める。それは米国自身の政策と一致するからである。しかし、米国は日本の行動が国府の国益を毀損し、アジア太平洋地域の平和と安全を脅かすことのないよう望んでいる。正確に言えば、米国は日本の行動に反対したり、これを妨害する理由はない。なぜなら、そのような潮流を作り出したのは米国だからである。田中内閣が北京と外交関係を樹立したいということは、米国の干渉できぬことである。彼らは自身の矛盾をよく知り尽くしており、本件について口を開くことは難しいと気付いている。ある国務省関係者は「日本の国内事情を知る者であれば、田中の立場に置かれれば誰でも同じことをすることを理解するだろう」と語っている。

さらに彼らは、日中関係正常化の効果は政治的・外交的・心理的なもので、台湾の経済的・政治的安定、安全保障への実質的効果はないと語っている。日本は台湾と外交関係を断絶せざるを得ないが、経済・文化関係は維持される。

米国は、田中を信頼しているようだ。彼は北京の示す条件を軽々しく受け入れ、台湾の実質的国益を侵害するような行為は行わないだろう。米国は、日中復交後の日華関係について、一方で日中両国、もう一方で日華両国がそれぞれある種の「了解」にさえ達していると信じている。日華両国は既に必要な準備と対策を行ったとも、推測している。全ての抗議と声明は、外交的ジェスチャーでしかない。[36]

すなわち、同紙は、米国が日中国交正常化を承認しているのみならず、それが日華関係に実質的損害をもたらすものでないという事実を、国務省関係者のインタヴューをもとに冷静に論証していた。同紙は、国務省官史の語るところとして大平外相の「日中復交後に『晴天と素晴らしい景色』が待っていると考える人があるだろうが、それは正しくない。日中間には解決すべき複雑困難な問題が存在するのである」という言葉を引用している。なお、「米国は大平の言葉に同感である」と、この国務省官吏は同紙記者に語ったという。

いわば日中関係正常化を国家承認という観点から捉え直すとき、それは日本の国家承認を国府から中共に転換させ、「国府との外交関係、中共との経済文化交流」という現状を「中共との外交関係、国府との経済文化交流」に置き換えることを意味する。すなわち、「二つの中国」の存在を事実上認める「現状維持」の方針は、全く揺らぐものではないという見方も可能なのである。そしてこれは、その後田中訪中が実現した際も、中共政府が事実上容認せざるを得なかった認識であった。

田中訪中直前、日本の外交方針を説明すべく訪台した椎名悦三郎・自民党副総裁は台北で千人を超える学生の抗議デモに遭遇した[37]というが、そういう激しい反日感情が表面化した反面、台湾には右のような冷静な情勢分析もまた存在したのである。

グリーン東アジア・太平洋担当国務次官補は、その事情を「台湾と日本の政策」と題する報告書に纏め、ロジャーズ国務長官に伝えている。

日本が大陸と関係を樹立する動きは台湾全土に失望を巻き起こしているが、台湾の大陸出身統治者らは、自分たちが大陸を失った責任を問いつつ日本を未だに非難している。そして、台湾人は五十年間の台湾総督府統治について日本が彼らに責任を負うと信じている。彼らは北の隣人・日本に裏切られたと感じた。台湾経済は日本との密接な協力に依存しており、日本の政策転換は台湾経済の将来に新たな関心を引き起こした。

しかし、台湾政府は日本の対中共正常化を妨害することは、何一つできないであろう。経済的報復は極度に危険である。日本にとって台湾との経済関係は価値あるものだが、その関係は日本よりも台湾にとって遥かに重要だからである。それなくしては、台湾経済は著しい危機に陥る。台湾の指導者はこのことをよく理解しており、対日貿易、投資、観光を活性化するためあらゆる努力を行うだろう。八月十五日、経済担当閣僚は「国府は対日経済報復を行わない」と公式に発言した。同時に、国府は外交関係断絶のとき、経済関係継続を促進するための貿易事務所を東京に設置する方向で行動を開始している。

政治・宣伝面で国府がなし得ることも、大きくはない。東京において、国府は今や保守政党のごく小さなグループのみにしか影響を持たず、彼らを誘って日本の大陸接近を非難する公式声明を出すことができるのみかもしれない㊳。

グリーンは、蒋経国は日本大使館へのデモを許さず、また日本企業、日本人への「抗議の真似事」以上のことは許さないであろうと予想し、台湾政府が対日外交関係を国交断絶の日まで平穏無事に守るであろうとしている。さらに、グリーン報告は、国府が対日外交関係断絶後に備えて具体的行動を起こしていることさえ報じている。

すなわち、台湾問題という中国問題の複雑さを典型的に示す課題について、日米両国および「二つの中国」はいずれも、その解決についてはこれを「現状維持」に委ねる、という暗黙の了解に達していた。それはまた、同問題を「上海コミュニケ」によって処理し、かつ「法文主義 Legalism」による解決には委ねないとした米国政府の最高方針に沿うものだったのである。

ハワイ・オアフ島で田中・ニクソン会談が開催されたのは、八月三十一日および九月一日のことである。日米両国は中国政策をめぐって摩擦を起こさないことが重要である、両国の立場が一致する必要はないが、対立を生じさせるべきではないと語るニクソンに対し、田中は日本政府の姿勢を次のように説明した。

日本政府が考えている日中国交正常化は決して日米関係に不利をもたらすようなものではないし、日中国交正常化は究極的に米国にとっても利益となるのではないか。対中正常化を望む潮流は止め得ない。自分は正常化に特別な利点はないかもしれないが、不利な点もないと考える。警戒すべきは台湾問題だが、もし日本が中共に外交的道筋を開いたなら、「封じ込め政策」を追及していたときのような中共の強い敵意を招くことは避けられるだろう。正常化の利点のさらなる具体例は、日本が中共に北ヴェトナム援助をしないよう、台湾を武力「解放」しないよう、そしてソ連と同じ条件（該当地域の無秩序を促進する）で中共政府が東南アジア諸国を援助しないよう主張できることである。

しかし、ニクソンはかつての「封じ込め政策」に対する批判を前提に対中政策を語る田中に対し、次のように反駁した。

我々と中共政府は、「上海コミュニケ」において「台湾問題について不同意であることに同意した」のである。我々は、国府が国際金融機関に留まることを援助すべく経済面でできるだけのことを行うし、国府を活力ある強い経済力を持つ国家として維持することについても同様に努力する。ニクソンはさらに、翌九月一日の首脳会談において田中に次のように語っている。米国の対中政策は、あくまでも「上海コミュニケ」に準拠しつつ中共との関係を持続することにある。その理由は、米国は現に国府を援助しつつあり、中共政府は国府と関係を持つ如何なる国家とも外交関係を持たないからである。しかし、米国政府は「公式外交関係なき健全な関係」を米中間に如何にして維持するか、を追及していくであろう。[39]

ニクソンの発言は、米国が「上海コミュニケ」によって、その台湾関与を継続する宣言と解釈している事実を大統領自身の口から日本政府首脳に明らかにしたものであり、「上海コミュニケ」を米国による「一つの中国」の承認（すなわち、台湾問題は中国の内政問題とする中共政府の主張を米国が認めたもの）とする周恩来の解釈[40]と、米国の解釈とが百八十度異なることを強調するものであった。ハワイ会談は事実上、ニクソン自身がこの点を田中に明らかにするため開催されたもの、といっても過言ではあるまい。

首脳会談における田中の発言からは、日本国内に漲る「日中正常化ブーム」と熱心な対中正常化要求の動機となったニクソン訪中を、日本国民が「中共封じ込め政策」の破綻、少なくとも限界を意味するものと認識していた事実を窺うことができる。

しかし、ニクソンは田中の発言に反論することによって、「上海コミュニケ」に込められた米国政府の真意について再び日本側の注意を促したのである。すなわち、それは米国政府が「極東の安全保障の要」である台湾防衛への関与をあくまでも継続するという決意表明であり、米中接近を台湾軽視に結びつけがちな日本国内の一部傾向に向けたメッセージでもあった。

「上海コミュニケ」は米中間の意見不一致を確認したものに過ぎない、というニクソンの首脳会談における発言は、いわば、「上海コミュニケ」に対する日本政府・国民の誤解を正すための、かつ日本国内の性急な対中国交回復の動きを自ら牽制するための「警鐘」だったのである。

三　田中訪中と日中正常化―その後の日中関係への歩み―

田中首相、大平外相以下の日本政府代表団が羽田発の日航特別機で訪中の途についたのは、昭和四十七（一九七二）年九月二十五日のことである。

その四日後、九月二十九日午前十時二十分（北京時間）、北京の人民大会堂において「日本国政府と中華人民共和国政府の共同声明」（「日中共同声明」）が調印され、日中両国の国交回復が実現した。サンフランシスコ講和条約の発効から二十年と五ヶ月、外務省が日中関係を打開すべく具体的研究作業を開始した池田内閣時代からは、約十一年の歳月が流れていた。

同日付の『朝日新聞』は、「日中共同声明」の内容を次のように纏めている。

「日中共同声明の骨子(41)」

（前文）（略）

（本文）

一．日中両国の不正常な状態は共同声明の発出で終了。

二．日本は中華人民共和国が中国の唯一合法政権と承認。

三．中国は台湾をその不可分の領土と表明、日本政府はその立場を十分理解、尊重し、ポツダム宣言第八項の立場を堅持。

四．両国は七二年九月二十九日、外交関係を樹立、大使交換を決定。

五・中国は対日戦争賠償の請求放棄を決定。
六・両国は平和五原則と国連憲章に基づき、紛争解決で武力に訴えないことを確認。
七・両国はアジア・太平洋地域で覇権を求めない。
八・両国は平和友好条約の締結交渉に同意。
九・両国は、貿易、海運、航空、漁業などの協定締結交渉に同意。

「日中共同声明」の調印後、大平は北京民族文化宮のプレスセンターで記者会見し、日華平和条約が「存続の意義を失い、終了したものと認められる」と発表した。日本政府は、中共政府の「復交三原則」に、中共政府を「唯一合法政権」と認め、台湾が中国の不可分の領土であることを「理解、尊重する」ことを約し、最後に日華平和条約「終了」の外相声明を発することで応えた。

日中国交回復交渉にあたり、中共政府はソ連の脅威への対処を第一の外交課題としていた。それゆえ、台湾問題は中共政府にとって「二次的な地域問題」に過ぎなかったのであり、それゆえ、日本政府は「台湾と外交関係を完全に断絶することまでしなくて良かったのではないか[42]」とする評価が生じたのであろう。

従来、中共政府（国府も同様であったが）は「二つの中国」を絶対に認めないと主張し続けてきた。その主張が断固たるものであることは、周恩来が、米中両国の見解を併記した作文に過ぎない「上海コミュニケ」さえも、米国による「一つの中国」承認を意味するものと「強引に」解釈した事実に典型的に示されている。その中共政府が、台湾に関する中共政府の主張を「理解、尊重する」と日本政府が「曖昧」な表現を用い言明したのみで、「日中共同声明」署名に踏み切ったのである。いわば、日中関係正常化を阻む最大の障害であると考えられてきた台湾問題について、中共政府は、日本政府の「理解、尊重」という甚だ曖昧な文言でこれを処理するに留めた。

日華平和条約の廃棄、すなわち日台外交関係断絶の是非に対する評価はともあれ、中共政府が台湾問題について従来ほど強い主張を前面に押し出さず、日中国交回復をこれに優先させる政治決定を下したことは事実であろう。本節は「田中総理・周恩来総理会談記録」に基づいて、台湾問題に関する日中協議について検証する。

九月二十五日、第一回会談の席上、田中は「これまで（日中）国交正常化を阻んできたのは台湾との関係である。日中国交正常化を実現するときには、台湾に対する影響を十分考えてやるべきだ。共同声明でスタートし、国会の議決を要する問題は後まわしにしたい」と述べ、交渉の基本方針を示すと共に台湾問題への配慮に言及したのであった。さらに大平は、「日華平和条約を不法にして無効とする中国の立場は十分理解できる。しかし、この条約は国会の議決を得て政府が批准したものである。日本が中国の見解に同意した場合、日本政府は過去二十年にわたって国民と国会をだまし続けたという汚名を受けねばならない。日華平和条約は国交正常化の瞬間において、その任務を終了したということで中国側のご理解を得たい。日台の外交関係が切れた後の現実的な関係を、やること、やらないこととのケジメをはっきりさせて処理したい[43]」と述べている。

すなわち、第一回首脳会談における田中の「共同声明」方式への言及、そして大平の「国交正常化と同時に日華平和条約は終了」という提案は、そのまま四日後の「日中共同声明」による国交回復、日台外交関係の断絶となって現実化したのであった。日中国交正常化の大枠は、いわば第一回首脳会談において事実上の決定を見たといえる。

周恩来が第二回首脳会談（九月二十六日）の冒頭に述べた、「日本政府首脳が国交正常化問題を法律的ではなく、政治的に解決したいと言ったことを高く評価する」という発言は、中共政府が台湾問題を含めた日中間諸懸案に深く踏み込むことなく、国交正常化という「政治的決着」へ進む決意の表れだった。

しかし、周恩来は同会談の席上、日華平和条約について中共政府の立場を次のように表明している。すなわち、日華平和条約は蔣介石の問題である。蔣介石が対日賠償を放棄したから、中国はこれを放棄する必要がないという日本外務省の考えを聞き、自分は驚いた。蔣介石は台湾に逃げて行った後で、しかも桑港条約の後で、日本に賠償放棄を行った。他人の物で自分の面子を立てることはできない。戦争の被害は大陸が受けたものである。我々は賠償の苦しみを知っている。この苦しみを日本人民になめさせたくない。我々は田中首相が訪中し、国交正常化問題を解決すると言ったので、日中両国人民の友好のために、賠償放棄を考えた。しかし、蔣介石が放棄したから、もういいのだという考え方は我々には受け入れられない。これは我々に対する侮辱である。[44]

周恩来が、高島（益郎）条約局長を「法匪」と罵倒した逸話が伝えられているが、右の周恩来発言が賠償問題に対する彼らの考え方の基本であった。彼らの対日賠償問題に対する基本姿勢は、賠償放棄には同意するが、それはあくまで自発的な決断によるものであり、蔣介石がかつて行った賠償放棄の踏襲ではないということである。

中共政府は台湾に関わる二つの重要問題、すなわち賠償問題、国家承認問題のうち、前者でその主張をほぼ貫徹した。「日中共同声明」は、中共政府による「自発的な」対日戦争賠償の放棄を謳ったからである。そして国家承認問題では、中共政府が唯一かつ合法な政府であることを日本政府に認知させることに成功した。

しかし、彼らは極東の政治的現実に鑑み、日本に対し日台関係の「事実上の認知」という配慮を払わざるを得なかった。第四回首脳会談に備え日本政府が準備した「日中国交正常化後の日台関係」とこれに対する中共政府指導部の反応は、右に述べた事情をよく示すものであろう。

第四回首脳会談（九月二十八日）の席上、大平は「いよいよ明日から、日台間の外交関係は解消される」と前置きし、周恩来、姫鵬飛外交部長らの前で同文書を読み上げた。以下は、その全文である。[45]

一・日中国交回復の結果、現に台湾を支配している政府とわが国との外交関係は解消される。このことは当然のことではあるが明確にしておきたい。しかしながら、昨年、日台貿易が往復十二億ドルを越えたこと、我が国から台湾へ約十八万人、台湾から我が国へ約五万人の人々が往来したことなどにみられるとおり、日本政府としては、日台間に多方面にわたる交流が現に行われているという事実、また日本国民の間には台湾に対する同情があるという事実を無視することはできない。

二・日本政府としては、今後とも「二つの中国」の立場はとらず、「台湾独立運動」を支援する考えは全くないことはもとより、台湾に対し何らの野心ももっていない。この点については、日本政府を信頼してほしい。しかしながら、日中国交正常化といえども、我が国と台湾との関係においては、次の諸問題が当分の間残ることが予想される。

(1)政府は在台湾邦人（現在在留邦人三九〇〇及び多数の日本人旅行者）の生命財産の保護に努力しなければならない。

(2)我が国は自由民主体制をとっており、台湾と我が国との人の往来や貿易はじめ各種の民間交流については、政府としては、これが正常な日中関係をそこねない範囲内において行われるかぎり、これを抑圧できない。

(3)政府は民間レベルでの日台間の経済交流も（2）と同様容認せざるを得ない。

(4)日台間の人の往来や貿易が続く限り、航空機や船舶の往来も（2）（3）と同様容認せざるを得ない。

三・日中国交正常化後、台湾に在る我が方の大使館・総領事館はもちろん公的資格を失うが、前記の諸問題を処理するため、しばらくの間、その残務処理に必要な範囲内で継続せざるを得ない。またある一定期間の後、大使館・総領事館がすべて撤去された後に、何等かの形で民間レベルの事務所、コンタクトポイントを相互に設置する必要が生じると考える。このことについて中国側の御理解を得たい。

四・なお、政府としては、日中国交正常化が実現した後の日台関係については、国会や新聞記者などに対し、上記の趣旨で、説明せざるをえないので、あらかじめ御了承願いたい。

大平が右の文書を読み上げた直後、周恩来から日本政府は台北に「覚書事務所」のようなものを考えているのか、と質問があった。なお、田中、大平は周の質問を肯定、日本政府として「覚書事務所」のようなものを台北に設ける考えだと返答した。会談に同席した橋本中国課長は、大平あるいは田中が何か難しいことを言い出すのではないかと懸念していた周恩来ら中共政府首脳部が、大平の説明を聞いた後は「一様に安心したという表情になり、大平発言につき正面から認めるとは言わなかったが、わかっているから心配するなという表情で、うなずいた[46]」と証言している。

こうして、周恩来は、中共政府が日台関係の継続を事実上容認することを明らかにした。日本は「二つの中国」の立場をとらないという「日中国交正常化後の日台関係」中の一文は、いわば日本政府が「合法的な中国政府は一つである」ことを認めたものであり、中華人民共和国を中国の唯一かつ合法的政府とする、「復交三原則」の第一項を再確認したものである。しかし、それは「唯一かつ合法的ではない」かもしれないが、自由主義陣営に属し、かつ経済的に繁栄を続ける「もう一つの中国政府（台湾）が存在する」という厳然たる事実を否定するものではなかった。

周恩来は、「日中共同声明」において、中共政府が「二つの中国」を認めないことを明記するという「名」を取ったが、「台湾海峡を挟んで二つの政府が存在する」現実を事実上受け入れることによって、実質的にはその「一つの中国」という主張（いわば、「実」）を骨抜きにしたといえる。第三回首脳会談（九月二十七日）において、周恩来が「台湾海峡の両側の中国人が、中国は一つと主張することに米国は反対しない（not challenge）」という「上海コミュニケ」の文言を指して「キッシンジャーの傑作[47]」と田中に語った事実は、彼が米中交渉、日中交渉を推進するにあたり、台湾問題は「一時棚上げにした」ということを間接的な形で日本政府に示したものであった。「日中共同声明」に署名した田中が、中国における全ての日程を終え上海空港から帰国の途についたのは、九月三十日のことである。田中は超党派の議員から歓迎を受けつつ帰国し、その外交的「功績」は日本国民の多くが評価するものであるかに思われた。しかし、日中国交正常化実現が田中内閣と日米関係のその後に及ぼすであろう影響について、米国政府文書は次のように分析している。

「田中は九月二十五日北京に到着し、去る二月のニクソン大統領同様、空港で熱烈な歓迎を受けた。速やかな大使交換を約した日中国交正常化の共同声明は、九月二十九日発表された。田中は三十日、東京に向けて上海を発つ。田中と中共首脳の会談は、概して彼と大平外相とがハワイで我々に行った説明に沿ったものだった。台湾との断交について、共同声明は触れていない。日本は『中国』に台湾を返還するというポツダム宣言第八項を引きつつ、台湾に関する中華人民共和国の立場を『完全に理解し、尊重する』と強調している。大平は共同声明発出後の記者会見で、次のように述べている。『台北との外交関係は不可能となった（筆者註・日本文では「維持できなく」なった）』。しかし、大平は本年度中に大使交換を行うかどうかについては明言を避けた。

日本における一般の反応は、非常なる満足である。しかし、田中は次の国会会期中に台湾『放棄』につき自民党右派からの激しい非難に直面するであろう。そして恐らく、日米安保条約継続反対派からの攻撃はもっと激しいものであろう。当館（駐日米大使館）は、米国は今や日本に協議することなく『中国封じ込め政策』を放棄したという理由で、日米安保条約の存在を疑問視する強い一般の態度（条約と在日米軍基地の理論的根拠に対し、日本国民に疑問を抱かせた）が生じつつあることを御報告する。[48]」

すなわち駐日米大使館は、田中訪中と日中国交正常化の実現は、その「成功」の裏で自民党右派（台湾支持勢力）および左翼勢力による政権攻撃を誘発し、日中国交正常化の成功という「功績」を上げたはずの田中内閣を、今後は政治的に非常に困難な立場に陥れると予測していた。それは、アジア・太平洋地域における国際政治上の枠組みを大きく変化させた日中国交正常化がもたらした、もう一つの側面であった。

田中が帰国した九月三十日午前、自民党議員有志からなる「外交問題懇談会」は都内で臨時総会を開いたが、そこでは大平外相の発言のみで日華平和条約を廃棄することは「条約遵守」を定めた憲法に違反するのではないかという疑問が続出した。そして、自民党日中国交正常化協議会が認めたのは国交正常化と田中首相訪中の二点であって、そこには「台湾との外交関係存続」という条件があったはずと、政府の「違約」を追及している。なお、同懇談会に出席したのは岸信介、石井光次郎、倉石忠雄、千葉三郎ら自民党「台湾ロビー」に属するメンバーだった[49]。さらに賀屋興宣（自民党・衆議院議員）は、平和五原則に反する行動を繰り返した中共政府は信頼できず、しかも中華民国政府と断交し、国会で批准された日華平和条約を「勝手に破棄」し無効としたことは憲法違反であり、国際法違反であると論じ、政府の行動は「外交史上に大汚点を残した」と厳しく論難したのだった[50]。

そして日中正常化交渉に臨む田中を超党派で送り出し、その帰国を歓迎した野党も、「日中共同声明」発表のその日から、事実上田中内閣への攻撃姿勢に転じた。日米安保体制を「対米追随」とする共産党はもとより、社会党も日中国交正常化の実現を「戦後自民党政府がサンフランシスコ講和条約と日米安保体制のワク組みの中で推し進めてきた対米追随と、反共冷戦外交が虚構の上に組み立てられ、いかに間違っていたかを白日の下にさらすと同時に、それが今や破産し、修正、変更を余儀なくされていることを示している」と論じ、政府は「アジア政策全面転換」を断交せよ、と迫った[51]。

日中国交正常化によって「わが国の国際社会における責任が一段と加わり、人類の平和と繁栄にさらに貢献すべき義務を負うにいたった」と述べた田中首相の施政方針演説、そして「日中国交、平和に貢献」、「日米友好の堅持は基軸」とした大平外相の外交演説[52]は、野党各党の厳しい批判を浴びた。野党は田中演説を「選挙向けの総花」とし、とりわけ社会党は、国際情勢が緊張緩和に向かう中で四次防（第四次防衛力整備計画）を策定し、日米安保条約を堅持する田中内閣の姿勢を「矛盾」であると攻撃している[53]。

日中国交正常化の実現は、「日米関係堅持を優先する日本政府の外交姿勢、または米国の対日圧力によって日中正常化が妨げられてきた」という、日本各界に長年存在してきた鬱積した感情を解放した。しかし、それは同時に日中関係正常化を国際的な緊張緩和の一環と捉え、安全保障上の日米協力関係を否定する論拠とする主張にも力を与えた。加えて、田中と大平は日華平和条約の「破棄」をめぐって自民党「台湾ロビー」の厳しい攻撃に曝されることになった。日本と台湾の経済的・文化的交流はその後も存続するが、日華断交は国府の対日感情を悪化させ、その後の日華関係に暗い影を落とすという結果も招いた。

駐日米大使館の指摘する通り、日中国交正常化はその後の日米関係に新たな課題をもたらすと思われたし、日・米・中・台四国関係にとって、新たな困難の始まりを意味するものだったといえる。

衆議院が「日中共同声明に関する決議」を採択したのは、昭和四十七年十一月八日のことであった。（参議院は、同月十三日に採択。）

それから約一ヶ月が経過した一九七二（昭和四十七）年十二月上旬、米国ヴァージニア州シャーロッツヴィル（Charottesville）で、第十六回日米政策協議が開催された。外務省は、同政策協議に備えて日中関係の将来と中国問題をめぐる日米関係について研究し、その結果をポジション・ペーパーの形に纏めている。それは、日中国交正常化後の日中関係、および日米関係の現実と数年後の見通しを、国際情勢分析を交えながら総括的に論じるものであった。

本節を締めくくるにあたり、同ポジション・ペーパーの内容を具体的に検証、日中国交正常化後の日中関係、日米関係の諸問題に対する外務省の認識を解明することとしたい。

〔「日中関係の将来予測」[54]〕

次に述べる一九七〇年代日中関係の展望は、毛沢東・周恩来体制が今後五年かそれ以上継続するという、あるいは少なくとも現在の毛・周政策路線が彼らの没後もその後継者によって踏襲されるという仮定に基づくものである。

日中関係の将来は当然ながら、米国の対中、対日、対ソ政策およびソ連の対日、対中、対米政策の影響を受ける。本論は、これら諸政策が劇的変化を起こさないという仮説の上に展開されるものである。

1・中国の外交的立場と対日政策

(1)中国は、中ソ国境及びモンゴル地区に配備されたソ連軍事力に強い懸念と怖れを抱いている。ソ連の脅威に対抗する目的で、中国は米国の呼びかけに積極的に応え、対米和解とデタントを推進した。その結果、中国は、米国の軍事的脅威を外交的に大幅に減じることに成功したのである。一方で、中国は米軍が自らの周辺に存在することを決して好んでおらず、そのアジア全域からの撤退を目標にしている。恐らく中国は、台湾からの米軍撤収、タイからの撤収を、ヴェトナム撤退に続いて推進しようとするであろう。反面、中国は米軍撤退によって生じる軍事的真空をソ連が埋めることを明らかに怖れている。彼らはまた、米軍撤退は日本の軍事進出を呼ぶと疑っている。中国は当分の間、在日米軍の存在を認めるであろう。それは日本軍国主義復活を監視する役割としてであり、極東におけるソ連軍事力との均衡を多かれ少なかれ維持することを考えているゆえである。しかし、結局中国は米軍撤退、日米離間、日本の非同盟中立化（最小の自衛力を有するが）を求めている。そうするうちに、中国は日本の経済力と東南アジアへの影響力増大を怖れ、これに対抗する様々な手段（在外華僑の力を使った反日宣伝などを含む）をとるであろう。一般的に、当該分野への中国の政策は、在外華僑の力に依っている。

(2)中国指導部は、なるべく早い時期に台湾の「解放」の基礎を固めるべく、対米交渉を開始したいと恐らく考えているであろう。もしも、その米中交渉(順調とは程遠いであろう)が成功し、米軍の台湾防衛関与問題が米中正常化に先立つ暫定協定の締結で解決を見たとするなら、日中間を緊張させる最大の要因が取り除かれることになるであろう。逆に万一これが失敗したとすれば、中国は日台貿易・経済関係の維持を理由として、遅かれ早かれ対日攻撃と非難を始めるかもしれない。それは、台湾の孤立化と政治的揺さぶりが目的であろう。台湾問題が未解決である限り、それは日中関係が「ある一定の線」以上に緊密化することのブレーキとして作用するであろう。中国はまた、日本軍国主義の復活と日本の経済進出を特に強調しながら、日本の政策一般を非難するであろう。しかし、日ソ関係の緊密化を防ぐためにも、中国はある程度以上に対日関係を悪化させることはできないだろう。

(3)中国の自民党政府への圧力は、主にマスコミを通じてかけられる。中国は日本共産党に対し極度の悪罵を投げつけ、その左派を支持していない。中国は社会党との関係も良好ではない。日本には現在、中国から全面的支持を得ている勢力が存在しないのである。人民戦線結成の可能性はあるかもしれないが、そのための実際行動は近い将来実現しそうにないであろう。

(4)朝鮮半島について。中国は日本が南北等距離外交を行い、北朝鮮の対話努力を助けつつ、その間に韓国からの米軍撤退に有利な雰囲気を醸成する努力を行おうと望んでいる。中国は韓国中立化を目標として、北朝鮮にデタント政策を助言(目的にとって必要な範囲で)するであろう。

(5)中国は日ソ関係に一貫した関心を示し、それが中国にとって危険となるほど緊密化することを防止するため、様々な手段を講じるであろう。中国は、また日ソ離間を試みるかもしれない。中ソ国境沿いの軍事バランスに著しい影響を与えるように思われれば、中国は日ソのシベリア開発協力にも強力に反対するであろう。反面、彼らは北方領土問題については日本の立場を支持し続ける（しかし、ソ連は中ソ国境の問題が片付く前にこれを対日返還する意図はないであろう）。

（6）尖閣列島について。中国は外交上、または政治的な対日取り引きに使用する必要があるときは、いつでもこの問題を取り上げてくるであろう。

2．中国の政策に対する日本の反応

戦後日本の中国政策、そしてその外交政策一般からみると、日本が中国の予想される動きに対し、積極的政治手段をとることはまずあり得ないように思われる。日本の中国政策は防衛的、かつ消極的であり続けるだろう。それは政治的なものより経済的なものであろう。日中国交正常化と共に、日本外交に占める中国のウェイトは、中国外交の対日政策への関心に比して、より小さくなる。対中関係を処理するとき、日本は対米、対ソ関係を考慮しなくてはならない。これら「両面への配慮」から生じる日中関係緊密化への抑制は、無意味ではあるまい。

付言すると、日本国民の間には性急な対中国交正常化に対して消極的な声が存在する。日本人には、中国人とは違った意味での実用主義がある。日中両国の政治体制の根本的違いは、一定限度以上の相互接近を妨げることになるであろう。後に述べるように、日中経済関係も急速には進歩しまい。また日中友好は日本の農民・中小企業の意思に反し、農産物や中小企業製品を貿易拡大と共に（中国から）大量輸入しなくてはならないであろう事実によって、マイナスの影響を蒙るであろう。

日本指導者の関心は、世界経済と日本の経済拡大の調和に向けられ続けるであろう。換言すれば、彼らの関心は日本の高度成長持続に含まれる問題にあり、より広い性質の問題に向いているのだ。それは中国を含む個別の国家関係を越えたものである。現在の中国のデタント政策、緊張緩和を目指す米ソの政策は共に、日本指導者の関心（国内問題とは別に）をますます世界経済へ向けている。

日本の対韓、台湾、東南アジアそしてソ連政策については、従来のそれから大きく逸脱することはないであろう。中国の予想される動きから判断して、ある程度の修正はあり得るとしてもである。なぜなら、日本の政治・社会は「過激な発端」を許容しないからである。

日中関係における最大の潜在力は、経済分野である。もし中国が臆した経済政策をとらず、その代わりに大胆な経済成長政策に入るならば、そして日本から大規模な資本技術の導入をはかるならば、日中関係の将来は重要なものとなるだろう。それは現在ありそうにないとみられているが、北京政府の経済政策は高度に現実的となり、その実現可能性は十分あると見る者もいる。

結論として、日中両国関係は将来極めて緊密となるだろう。両国はアジアと世界で別の路線を歩んでいる。中国は政治、日本は経済である。台湾問題は未だ、深刻な論争に発展する可能性を抱えている。朝鮮半島もまた、紛争の種たり得る。日中関係に関する限り、台湾問題・朝鮮問題は多かれ少なかれ、米中関係の反映である。現在の米中デタントが続く限り、日中関係は今後五年間は著しく変化しないであろう。それにもかかわらず、米中関係は全体として、ある程度までは改善されよう。当分の間、問題が沈静化し、米中二国間公式関係を導く基礎が定例の行政事項に関する様々な協定締結、および平和条約交渉を通じて据えられたからである。

しかし、日本の「中国ブーム」は既に冷却化し、「多極間外交」の難しさと危険が認められつつある。日中間の善隣友好関係は遅々たる過程でしかあるまい。中国の核兵器開発もまた、重大問題である。

3・日中経済関係の見通し

日中貿易が将来延びる見通しは、主として中国のＧＮＰの伸び、ＧＮＰに占める貿易比率、対日依存度などに依っている。しかし、以下の理由によって、中国のGNP伸び率を越える急速な日中貿易成長の可能性はほとんどないと思われる。

(1)鉄鋼製品、化学肥料は日本の対中輸出のトップ（輸出総額の六十四パーセント）である。しかし、これら輸出の価格は他の地域に比して十五パーセントも安い。これは対中貿易交渉における最も深刻な問題である。

(2)日本の輸入品中、生糸、大豆、海産物はしばしば不足を来している。その品質は満足できないものであり、生産増加の見込みがない。

(3)日中二国間の貿易バランスが一九六五年以来、中国の赤字である。一九七〇年、中国の貿易赤字は二億ドルであり、中国はこのような貿易不均衡の是正を求めている。

(4)中国の対日貿易依存は、貿易総額の二十五パーセントにのぼる。ソ連との苦い経験を通じ、中国は一つの国に過度に依存することを、非常に嫌っている。

(5)中国の国際的地位が上昇すれば、彼らはその貿易相手を分散化するであろう。

(6)中国の外貨準備高は極度に小さい。約十億ドルと見られる。しかし、中国は日本からの産業プラント輸入（ビニール、鉄鋼、造船の延払い輸出）に非常に関心を持っているが、日本の利率六パーセントは、中国にとって高過ぎて受け入れ難いものである。彼らは、巨額の対外負債を招きたくないのである。そこで、日本の延払い輸出の急速な増加は、もし双方がそれぞれの態度を劇的に変化させないとすれば、あり得ないだろう。

「中国をめぐる将来の日米関係」（要旨）[55]

日米両国にとって重要なことは、日本が台湾との関係を維持しながら対中国交正常化に成功した理由を分析することである。とりわけ、次の二つの疑問に応える事が重要である。①北京政府は、なぜニクソンを無条件で受け入れたのか、②北京政府は、なぜその「復交三原則」を大幅に緩和したのか、である。

その理由として、中国がソ連の軍事的脅威への怖れを抱いていたことが挙げられる。一九六八年のソ連軍のチェコ侵攻、その理論的根拠となった「ブレジネフ・ドクトリン」（制限主権論）が中国の対ソ脅威論の原因とされることが多い。

「ソ連軍のチェコ侵攻は、欧州デタントの休止のみを招くであろう。それはソ連にアジアにおける行動の自由を与えることになり、米国がソ連の中国侵攻を容認するのではないかという怖れが生じた」という考え方に基づき、中国は「文化大革命」による国際的孤立から速やかに脱出したというものである。

つまり、対米和解は中国にとって米ソの反中「共同行動」を阻止する手段であり、ソ連が対中国単独行動の際、米国の反応に不安を抱くようにするためのものであったという。それはまた日米同盟の弛緩、日本からの譲歩を引き出すための手段でもあった。

しかし、かような分析はある程度の有効性を認め得るが、多くの点で不適切ではないかと思われる。

ニクソン訪中の見通しも現実も、ソ連が対中攻撃を行うとき米国の支援があると中国に期待を抱かせ、ソ連に怖れを抱かせる根拠を提供するものではなかったのである。我々は最後に自問自答しなくてはならない。なぜ、譲歩したのは日本ではなく、中国だったのであろうか。

中共政府が、ソ連を脅威視していることは事実である。ソ連が「ブレジネフ・ドクトリン」を対中軍事行動に用いる可能性と意図を、北京は幾度も指摘してきた。そもそも、「平和共存」という言葉について中ソの解釈は異なる。ソ連は社会体制の異なる国家間に適用する言葉としているのに対し、中国はこれを全ての国家間に適用されるものと解釈している。事実、ブレジネフの「制限主権論」発表が「文化大革命」の突然の中止に重要な役割を果たし、また軍が「文化大革命」後の再建に最も著しい役割を果たしたという事実を挙げることは、全く的外れではないかもしれない。

しかし、中共政府が欧米諸国への接近によって、ソ連に対する外交的守りを整える希望を抱いていると素朴に誤り信じている向きがあるように思う。むしろ、中国は現在「毛沢東の中国」の存続に対する大きな脅威に直面し、できるだけ多くの国々との絆を強化する急速かつ精力的な外交努力を行うのみならず、ソ連の圧力に対抗するため政治的、経済的に中国を強化する計画をも同時に進めているのである。

日本への接近は、この一環である。彼らはこれまで、日本への露骨な内政干渉による日米離間政策をとってきた。それは貿易を武器とした日本国内の「親中派」育成、野党と自民党反主流派による「親中派」育成である。

しかし、政策転換に関していうなら、貿易の魅力というものは不十分であった。いわゆる「長崎国旗事件」から周「四原則」に至るまで、日本政府と多くの日本企業は（中国の望む）政策転換を拒否してきたのである。政治面では、六十年代末までに社会党の（政府自民党への）反対は今までより強くなったし、自民党に影響を与え得る中国の力は、国会議員のごく少数に限られるようになった。

同時に、日本が中国の「真の脅威」となる可能性は、中国の目から見て劇的に増加した。日本は世界的パワーに成長し、核武装能力を有している。「佐藤・ニクソン共同声明」は、折から対ソ緊張が絶頂に達した時点で、「日本がアジアで米国の軍事的肩代わりをする」という「幽霊」を中国の脳裏に呼び起こした。日本問題の複雑さは、日本が中国にとって「アジアにおける最大の潜在的競争者」であると同時に、ソ連との対抗上、中国が依存し得る強力な産業力を持っていなければならないということである。従って、中国は日本の軍事的潜在能力がいつか中国の敵となる事態に繋がる、あらゆる事態への道を閉ざさねばならないのである。

その場合、日本問題への鍵は米国にある。それが、良好な米中関係が極めて重要となる理由なのである。一九七〇年の時点で、北京政府は米国議会の態度、米国民の反中感情のため、その技術力、貿易力をどこまで中国のため利用できるか分からなかった。しかし良好な米中関係は、佐藤政権に対し示された冷淡な態度と共に、既に明らかとなっている日米同盟の緊張を激化させるのみならず、日本を排除した米中和解への怖れから遂には（中国が長らく望んでいたが、これまで実現しなかった）日本の政治的変化をも誘発するかもしれなかった。

中国は、結局日本から政治的譲歩の実体を得ることなく、対日関係正常化へと進んだ。彼らは佐藤政権の続く限り交渉は拒むと言い続けたが、日米安保条約への攻撃は一九七一年に大幅に減少し、翌年の初めには「日本軍国主義」と再軍備への批判も止まった。春頃には、いかなる佐藤の後継者をも相手にする用意があったことは明らかだった。おそらく、佐藤その人が続投することさえできたように思われる。

台湾問題について中共政府が示してきた神経質な態度は、ここにはなかった。日米両国にとって、対中正常化交渉上、越えることのできない障害と思われてきたこと（台湾問題）が、当分の間棚上げとなったのである。少なくとも表面上、中共政府は台湾がゆっくりだが、確実に「大陸の方向」へ流されるであろうと見ていることが明らかだった。

しかし、台湾の独立能力が高まっていることを中共指導部はよく知っている。しかし、台湾は重要であるが、対日、対米関係に関する限り、当面は二義的問題である。日米両国が台湾独立運動に関与していないことが、中共政府の猜疑心を緩めたことは疑いない。結局、対米、対日関係における経済上の要請が全てに勝ったのであろう。

中国の対ソ脅威感は、変化しないであろう。彼らは、毛・周体制から後継者に至る政治的過渡期にソ連が干渉することを怖れている。ソ連への怖れという中共外交のモチーフは、あと三年は変わるまい。彼らは先進諸国との貿易を増大させ、友好国家の増加を希望し続ける。

そして、中国は台湾問題についてもむしろ穏和姿勢を続けるであろう。それは日米両国が台湾の大陸からの永久分離（独立）を促進あるいは援助しないこと、または台湾が対ソ関係改善に向けて著しい動きをしない限りは、である。

中共指導部は、近い将来に台湾を「併合」（Anschluss）する可能性がないことを知っている。国府の国際社会からの孤立を図っても、短期的、恐らく中期的にも成功は期し難いことを。親ソ的後継者が出現しても対ソ関係への配慮、そして軍事的現実から考え、台湾侵攻は抑えるであろう。

しかし、先進国との接近政策が失敗に終われば、中共の政策は逆転するかもしれない。ソ連の脅威が続く限り、彼らは自衛隊増強と日米安保条約、在日米軍基地に反対しないだろう。同時に、彼らは日本国内の反基地感情を歓迎し、日本の中立外交推進を歓迎する。インドシナ半島への日本の経済関与も、ソ連の脅威を排除することにおいて賛成である。しかし、中国は、ソ連軍事力を増強するような日本のシベリア開発計画には警戒心を抱いている。

経済的利益を得ようとする現在の政策が失敗に終われば、中国は対ソ関係を修復するよりも、むしろより狂暴かつ孤立した中立政策に戻る可能性が高いであろう。

（1）『朝日新聞』、昭和四十七年七月三日。
（2）福田赳夫『回顧九十年』（岩波書店、一九九五年）、二〇五〜二〇六頁。
（3）『朝日新聞』、昭和四十七年六月二十二日。
（4）『朝日新聞』、昭和四十七年七月五日。三木武夫は、各項目にそれぞれ、①日華平和条約は存在意義を失う（台湾派中国の不可分の領土。中華人民共和国が唯一正統の政府）、②「吉田書簡」は日中国交回復の前にはこっぱみじんに飛んでしまって、いまごろ取り上げる問題ではない、③どの国に対しても差別はしないというのが私の貿易政策、と返答している。大平正芳の回答は、日中両国の討議過程で日華条約を廃棄したい（政府が責任を持って中国と話合い台湾との関係を処理する）というものであった。

（5）『朝日新聞』、昭和四十七年四月十四日。四月十三日、民社党訪中団・中日友好協会代表団の共同声明が発表された。それは「復交三原則」を日中国交回復の「大前提」であるとする中共側の立場に事実上同意したものであった。なお、日本軍国主義の復活という中共政府の対日非難（佐藤内閣に向けられたもの）について、同声明は「復活はすでに重大な段階にきている」という中共側主張と、「一部の軍国主義勢力が存在している」とする民社党の主張を併記する形となった。なお、民社党内の右派（曾祢益ら）からは、声明は「中国ペースだ」という批判が出ている。

（6）『朝日新聞』、昭和四十七年四月二十二日。三木の訪中出発は四月十三日、帰国は同月二十四日。二十日夜、北京飯店における送別宴会の席上、王国権は「日本は吉田外交と決別すべきである」と述べ、佐藤、福田の「中日改善策は世論をあざむき、苦境からのがれるためのものである」と非難した。帰国後、三木は佐藤に「日中復交は佐藤内閣ではむずかしいが、新政権でも中国政策の大転換が必要だ」と報告した。これに対し、佐藤は「佐藤内閣ではダメかね。そうだろうな」と返答したという。（『朝日新聞』、昭和四十七年四月二十七日。）

（7）『朝日新聞』、昭和四十七年五月十七日。周恩来は二宮文造（参院議員）団長に向け、「（復交）三原則で努力すれば」「新首相の訪中歓迎」と語っている。周は、日中交渉開始の時点で、日本政府が「日台条約」（日華平和条約）の廃棄態度を明確化すればよい、との意を伝達した。

（8）緒方前掲書『戦後日中・日米関係』、一八一～一八四頁。緒方は、条約局長、条約課長といった「法律の専門家」が「小グループ」の中核をなしたという事実は、対中正常化問題に関する外務省の関心が法律的（筆者註「二つの中国」、すなわち台湾問題であろう）であったことを示すもの、と指摘している。

（9）『朝日新聞』（夕刊）、昭和四十七年七月十八日。

（10）「竹入・周会談（第一回～第三回）等一件」、『情報公開法による開示文書（写）の一般公開目録』〇一―一二九八―一、外務省外交史料館。

(11) 同右、第一回会談（一九七二・七・二十七）。

(12) 同右、第二回会談（一九七二・七・二十八）。なお、「上海コミュニケ」中の「台湾海峡の両側の中国人」という文言について、周恩来はこれをキッシンジャーの「創造的言葉」と表現し、自分は（このような表現を）思い付かなかったと竹入に語っている。周はさらに、「上海コミュニケ」において米国は台湾を中国領土の一部であること、台湾問題の解決は中国自身のものであること、米国はこれらに異議がないという前提をはっきりさせている、と述べている。

(13) 第三回会談（一九七二・七・二十九）、「竹入・周会談の日中共同声明関連部分」、『情報公開法による開示文書（写）の一般公開目録』〇一―二九八―二、外務省外交史料館。

(14) 前掲「こうしてできた日中復交の骨組み」、『ドキュメント日中復交』、一四三頁。

(15) 緒方前掲書『戦後日米・日中関係』、一八五頁。

(16) JAPAN'S PLANS NORMALIZATION OF RELATIONS WITH PRC. From SecState to Amembassy Tokyo. July 26, 1972. NIXON NSC FILES, HAK Office Files, Country Files-Far East, Box102.

(17) JAPAN/PRC RELATIONS NIXON/TANAKA MEETING, July 27, 1972. NIXON NSC FILES, HAK Office Files, Country Files-Far East, Box102.

(18) MEETING OF RICHARD NIXON AND KAKUEI TANAKA PRIME MINISTER OF JAPAN, Hawaii, August~September, 1972. (Department of State, August 1972) NIXON NSC FILES, VIP VISITS, TANAKA VISIT (Hawaii), Aug~Sep, 1972. Box926.

(19) Your Meeting with Tanaka and Ohira (FOR THE PRESIDENT'S EYES ONLY RE:TANAKA MEETINGS). NATIONAL SECURITY COUNCILS. From John H. Holdrige to Henry A. Kissinger, August 10, 1972. NIXON NSC FILES, VIP VISITS, TANAKA VISIT (Hawaii) August~September, 1972. Box926.

(20) 『朝日新聞』、昭和四十七年七月十九日。田中・竹入会談における発言。田中は、台湾問題の具体的な扱いには触れなかったが、「佐藤・ニクソン共同声明」の「台湾条項」については「当時とは国際情勢も質的に変化しているので、現在の情勢をふまえて対処したい」と述べたという。なお、同時期に会談した民社党の春日一幸に対して田中は、自らの訪中について確たる意思表示を避けている。

（21）キッシンジャーの来日は六月九日。帰国は同月十二日。十二日に行われた記者会見（ホテルオークラ）で、彼はその訪日目的について「日本のアジア政策に対する認識であり、また日本では米国のとっている政策、とりわけ一年間の政策をどう考えているかを知ることであった。さらに日本の果たす役割はなにかをさぐることであった」と語っている。なお、キッシンジャーは①米国政府は日本の核武装を望まない、②予見し得る将来に日米安保条約堅持の姿勢を変える意図はない、とも述べた。（『朝日新聞』、昭和四十七年六月十三日。）

（22）『朝日新聞』〈夕刊〉、昭和四十七年八月九日。

（23）同右。

（24）William P. Rogers. Your Meeting with Japanese Prime Minister Tanaka and Foreign Minister Ohira. August 18, 1972. NIXON NSC FILES, VIP VISITS, TANAKA VISIT (Hawaii), Box926.

（25）China Policy, From Amembassy Tokyo to SecState, July 27, 1972. NIXON NSC FILES, HAK Office Files, Country Files-Far East, Box102.

（26）『朝日新聞』、昭和四十七年八月十七日。

（27）Memorandum of Conversation, NIXON NSC FILES, VIP VISITS (Hawaii) 31 Aug-1 September, Box926. 会談出席者は田中、キッシンジャー、法眼、インガソル、ホルドリッジ他。

（28）ibid. 外務省における会談は大平、キッシンジャー、ホルドリッジ、法眼らが参加。

（29）Memorandum for the President, From Henry A. Kissinger. Highlights of my second visit to Japan. August 19, 1972. NIXON NSC FILES, HAK Office Files, Country Files-Far East, Box102.

（30）Memorandum for the President, From Henry A. Kissinger, My Conversation with Tanaka in Japan on August 19. August 29, 1972. NIXON NSC FILES, VIP VISITS Tanaka Visit (Hawaii), Box926.

（31）Memorandum for the President, From Henry A. Kissinger. Your Meeting with Japanese Prime Minister Tanaka in Honolulu on August 31 and September 1. NIXON NSC FILES,VIP VISITS Tanaka Visit (Hawaii), Box926.

(32) ibid.

(33) Japan's Normalization of Relations with the PRC. NIXON NSC FILES, VIP VISITS Tanaka Visit (Hawaii), Box926.

(34) ibid.

(35) ibid.

(36) THE EFFECT OF THE US-JAPANESE SUMMIT MEETING ON THE R.O.C (August 31, 1972. Taipei, Chung Kuo Shin Pao) LotFile75D76, Box11, RG59, N.A.

(37) 『朝日新聞』、昭和四十七年九月十八日。なお、椎名特使は九月十八日行なわれた蒋経国との会談で、「断交」という言葉を一切使っていない。中江要介（当時アジア局参事官）は、椎名は「早い時期から（日中国交正常化に賭ける）田中氏、大平氏の意向を見抜いて」おり、蒋経国もまた「日本はもはや覆水盆に返らずという状況だということを分かっていた」と指摘、国府側が日中正常化をもはや避け難い流れと認識していた事情を証言している。さらに日華平和条約を合法とする日本政府は、その立場上同条約を破棄するとは明言できず、「断交」を国府側に言わせねばならないという事情があった。詳細は「当事者が明らかにした三〇年目の新事実　『日中』か『日台』かで揺れた日本外交」、『中央公論』（二〇〇二年四月号）参照。なお、椎名が持参した蒋介石宛て田中首相親書については、石井明「日台断交時の『田中親書』をめぐって」、『社会科学紀要』（東京大学大学院総合文化研究科）五十輯（二〇〇〇年）参照。なお、先出の『中央公論』記事によると、同親書を起草したのは小倉和夫（当時アジア局中国課首席事務官。元駐仏大使）であったという。

(38) INFORMATION MEMORANDUM, Taiwan and Japanese policy. September 11, 1972. From EA/Marshall Green to the Secretary (Rogers). LotFile 76D144, Box15, RG59, N.A.

(39) Prime Minister Tanaka Call on President Nixon. NIXON NSC FILES, VIP VISITS Tanaka Visit (Hawaii), 31 August~1 September. Box926.

(40) 註（12）参照。

(41) 『朝日新聞』（夕刊）、昭和四十七年九月二十九日。

(42) 伊藤前掲論文「日米中関係における『台湾問題』　米中和解とその影響」、一二九頁。

（43）「田中総理・周恩来総理会談記録」（一九七二年九月二十五日〜二十八日）より、「第一回首脳会談要旨」。なお、首脳会談参加者は田中総理、大平外相、二階堂（進）自民党幹事長、橋本中国課長（以上、日本側）、周恩来総理、姫鵬飛外交部長、廖承志外交部顧問、韓念龍外交部副部長（以上、中国側）。アジア局中国課「日中国交正常化交渉記録」、『情報公開法による開示文書（写）の一般公開目録』、〇一―四二一―一。外務省外交史料館。

（44）同右。第二回首脳会談（九月二十六日）。

（45）同右。「日中国交正常化後の日台関係」（別紙）。

（46）同右。橋本中国課長の証言。

（47）同右。第三回首脳会談（九月二十七日）における周恩来発言。

（48）TANAKA VISIT TO PEKING. From Secretary to President. LotFile 74D208, Box8, RG59, N.A. この文書は、恐らく駐日米大使館がロジャーズ国務長官に宛てた報告を、ロジャーズがニクソン大統領に送付したものであろう。

（49）『朝日新聞』（夕刊）、昭和四十七年九月三十日。

（50）『朝日新聞』、昭和四十七年九月三十日。

（51）『朝日新聞』（夕刊）、昭和四十七年九月二十九日。

（52）『朝日新聞』（夕刊）、昭和四十七年十月二十八日。

（53）『朝日新聞』、昭和四十七年十月二十九日。

（54）Future Prospects in Sino-Japanese Relations, November 24, 1972. Reseach and Planning Departure, Gaimusho. LotFile 74D208, Box8, RG59, N.A.

なお、米国側は同文書一．の（2）について次のように述べている。「我々は、中国が台湾の将来の地位について米国と交渉を望んでいるとは全く考えない。緊張緩和と共に台湾から米軍を漸進的に撤退させること、および究極的に全米軍兵力と設備を撤収させることを我々に課した「上海コミュニケ」は、本問題は「二つの中国」側が解決する（平和的に、と我々は望む）ことであるという我々の見解を記すことによって、主役としての米国を排除した。我々は、中国は同コミュニケを、米国を交渉者に含めるよりはむしろ台湾問題の解決から公式に排除することにおいて、自らの利益と見るであろうと信じる。」すなわち、米国政府は中共政府が「上海コミュニケ」を台湾問題処理から米国を排除する法的根拠に用いる可能性が高いことを指摘している。既に論じたように、「上海コミュニケ」に対する米中の解釈は全く異なっていたし、米国政府はその事実を十分認識した上で同コミュニケを発表したからである。日本外務省の認識は、米国側のそれと著しくずれていたといわざるを得ないであろう。

(55) JAPANESE AND US RELATIONS WITH CHINA, THE NEAR-FUTURE. 16th US-JAPAN PLANNING TALKS 1972. Dec. 10-13. LotFile 74D208, Box7, RG59, N.A.

むすび

日中関係打開の具体的試みを開始した池田内閣は、「寛容と忍耐」というスローガンに代表される「政治から経済の季節」への移行を演出すると共に、高度経済成長政策を積極的に主導し、今日の「経済大国」日本の基礎を築いた内閣というイメージが強い。確かに、そのイメージは池田内閣の性格の重要な一面を捉えており、歴史的事実に照らしても大きな間違いはないであろう。

しかし、池田内閣は、岸前内閣時代の日米安保条約改定問題によって傷付いた日米関係を修復するという大きな外交的課題を背負った内閣であり、サンフランシスコ講和条約調印以来の「西側陣営の一員」としての日本外交という原点に立ち返り、対米協調路線を推進することを強く求められた内閣でもあった。事実、池田の推進した高度経済成長政策は「西側陣営の一員」という政治的選択に立脚する以外に、その実現はあり得ない路線であった。いま少し具体的に言えば、それは日本に「対米協調の最優先」を今一度求める路線だったのである。対米協調外交の維持によってのみ、「奇跡の成長」と世界を驚倒させた日本経済の飛躍的な発展は可能になったといって過言ではない。

さて、「アフリカの年」と言われた昭和三十五（一九六〇）年は、新興独立諸国の国連加盟が中国代表権問題を大きく変動させる契機となった年である。池田内閣の発足は、正にその国際政治上の転機と時期が一致するものであり、池田はその後間もなく、この問題に対する抜本的再考慮を求められるに至った。

池田は、対米協調最優先の原則を堅持する一方、中共政府との間に個人的パイプを有する長老・松村謙三に対し、中国に向けた自分の「顔」[1]となることを依頼、将来の日中関係進展に向け周到な布石を打ったのである。この行動は、日本の隣国であり、かつ七億の人口を擁する大国・中国との関係を現状のまま放置しておくことはできない、という考えに基づくものだった。先行諸研究が解明、かつ指摘してきたように、昭和二十四（一九四九）年に建国された中共政権（中華人民共和国）との関係を如何に打開するかという問題は、日本政府にとって吉田時代以来の大きな外交課題であった。一般的には「反中国」、「親台湾」と見られることの多い岸信介でさえ、大陸との外交関係を将来どのように解決するか、という問題を真剣に考慮していたのである。

そのような状況の下、池田が中国問題に対してとった姿勢は、岸前内閣時代に比して対中関係改善に前向きの姿勢をとりながら、その政治的打開の時期を慎重に模索するという微温的なものとなった。それは、対米協調路線の最優先を求められる日本外交の現実に照らせば、やむを得ない選択であったろう。

かくして、池田内閣時代の日中関係は、「冷戦」という国際政治の現実に起因する厳しい制約を課せられたのである。その中で、外務省は将来の日中関係回復に向け、具体的準備を開始した。それは、現在日本が未承認である中共政府の将来における処遇、および台湾に逃れた国府への処遇を如何にするかという問題であった。換言すれば、それは「二つの中国」という現実への対策である。

中国は、北京の共産党政府、および台北の国民政府ともに「二つの中国」という概念、現実を完全に否定し、双方とも「中国は一つ」であることを力説し、自らが「中国を代表する唯一かつ合法的な政府」であること、そしてもう一方は「偽政府」であることを強く主張した。

しかし、これは「中国」との外交関係を持つ諸国を甚だ困惑させる事態であり、政治的に極めて困難な課題を生じさせるものであった。中国との国交問題を検討する諸国は例外なく、「二つの中国」のいずれかの選択、という厄介な外交問題に巻き込まれることになるからである。

外務省による中国問題の再検討作業は、主として中共政府の処遇、すなわち中共政府を国際社会に迎え入れることの是非について考察することから開始された。具体的には、中共政府を国連に加盟させ、軍縮問題、環境問題等の国際的協定、条約に参加させることによってその手を縛り、国際的緊張緩和への糸口をつかむというものである。

当初、外務省はケネディ以下民主党関係者の言動から、ケネディ民主党政権の登場を米国政府が「中国封じ込め」政策の緩和を推進する兆候と見ていた節があるが、現実の米国の対中政策は、共和党時代の「封じ込め」政策の踏襲というべき強硬なものとなった。

そもそも、日米両国は「二つの中国」が存在する極東地域の現状を認知すること、いわば現状維持によって極東地域の平和を確保するという基本路線で、その認識が一致していた。しかしこの時期、いわゆる「二つの中国」という用語の意味において、日米両国には決定的な考え方の相違が存在したのである。

米国にとっての「二つの中国」は、あくまで「国府が中国の代表政権」であることを前提としていた。米国は、中共政府が新興独立国の賛成多数票によって国連加盟を果たすという高価な「政治的代償」を払ったとしても、これに「全中国の代表」という地位を与える意図はなかったからである。これに対し、日本外務省が考える「二つの中国」とは、究極的に中共政府を中国の正統政権として承認し、国府の性格を事実上の「地方政権」へと変質させることで、彼らにその「全中国の代表政府」という政治的主張を放棄させることまで視野に入れていた。

しかし、米華相互防衛条約によって台湾防衛の責任を負っていた米国政府とは異なり、日本政府は中国問題の帰趨決定について外交的主導権を全く有しておらず、かつ、日本がそれを発揮するような事態は現実にはあり得なかった。先に述べたように、日本の対中政策は、あくまでも対米協調路線を最優先とする戦後日本外交の制約上に成立したものだった。さらに、米国の軍事力が日本自身のみならず、台湾海峡の安全保障すなわち「二つの中国」の現状をも維持しているという冷厳な事実は、日本の対中外交における「独走」を全く不可能としていた。その「独走」を日本が行った場合、それは米国極東政策に深刻な亀裂を生じさせ、結果的に日米安保体制の弱体化、最悪の場合は崩壊に直結する事態を招きかねなかったからである。換言すれば、「冷戦」下の中国問題における日本の「独走」は、日米関係を破綻の危険に曝すという、いわば「自国の安全保障を代償とする覚悟」がなくては取り得ない選択肢だった。それは、正に日米両国の「国力の差」、あるいは国際政治に及ぼす両国の影響力の差と表現するより他ないものであった。

しかしその反面、良好な日米関係を維持するという観点からいえば、「二つの中国」論は日米両国にとってまことに好都合な体制でもあった。

なぜなら、たとえその解釈（先述の、国府に「全中国の代表政府」という地位を維持させるか否かという点における見解の相違）が異なっていても、台湾海峡の軍事的（紛争の）凍結、すなわち「二つの中国」という現状の維持は、日米安保条約の目標である日本の安全保障を安泰ならしめ、同条約の政治的・軍事的目的を達成するものだからに他ならない。すなわち、日米両国の利害は「二つの中国」維持において一致するのであった。「二つの中国」による台湾海峡の現状維持、すなわち中共政府による台湾侵攻の可能性を限りなく零に近づけることこそ、極東地域全般の安全保障上もっとも望ましい状況だからである。こうして、日本政府は「二つの中国」論が内包する安全保障上の利点に着目し、いわばこれに乗じることで対米協調路線の保持に成功したのだった。

昭和三十七（一九六二）年、池田内閣が開始を決意した対中共LT貿易は、対米協調路線によって必然的に国府との友好路線を選択した日本政府が、中共政府に貿易上の利益という実益を与えることで将来の関係改善に向けて打った布石だった。LT貿易は、正式の国交こそ未だ存在しないものの、日中両国に経済関係というパイプを繋いだ。日本政府にとっては、これもまた「二つの中国」路線の一環だったと見ることができる。中共政府は（国府も同様であるが）、一貫して「二つの中国」論に反対すると主張してきたが、国府を承認し、これと外交関係を有する日本との間に貿易協定を締結した。それは彼らが対日経済関係に実利を見出したということに加え、貿易協定という非公式関係が国際情勢の変化と共にやがて正常な外交関係へ発展する、という見通しを有していたがゆえの行動であったかもしれない。おりから中ソ対立が激化しつつあった時期でもあり、中共政府にとっては対ソ経済関係の断絶による国際的孤立を回避するため、対日関係の改善は、たとえ一定の限界があったとしても、必要なことであった。

しかし、国府は当然のこととして日中間の経済的接近に反発した。日本の経済的な対中共接近はやがて政治的接近に結びつき、「二つの中国」を公然と認知する方向へ向かうという懸念は、国府内に潜在的反日感情を蓄積していった。その対日不満を決定的にしたのが、昭和三十八（一九六三）年十月の「周鴻慶事件」である。

中共国籍の一通訳の亡命事件に過ぎないこの事件が重大化した背景には、右に述べたような国府の、日本の対中共接近に対する不満がくずぶっていた。当初国府への亡命を希望していた周鴻慶が亡命希望先を転々とし、遂には中共帰還を申し出たことによって国府の対日不満は決定的となった。

「周鴻慶事件」は、「二つの中国」論が日本にとって「諸刃の剣」であることを明らかにした。日本政府は、最終的に周鴻慶の意思を尊重する形で彼を中共に帰還させたのであるが、仮に周鴻慶が当初表明した希望通り国府に向け出国していたとすれば、日本政府は当然ながら中共政府の厳しい批判を浴びていたはずである。すなわち、「二つの中国」論は台湾海峡の現状維持によって日本の安全保障に寄与する反面、「周鴻慶事件」と性質の類似した、日本政府が「二つの中国」何れかの選択を迫られるという問題が起こったとき、日本政府を「二つの中国」双方からの攻撃に曝し、日華（あるいは日中）関係に打撃を与える危険性を持つものだったのである。

日本政府は、同事件をあくまで亡命事件と見なし、これを出入国管理法の規定に従い処理するという姿勢を貫き、米国政府が申し出た、婉曲ではあるが明らかに国府に好意的な仲介の申し出を事実上拒否した。それは、公正な法的措置をとることによって米国、国府、そして中共という関係諸国の了解を得たいという希望に基く行動でもあったろう。

日本政府が、本人の希望に従い周鴻慶を中共に向け出国させたことで、国府の対日不満は爆発し、日華関係は断絶寸前の危機に陥った。日本政府は吉田元首相、毛利外務政務次官、大平外相を相次いで訪台させることにより漸くこの危機を沈静化させたが、「周鴻慶事件」が日本外交に与えた最大の影響は、日本政府が「国府＝全中国の代表」という「サンフランシスコ体制」の産物である「擬制」に対する疑念を、米国政府に対し率直に表明するほど強めたということである。大平外相は来日したラスク国務長官に対し、その疑念を率直に語った。そして、大平の表明した疑念をさらに敷衍したのが、米国随一の知日派といわれたライシャワー駐日大使が離任にあたって記した意見書である。

ライシャワー意見書は、「国府＝全中国の代表政府」という「擬制」はもはや極東の政治的現実を正確に反映したものであるとは言い難く、アジア最大にして最重要の同盟国・日本を苦悩させ、外交的窮地に陥れる桎梏となっていることを強調し、米国極東政策の抜本的見直しの必要性を説いたのだった。

しかし、ライシャワー意見書の主張する米国極東政策の見直しは、当面不可能であると言わざるを得なかった。ヴェトナム戦争の激化、「文化大革命」による中共の混乱という事実は、米国の中国「封じ込め」政策をますます強化する結果となり、そのあおりを受けた形で日中関係は冷却化の一途を辿る。

田川誠一が指摘したように、自民党各派閥の指導者の中には、未解決の外交課題である日中国交正常化を自らの政治的功績となすことで究極的に党総裁・総理の椅子を狙おうとする者が存在した。その典型的人物が河野一郎（昭和四十年没）であったことは、米国政府も認識していた事実である。その河野の政敵であり、池田退陣後に組閣した佐藤栄作もまた、対中共関係打開の重要性を考えていた一人であった。関係者が証言するように、佐藤は決して強固な「反中国」の信念を持った政治家ではなかった。彼が、密かに中共政府要人に向けて関係改善への熱意をアピールするメッセージを送っていたという事実が、その事情を物語っている。しかし、佐藤が組閣した翌年、米国は北爆開始によって本格的にヴェトナム戦争に介入する。そして、間もなく開始された「文化大革命」による中共の国内情勢混乱は、日中関係改善を事実上不可能としてしまった。

一方、ヴェトナム戦争の激化は在日米軍基地、とりわけ沖縄基地の戦略的価値を増大させた。沖縄の本土復帰を最大の政治課題と位置付ける佐藤内閣は、必然的に米国のヴェトナム戦争遂行を支持する政策を選択し、佐藤は現職首相として十年ぶりに台湾を訪問し、また初めて南ヴェトナムを訪問することで日米協調路線をアピールした。佐藤内閣のこうした姿勢は、必然的に対中共関係の悪化という政治的代償を日本政府に求めるものとなったが、佐藤は沖縄返還という目標を達成するため、敢えてその代償を受け入れる決意をしたように思われる。そして、それは「文化大革命」によって混乱する中共政府と関係改善を推進できる見込みは薄い、という情勢判断にも裏付けられていたのであろう。

昭和四十三（一九六八）年、朝鮮半島情勢の深刻化による極東情勢の流動化、ヴェトナムにおける「テト攻勢」に伴う米軍の戦況不利といった状況は、ジョンソン大統領の「部分的北爆停止、次期大統領選挙不出馬」宣言となって日本を襲った。いわゆる「ジョンソン・ショック」であるが、佐藤内閣の外交方針に基本的変化は見られなかった。翌四十四（一九六九）年、佐藤は昭和四十七（一九七二）年中の沖縄返還を約した日米首脳会談において、韓国と台湾の安全が日本の安全保障上重要であるという文言を含む「佐藤・ニクソン共同声明」を発表した。中共政府は激しい対日非難を繰り返し、日中関係はこれまでになく険悪化することになる。

昭和四十五（一九七〇）年、国連総会における中共政府の獲得票数が過半数を超えた事実は、国際情勢の大きな転換を予感させるに十分な事実であった。日本国内には、佐藤内閣がヴェトナム戦争、中国問題についてこれまでとってきた「対米追随」路線を非難すると共に、日中関係のこれ以上の険悪化を防ぐためにも、中共政府を国連から締め出すような行動をとるべきでないという意見が強くなりつつあった。

昭和四十六（一九七一）年七月のキッシンジャー大統領特別補佐官（国家安全保障問題担当）の極秘訪中、そしてニクソン大統領の翌年訪中発表、いわゆる「ニクソン・ショック」は、佐藤内閣に大打撃を与えた。佐藤の「対米追随」に対する非難は激化する一方であり、その退陣は間近と思われた。

しかし、米国政府が後に評価したように、佐藤はこの危機的状況に直面しても全く動じることがなかった。彼はあくまで対米協調路線を維持し、国連中国代表権問題については米国提案である「逆重要事項指定方式」を敢えて支持する決断を下した。

佐藤が「逆重要事項指定方式」支持を決断した背景には、国府への信義を貫くという表面上の理由の他に、沖縄返還を控えて米国の対日感情を悪化させるのは得策でないという政治的判断、自らの後継者が「これ以上」国府への配慮をせずに済むようにしておくという配慮などが存在したであろうと考えられる。佐藤の決断に対しては、これが外交的に賢明であったかどうか疑問を呈する声が存在する一方で、この決断によって佐藤は同盟国への信義を貫くと共に、日本の外交的面目を大いに守った、と高く評価する鈴木駐ビルマ大使のような評価も存在することを忘れてはなるまい。[2]

中共政府の国連加盟が実現し、佐藤退陣も間近という昭和四十七（一九七二）年一月、「ニクソン・ショック」で揺らいだ日米関係を再調整するため、サンクレメンテの「西部ホワイトハウス」で開かれた日米首脳会談では、ニクソン、キッシンジャーは共に、米国政府はあくまで国府との関係を維持し続けるのであり、大統領の北京訪問は「限られた、しかも現実的かつ実用的な基礎」において会談するものであると述べ、米中関係が一定限度以上の急速な改善を見ることはあり得ないと日本側に説明している。

米国政府は、突然のニクソン訪中発表（「ニクソン・ショック」）が日本政府に大きな衝撃を与えることは当然予測していたが、日本政府がニクソン訪中発表から半年を経過した時点で未だに「ショック」から立ち直ることのできない状況に驚き、かつ苛立ちを感じていたらしい。牛場駐米大使のサンフランシスコ演説事件および原サンフランシスコ総領事「質問書」に関し、ジョンソン政治担当国務次官が牛場に申し入れた抗議の一件は、日本政府の動揺が米国政府を困惑させ、日米両国政府の信頼関係を傷付けかねない危機を招いたことを示していた。

しかし極めて遺憾なことに、日本政府の動揺はニクソン訪中によって発表された米中共同声明、いわゆる「上海コミュニケ」の解釈をめぐってますます大きくなった。台湾からの米軍撤収という「上海コミュニケ」の文言に驚いた日本政府は、牛場大使を米国政府に幾度か接触させ、その真意を確かめようとしている。しかし、キッシンジャーが牛場に幾度も説明した通り、「上海コミュニケ」は決して米国が中共政府の主張する「一つの中国」を認めたものではなく、その実体は米中双方の主張を併記したものに過ぎなかった。米国は、台湾問題という極東戦略上の重要問題について、中共政府に何ら言質を与えていなかったのである。米国政府は、「上海コミュニケ」においても「二つの中国」論を堅持したし、この点については決して中共側に譲歩しなかった。キッシンジャーが牛場に述べたように、米国には日本を孤立させる危険を犯してまで性急な対中接近を図る意図はなく、その必要もないのであった。しかし、日本政府および外務事務当局には、日中接近を阻む米国の「圧力」に対する不満とは別に、「米中接触による日本疎外・孤立化」に対する「恐怖」が根強く存在したのである。米中首脳会談と「上海コミュニケ」に対するやや過剰ともいうべき日本政府の反応は、正にその反映であった。

ニクソン訪中は、これまで日本国内に潜在してきた日中国交正常化への願望を著しく刺激し、これを一気に高める効果をもたらした。日本における「中国ブーム」の到来である。ニクソン、キッシンジャーら米国政府首脳が最も懸念したのは、この「中国ブーム」が性急な国交回復論に結びつく怖れに加えて、日本政府が中共政府の主張する「一つの中国」を事実上容認し、台湾問題について中共政府に必要以上の譲歩を行うことであった。先に述べたように、「上海コミュニケ」の実体は、いわば米中両国の主張を併記した作文であるに過ぎない。しかし、米国政府は、「上海コミュニケ」を指して「米国が『中国は一つ』であることを認めた文書」とする周恩来の主張を日本が認めること、いわば日中共同で「上海コミュニケ」の実態を骨抜きにする行動に走る可能性を警戒していたのである。

自民党総裁選挙において福田赳夫が田中・大平・三木の「上位連合」(いずれも、日中早期正常化を主張していた)に敗北したことも、米国政府の不安を大きくした。佐藤の最有力後継者といわれ、日中国交正常化に慎重であるとされた福田の敗北は、日本の「中国ブーム」への歯止めを失う結果となるからである。後継首班に指名されたのは、彼らが吉田以来の外交的伝統を外れた人物と評していた田中角栄であった。

田中内閣発足から約一ヶ月半後、米国政府はキッシンジャーを日本に派遣、さらに八月三十一日〜九月一日の日米ハワイ首脳会談において直接田中に対し、日中国交正常化を慎重に進めるよう申し入れたのである。

その田中が訪中したのは九月二十五日のことだった。四度にわたる田中・周会談の結果、九月二十九日の「日中共同声明」によって日中の国交は正常化され、日華外交関係は断絶を余儀なくされる。しかし、日華関係は経済・文化交流という形でその後も継続することになり、日本は実質的に「二つの中国」政策を維持することが可能となった。中共政府は中ソ対立の激化、「文化大革命」による国際的孤立からの脱却という政治課題を抱えており、台湾問題を一時的に棚上げすることで対米、対日接近を図った。「日中共同声明」は確かに中共の「復交三原則」を日本が大筋において認める内容となったが、中共は台湾との完全断交を日本に要求することはできなかったし、また現実的に考えれば、日本政府が台湾との経済関係・文化関係を断絶に追いやることは不可能であった。

しかし、米国と日本の国府（台湾）に対する姿勢には決定的相違があった。米国政府はニクソン訪中から七年経った昭和五十四（一九七九）年に中共政府との国交を正常化し、国府との外交関係を断絶すると共に、米華相互防衛条約を終了させた。しかし、米国は同年四月十日「台湾関係法」[3]を制定し、外交関係断絶後も米国が台湾の安全保障、社会経済機構、その国民を危険に曝すような事態に対処する米国の能力を維持することを謳っている。すなわち、米国政府は「台湾関係法」の制定によって、米国が今後も国府の安全保障問題に関与し続けることを明らかにすると共に、米国の対中政策が依然として事実上の「二つの中国」論に立脚するものであることを全世界に示した。

しかし、「日中共同声明」発表後の日華関係は、あくまでも経済・文化交流という限られた範囲に留まった。日本政府は、米国が米華相互防衛条約に代えて「台湾関係法」を制定したように、廃棄された日華平和条約に変わる条約を国府との間に締結することはなかった。自民党の「親台湾派」に属する人々は、その事実を指して、田中内閣の外交姿勢を「国府への信義を捨て去った」日本外交の汚点であると厳しく批判したのである。

しかし、日本には元来、台湾を防衛するために軍事的関与を行なう意思も能力もなく、経済・文化交流の継続によって従来の日華関係は実質的に維持されている。その意味で、日本の対華政策を米国と単純に比較することには無理があり、かつそのような比較は意味をなさないかもしれない。そもそも、米国政府は、日中国交正常化そのものには反対し難いことを理解していた。彼らが日本政府に求めたものは、昭和四十四年の「佐藤・ニクソン共同声明」に基づき、台湾防衛の際、米軍に在日基地の使用を保証することだった。日本政府がこの条件さえ遵守するならば、米国にとって日中国交正常化（「日中共同声明」の発表と、日華平和条約の廃棄）の実現は、極東の安全保障体制に本質的な悪影響を及ぼすものではなかった。その意味で、田中内閣最大の功績といわれる日中国交正常化は、日華外交関係の断絶という事実を別にすれば、本質的に「サンフランシスコ体制」の枠組みを越えるものではなかった、ともいえる。そして換言するなら、日米中三国関係における「最大の争点」である台湾問題は、実は三国の関係を安定に導く最大の「触媒」であったという見方も可能になるのである。

ともあれ、中共政府は日中国交正常化にあたって、日本に対し台湾との外交関係断絶以上のことは要求しなかった。従って日本が実質的に「二つの中国」政策を維持するという現状は全く変わらなかったのである。しかし、それは自民党「台湾ロビー」、すなわち台湾支持勢力の不満を増大させることによって、中国問題をめぐる従来からの日本国内の対立構造をそのまま温存したことも事実である。田中内閣は中共政権との国交正常化を急ぐあまり台湾を「切り捨てた」、という彼らの批判はその表れであろう。さらに、日中共同声明に「覇権条項」と将来の日中平和友好条約の締結を盛り込んだことが、その後の日本外交に及ぼしたマイナスの影響力を指摘する見解も存在する。[4] それは、日中国交正常化が日本に及ぼした、いわば「負の遺産」であったと言えるかもしれない。

そして、日中国交正常化後の日米中三国関係にとっても、台湾問題は「最大の争点」であると同時に、三国関係を安定させる最大の「触媒」であり続けている。中共政府、もしくは国府が如何に「二つの中国」論に反発しこれを否定しようとも、日米両国が事実上の「二つの中国」政策をとる体制は、実に現在なお継続中だからである。国府においては昭和六十三（一九八八）年に蔣経国が病没した後、「台湾人」である李登輝が総統に就任し、自由主義体制の下で世界を瞠目させる政治的・経済的発展を実現するに至った。そして、日台関係は公式の外交関係こそ存在しないが、経済・文化交流を中心に極めて緊密であり続けている。いわば、日本政府は、今なお「二つの中国」ないし「一つの中国、一つの台湾」という現実に立脚しながら対中政策を遂行している。日本にとって、台湾問題という要因を考慮せずにそのアジア外交を展開することは、理論的にも実際的にも不可能であろう。

そしてさらに重要な事実は、「台湾関係法」に基づく米国の台湾防衛意思が、今なお変わらないということである。

一九九六（平成八）年三月、史上初の総統直接選挙が「台湾独立化」につながる危険を怖れた中共政府は、台湾海峡を目標としたミサイル発射を含む大規模な軍事演習を繰り広げた。米国はこれに対し、横須賀から第七艦隊の空母「インディペンデンス」、さらに遠くペルシャ湾から空母「ニミッツ」を台湾海峡に派遣し、台湾防衛の固い意思を示した。(5) そして台湾海峡の防衛は、南方からのシーレーン（資源輸入のための航路）確保に繁栄の基礎を置く日本にとっても、自らの安全保障に直結する重大問題なのである。台湾海峡問題、すなわち「二つの中国」問題は、朝鮮半島情勢と共に今なお極東の安全保障問題における要であり続けている。

極東地域の安全保障を今後も長く維持する鍵は、周恩来が「キッシンジャーの傑作」と評した「上海コミュニケ」の「米中共存の精神」を、米中両国がどれだけ長期にわたって遵守できるかどうかにかかっているのではなかろうか。

(1) 古川前掲書『日中戦後関係史』（原書房、一九八一年）、一二〇四頁。
(2) 小川平四郎「中国を見る目」、外務省戦後外交史研究会編『日本外交三十年　戦後の軌跡と展望』（世界の動き社、一九八二年）、一〇六頁。
(3) 「台湾関係法」の全文は、鹿島平和研究所編『日本外交主要文書・年表』（一九七一—一九八〇）第三巻（原書房、一九八五年）、一〇三三～一〇四一頁。
(4) 中嶋嶺雄「活かされない日中交渉の教訓」（『中央公論』昭和五十七年十月号）、永野信利『天皇と鄧小平の握手実録・日中交渉秘史』（行政問題研究所出版局、昭和五十八年）などがその代表的なものであろう。
(5) 台湾史上初の総統直接選挙を控え、中共政府がこれを「台湾独立化」の第一歩として警戒し、軍事演習によってこれを牽制しようとする動きは、すでに一月下旬に明らかとなっていた（『読売新聞』、平成八年一月二十七日）。右の事態に接し、米国防総省は横須賀から第七艦隊所属の空母「インディペンデンス」を派遣することを発表している。一月三十一日、李鵬・中国外相は「台湾の指導者の選出方法がどのように変わろうとも、台湾が中国領土の一部であり、その指導者が中国の一地方の指導者に過ぎないという事実を変えることはできない」と演説し、彼らの立場が、かつての周恩来による「上海コミュニケ」の解釈（「一つの中国」）と全く変わらないことを示している。

三月八日、中共軍は広西省からミサイル（M9型、中国名東風15、最大射程六〇〇キロ）を台湾海峡に向け三発発射した。同十二日、ペルシャ湾の空母「ニミッツ」に台湾海峡への出動命令が下り、翌十三日には四発目のミサイルが高雄市沖に着弾するなど、台湾海峡の緊張は一気に高まった。

なお、総統選挙の投票は三月二十三日に行われ、即日開票の結果、現職総統の李登輝が「過半数の圧勝」で再選出された。台湾海峡の危機は中共軍の演習終了（三月二十六日）によって終息したが、本事件は正に、米国の台湾海峡防衛意思の固さを証明するものであった。

あとがき

本書は、著者が國學院大學大学院法学研究科に提出した博士学位請求論文を公表したものである。その内容は学位請求論文として準備した全文書き下ろし稿であるが、執筆の過程で内容を一部要約し、『國學院大學日本文化研究所紀要』に発表した。以下に、その所収を掲げておく。

「戦後日本外交における対中・対米関係の交錯　池田―佐藤内閣期」、『國學院大學日本文化研究所紀要』（第九十輯、平成十四年九月）

「国際情勢の転換と日米中三国関係　―安定要因としての『台湾問題』をめぐって―」『國學院大學日本文化研究所紀要』（第九十二輯、平成十五年九月）

本書の脱稿後間もない平成十五（二〇〇三）年十二月、外務省外交史料館が新たな戦後外交記録を公開（第十八回）した。その公開記録中に、昭和三十八（一九六三）年から同四十三（一九六八）年まで継続した日英定期協議に関する文書が存在するが、同文書中には、中国問題に対する池田～佐藤内閣期の日本外交のスタンスを端的に示す政府要人の発言を認めることができる。昭和三十九（一九六四）年十二月に行なわれた第三回日英定期協議の席上、佐藤首相はランドル（Francis Brian Anthony Rundall）駐日大使に、日本政府が「一つの中国」と言う言葉を用いるのは中共および国府の当事者が共に述べている言葉をそのまま用いただけのことであり、第三者が軽々しく中国は二つであるとか、三つであるというのは時宜に適しないという意味である、日本政府は現実には（中国に）二つの政権があることを承知している、と語っている。さらに佐藤発言に先立つこと七ヶ月前、大平外相はバトラー（The Rt.Hon.R.A. Butler, C.H, M.P）英外相との会談（第一回日英外相会談）において、台湾を自由世界に留めることの重要性を指摘しつつも、台湾自身が「一つの中国」という考えに固執し続けていることが問題を複雑化している、という趣旨の発言を行なっていた。バトラーは大平の言葉に「極秘扱いされたい」と前置きしながら、台湾政府が中国全土の支配者という「非現実的態度」を捨てることが必要であり、英国政府は台湾が大陸とは別の政治的主体として維持されることが重要と考えている旨語っている。

すなわち外務省公開記録は、日英両国が本心では「二つの中国」が存在する現実を認識し、かつ究極的にはその方向で事態を収拾するのが賢明と考えていた形跡を示している。最大の問題は、本書中でも指摘した通り、その現実を他ならぬ「二つの中国」双方の反対によって公言することができず、また中共封じ込め政策をとる米国との協調という観点から、現実の政策として遂行し難かったという点にあった。

しかし、東アジアにおける冷戦構造の主役としての地位、すなわち中共封じ込め政策の遂行ゆえに外交的選択肢が著しく制約されていたように思われる米国もまた、実は「二つの中国」という認識を有していたのである。世界に衝撃を与えたジョンソン大統領演説（部分的北爆停止・大統領選不出馬）の約五ヶ月後に米国政府が作成した対中政策文書は、米国政府が国府（台湾）を「合法政府」と承認し続けてきた事実を指摘する一方で、二国間関係においては中共政権＝大陸を支配する政権、国府＝現実に統治している領域のみの政権、としてそれぞれ処遇してきた事実を明記していた。

これらの史料を検討する限り、「二つの中国」という言葉の意味を「二つの政権を国家承認する」という意味に解釈するよりは、関係諸国が「ありのままの現実（二つの政権の存在）」を確認し、これに対処（当然、中共・国府何れかを国家承認することとは別問題）したという意味に捉えた方が、日米を含む関係諸国の対中政策、そして中国問題の本質をより正確に理解し得るのではないか、と著者は考えるのである。

昨今は日本外務省の戦後外交記録もかなりの量が公開され、戦後日本外交の本格的研究が以前に比して非常に進め易くなってきた。さらに、米国務省、国家安全保障会議等の諸記録を併用することによって、一九六〜七〇年代の日本外交の姿はかなりの程度解明し得るようになっているように思われる。日米関係という戦後日本外交における最重要かつ最優先の枠組の中で、かつ米国からの直接・間接の圧力を受けながら、一衣帯水の隣国との関係を維持調整するという困難な努力について、著者は本書を通じ一つの見方を提供しようと試みた。

その著者の意図が達成されたかどうかは、読者諸賢のご判断に委ねるほかない。もちろん、本書の内容が表題に比して甚だ貧弱であることは、著者自身がよく承知している。戦後日中関係を検討する上で不可欠であるLT貿易に代表される経済交流、中共政権の核武装問題にはほとんど言及することができなかったし、中ソ対立、ヴェトナム戦争、文化大革命といった政治的激動に対する分析も不十分である。そして、かつて宗主国として東アジアに君臨し、当時もなお同地域への影響力を残していた英仏両国の動向と日米中三国関係の関連性についても、本書は分析を全く割愛せざるを得なかった。さらに本書が論じた内容、そして史料引用とその解釈についても、著者の誤解、偏見から生じた明らかな間違いが存在するかもしれない。先学諸賢の忌憚なきご批判・ご叱正をお願いするのみである。

思えば、著者は院生時代から多くの方々のご指導・ご学恩を賜ってきた。本書の執筆・刊行に当たっても、恩師・諸先輩の多大なるお力添えを得た。特に院生時代からご指導を受け、本書の元となった博士学位請求論文の審査にあたり主査をお引き受け頂いた濱口学先生（國學院大學法学部教授）に、厚くお礼申し上げる。濱口先生の演習を通じ、日本政治外交史を国際関係の文脈で捉えるという視点をお教え頂いたことは、著者にとって何よりの貴重な経験となり、財産となった。

そして、戦前・戦中期日中関係の専門家であられる馬場明先生（國學院大學名誉教授）の演習では、中国問題が日本外交に占める重要性、また戦前・戦後を通じる日中関係の連続性という、本書の執筆にあたって極めて有益となった幾多のヒントを頂戴した。

さらに、院生時代から著者の研究の歩みを温かく見守って下さっている安岡昭男先生（法政大学名誉教授）の演習も忘れ難い思い出である。安岡先生の演習は日本近現代史を幕末維新から現代まで通観するというユニークなものであったが、これは、とかく狭い専門分野、あるいは限られた時代に目が向きがちとなる研究者、院生にとっては、非常に新鮮かつ貴重な体験であり、将来への戒めであったと思う。

そして、本書の出版に当たって最大のご尽力を賜ったのは、著者の上司であり、最も尊敬する先輩でもある柴田紳一先生（國學院大學日本文化研究所助教授）である。研究対象となる時代に戦前期・戦後期の違いこそあれ、著者が昭和史という大きなテーマを選択する上において、柴田先生の優れたご研究からは啓発されるところが極めて大きかった。

さらに、本書の執筆に当たっては、日米両国の公文書館、図書館、史料館の所蔵史料をふんだんに利用させて頂いている。史料調査にあたってお世話になった国立国会図書館憲政資料室、同議会官庁資料室、同新聞閲覧室、外務省外交史料館、防衛庁防衛研究所図書館、そして母校國學院大學図書館のスタッフの皆様に厚くお礼申し上げる。

そして、十数回を数えたワシントンにおける著者の史料調査にあたり、著者の煩雑な質問に嫌な顔一つせず丁寧に解答してくださった、米国立公文書館スタッフの方々のご親切と寛大さに満腔の謝意を表する次第である。とりわけニクソン大統領関係文書の閲覧に当たって頂いた彼らの助言がなければ、本書の完成は到底不可能であったと言っても過言ではない。彼らの勤務ぶりは、正にプロのアーキビストとはこういうものかという、強烈な印象を著者に与えたものである。

論文執筆、そして本書の出版を通じ著者が再認識したことは、人間が自分一人では何一つできないという、ごく当たり前の事実であった。ここに、皆様から賜ったご学恩、ご厚意に衷心より感謝申し上げると共に、今後ますます研鑽を重ねることを以ってご恩返しとしたく思う。

さらに、本書の執筆にあたって家族の協力が存在したことを、感謝の念と共に明記させて頂く。

最後になりましたが、本書の刊行に当たっては財団法人吉田茂国際基金のご援助と、木鐸社能島豊社長のご厚意を賜りました。記して厚く感謝の意を表します。

平成十六年九月一日

田中総理訪中三十二周年を前に

著者

参考文献一覧

〔一次史料〕

在日本（外務省外交史料館所蔵外交記録、および『日本外交文書』）
「日本・中共関係雑集」 A'1.2.1.8
「中華人民共和国内政並びに国情関係雑件」 A'4.1.1.3
「中国情報（旧中共情報）」 A'4.1.1.5
「池田総理米加訪問関係一件（一九六一・六）」 A'1.5.2.10
「小坂外務大臣欧州訪問関係（一九六一・七）」 A'1.5.3.3
「諸外国亡命者関係雑件　周鴻慶（中共）事件」 A'4.0.0.7-2 7-2-1~3
「本邦要人アジア・大洋州諸国訪問関係　毛利外務政務次官中華民国訪問関係」 A'1.5.1.2-1
「大平外務大臣中華民国訪問関係（一九六四・七）」 A'1.5.1.8
「椎名外務大臣訪米関係一件（一九六四・十一）」 A'1.5.2.11
「佐藤総理中華民国訪問関係（一九六七・九）」 A'1.5.1.15

外務省編『日本外交文書　平和条約の締結に関する調書』第一冊～第四冊（二〇〇二年）

在米国（米国政府機密解除文書、および国立公文書館所蔵史料）
Declassified Documents Quaterly Catalog, Carrpllton Press, Arlington, VA (Microfische)
General Records of the Department of State. Bureau of East Asian and Pacific Affairs, Office of Japanese Affairs. Subject Files 1960-1975.
Genaral Records of Department of State, Bureau of East Asian and Pacific Affairs, Republic of China, and People's Republic

of China, Subject Files.

NIXON PRESIDENTIAL MATERIALS PROJECT, NIXON Presidential Materials, Files of National Security Council (NSC Files).

VIP Visits (SATO, TANAKA) and Henry A. Kissinger Office Files, Country Files-Far East.

（雑誌論文）

新井宝雄「戦後日中関係史」、『世界』第二五二号（一九六六年十一月）。

新井宝雄「佐藤政権下の日中関係」、『世界』第三〇六号（一九七一年五月）。

池井優「日華協力委員会　戦後日台関係の一考察」、『法学研究』（一九八〇年二月）。

石井明「中国の対日政策決定」、『東亜』第二五五号（一九八八年九月）。

石井明「日台断交時の『田中親書』をめぐって」、『社會科学紀要』五〇輯（二〇〇〇年）。

石井明「一九六〇年代前半の日台関係　周鴻慶事件から反共参謀本部設立構想の推進へ」、『国際法外交雑誌』第一〇二巻二号（二〇〇二年八月）。

伊藤剛「日米中関係における『台湾問題』　米中和解とその影響」、『国際政治』第一一八号（一九九八年）。

宇佐美滋「自民党政権の対中政策の変遷」、『国際問題』第一五三号（一九七二年）。

内田健三「日・日問題としての日中関係」、『朝日アジアレビュー』第二巻（一九七〇年）。

袁克勤「米華相互防衛条約の締結と『二つの中国』問題」、『国際政治』第一一八号（一九九八年）。

遠藤聡「ベトナム労働党の外交闘争から見たテト攻勢」、『国際政治』第一三〇号（二〇〇二年）。

太田勝洪「中国外交と日中関係の展開」、『国際問題』第一五三号（一九七二年）。

緒方貞子「対中国交正常化の日米比較」、『国際問題』第二五四号（一九八一年五月）。

菅英輝「ベトナム戦争における日本政府の和平努力と日米関係　一九六五年〜六八年」、『国際政治』第一三〇号（二〇〇二年）。

草野厚「二つのニクソンショックと対米外交　危機の中の日米関係」、『年報近代日本研究（七）』、山川出版社（一九八五年）。

桑田弘一郎「佐藤内閣の中国政策決定過程」、『朝日アジアレビュー』第五巻（一九八〇年）。

坂内富雄「中共問題に関するアメリカの態度」、『世界週報』第四十二巻七（一九六一年二月十四日）号。

坂内富雄「中国代表権問題はどうなるか　アメリカの国連対策をめぐって」、『世界週報』第四十二巻三十九（一九六一年九月六日）号。

佐藤紀久夫「ケネディ政権の中共政策」、『世界週報』第四十二巻七（一九六一年二月十四日）号。

添谷芳秀「日中LT貿易の成立過程」、『外交時報』第一二六三号。

添谷芳秀「戦後日本外交の構図」、『法学研究』第六十五巻二号。

武見敬三「自由民主党と日中国交正常化　複合的政策決定過程における妥協の構造」、『法学研究』第五十四巻七号（一九八一年七月）。

田麗萍「池田内閣の中国政策（一）　封じ込め戦略と対中積極論の狭間で」、「同（二）」、『京都大学法学論叢』第一三七巻二号（一九九五年）、第一三九巻一号（一九九六年）。

田麗萍「佐藤内閣と中国問題（一）　状況対応型外交、その意義と限界」、「同（二）」、『京都大学法学論叢』第一四一巻五号（一九九七年）、第一四三巻三号（一九九八年）。

中嶋嶺雄「活かされない日中交渉の教訓」、『中央公論』（一九八二年十月）。

永野信利「共同声明と戦争責任の処理」、『中央公論』（一九八二年十月）。

西村熊雄「奇妙な台湾の〝法的地位〟・日本の国府承認は国府を中国全体の代表政府と承認したものではない」、『世界週報』第四十二巻九（一九六一年二月二十八日）号。

福井治弘「自民党の外交政策とその決定過程　中国問題を中心として」、『国際問題』第一四五号（一九七二年）。

福田茂夫「ジョンソン大統領の派兵後のベトナム戦略」、『国際政治』第一三〇号（二〇〇二年）。

別枝行夫「日中国交正常化の政治過程　政策決定者とその行動の背景」、『国際政治』第六六号（一九八〇年）。

別枝行夫「佐藤内閣後期の日中関係　決定中心の研究」、『法学政治学研究』（成蹊大学）第一号（一九八一年）。

別枝行夫「戦後日中関係と非公式接触者」、『国際政治』第七五号（一九八三年）。

細谷千博「『吉田書簡』と英米中の構造」、『中央公論』九七巻一一号（一九八二年）。
松本はる香「台湾海峡危機〔一九五四～五五〕と米華相互防衛条約の締結」、『国際政治』第一一八号（一九九八年）。
山田礼三「試練に立つ日中記者交換」、『中国』第七十五号（一九七〇年十二月）。

（新聞）

『朝日新聞』
『読売新聞』
『公明新聞』

（研究書）

赤木完爾『ヴェトナム戦争の起源』（慶應通信、一九九一年）
五十嵐武士『対日講和と冷戦』（東京大学出版会、一九八六年）
石井明・朱建栄・添谷芳秀・林暁光編『記録と考証　日中国交正常化・日中平和友好条約締結交渉』（岩波書店、二〇〇三年）
石井修『冷戦と日米関係』（ジャパン・タイムズ社、一九八九年）
石川忠雄・中嶋嶺雄・池井優編『戦後資料・日中関係』（日本評論社、一九七〇年）
石川忠雄『日中問題私見』（酒井書店、一九七三年）
今川瑛一・浜勝彦『中国文化大革命とベトナム戦争　両者の関連をめぐる一つの推論』（アジア経済研究所、一九六八年）
入江昭『新・日本の外交』（中央公論社、一九九一年）
入江啓四郎・安藤正士『現代中国の国際関係』（財団法人日本国際問題研究所、昭和五十年）
上野秀夫『現代日中関係の展開』（フタバ書店、一九七一年）
衛藤瀋吉『中華民国を繞る国際関係　一九四九～一九六五』（アジア政経学会、一九六七年）

衛藤瀋吉「戦後国際環境における中国」、衛藤瀋吉編『日本の安全・世界の安全』（原書房、一九八〇年）
袁克勤『アメリカと日華講和　米・日・台の構図』（柏書房、二〇〇一年）
緒方貞子（添谷芳秀訳）『戦後日中・米中関係』（東京大学出版会、一九九二年）
岡部達味『中国の対日政策』（東京大学出版会、一九七六年）
岡部達味編『中国をめぐる国際環境』（岩波講座現代中国第六巻、岩波書店、一九八九年）
小此木政夫・赤木完爾共編『冷戦期の国際政治』（慶應通信、一九八七年）
神谷不二『戦後史の中の日米関係』（新潮社、一九八九年）
坂野正高・衛藤瀋吉編『中国をめぐる国際政治　影像と現実』（東京大学出版会、一九六八年）
朱建栄『毛沢東のベトナム戦争　中国外交の大転換と文化大革命の起源』（東京大学出版会、二〇〇一年）
添谷芳秀『日本外交と中国　一九四五～一九七二』（慶應通信、一九九五年）
田中明彦『日中関係　一九四五～一九九〇』（東京大学出版会、一九九一年）
田村重信・豊島典雄・小坂義人『日華断交と日中国交正常化』（南窓社、二〇〇〇年）
陳肇斌『戦後日本の中国政策　一九五〇年代東アジア国際政治の文脈』（東京大学出版会、二〇〇〇年）
永井陽之助『冷戦の起源』（中央公論社、一九七八年）
中嶋嶺雄『中国文化大革命　その資料と分析』（弘文堂、一九六六年）
中嶋嶺雄『中ソ対立と現代』（中央公論社、一九七八年）
永野信利『天皇と鄧小平の握手　実録・日中交渉秘史』（行政問題研究所出版局、昭和五十八年）。
西村熊雄『安全保障条約論』（時事通信社、一九六〇年）
西村熊雄『日本外交史　27　サンフランシスコ平和条約』（鹿島平和研究所編、鹿島研究所出版会、一九七一年）
西村熊雄『サンフランシスコ平和条約・日米安保条約』（中央公論新社・シリーズ戦後史の証言、一九九九年）
原彬久『戦後史のなかの日本社会党』（中央公論新社、二〇〇〇年）
樋渡由美『戦後政治と日米関係』（東京大学出版会、一九九〇年）
福井治弘『自由民主党と政策決定』（福村出版、一九七〇年）

古川万太郎『日中戦後関係史』（原書房、一九八一年　改訂新版は一九八八年刊）
細谷千博『サンフランシスコ講和への道』（中央公論社、一九八四年）
細谷千博・綿貫譲治編『対外政策決定過程の日米比較』（東京大学出版会、一九七七年）
宮本信生『中ソ対立の史的構造』（日本国際問題研究所、一九八九年）
室山義正『日米安保体制（上）（下）』（有斐閣、一九九二年）
毛里和子、毛里興三郎訳『ニクソン訪中機密会談録』（名古屋大学出版会、二〇〇一年）
和田一夫『国際連帯と日中友好運動』（日中出版、一九七六年）
渡辺昭夫編『戦後日本の対外政策』（有斐閣、一九八五年）
渡辺昭夫・宮里政玄『サンフランシスコ講和』（東京大学出版会、一九八六年）

（回顧録・自伝）

石井光次郎『回想八十八年』（カルチャー出版、一九七六年）
稲山嘉寛『私の鉄鋼昭和史』（東洋経済新報社、一九八六年）
牛場信彦『外交の瞬間　私の履歴書』（日本経済新聞社、一九八四年）
大平正芳『春風秋雨』（鹿島研究所出版会、一九六六年）
大平正芳『風塵雑俎』（鹿島出版会、一九七七年）
大平正芳『私の履歴書』（日本経済新聞社、一九七八年）
岡崎勝男『戦後二十年の遍歴』（中央公論新社・シリーズ戦後史の証言、一九九九）
岡崎嘉平太『終りなき日中の旅』（原書房、一九八四年）
岡崎嘉平太『中国問題への道』（春秋社、一九七一年）
岡田晃『水鳥外交秘話　ある外交官の証言』（中央公論社、一九八三年）
小川平四郎『北京の四年』（サイマル出版会、一九七七年）
小川平四郎『父の中国と私の中国』（サイマル出版会、一九九〇年）

賀屋興宣『戦前・戦後八十年』（経済往来社、一九七六年）
岸信介・矢次一夫・伊藤隆『岸信介の回想』（文藝春秋、一九八一年）
佐多忠隆記念集企画編集委員会編『雷魚のかば焼　佐多忠隆の歩んだ道』（北泉社、一九八一年）
下田武三（永野信利編）『戦後日本外交の証言　日本はこうして再生した（上）（下）』（行政問題研究所出版局、一九八四年）
蔣介石『蔣介石秘録　日中関係八十年の証言』（サンケイ新聞社、一九八五年）
高碕達之助集刊行会編『高碕達之助集』（東洋製缶、一九六五年）
田川誠一『日中交流秘話』（毎日新聞社、一九七五年）
田川誠一『日中問題の焦点』（新風会、一九六二年）
田川誠一『日中交流と自民党領袖たち』（読売新聞社、一九八三年）
田川誠一『松村謙三と中国』（読売新聞社、一九七二年）
田川誠一〔述〕『田川誠一オーラルヒストリー（上）（下）』（政策研究大学院大学C．O．Eオーラル政策研究プロジェクト）
田中角栄『私の履歴書』（日本経済新聞社、一九六六年）
原冨士男『回想外交五十年　在外勤務の哀歓』（東奥日報社、二〇〇一年）
福田赳夫『回顧九十年』（岩波書店、一九九五年）
藤山愛一郎『政治わが道　藤山愛一郎回想録』（朝日新聞社、一九七六年）
古井喜実『転機に立つ日中関係』（古井喜実、一九六九年）
古井喜実『日中十八年』（牧野出版、一九七八年）
古井喜実『日中復交への道』（国際問題研究所、一九七一年）
三木武夫『議会政治とともに』（三木武夫出版記念会、一九八四年）
安川壮『忘れ得ぬ思い出とこれからの日米外交』（世界の動き社、一九九一年）
矢次一夫『わが浪人外交を語る』（東洋経済新報社、一九七三年）

若泉敬『他策ナカリシヲ信ゼムト欲ス』（文藝春秋、一九九四年）
エドウィン・O・ライシャワー（徳岡孝夫訳）『ライシャワー自伝』（文藝春秋、一九八七年）
エドウィン・O・ライシャワー、ハル・ライシャワー共著（入江昭監修）『ライシャワー大使日録』（講談社、一九九五年）
ヘンリー・キッシンジャー（桃井真監修、斎藤弥三郎ほか訳）『キッシンジャー秘録　第三巻　北京へ飛ぶ』（小学館、一九八〇年）
U・アレクシス・ジョンソン『ジョンソン米大使の日本回想　二・二六事件から沖縄返還・ニクソンショックまで』（草思社、一九八九年）

（日記）

伊藤隆編『佐藤榮作日記』第一巻～第六巻（朝日新聞社、一九九七～一九九九年）
楠田實『楠田實日記』（中央公論新社、二〇〇一年）

（その他）

愛知揆一〔述〕『ワシントンから帰って』（内外情勢調査会、一九六九年）
池田正之輔『中国の民族性』（内外事情研究所、一九六九年）
池田正之輔『謎の国・中共大陸の実態』（時事通信社、一九六九年）
池田正之輔『中国民族の特性』（内外事情研究所、一九七五年）
石井光次郎『思い出の記』（石井公一郎、一九七六年）
伊藤昌哉『池田勇人とその時代』（朝日新聞社、一九八五年）
（『池田勇人・その生と死』〔至誠堂、昭和四十一年〕の改題）
伊藤昌哉『危機の政治・予見の政治』（ＰＨＰ研究所、一九九三年）
伊藤昌哉『宰相盗り』（ＰＨＰ研究所、一九八六年）

伊藤昌哉『自民党戦国史』（朝日新聞社、一九八五年）
伊藤昌哉『新・自民党戦国史』（朝日ソノラマ、一九八三年）
伊藤昌哉『実録・自民党戦国史』（朝日ソノラマ、一九八二年）
牛場信彦〔述〕「日米関係の現状と展望」（日本国際問題研究所、一九八〇年）
牛場信彦『世界情勢を解明する』（尾崎行雄記念財団、一九八一年）
NHK取材班『周恩来の決断　日中国交正常化はこうして実現した』（日本放送出版協会、一九九三年）
大平正芳〔述〕『日中正常化交渉を終えて』（内外情勢調査会、一九七二年）
大平正芳〔述〕『現在の世界情勢とわが国の立場』（世界経済研究協会、一九七二年）
大村立三『二つの中国』（弘文堂、一九六一年）
大村立三『中国は一つ』（東洋経済新報社、一九七一年）
岡本文夫『佐藤政権　八年間にわたる長期政権の記録』（白馬出版、一九七二年）
外務省戦後外交史研究会編『日本外交三十年　戦後の軌跡と展望』（世界の動き社、一九八二年）
外務省百年史編纂委員会編『外務省の百年（上）（下）』（原書房、昭和四十四年）
賀屋興宣〔述〕『日中関係の諸問題』（尾崎行雄記念財団、一九七一年）
賀屋興宣『このままでは必ず起る日本共産革命』（浪漫、一九七三年）
岸信介〔述〕『最近の国際情勢』（国際善隣倶楽部、一九六七年）
岸信介〔述〕『日本の進路』（自由民主同志会、一九六八年）
楠田実編『佐藤政権・二七九七日』（行政問題研究所出版局、一九八三年）
佐藤栄作〔述〕『佐藤内閣総理大臣演説集』（内閣総理大臣官房編、一九七〇年）
時事通信社政治部編『ドキュメント日中復交』（時事通信社、一九七二年）
柴田穂『毛沢東の悲劇』全五巻（サンケイ出版、昭和五十四年）
柴田穂『金日成の野望』全三巻（サンケイ出版、昭和五十九年）
下田武三〔述〕『日米関係の展望』（内外情勢調査会、一九七〇年）

千田恒『佐藤内閣回想』（中央公論社、一九八七年）
田中角栄〔述〕『田中内閣総理大臣演説集』（内閣総理大臣官房監修、日本広報協会、一九七五年）
東亜文化研究所紀要編纂委員会編『中国文化大革命の再検討（上）』（霞山会、一九七八年）
東亜文化研究所紀要編纂委員会編『中国文化大革命の再検討（下）』（霞山会、一九七九年）
友田錫『入門・日本外交　日中国交正常化以後』（中央公論社、一九八八年）
内閣官房内閣調査室『中共「文化大革命」の考察』（昭和四十二年）
中江要介『日中条約と日本外交』（民主外交協会、一九七八年）
中曾根康弘〔述〕『ソ連・中共の実体を知る　政治参考資料』（改進党政策委員会、一九五四年）
中曾根康弘〔述〕『転換期の政治』（内外情勢調査会、一九七二年）
永野信利『天皇と鄧小平の握手　実録・日中交渉秘史』（行政問題研究所、一九八三年）
成田知巳・高沢寅男共編『安保体制と七十年闘争』（社会新報、一九六九年）
西村栄一〔述〕『激動するアジアと日本の政治体制』（東京政治労働研究所、一九六四年）
早坂茂三『田中角栄回想録』（集英社、一九九三年）
早坂茂三『政治家田中角栄』（集英社、一九九三年）
松岡完『ベトナム戦争　誤算と誤解の戦場』（中央公論新社、二〇〇一年）
三木武夫〔述〕『日本のアジア外交』（内外情勢調査会、一九六八年）
三島静江『木川田一隆言語録』（国会通信社、一九八七年）
防衛研修所『ベトナム戦争の反省』（防衛研修所、一九七〇年）
防衛研修所『ベトナム戦争の反省　補修』（防衛研修所、一九七二年）
法眼晋作『日本の外交戦略』（原書房、一九八一年）
法眼晋作『外交の真髄を求めて』（原書房、一九八六年）
三好修・衛藤瀋吉共著『中国報道の偏向を衝く　調査報告・自由な新聞の危機』（日新報道、一九七二年）
宮崎吉政『宰相佐藤栄作』（新産業経済研究会、一九八〇年）

矢次一夫『昭和政界秘話　矢次一夫対談集（二）』（原書房、一九八一年）
山田栄三『正伝　佐藤栄作』（上）（下）（新潮社、一九八八年）
吉田茂『世界と日本』（中央公論社、一九九二年）
吉村克己『池田政権・一五七五日　高度成長と共に安保からオリンピックまで』（行政問題研究所出版局、一九八五年）
渡辺昭夫『日本内閣史録（六）』（第一法規出版、昭和五十六年）

人名索引

（日本人　五十音順）

（さ行）

（た行）

（欧米人　五十音順）

（な行）

（は行）

（ま行）

（ら行）

（中国人　五十音順）

（その他）

（著者略歴）

池田　直隆（いけだ　なおたか）

昭和40（1965年）年，東京都出身。

昭和63年，法政大学経営学部卒業。

平成２年，法政大学大学院経済学専攻修士課程修了。

平成９年，國學院大学大学院文学研究科日本史学専攻博士前期課程修了。

平成12年，國學院大学大学院文学研究科日本史学専攻博士後期課程単位取得満期退学。

平成14年，國學院大学日本文化研究所共同研究員。

平成15年，國學院大学日本文化研究所兼任講師。現在に至る。

博士（法学）。

日米関係と「二つの中国」―池田・佐藤・田中内閣期―

2004年９月10日第一版第一刷印刷発行　©

著者との
了解により
検印省略

著　者　池　田　直　隆

発行者　坂　口　節　子

発行所　㈲　木《ぼく》　鐸《たく》　社《しゃ》

印刷　㈱アテネ社　製本　関山製本

〒112-0002　東京都文京区小石川５-11-15-302

電話（03）3814-4195番　振替　00100-５-126746

ファックス（03）3814-4196番　http://www.bokutakusha.com

乱丁・落丁本はお取替致します

ISBN4-8332-2356-2　C3031

木鐸社関連書

日暮吉延著　東京裁判の国際関係　―国際政治における権力と規範―　A5判・七〇〇頁　一〇、〇〇〇円

M・シャラー著　五味俊樹監訳　アジアにおける冷戦の起源　―アメリカの対日占領―　A5判・五二四頁　四、〇〇〇円

植村秀樹著　再軍備と五五年体制　A5判・三六八頁　四、〇〇〇円

森　裕城著　日本社会党の研究　―路線転換の政治過程―　A5判・二六〇頁　四、五〇〇円

瀬端孝夫著　防衛計画の大綱と日米ガイドライン　A5判・二一〇頁　二、五〇〇円

（消費税別）